Vicky Reynal

Deine Psyche, dein Umgang mit Geld und du

Deine Psyche, dein Umgang mit Geld und du

Vicky Reynal

Wie wir gesündere Finanzentscheidungen treffen – und dabei sogar glücklich werden

Aus dem Englischen von Hans Freundl und Heike Schlatterer

KÖSEL

Die Originalausgabe erschien 2024 unter dem Titel
MONEY ON YOUR MIND. The Psychology Behind Your Financial Habits
bei Lagom, an Imprint of Bonnier Books UK, London.

MIX
Papier | Fördert gute Waldnutzung
FSC® C014496
FSC www.fsc.org

Penguin Random House Verlagsgruppe FSC® N001967

Umschlaggestaltung: zero-media.net, München
Umschlagmotiv: FinePic®, München
Satz: Satzwerk Huber, Germering
Druck und Bindung: GGP Media GmbH, Pößneck
Printed in Germany
ISBN 978-3-466-37340-6

www.koesel.de

Inhalt

Einleitung

Man könnte meinen, dass Psychotherapeuten gerne über alles reden. Über dunkle Geheimnisse, peinliche Erinnerungen, beschämende Gedanken, sexuelle Fantasien … all dies gehört zu den Themen, über die Klienten in der Therapie sprechen. In unserer Ausbildung als Therapeuten verbringen wir Jahre damit, uns mit der Neugier und der Belastbarkeit auszustatten, die wir brauchen, um unsere Klienten bei der Erkundung schwieriger Themen zu begleiten. Doch ein Bereich, der bis vor kurzem in der psychotherapeutischen Ausbildung kaum behandelt wurde, ist das Thema Geld.

Aus Gründen, auf die ich noch zu sprechen kommen werde, habe ich es mir zur persönlichen Aufgabe gemacht, meine eigene Beziehung zu Geld zu verstehen und zu vertiefen. Nicht weil Geld wichtig ist, sondern weil Geld ein Gegenstand ist, der unterschiedlichste Bedeutungsebenen umfasst, und diese zu erforschen hilft uns, besser zu verstehen, wer wir sind.

Zwischen einem Psychologiestudium und einem Aufbaustudium in Psychotherapie habe ich einen Master in Business Administration (MBA) gemacht. Ich war nicht überrascht, dass der MBA-Studiengang auch ein Seminar über Behavioural Finance beinhaltete, einen Wissenschaftszweig, der aus psychologischer Sicht erklärt, warum Menschen häufig irrationale Entscheidungen treffen, wenn es um Geld geht. Es war allerdings überraschend für mich, dass im Psychotherapiestudium, in dem man lernt, den Dingen auf den Grund zu gehen, das Thema Geld weitgehend gemieden wurde.

Ich war neugierig darauf, Fragen wie diese zu erforschen:

- Warum können manche Menschen nie genug Geld bekommen? Andere dagegen scheinen schon mit wenig zufrieden zu sein.
- Warum werden manche Menschen von Schuldgefühlen geplagt, wenn sie Geld für sich selbst ausgeben? Andere hingegen verschleudern ihr Vermögen geradezu.
- Warum streiten sich manche Paare unaufhörlich über Geld? Andere wiederum scheinen sich in den meisten finanziellen Angelegenheiten einig zu sein.
- Wann wird Geld benutzt, um andere zu kontrollieren, um Liebe zu erbitten oder Liebe zu zeigen, um zu protzen, um etwas zu kompensieren, um gegen etwas aufzubegehren?

Mein Interesse ist nicht nur beruflich motiviert. Es ist auch ein persönliches Anliegen. Mein Vater hat ein ganzes Buch über die finanzielle Tragödie geschrieben, die sein Vermögen, seine Hoffnungen, seine Träume und noch viel mehr zunichtegemacht hat. Es ist eine Geschichte von Betrug, Verrat und Verlust, die bei ihm ein tiefes Gefühl der Ungerechtigkeit, der Wut und des Bedauerns hinterlassen hat. Für mich gibt es keinen Zweifel, dass die Erfahrungen meiner Familie mit Geld meine Ansichten darüber geprägt haben, wofür Geld steht und wie wichtig es ist. Es ist nicht nur der Einfluss der Erfahrungen meines Vaters, sondern alles, was damit verbunden war. Geld als Maßstab für Leistung (aber auch für den Selbstwert). Geld als Instrument der Großzügigkeit und der Hilfe (aber auch des Stolzes). Geld als Mittel des sozialen Aufstiegs (aber mit Gefühlen der Unzulänglichkeit oder der Scham, die bisweilen damit einhergehen). Geld als etwas, das von einem Tag auf den anderen weg sein kann (und dadurch Chancen, Hoffnungen und Wünsche zunichtemacht). Ich werde in diesem Buch nicht über meine persönliche Geschichte sprechen, aber ich erwähne sie hier, um begreiflich zu machen, warum mich dieses Thema so brennend beschäftigt.

Geld ist immer noch ein Tabu

Sigmund Freud, der Begründer der Psychoanalyse, auf den ich mich in diesem Buch des Öfteren beziehen werde, war der Erste, der den Tabuaspekt des Geldes bemerkte. Er schrieb: »Geldangelegenheiten [werden] von den Kulturmenschen in ganz ähnlicher Weise behandelt wie sexuelle Dinge, mit derselben Zwiespältigkeit, Prüderie und Heuchelei.«[1] Auch mehr als ein Jahrhundert später ist diese Aussage noch aktuell. In einer 2019 in Großbritannien durchgeführten Umfrage[2] (die sich auch in Erhebungen in den USA widerspiegelt)[3] gaben die Menschen an, dass sie mit Freunden und der Familie lieber über Sex als über Geld sprechen würden. Die Hälfte der Briten erklärt, dass das Reden über persönliche Geldangelegenheiten in alltäglichen Gesprächen ein Tabu sei, noch vor Sex, Religion und Politik. Mehr als zwei Fünftel (44 Prozent) der Menschen vermeiden Gespräche über Geld. Selbst in der Therapie wird das Thema nur ungern angesprochen, wie der am C. G. Jung-Institut geschulte Psychoanalytiker James Hillman schrieb: »Patienten geben eher preis, was in ihrer Hose verborgen ist, als was in ihrer Hosentasche steckt.«[4] Deshalb glaube ich, dass die Bezeichnung »Finanzpsychotherapeutin« vielen meiner Klienten gewissermaßen das Gefühl vermittelt hat, dass sie hier einen Raum betreten, in dem das Reden und Denken über Geld »erlaubt« ist und frei von Wertungen.

Geld ist nach wie vor ein heikles Thema und eine wichtige Ursache für Stress, Scham und Konflikte. Wenn Gespräche über Geld geführt werden, lösen sie eine Vielzahl von Emotionen aus. Fast ein Drittel (32 Prozent) der Befragten gibt an, dass sie es als stressig empfinden, mit Familie und Freunden über ihre Finanzen zu sprechen, und mehr als zwei Fünftel (43 Prozent) erklären, dass ihnen das Thema peinlich sei.[5] Scham und Peinlichkeit scheinen bei jüngeren Menschen, die mit dem Thema Geld konfrontiert werden, besonders ausgeprägt zu sein.[6] Hinzu kommt, dass vielen von uns beigebracht wurde, dass es nicht höflich oder angemessen sei, über Geld zu sprechen, so dass wir uns darüber hinaus auch noch Sorgen machen, dass wir als unhöflich erscheinen könnten, wenn wir das Thema im Freundeskreis anschneiden. Nimmt man zudem die Geheimhaltungsklauseln in Bezug auf Gehälter hinzu, die es Beschäftigten verwehren, ihr Gehalt gegenüber Kollegen offenzulegen, wird deutlich, dass es viele Botschaften gibt, die uns dazu bewegen, unsere Geldangelegenheiten für uns zu behalten. Auch wenn solche Forderungen nicht *expressis verbis* an uns herangetragen werden, sind Unternehmenskulturen, in denen Diskussionen über das Gehalt verpönt sind, keine Seltenheit und tragen dazu bei, dass Geld weiterhin als Tabu gilt.

Der Zusammenhang zwischen Geld und psychischer Gesundheit

Wir meiden das Thema Geld nicht, weil es unwichtig wäre, sondern weil es manchmal emotional »aufgeladen« erscheint. Manche von uns lassen es zu, dass das Geld unsere Beziehungen, unsere geistige und körperliche Gesundheit und unsere Leistung am Arbeitsplatz beeinflusst. Wenn Sie schon einmal nachts aufgewacht sind, weil Sie die Sorgen um Ihr Geld nicht schlafen ließen, sind Sie gewiss nicht allein. Studien aus aller Welt bestätigen, dass sich fast die Hälfte der Erwachsenen gelegentlich um ihre Finanzen sorgt, in Ländern wie Großbritannien und den USA sogar mehr als die Hälfte.[7]

Geldsorgen können jeden befallen, aber gerade für Menschen, die von einer Gehaltszahlung zur nächsten leben, wird es leicht zu einem täglichen Kampf. Das kann einem geistig und emotional stark zusetzen, weshalb es wichtig ist, das Geldtabu in Angriff zu nehmen. Scham, Angst und Traurigkeit im Zusammenhang mit den Finanzen können bei manchen Leuten ein tiefes Gefühl der Hoffnungslosigkeit und der Hilflosigkeit hervorrufen. Wenn man seine Gefühle unterdrückt, sie versteckt und sie nicht erforscht und bespricht, können sie übermächtig werden.

Finanzieller Stress, insbesondere im Zusammenhang mit Schulden, wird auch mit einer schlechten körperlichen Gesundheit in Verbindung gebracht. Eine 2010 durchgeführte Meta-Analyse von über 60 Untersuchungen bestätigte den Zusammenhang zwischen Schulden und schlechterer Gesundheit.[8] Eine vorhergehende Studie[9] ergab, dass Menschen, die mit hohen Schulden zu kämpfen haben, mit deutlich höherer Wahrscheinlichkeit an Magengeschwüren oder Verdauungsproblemen, Kopfschmerzen/Migräne und mit mehr als sechsmal höherer Wahrscheinlichkeit an Angstzuständen und Depressionen leiden. Die Wahrscheinlichkeit, einen Herzinfarkt zu erleiden, war doppelt so hoch, und mehr als die Hälfte klagte über Muskelverspannungen und Rückenschmerzen. Außerdem litten diese Menschen, wie bei chronischen Stresssymptomen üblich, unter Konzentrations- und Schlafproblemen und berichteten, dass sie sich ohne triftigen Grund aufregen.

Auch unsere Leistung am Arbeitsplatz wird durch finanziellen Stress beeinträchtigt. Fast sieben von zehn Arbeitgebern in Großbritannien sind der Meinung, dass die Leistung ihrer Mitarbeiter negativ beeinflusst wird, wenn sie unter finanziellem Druck stehen, und tatsächlich fehlen 10 Prozent der Arbeitnehmer deswegen mehrere Tage krankheitsbedingt bei der Arbeit (im Durchschnitt knapp fünf Tage pro Jahr), so ein Bericht des Centre for Economics and Business Research.[10] Darüber hinaus stellte der Bericht fest, dass 18 Prozent der Arbeitnehmer aufgrund ihrer finanziellen Sorgen einen Rückgang ihrer Produktivität bemerkten.

Es besteht kein Zweifel daran, dass es sich um eine wechselseitige Beziehung handelt: Wir haben gesehen, wie finanzielle Schwierigkeiten zu einer Verschlechterung der psychischen Gesundheit führen können, aber auch psychische Erkrankungen können die Fähigkeit von Menschen beeinträchtigen, rationale und selbstbewusste finanzielle Entscheidungen zu treffen. Sie beeinflussen zudem ihre Fähigkeit, ihren Arbeitsplatz halten zu können.

Geld kann auch die Harmonie unserer Beziehungen auf direkte oder indirekte Weise stören: Wir können feststellen, dass Konflikte um Geld einige unserer wichtigsten Beziehungen beeinträchtigen oder dass unsere Geldsorgen uns emotional so sehr belasten, dass wir angespannter und reizbarer werden und nicht mehr in der Lage sind, unsere Gefühle unter Kontrolle zu halten und mit unseren Lieben zu kommunizieren. Zu verstehen, welche Rolle Geld in unseren Köpfen spielt, kann somit nicht nur unseren Kontostand verbessern, sondern auch unsere Beziehungen.

Reichtum ist keine Garantie für Glück

Auch wenn das Fehlen von Reichtum unser Wohlbefinden empfindlich beeinträchtigen kann, garantieren Reichtum und finanzieller Erfolg kein Glück. Zahlreiche Studien haben herauszuarbeiten versucht, ob das Glück mit dem Einkommen oder dem Vermögen zunimmt.

Die Ergebnisse sind uneinheitlich, und es gibt zahlreiche akademische Debatten darüber, ob man das »evaluative Wohlbefinden« (wie wir selbst unser Leben und unsere Lebenszufriedenheit bewerten) messen sollte oder das »erlebte Wohlbefinden« (wie wir uns im täglichen Leben fühlen). Es ist jedoch erwiesen, dass das »evaluative Wohlbefinden« stärker mit dem Wohlstand zusammenhängt als das »erlebte Wohlbefinden«, was darauf hindeutet, dass Wohlstand zwar Einfluss darauf hat, wie wir unser Leben im Allgemeinen bewerten, dass aber auch wohlhabende Menschen im Alltag nicht weniger um ihr Glück zu kämpfen haben als alle anderen.

Nun sind wir Menschen, wie ich gerne betone, komplexe Wesen, so dass der Versuch, Glück anhand eines Fragebogens zu bewerten, schnell an Grenzen stößt. Und so tröstlich und beruhigend es ist, die Schlussfolgerungen von Psychologen zu lesen, wonach die 100 reichsten Amerikaner nur geringfügig glücklicher sind als der Durchschnittsamerikaner,[11] so gibt es doch auch Studien, die diesen Ergebnissen widersprechen.[12]

Meine Berufserfahrung und die vieler Kollegen bestätigt, dass sich viele wohlhabende Menschen schwertun, Freude und Erfüllung zu finden. Wenn überhaupt, dann tragen sie mehr Schuldgefühle und Scham über ihre Traurigkeit in sich, weil unsere Gesellschaft uns die irreführende Annahme eintrichtert, dass mehr Geld uns glücklicher machen würde. Geld kann durchaus, wenn wir es zulassen, unser Glück fördern, aber es ist nicht die entscheidende Triebkraft dafür.

Zuzulassen, dass Geld das Glück fördert, ist aber anscheinend schwieriger, als man es sich vorstellt. Wir können uns emotional, irrational, unrealistisch und manchmal sogar wahnhaft verhalten in Bezug darauf, was Geld uns bringen kann, und so lassen wir es manchmal zu einer Quelle von Konflikten oder auch zu einem Werkzeug werden, mit dem wir unsere Selbstzerstörung und Selbstkasteiung ausleben können, anstatt es als lebensfördernd zu betrachten.

Es ist nichts Neues, dass Menschen in Bezug auf Geld irrational handeln können

Während das Thema Geld in der psychoanalytischen Literatur bestenfalls am Rande behandelt wird (mit Ausnahme des Glücksspiels), untersucht die Behavioural Finance seit Jahren den Einfluss der Psychologie auf die Finanzmärkte und auf Finanzentscheidungen.

Die Forschung der Behavioural Finance hat gezeigt, dass Menschen im Umgang mit Geld in hohem Maße irrational sein können. So wurde beispielsweise bei der Untersuchung der menschlichen Entscheidungsfindung festgestellt, dass wir für bestimmte sogenannte »kognitive Verzerrungen« anfällig sind: Der »Effekt der versunkenen Kosten« (*Sunk Cost Fallacy*), der »Ankereffekt« (*Anchoring Effect*) und der »Rezenzeffekt« (*Recency Bias*) verzerren unsere Rationalität und verleiten uns dazu, schlechte finanzielle Entscheidungen zu treffen.

Nehmen wir als Beispiel für die oben genannten Verzerrungen den »Effekt der versunkenen Kosten«. Stellen Sie sich vor, Sie haben Konzertkarten für 150 Euro und Theaterkarten für 75 Euro gekauft, ohne zu wissen, dass beide Veranstaltungen am selben Abend stattfinden sollen. Welche Veranstaltung sollen Sie besuchen? Vielleicht entscheiden Sie sich für das Konzert, weil Sie dafür einen höheren Preis bezahlt haben. Das Geld für die Karten ist jedoch so oder so verloren: Wer rationale Entscheidungen treffen will, würde nur den zukünftigen Wert betrachten. Welche Veranstaltung wird Ihnen mehr Freude und Zufriedenheit bereiten? Das ausgegebene Geld sollte bei dieser Entscheidung keine Rolle spielen.

In diesem Buch geht es jedoch nicht um die irrationalen Neigungen, mit denen wir alle konfrontiert sind, sondern darum, Ihnen die Werkzeuge an die Hand zu geben, mit denen Sie Ihre eigene, individuelle Einstellung zum Geld erforschen können, die auf der einzigartigen Kartierung Ihrer inneren Welt beruht.

Ein Psychotherapeut kann Ihnen zwar helfen, die Irrtümer in Ihrem Denken zu erkennen, aber er wird sich eher dafür interessieren, warum Sie überhaupt in eine solche Bredouille geraten sind (zwei Veranstaltungen am selben Abend zu buchen). Wenn dies häufig vorkommt, könnte es Gründe für diese »Fehler« geben. Vielleicht haben Sie ein schlechtes Gewissen, wenn Sie Geld für sich selbst ausgeben, und um dieses Schuldgefühl zu vermeiden, treffen Sie Geldentscheidungen, ohne viel nachzudenken (oder Termine zu überprüfen). Vielleicht fürchten Sie, dass Sie am Samstagabend allein sein könnten (eine Unsicherheit, die in den Schwierigkeiten wurzelt, in der Schulzeit Kontakte zu knüpfen), was Sie dazu veranlasst, überstürzt und ohne viel nachzudenken Pläne zu machen. Oder vielleicht spiegelt dies eine chaotische Lebensweise wider, die Sie auch in anderen Bereichen Ihres Lebens an den Tag legen? Was mich interessiert, ist die einzigartige emotionale Prägung, die einen Menschen für bestimmte Denk- und Verhaltensweisen prädisponiert.

Indem ich Ihnen auch eine andere Denkweise vorstelle, hoffe ich, Ihnen eine neue Sicht zu vermitteln, die es Ihnen ermöglicht, Ihre Beziehung zu Geld zu erkunden. Ich erinnere mich, wie ein Klient, der mit Geldsorgen zu kämpfen hatte, einmal tief Luft holte, nachdem er gerade ausführlich von der schmerzhaften Erinnerung an den Bankrott seiner Eltern erzählt hatte. Auf den tiefen Atemzug folgte längeres Schweigen, dann fragte er mich mit hoffnungsvollem Blick: »War es das?« Er meinte damit: »Haben wir das Geheimnis gelüftet? Haben wir jetzt *die* Antwort gefunden?« oder anders ausgedrückt: Könnte diese eine Erfahrung für alles verantwortlich sein? Bedauerlicherweise aber gibt es nie ein »es«. Es kann vielleicht enttäuschen, zu lesen, dass es so gut wie nie nur *eine* bestimmte Sache, *eine* bestimmte Erfahrung oder *einen* bestimmten Gedanken gibt, die unser Handeln im Hier und Jetzt erklären.

Das macht die Suche aber nicht weniger wertvoll, davon bin ich heute überzeugt. Wenn Sie sich öffnen für eine andere Herangehensweise an die Selbsterforschung und die Reflexion, werden Sie sich selbst in einer vielschichtigen und multidimensionalen Weise begreifen, die Ihr Verständnis von sich selbst (und nicht nur von Geld) bereichern wird. Ich werde Beispiele aus dem Leben, aus meiner eigenen klinischen Praxis, aus Berichten aus der klinischen Praxis von Kollegen sowie aus dem öffentlichen Leben und der Populärkultur verwenden. Wenn ich hin und wieder auf die Arbeit mit meinen eigenen Klienten zurückgreife, mache ich dies in verdeckter und anonymisierter Form, um ihre Privatsphäre zu schützen und meiner Schweigepflicht nachzukommen.

Finanzielles Wohlbefinden und finanzielles emotionales Bewusstsein

Finanzielles Wohlergehen wird im Allgemeinen damit beschrieben, dass man mit seiner finanziellen Situation zufrieden ist und sie im Griff hat. Es hat nichts mit der Menge des Geldes zu tun, das man besitzt, sondern vielmehr damit, dass man ein ausreichendes Maß an Kontrolle über die eigene finanzielle Situation besitzt und das Gefühl hat, dass die Entscheidungen, die man trifft, rational begründet sind (anstatt irrational oder gegen die eigenen Interessen gerichtet). So erklärt zum Beispiel der Money and Pensions Service (MaPS), eine unabhängige britische Finanzberatungsorganisation: »Finanzielles Wohlergehen bedeutet, dass man sich sicher fühlt und die Dinge unter Kontrolle hat. Es geht darum, jeden Tag das Beste aus seinem Geld zu machen, mit dem Unerwarteten umzugehen und auf dem richtigen Weg in eine gesunde finanzielle Zukunft zu sein. Kurz gesagt: finanziell widerstandsfähig, zuversichtlich und sich seiner selbst gewiss zu sein.«

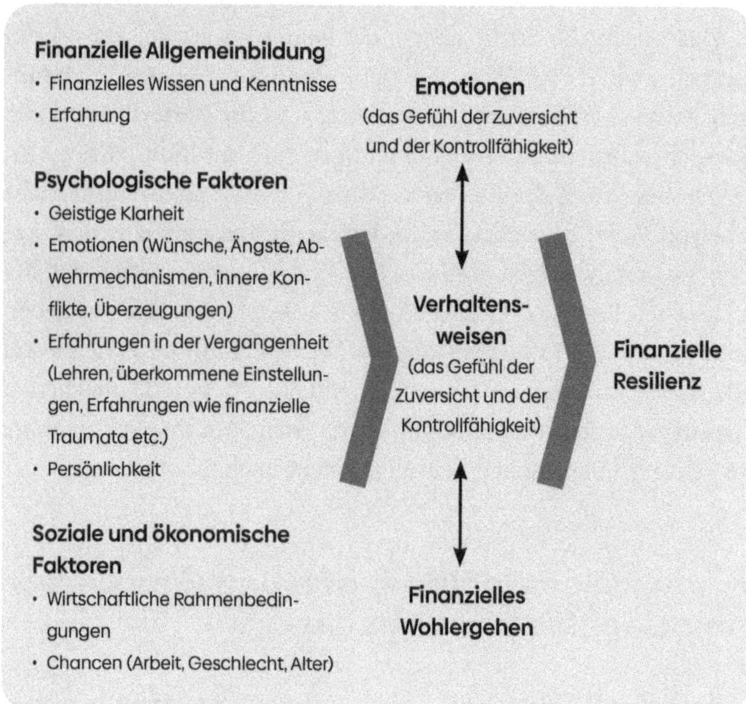

Im Allgemeinen gibt es eine Reihe von Faktoren, die unser finanzielles Wohlergehen beeinflussen können. Dazu gehören:

- Soziale und wirtschaftliche Faktoren
- Finanzielle Allgemeinbildung
- Psychologische Faktoren

Alle diese Faktoren beeinflussen unser finanzielles Wohlergehen, weil sie sich darauf auswirken, wie sicher wir uns in Bezug auf unsere Finanzen fühlen und wie stark unsere Kontrollfähigkeit ist. Diese Faktoren beeinflussen sich auch gegenseitig: Wenn wir uns in Bezug auf unsere Finanzen eher unsicher fühlen, ist die Wahrscheinlichkeit größer, dass wir schlechte finanzielle Entscheidungen treffen, so dass wir in einen Kreislauf aus sich verschlechternden finanziellen Umständen und schlechter psychischer Verfassung geraten.

Auch wenn es bei finanziellem Wohlbefinden nicht in erster Linie um die Höhe des Geldbetrags auf unserem Bankkonto geht, spielt unsere »finanzielle Resilienz« eine große Rolle:

- Haben wir eine Notfallreserve, um unvorhergesehene Ausgaben abdecken zu können?
- Können wir im Bedarfsfall darauf zugreifen, oder sind alle unsere Ersparnisse in illiquiden Vermögenswerten gebunden, so dass wir sie im Notfall nicht einfach in Bargeld umwandeln können?
- Können wir uns von finanziellen Herausforderungen erholen und eine stabile finanzielle Situation aufrechterhalten?
- Können wir die Auswirkungen zum Beispiel der Inflation oder eines finanziellen Rückschlags verkraften?

Unser Verhalten wird sich auf unsere finanzielle Resilienz und damit auf unser finanzielles Wohlergehen auswirken. Wenn wir uns in einer prekären finanziellen Lage befinden, wird uns dies in irgendeiner Weise bewusst sein und wir werden das Gefühl bekommen, dass uns die Kontrolle über unser Geld zu entgleiten droht und dass wir mit unserer finanziellen Situation nicht zufrieden sein können.

Soziale und wirtschaftliche Faktoren

Es gibt eine Reihe von sozialen und wirtschaftlichen Faktoren, die sich direkt oder indirekt auf unser finanzielles Wohlergehen auswirken, weil sie bestimmen, inwieweit wir Zugang zu Chancen haben, und damit unsere Lebensqualität und unser Wohlbefinden insgesamt beeinflussen.

Aufwachsen in Armut sowie Schulden und Arbeitslosigkeit sind häufig mit einer schlechten psychischen und physischen Gesundheit verbunden. Finanzieller Stress und Ängste führen zu schlechten oder falschen finanziellen Entscheidungen: In den USA hat die Investor Education Foundation der US-Finanzaufsichtsbehörde herausgefunden, dass finanziell verunsicherte und gestresste Erwachsene mit größerer Wahrscheinlichkeit kostspielige finanzielle Verhaltensweisen an den Tag legen, wie zum Beispiel teure Kredite aufnehmen oder vorzeitig Geld von ihrem Rentenkonto abheben, und dass sie seltener für den Ruhestand planen.[13] Diese sozioökonomischen Faktoren wirken sich also sowohl auf die Entscheidungen aus, die wir in Geldangelegenheiten treffen, als auch darauf, wie glücklich wir sind und wie gut wir unsere finanzielle Situation im Griff haben.

Aber auch hier geht es nicht um die Finanzen als Zahlenwerte, sondern um finanzielles Wohlbefinden, und das sind zwei verschiedene Paar Stiefel. Wenn man in armen oder prekären Verhältnissen aufwächst, ist man nicht zwangsläufig zu schlechtem finanziellem Wohlbefinden verurteilt, und man wird auch nicht zu einer bestimmten Einstellung zum Geld gezwungen. Ebenso ist das Aufwachsen im Reichtum keine Garantie für Freiheit von

Geldsorgen. Es handelt sich lediglich um unterschiedliche und gleichermaßen komplexe emotionale Konstellationen.

Wer in bescheidenen Verhältnissen groß geworden ist und unter Geldsorgen zu leiden hatte, welche die Eltern nur schwer in den Griff bekamen, könnte als Erwachsener eher zu einem ängstlichen, vorsichtigen Umgang mit Geld neigen und nie das Gefühl bekommen, dass er nun »genug« hat, um sich zu entspannen und sich sicher und zuversichtlich zu fühlen in seiner finanziellen Situation. Vielleicht horten solche Menschen dann ihr Geld, anstatt es zu genießen, »nur für den Fall«, dass etwas passiert, und werden von Katastrophenphantasien heimgesucht, die es ihnen nicht erlauben, sich an ihrem Geld zu erfreuen. Wenn die Eltern dagegen mit ihren Ängsten umgehen konnten, haben vielleicht auch ihre Kinder Wege gefunden, insgesamt mit ihrer finanziellen Situation zufrieden zu sein, das Beste aus dem zu machen, was sie haben, sich realistische Ziele zu setzen und sich nicht zu sehr darum zu kümmern, was andere tun oder sich leisten können.

In ähnlicher Weise mögen die Wohlhabenden im Großen und Ganzen weniger Ängste haben, dass sie sich einmal in einer finanziell prekären Situation wiederfinden könnten, aber gleichwohl könnte ihr finanzielles Wohlergehen immer noch von einer Fülle negativer Emotionen beeinflusst werden: von Unsicherheit über ihre Fähigkeiten, mit dem Geld, das sie haben, umzugehen, wenn es geerbt und nicht verdient wurde; von Scham darüber, dass sie mehr haben als andere, wenn sie mehr verdienen als ihre Freunde und ihre Familie; von Angst davor, dass das Geld eines Tages weg ist, wenn sie in der Kindheit miterlebt haben, wie ihre Eltern einen Bankrott oder einen großen Verlust erlitten haben. Es ist also nicht so, dass Knappheit und Mangel automatisch schlechtes finanzielles Wohlergehen bedeuten und Reichtum gutes finanzielles Wohlergehen, sondern es ist die eigene Einstellung dieser Situation gegenüber, die finanziellem Wohlergehen im Wege stehen könnte.

Ein interessanter Aspekt ist auch die Schichtzugehörigkeit. Da der wirtschaftliche Status und das Bildungsniveau, die mit der Zugehörigkeit zu einer bestimmten sozialen Schicht einhergehen, (traditionell) ein gewisses Potenzial an Verdienstmöglichkeiten und Chancen eröffneten, finde ich es interessant, darüber nachzudenken, wie das Erleben unserer Schichtzugehörigkeit unsere Einstellung zu und unser Verhalten im Umgang mit Geld geprägt haben. Gab es Ressentiments gegenüber dem Geld oder der Macht, welche die Angehörigen einer höheren sozialen Schicht ausübten, und Scham über unseren »minderwertigen« Status, der uns das Gefühl gab, abgehängt und machtlos zu sein? In diesem Fall kann unser finanzielles Wohlergehen von der Vorstellung geprägt sein, dass »andere immer mehr haben werden«, und vielleicht auch von Resignation und dem Gefühl, dass wir nur wenig Einfluss auf unsere eigene Situation besitzen. Wenn wir in einer Familie aufgewachsen sind, in der Reichtum und »gierige Reiche« verachtet wurden, könnten wir in einen schweren inneren Konflikt geraten, wenn wir irgendwann später auf der sozialen Leiter aufgestiegen sind und statt unser Geld genießen zu können, von Schuld- und Schamgefühlen geplagt werden.

Weitere Faktoren, die unsere Gefühle und unser Verhalten in Bezug auf Geld beeinflussen können, sind der allgemeine Zustand der Wirtschaft und der Finanzmärkte: In einer prosperierenden Wirtschaft fühlen wir uns vielleicht zuversichtlicher und gehen mehr Risiken ein, während wir uns in einer Rezession ganz anders fühlen und verhalten.

Auch unser Alter, unsere Lebensphase und unser Beziehungsstatus können sich auf unsere Geldentscheidungen und unser Vertrauen in unsere finanzielle Belastbarkeit auswirken (in jungen Jahren sind wir vielleicht risikofreudiger und mit zunehmendem Alter risikoscheuer; in den ersten Jahren unserer Erwerbstätigkeit konzentrieren wir uns vielleicht mehr auf das Sparen und in der Lebensmitte auf das Ausgeben). Aber auch hier gilt, dass die individuellen Erfahrungen und Lebensumstände den größten Einfluss auf unser finanzielles Wohlergehen haben, und diese sozioökonomischen Faktoren können unser Verständnis für unsere Beziehung zu Geld zwar beeinflussen, aber letztlich nicht zur Gänze erklären.

Finanzielle Allgemeinbildung

Finanzielle Bildung ist wichtig, denn davon hängt es maßgeblich ab, wie sicher wir uns bei unseren finanziellen Entscheidungen fühlen. Außerdem ist sie die Grundlage für einen soliden Umgang mit Geld und Finanzen. Wenn wir Entscheidungen treffen, die unseren ureigensten finanziellen Interessen zuwiderlaufen, muss das nicht unbedingt auf tiefgreifende emotionale Probleme zurückzuführen sein, sondern kann auch schlicht auf finanziellem Nichtwissen beruhen.

Die Statistiken bezüglich finanzieller Allgemeinbildung sind ernüchternd:

- In der Europäischen Union ist nur etwa die Hälfte der Erwachsenen finanziell gebildet.[14]
- In jedem Land gibt es große Unterschiede zwischen Männern und Frauen: Bei einer groß angelegten Untersuchung in 93 Ländern stellte die amerikanische Ratingagentur Standard and Poor (S&P Global Ratings) fest, dass die Kluft zwischen Männern und Frauen bei den richtigen Antworten mehr als fünf Prozentpunkte betrug.
- In den USA kennt einer von drei Teenagern nicht den Unterschied zwischen einer Kreditkarte und einer Debitkarte.[15]
- In einer OECD-Studie, die sich auf 33 Länder bezog, kann ein Viertel der Erwachsenen nicht ausrechnen, wie viel Wechselgeld sie in einem Geschäft erhalten sollten (in Ländern wie Spanien, England und Italien steigt dieser Anteil auf etwa ein Drittel der untersuchten Personen).[16]
- 44 Prozent der Erwachsenen in Großbritannien meinen, dass sie finanziell wesentlich besser dastehen würden, wenn ihnen grundlegende Kenntnisse im Umgang mit Geld, wie zum Beispiel mit Haushaltsplanung, vermittelt worden wären.[17]
- Sowohl in den USA[18] als auch in Großbritannien[19] wünschen sich drei von vier Menschen im Teenager-Alter, sie hätten mehr Unterricht in Finanzmanagement erhalten.

- 13 Prozent der Eltern in den USA gaben an, dass ihre eigenen Eltern überhaupt nicht mit ihnen über Geld gesprochen haben,[20] und in Großbritannien reden selbst heute noch weniger als die Hälfte der Eltern offen mit ihren Kindern über Geld.[21]

Weltweit (aber auch in den wohlhabenden Ländern) bilden die Menschen, die über solide finanzielle Kenntnisse verfügen und in der Lage sind, zu entscheiden, was wirklich in ihrem finanziellen Interesse liegt, eine Minderheit. Das sind erschütternde Zahlen, sie zeigen uns, dass wir dringend eine bessere Finanzbildung brauchen.

Die Folgen sind weitreichend. Finanzielle Allgemeinbildung hat Auswirkungen auf die Wirtschaft und unsere eigenen finanziellen Ergebnisse. Sie beeinflusst unsere Fähigkeit, Wohlstand zu schaffen und sich von finanziellen Schocks zu erholen. Sie steht im Zusammenhang damit, größere Ersparnisse und mehr Vermögen aufzubauen, mit einer besseren Altersvorsorge, einem besseren Umgang mit Schulden und einer geringeren Neigung zu leichtfertigem Umgang mit Kreditkarten.[22] Und natürlich wirkt sie sich auf unser finanzielles Wohlergehen und unsere psychische Gesundheit aus, weil fehlende Finanzkenntnisse zu Unsicherheiten, Zweifeln und Ängsten im Zusammenhang mit finanziellen Entscheidungen führen. Bei der Untersuchung über finanziellen Stress fanden Forscher heraus, dass die finanziellen Ängste umso geringer sind, je höher das Niveau der finanziellen Bildung ist.[23] Wissen schafft Vertrauen und fördert ein Gefühl der Kontrolle und der Wahlfreiheit. In der Praxis führt dies letztlich auch zu besseren Entscheidungen.

Psychologische Faktoren: Aufbau eines emotionalen Finanzbewusstseins

Das Gefühl, dass man selbstbewusst sein darf und die eigenen Finanzen unter Kontrolle hat, wird von einer Vielzahl psychologischer Faktoren beeinflusst, von denen ich einige in diesem Buch ausführlich behandeln werde. Ein komplexes Geflecht emotionaler Faktoren (Sehnsüchte, Ängste, Abwehrmechanismen, innere Konflikte, Überzeugungen), vergangener Erfahrungen (Erkenntnisse darüber, wofür Geld steht, überkommene Überzeugungen und Erfahrungen wie finanzielle Traumata und soziale Mobilität) sowie unsere Persönlichkeit und unsere mentalen Prozesse (wie wir die Welt um uns herum erleben) bestimmen die Entscheidungen, die wir in Bezug auf Geld treffen, und wie wir uns dabei fühlen.

Ich möchte mit diesem Buch dazu beitragen, dass sich Ihr, wie ich es nenne, »finanzielles emotionales Bewusstsein« verbessert: Ihr Bewusstsein für die psychologischen Einflüsse, die Ihre Gefühle und Ihr Verhalten in Bezug auf Geld bestimmen und formen. Sie werden feststellen, dass viele dieser Faktoren auf frühere Erfahrungen zurückgehen, einige sogar auf Erlebnisse aus der Kindheit und in vielen Fällen auf Erfahrungen, die nichts mit Geld zu tun haben. Sie entdecken vielleicht, dass Ihre Schwierigkeiten, sich mit einem Geschäftspartner über die Vergütung zu einigen, in Wirklichkeit mit alten geschwisterlichen Dynamiken zu tun haben, die durch diese Beziehung wiederbelebt werden. Oder dass Ihr Wunsch, weiterhin die Ferien Ihrer Kinder zu finanzieren, in Ihrer Angst vor einer Trennung von ihnen begründet ist, die Sie bei Ihren eigenen Eltern nur schwer überwinden konnten. Oder dass Ihre Gewohnheit, die Ausgaben bis auf den letzten Cent zu erfassen, mit einer tief sitzenden Angst vor Ausbeutung oder Übervorteilung zu tun hat.

Es ist nicht meine Absicht, Emotionen aus finanziellen Entscheidungen zu eliminieren. Könnte man Hypothekenverträge unterschreiben, ohne eine gewisse Besorgnis oder Beklemmung zu verspüren? Könnten wir zum ersten Mal in ein unternehmerisches

Projekt investieren, ohne zu bangen und aufgeregt zu sein? Könnten wir für unser Kind/unseren Partner zum fünften Mal eine Bürgschaft übernehmen, ohne einen gewissen Ärger zu verspüren? Die Antwort auf all diese Fragen lautet »Wahrscheinlich nicht«, denn viele Geldentscheidungen sind emotional. »Finanzielles emotionales Bewusstsein« bedeutet, dass Sie sich der Gefühle, die Ihre finanziellen Entscheidungen bestimmen, bewusster werden und sie besser wahrnehmen können, so dass Sie finanzielle Entscheidungen treffen können, die Ihnen mehr Sicherheit geben. Wenn Sie diese Art von Einsicht entwickeln, können Sie Ihre Entscheidungen von Ihrem Gefühl leiten lassen, anstatt sie blindlings zu treffen. Dies wird unweigerlich zu größerem finanziellen Wohlbefinden beitragen.

Manchmal sind negative Gefühle eine natürliche Reaktion auf eine schwierige finanzielle Entscheidung und nicht etwa ein Zeichen dafür, dass man eine schlechte Entscheidung trifft.

Wir könnten vielleicht folgende Empfindungen verspüren:

- Scham, wenn wir uns entscheiden, weniger als die anderen zu einer Sammlung für ein Geschenk beizutragen
- Schuldgefühle, wenn wir uns eine Massage oder ein teureres Restaurant zu regelmäßig gönnen
- Frustration, wenn wir auf eine gewünschte Anschaffung verzichten, um für ein größeres finanzielles Ziel zu sparen
- Angst, wenn wir einen Kredit aufnehmen, um ein Unternehmen zu gründen

Es sind nicht immer die negativen Emotionen, die zu solchen schlechten Entscheidungen führen. Nehmen wir die Sammlung für ein Geschenk: weniger zu geben als andere, könnte Scham hervorrufen, aber mehr zu geben, als wir uns leisten können, kann Bedauern oder sogar Groll auslösen. Es gibt also keine »richtige« Entscheidung, die uns von allen negativen Gefühlen befreit. Es geht darum, sich über die Gründe für unsere Entscheidung im Klaren zu sein (und nicht impulsiv und unter Druck zu handeln, ohne die

Folgen abzuschätzen) und dann die Nachteile der Entscheidung, die wir letztendlich treffen, zu bewältigen. Probleme entstehen, wenn Emotionen uns daran hindern zu verstehen, was das Beste für uns ist, wenn sie unser Urteilsvermögen trüben.

Nehmen wir zum Beispiel Jonathan, der eine Beförderung erhält und seinen gesamten Bonus für einen Luxusurlaub ausgibt. Ist das eine schlechte Entscheidung? Nun, die Antwort lautet: »Es kommt darauf an.« Ausschlaggebend ist, ob Jonathan die Gründe für seine Entscheidung durchdacht hat und nicht impulsiv und aus einer emotionalen Aufwallung heraus gehandelt hat. In ersterem Fall ist er so begeistert, dass er endlich eine beträchtliche Bonuszahlung bekommen hat, dass er ohne zu überlegen einen Luxusurlaub bucht. Als er aus dem Urlaub zurückkehrt, plagen ihn jedoch Schuldgefühle. Hätte er den Bonus nicht für den Urlaub »verpulvert«, wäre er der Anzahlung für die Wohnung, die er im Auge hatte, einen Schritt näher gekommen.

Im zweiten Fall nimmt sich Jonathan Zeit, um die Vor- und Nachteile seiner Entscheidung abzuwägen: Ja, der Luxusurlaub wird ihn bei der Finanzierung der Wohnung zurückwerfen. Entweder muss er länger warten, bis er genug Geld dafür hat, oder er muss seine Familie um finanzielle Unterstützung bitten. Aber dieser Luxusurlaub ist etwas, das er schon seit seiner Jugend machen wollte. Aufgewachsen in einer Arbeiterfamilie, schaute Jonathan immer neidvoll auf die Kinder in seiner Schule, die ins Ausland reisen konnten. Er sehnte sich danach, sich dies auch eines Tages leisten zu können, und legte sich in seinem ersten Job mächtig ins Zeug, um endlich seinen Traumurlaub machen zu können. Dank seiner Bemühungen kann er sich dieses Ziel nun erfüllen. Da ihm bewusst ist, was er dafür aufgeben muss, kann er erkennen, dass er einen Kompromiss eingehen und sich dafür entscheiden muss, was ihm wichtiger ist. Er genießt den Urlaub ohne Schuldgefühle oder Reue.

Dieselbe Entscheidung, aber ganz unterschiedliche Entscheidungsprozesse. Und was noch wichtiger ist, auch die emotionalen Ergebnisse sind sehr unterschiedlich: Letztere Entscheidung steigert sein finanzielles Wohlbefinden, denn selbst wenn er am Ende in der gleichen finanziellen Lage ist, hat er sich erlaubt, mit dem Geld, das er hat, etwas anzustellen, was ihm Freude bereitet hat, und eine Entscheidung zu treffen, mit der er zufrieden sein kann.

Jede Entscheidung bedeutet, etwas aufzugeben, und sich dessen bewusst zu sein, hilft uns, es loszulassen, und zwar im Zusammenhang mit dem, was wir dadurch gewinnen. Wenn wir uns die Möglichkeit verschaffen, unsere Entscheidungen zu überdenken und die unvermeidlichen Verluste zu betrauern, sind wir besser in der Lage, das zu genießen, wofür wir uns entschieden haben. Es ist auch eine Gelegenheit, darüber nachzudenken, wie wir die Nachteile unserer Entscheidung minimieren können – welche Alternativen zum Aufschub des Wohnungskaufs hat Jonathan? Im »impulsiven Szenario« hat Jonathan wahrscheinlich den Urlaub genossen, während er versuchte, Schuldgefühle zu vermeiden, die im Hintergrund lauerten, weil ihm unterschwellig bewusst war, dass er das Geld auch für die Wohnung verwenden hätte können. Als er aus dem Urlaub zurückkehrte, traf ihn die Realität seiner Entscheidung mit voller Wucht. Wenn wir unsere Entscheidungen mit finanziellem emotionalem Bewusstsein treffen, gewinnen wir Klarheit über die Faktoren, die sie beeinflussen, können die daraus resultierenden emotionalen Auswirkungen besser einschätzen (wir werden von unseren Gefühlen nach der Entscheidung weniger überrascht, wenn wir vorher darüber nachgedacht haben) und haben das Gefühl, dass wir sie in gewisser Weise im Griff haben.

Finanzielles Wohlergehen lässt sich nicht mit dem Meterstab messen. Es gibt keine Messgrößen, anhand deren sich feststellen lässt, wann unsere Ausgaben aus dem Ruder laufen, wann ein paar lustige Pokerabende mit Freunden zur Spielsucht ausarten oder wann »Vorsicht« im Umgang mit Geld in Knauserigkeit umschlägt.

Doch es gibt gewisse Anhaltspunkte dafür, und einige davon sind emotionaler Natur. Auf unsere Emotionen zu achten, kann uns darauf hinweisen, dass eine Grenze überschritten wurde: Ein aufsteigendes Schuldgefühl zum Beispiel sagt uns, dass etwas an unserem Verhalten nicht in Ordnung ist. Was zunächst wie eine Gewohnheit aussah, die wir im Griff hatten, scheint nun außer Kontrolle geraten zu sein. Aber auch das Gegenteil ist beileibe nicht immer der Fall: Wenn wir davon überzeugt sind, dass ein selbstzerstörerisches Verhalten in Ordnung sei, dann versuchen wir es vielleicht nur zu verleugnen.

Tatsachen sagen mehr als Worte, und hohe oder wiederholte Kreditkartenschulden oder Verluste im Spiel können uns darauf aufmerksam machen, dass wir uns um eine bestimmte Sache kümmern müssen. Auch bestimmte Verhaltensweisen können darauf hinweisen, dass vielleicht etwas nicht in Ordnung ist: Wenn wir Gespräche über Geld vollständig abblocken, wenn wir Geheimnisse vor unseren Lieben haben, und wenn wir ein auffällig widersprüchliches Verhalten an den Tag legen, kann dies ein Hinweis darauf sein, dass wir mit unseren Finanzen nicht im Reinen sind.

Anzeichen dafür, dass es eine Schwierigkeit geben könnte, die es anzugehen gilt, sind oft leicht zu erkennen: Vielleicht hat man direkt oder indirekt von anderen ein Feedback erhalten (»Warum machst du dich so verrückt wegen ein paar Euro?« oder »Warum entziehst du dich jeder Diskussion über Geld?«). Sie wissen, welche Geheimnisse Sie haben (vielleicht schneiden Sie die Etiketten neuer Klamotten ab, damit Ihr Partner, Ihr Freund oder Ihre Eltern nicht merken, dass Sie einkaufen waren, oder Sie schieben es vor sich her, Ihrem Partner von der Erbschaft zu erzählen, die Sie erhalten haben). Sie wissen, was Sie beim letzten Mal, als in einer Unterhaltung das Thema Geld zur Sprache kam, am liebsten für sich behalten hätten (»Warum musste ich meinem Freund, der mir gerade erzählt hat, dass er keine Erfolgsprämie bekommen hat, verraten, wie viel ich gekriegt habe?«). Vielleicht ist Ihnen aufgefallen, dass Sie wesentlich vorsichtiger oder draufgängerischer oder risikoscheuer sind als die meisten anderen Menschen, die Sie kennen. Es geht hier nicht darum, Unterschiede als krankhaft einzustufen, sondern Ihnen zu helfen, sich Ihrer selbst bewusster zu werden und sich zu fragen: Woran liegt das?

*

Ohne finanzielles emotionales Bewusstsein kann uns das Gefühl überwältigen, dass wir in Verhaltensweisen und Emotionen gefangen sind, gegen die wir nicht ankommen. »Egal wie viel Geld ich in meinem Beruf verdiene, ich bin immer unzufrieden und wünsche mir mehr«; »Ich kann nicht aufhören, mit meinem Partner, meinen Geschwistern oder meinen Eltern über Geld zu streiten«; »Ich habe ständig Angst um mein Geld«. In all diesen Aussagen steckt einerseits der Wunsch, dass sich etwas ändert, andererseits aber auch eine Herausforderung in emotionaler Hinsicht: Es geht darum, etwas zu verstehen, einen Konflikt zu lösen oder einem bestimmten Gefühl Raum zu geben. Wir können diese emotionalen Hürden erkennen und überwinden, manchmal aber brauchen wir dabei Unterstützung.

Mit diesem Buch möchte ich Ihnen helfen, darüber nachzudenken, wie Sie Ihre Sehnsüchte, Ihre Ängste und inneren Konflikte bezüglich Geld ausdrücken können und wie Ihre früheren Erfahrungen, auch solche, die nichts mit Geld zu tun haben, Ihr Verhalten und Ihre Gefühle im Zusammenhang mit Geld beeinflusst haben könnten.

Ich werde in diesem Buch eine Vielzahl von Verhaltensweisen in Bezug auf Geld behandeln, wenngleich nicht alle. Auf Glücksspiele oder Zockereien mit hohen finanziellen Risiken zum Beispiel werde ich nicht näher eingehen, weil zu diesem Thema bereits zahlreiche Bücher (akademischer wie auch nichtakademischer Art) geschrieben wurden. Ich konzentriere mich vielmehr auf Aspekte unseres Verhältnisses zu Geld, die bislang weniger ausführlich untersucht wurden. Gleichwohl können viele der in diesem Buch behandelten Themen auch für unser Verständnis des Glücksspiels hilfreich sein (wie etwa der Masochismus, der Wunsch nach einer magischen Verwandlung, die Auflehnung oder die Suche nach Gerechtigkeit und Wiedergutmachung).

Kapitel 1

Wie frühere Erfahrungen unser Verhältnis zu Geld beeinflussen

Geld als Symbol

Geld ist ein starkes Symbol. Ein Symbol steht für etwas Konkretes und ist immer mit einer bestimmten Bedeutung verbunden. Wir verwenden andauernd Symbole – Eheringe für die Verbundenheit zwischen zwei Menschen, ein Herz für die Liebe, eine weiße Flagge für Kapitulation, ein Kreuz für das Christentum. Doch abgesehen von ihrer allgemein bekannten Aussage haben Symbole auch eine ganz individuelle emotionale Bedeutung. Aufgrund dieser ist es so ärgerlich oder verstörend, wenn man seinen Ehering verliert oder wenn eine Fahne verbrannt wird. Wir haben nicht nur einen Gegenstand verloren, sondern *spüren* diesen Verlust auch aufgrund des besonderen emotionalen Hintergrunds.

Die symbolische Bedeutung eines Gegenstands wird von vielen wahrgenommen, die emotionale ist jedoch meist sehr persönlich. Fragt man Passanten in den USA »Was bedeutet die amerikanische Flagge für Sie?«, erhält man eine Vielzahl von Antworten: Freiheit, Macht, Land der unbegrenzten Möglichkeiten; es gibt aber auch diejenigen, die sie (aufgrund der Geschichte des Landes oder ihrer eigenen Erfahrungen) mit Imperialismus oder Rassismus in Verbindung bringen.[24] Bei einem Kriegsveteranen kann sie unangenehme Erinnerungen wecken, bei einem im Ausland lebenden Amerikaner nostalgische oder tröstliche Gefühle hervorrufen.

Praktisch alles kann zum Symbol werden, man muss nur eine Bedeutung darauf übertragen. Der Psychoanalytiker Donald Winnicott stellte fest, dass eins der ersten von uns verwendeten Symbole das »Schmusetuch« (oder »Übergangsobjekt«, wie es in der Fachsprache heißt) ist, weil es ein Objekt in der realen Welt mit einer persönlichen Bedeutung verbindet.[25] Die Decke/das Kuscheltier/der Schnuller steht für Trost und füllt den Raum, der zwischen Mutter und Kind entsteht, wenn sich das Kind in seiner Entwicklung nach und nach von der Mutter löst. Die Kuscheldecke erhält also die Bedeutung, die das Kind ihr zuschreibt, psychologisch wie emotional.

Geld strotzt geradezu vor Bedeutung. Während seine gemeinsame Bedeutung (als Tauschmittel) allgemein akzeptiert wird, ist seine psychologische und emotionale Bedeutung vielfältig und für jeden von uns einzigartig. Wofür Geld in unseren Köpfen steht (und zwangsläufig unseren Umgang damit beeinflusst), hängt von unseren eigenen Erfahrungen ab. Ich möchte hier nicht näher auf die Geschichte des Geldes und der Währungen eingehen, sondern Sie stattdessen dazu einladen, sich mit Ihrer eigenen Geschichte zu befassen, um Hinweise darauf zu finden, wofür Geld in Ihrem Bewusstsein steht. Was bedeutet Geld für Sie?

Die vielfältigen Bedeutungen von Geld spiegeln die Vielfalt unserer menschlichen Erfahrungen und unserer inneren Welten wider. Unsere Erziehung, unsere Erlebnisse und unser Selbstwertgefühl beeinflussen unseren Umgang mit Geld. Geld steht bei den verschiedenen Menschen für ganz unterschiedliche Dinge, und wir gebrauchen (oder missbrauchen) es, um unbewusst Gefühle über uns selbst oder andere auszudrücken. Geld steht beispielsweise für:

- Sicherheit, die wir empfinden oder anstreben
- Macht, die wir über andere haben oder die dazu benutzt wird, uns zu kontrollieren oder unsere Freiheit einzuschränken
- Freiheit, Gelegenheiten zu nutzen, das Leben in vollen Zügen zu genießen oder eine missbräuchliche Beziehung zu beenden

- ein besseres Selbstwertgefühl für diejenigen, die das Gefühl haben, nur mit Geld hätten sie die Aufmerksamkeit, den Respekt oder die Liebe »verdient«, die man ihnen entgegenbringt
- Fairness, wenn wir in unserem Gehalt, einer Erbschaft oder der Aufteilung der Rechnungen mit unseren Mitbewohnern die Bestätigung sehen, dass wir nicht ausgebeutet werden
- aber auch noch für vieles andere, etwa moralische Verkommenheit, Männlichkeit, Prestige, Liebe

Nehmen wir zum Beispiel Francesca und Isabel, die beide Probleme hatten, eine Gehaltserhöhung auszuhandeln, wenn auch aus unterschiedlichen Gründen. Francesca hatte Karriere im Marketing gemacht. Sie kannte ihren Wert und war sogar ein bisschen stolz auf ihre Leistung. Sie wusste schon seit längerem, dass sie im Vergleich zu ihren Kollegen in der Firma unterbezahlt war, und auch im Vergleich zu dem, was sie in anderen Unternehmen für ihre Tätigkeit bekommen könnte. Trotzdem konnte sich Francesca nicht dazu durchringen, um eine Gehaltserhöhung zu bitten. Der Gedanke, ihrem Chef gegenüberzutreten und ein Gespräch über ihr Gehalt zu führen, erfüllte sie mit Angst und Schrecken. Die Bücher mit Tipps und Strategien für Gehaltsverhandlungen, die sie gelesen hatte, hatten ihr auch nicht geholfen. Wir mussten also herausfinden, warum es Francesca so schwerfiel, etwas zu fordern, von dem sie wusste, dass es ihr zustand. Francesca war mit einer jähzornigen und kritischen Mutter aufgewachsen, die frustriert war, dass sie ihre Karriere aufgegeben hatte, um die Kinder großzuziehen. Der Vater war beruflich viel unterwegs und selten zu Hause gewesen. Infolgedessen konnte Francesca ihre Leistung zwar auf einer bestimmten Ebene anerkennen, doch ein Teil von ihr hatte immer das Gefühl, sie hätte »es nicht verdient«, sei »nicht gut genug« oder auch »zu bedürftig«.

In der Therapie mussten wir diese Seite besser verstehen und die Wut und Enttäuschung darüber aufarbeiten, dass ihre Eltern sie nicht stärker unterstützt hatten. So sollte sie in der Lage sein, die

Realität mit neuen Augen zu sehen und ihr »Ich bin nicht gut genug«-Narrativ durch ein positiveres zu ersetzen. Der Blick auf das »kritisierte kleine Mädchen« half ihr, diesen Teil ihres Selbst zu verstehen und besser damit umzugehen, damit beim Gehaltsgespräch ihr erwachsener Teil die Oberhand hatte, dem bewusst war, dass sie eine qualifizierte und tüchtige Mitarbeiterin war, die eine bessere Bezahlung verdiente, und kein »bedürftiges kleines Mädchen«.

Auch Isabel fiel die Bitte um eine Gehaltserhöhung schwer und sie hatte Probleme, ein ihrer Meinung nach angemessenes Gehalt zu verlangen, doch bei ihr hatte das mit der in ihrer Familie verbreiteten Ansicht zu tun, dass »Gier schlecht« und »Geld schmutzig« sei. Da Isabels Familie stolz auf ihre Bescheidenheit und harte Arbeit war, hatte sie aus ihrer Kindheit die Botschaft mitgenommen, dass man zufrieden und dankbar für das sein sollte, was man hat, um nicht unzufrieden oder »zu gierig« zu wirken. Einerseits respektierte Isabel die Werte ihrer Familie und bemühte sich aufrichtig, danach zu leben. Andererseits brauchte sie als Erwachsene Hilfe, um ihre eigene Version dieser Werte zu formulieren und selbst zu entscheiden, was Ehrgeiz in Abgrenzung zu Gier ist, was fair und was undankbar ist.

Dieses Dilemma in Worte zu fassen und die verschiedenen Bedeutungsnuancen herauszuarbeiten, half ihr, das Gefühl der Angst und Schuld abzulegen und eine selbstbewusstere Haltung einzunehmen, dank der sie das Gefühl hatte, dass die von ihr erbetene Gehaltserhöhung vernünftig und verdient war.

Ein schlechtes Finanzmanagement oder Schwierigkeiten im Umgang mit Geld können wir besser verstehen, wenn wir die dahinter verborgenen emotionalen Probleme erschließen. Ein emotionales Bewusstsein für Finanzen bedeutet, die Wünsche, Sehnsüchte oder Ängste zu verstehen, die bei unserem Umgang mit Geld zum Ausdruck kommen, und sich der Gefühle bewusst zu sein, die hinter unseren finanziellen Entscheidungen stehen.

Wenn ich versuche, Ihr finanzielles emotionales Bewusstsein zu schärfen, indem ich die psychologischen Aspekte des Geldes erläutere, werden wir unweigerlich bei frühen Erfahrungen landen. Das liegt nicht etwa daran, dass unser Verlangen nach Geld bereits in der Kindheit einsetzt, sondern dass die Sehnsüchte, die wir mit seiner symbolischen Bedeutung verbinden, schon sehr früh auftreten. Die Psychoanalytikerin Lesley Murdin schreibt dazu: »Der Wunsch nach Geld ist nicht infantil. Ein Kind mag sich nach Macht, nach Kontrolle [...], nach Liebe sehnen, aber es sehnt sich nicht nach Geld. Erst Erwachsene in all ihrer Komplexität verstehen, dass Geld vieles von dem symbolisiert, was sie wollen oder glauben zu wollen.«[26] Unser aktueller Umgang mit Geld wurzelt in frühen Erfahrungen; wir hoffen, dass Geld Sehnsüchte stillt, die wir hatten, bevor wir überhaupt wussten, was Geld ist. Oft muss Geld als Ersatz für unsere emotionalen Bedürfnisse herhalten. Wenn wir verstehen, was uns Geld bedeutet, können wir auch informierte Entscheidungen treffen.

Aufgrund des emotionalen Ballasts, den Geld mit sich bringt, kann es auch unsere Beziehungen belasten. In Beziehungen ist Geld oft ein wahres Minenfeld, weil wir zugelassen haben, dass Geld zum Symbol (oder zum Kommunikationsmittel) für mehr als nur finanzielle Belange wurde. Oder anders ausgedrückt: Wir verwenden Geld, um unbewusste Gefühle über andere oder unsere Beziehung zu ihnen auszudrücken. Doch die Botschaft, die auf diese Weise übermittelt wird, ist unklar und kann dazu führen, dass wir uns in endlosen, unlösbaren Konflikten verfangen. Aber warum lassen wir überhaupt das Geld sprechen? Wäre es nicht besser, zu verstehen, was wir mit Geld ausdrücken wollen?

Die Vorstellungen, wofür Geld steht und wie es verwendet werden soll, gehen weit auseinander: Was den einen schon exzessiv vorkommt, ist für die anderen noch zu wenig; was fair und vernünftig erscheint, wirkt auf andere ungerecht und damit unvernünftig. Falls Sie kürzlich ein Date hatten, haben Sie wahrscheinlich schon im Vorfeld überlegt, was der oder die andere erwarten wird, wenn die Rechnung kommt. Ist er oder sie für Gleichberechtigung und will die Rechnung teilen? Oder würde er/sie es schätzen oder sogar erwarten, dass Sie ihn einladen? Das Angebot, die

Rechnung zu übernehmen, kann als galant, großzügig, als »Machtspielchen«, kontrollierend oder schlicht nett wahrgenommen werden. Die Erwartung, eingeladen zu werden, kann unterwürfig oder berechnend wirken. Wir wissen es einfach nicht.

Zu erraten, wie jemand anderes über Geld denkt oder unser Verhalten interpretiert, kann verunsichern. Die Rechnung liegt auf dem Tisch: eine peinliche Situation. Man fühlt sich irgendwie bloßgestellt oder verwundbar; man weiß, dass man aus dieser Situation nicht so leicht rauskommt: Man muss etwas von sich oder zumindest von seinen Ansichten preisgeben.

Schon die einfache Frage »Sollen wir teilen?« verrät, dass wir nicht die Absicht haben, die komplette Rechnung zu übernehmen. Wartet man zu lange darauf, dass der andere zuerst etwas sagt, kann das als mangelnde Bereitschaft interpretiert werden, sich überhaupt zu beteiligen.

Die Begleichung der Rechnung ist, wie vieles bei einem ersten Date, Teil einer Dynamik, in der man nach und nach seine Werte und Ansichten preisgibt und gleichzeitig die des anderen entdeckt, und das alles in der Hoffnung, den anderen weder zu verletzen noch das Interesse an ihm zu verlieren, wenn man mehr über ihn weiß. Wird man die Unterschiede verstehen und akzeptieren können? Lassen sie sich überbrücken? Geld ist nur einer von vielen Bereichen, in denen sich ein Paar solchen Fragen stellen muss.

Paola (die wir in Kapitel 8 noch näher kennenlernen) wurde als Kind von ihren Eltern massiv kontrolliert. Diese Kontrolle zeigte sich auch beim Geld; Paola bekam im Gegensatz zu Gleichaltrigen nie ein Taschengeld, weshalb sie es sich nicht leisten konnte, auszugehen und etwas mit anderen Jugendlichen zu unternehmen. Jahre später, bei ihren ersten Verabredungen mit ihrem zukünftigen Ehemann, konnte sie nicht zulassen, dass er ihre Kinokarte bezahlte. »Wir gehen ins Kino, wenn ich es mir leisten kann«, sagte sie ihm. Für sie war das viel angenehmer, als ihn zahlen zu lassen. Und warum? Paola waren finanzielle Unabhängigkeit und Selbstständigkeit ungemein wichtig, sie verband damit ein Gefühl der Freiheit.

Wenn sie ihr Date zahlen ließ, hätte sie das beunruhigende Gefühl gehabt, dass jemand anderes über ihr Vergnügen bestimmte. Sie wollte nicht zulassen, dass Geld auch in ihrer zukünftigen Beziehung dazu genutzt wurde, sie zu kontrollieren.

Für die meisten Menschen ist die Dynamik in Verbindung mit Geld eher subtil und wird nur unbewusst wahrgenommen. Uns ist meist gar nicht klar, dass wir mit Geld eine zwischenmenschliche Dynamik der Abhängigkeit, Kooperation oder Gleichheit schaffen, vor allem, wenn es sich um eine gesunde Dynamik handelt, die keinen Stress verursacht und daher auch nicht unangenehm auffällt.

Nach meiner Erfahrung lässt sich jedoch nicht leugnen, dass unser Umgang mit Geld – wie wir es interpretieren, darüber reden, danach streben, es verleugnen, vermeiden oder verachten – nicht nur von unseren finanziellen, sondern ganz allgemein von vergangenen Erfahrungen beeinflusst wird. Was Geld für uns bedeutet, wird von vielen Faktoren beeinflusst.

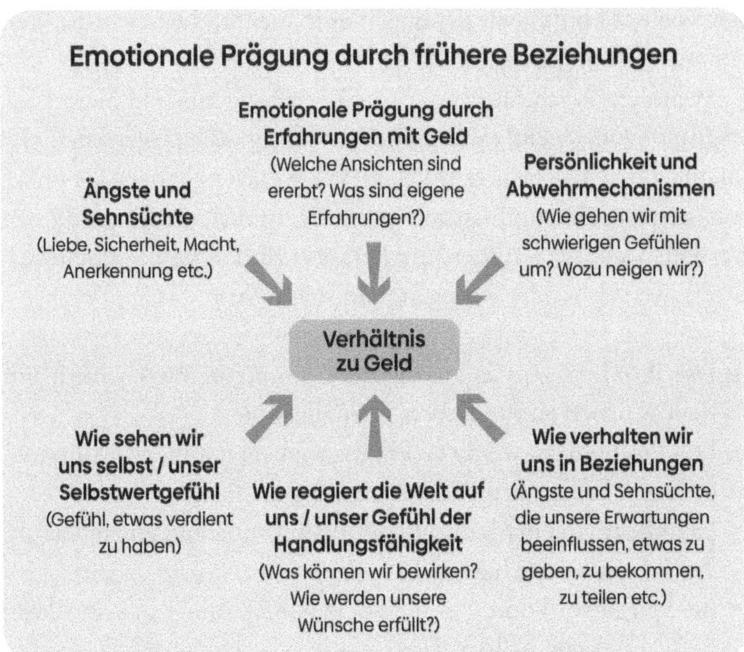

Wir würden uns zu sehr einschränken, wenn wir bei unserem Verhältnis zum Geld nur überlegten, was wir von unseren Eltern über Geld gelernt haben, wie wir mit unserem Taschengeld umgegangen sind und ob wir im Überfluss oder in Armut aufwuchsen (also die emotionale Prägung durch unsere Erfahrungen). Ob einschneidende Erlebnisse wie Traumata und Verluste oder kleine Interaktionen, all unsere Erfahrungen von der Wiege bis zur Gegenwart haben einen Einfluss darauf, was wir von uns selbst und von anderen erwarten, wonach wir uns sehnen und wovor wir Angst haben.

Wir sind das Produkt unserer vergangenen Erfahrungen: Sie haben uns geprägt, vor allem, wenn sie emotional aufgeladen waren. Was wir mit unseren Gefühlen (damals) gemacht haben und wie die Menschen in unserem Umfeld uns halfen, damit umzugehen, prägt uns emotional bis heute und bestimmt, wie wir mit ähnlichen Problemen in der Gegenwart umgehen. Unsere frühen Beziehungen haben großen Einfluss darauf, wer wir sind, wie wir uns selbst fühlen, wie wir künftige Beziehungen aufbauen und wie wir die Welt um uns herum erleben.

Wenn ein Psychotherapeut Ihre Beziehung zu Geld betrachtet, beginnt er vielleicht mit einem Problem in der Gegenwart, versucht jedoch gleichzeitig, mit seinem »Werkzeugkoffer« die unbewussten Gefühle und Gedanken zu ergründen, die hinter diesem Verhalten stecken könnten, um herauszufinden, wonach man sich eigentlich sehnt oder wogegen man sich wehrt.

- Das Problem, zu viel auszugeben, könnte in Wirklichkeit mit dem Wunsch zu tun haben, dazuzugehören.
- Das Problem, zu wenig Geld auszugeben, könnte mit unserem geringen Selbstwertgefühl zusammenhängen.
- Heimlichtuerei in finanziellen Dingen könnte mit einem Gefühl der Scham zu tun haben.
- Bei Spielsucht könnte es darum gehen, dass wir unsere Eltern dafür bestrafen wollen, dass sie uns vernachlässigt haben.

Betrachten wir ein Beispiel aus einer Therapiesitzung:

Michael: »Ich *plane* ja nicht im Voraus, so viel Geld auszugeben, es passiert einfach, wenn ich mit Freunden unterwegs bin.«

Therapeutin: »Es passiert einfach ...«

Michael: »Genau ... wenn wir ausgetrunken haben, rufe ich plötzlich: ›Die nächste Runde geht auf mich!‹«

Therapeutin: »Und wie fühlen Sie sich dann?«

Michael: »Das ist so eine Mischung ... zu 5 Prozent Bedauern, kaum dass ich es gesagt habe ... aber hauptsächlich Begeisterung ... und Erleichterung.«

Therapeutin: »Erleichterung?«

Michael: »Ja, als ob etwas in mir ruhiger werden würde.«

Therapeutin: »Wie wenn ...?«

Michael: »Wie wenn ich mir, zumindest für den Moment, keine Gedanken machen müsste, dass die anderen mich mögen.«

Michael war das mittlere Kind von drei Geschwistern und musste, weil sein Vater Diplomat war, häufig umziehen und die Schule wechseln. In Beziehungen zu anderen fühlte er sich oft unsicher. Selbst innerhalb der Familie fürchtete er als mittleres Kind, ausgeschlossen zu werden, weil seine Schwester eine starke Bindung zum Vater hatte und sein Bruder zur Mutter. Er war sich nicht sicher, ob er um seiner selbst willen geliebt wurde. Ganz gleich, wie viele Ratschläge er von seiner frustrierten Frau zum Thema Finanzen erhielt, sein Umgang mit Geld war nicht rational, sondern emotional. In der Vergangenheit hatte er Erfahrungen gemacht, die ihn dazu brachten, Ausgrenzung und Ablehnung zu fürchten, und die er nun aufarbeiten musste. Im Hier und Jetzt musste er seine Befürchtungen einem Realitätscheck unterziehen (werden seine Freunde wirklich weniger von ihm halten, wenn er nicht ganz so großzügig ist?) und sich davon überzeugen, dass die Zukunft nicht so sein muss wie die Vergangenheit, und dass er in dem unwahrscheinlichen Fall, dass ihm die kalte Schulter gezeigt wird, sobald seine Großzügigkeit nachlässt, kein Schuljunge mehr ist, der allein auf dem Spielplatz steht, sondern ein Erwachsener, der sich Freundschaften suchen kann, die auf Gegenseitigkeit beruhen.

Wie wir uns selbst sehen

Vergangene Beziehungen haben Einfluss darauf, wie wir uns als Persönlichkeit entwickeln und die Welt erleben, was sich wiederum darauf auswirkt, was wir uns als Erwachsene gönnen, was wir uns wünschen und wie wir uns verhalten. Viele der im Buch beschriebenen Probleme im Umgang mit Geld haben ihren Ursprung in der Frage, ob wir etwas verdient haben, ob wir Anspruch auf etwas haben oder ob wir Handlungsfähigkeit zeigen wollen.

Unsere Beziehung zu unseren ersten Bezugspersonen prägt unser Selbstverständnis: von der ersten Bindung zwischen Mutter* und Kind, den Erfahrungen, als Baby gehalten, gefüttert und gewickelt zu werden, bis hin zu allen späteren Interaktionen (wie reagieren unsere Bezugspersonen auf uns, wie ermutigen sie uns, wie drücken sie ihren Ärger über uns aus). All diese Erfahrungen wirken sich auf unser Gefühl aus, wie liebenswert/fähig wir sind. Ein Baby, das angelächelt und liebevoll in den Arm genommen wird, dessen Bedürfnisse von seinen Eltern angemessen interpretiert und erfüllt werden, wird das Gefühl entwickeln, dass es der Liebe würdig ist, dass es wertvolle Eigenschaften hat und dass die Welt ein sicherer Ort zum Leben ist. Ein vernachlässigtes Baby wird mit einem ganz anderen Selbstverständnis aufwachsen: Es hält sich vielleicht für nicht erwünscht, nicht liebenswert oder für unfähig. Die Welt betrachtet es womöglich als bedrohlichen, gefährlichen Ort und fühlt sich entsprechend verwundbar.

Winnicott erklärt, dass die Persönlichkeit eines Kindes von dem geprägt ist, was es im »Spiegel« des mütterlichen Gesichts sieht:

---

* *In der psychoanalytischen Literatur wird die primäre Bezugsperson häufig als Mutter bezeichnet. Wenn ich oder die von mir zitierten Autorinnen und Autoren also von der »Mutter« sprechen, ist das gleichbedeutend mit »primäre Bezugsperson«.*

eine desinteressierte, wütende oder deprimierte Mutter wirkt sich auf das Baby aus, das sich als weniger »gut«, liebenswert oder interessant wahrnimmt. Genauso wichtig ist das sogenannte »Attunement« (Feinabstimmung) zwischen Mutter und Kind, bei dem die Mutter die Bedürfnisse des Kindes interpretiert und versteht. Eine Mutter, die nicht auf ihr Kind eingeht, hinterlässt bei ihm ein Gefühl der Unzulänglichkeit und Scham. Dazu kommen Gefühle wie Verwirrung und Hilflosigkeit. Die Mutter (und damit die Welt, in der es lebt) erscheint ihm hart, kalt und abwertend.

In der Summe führen diese Erfahrungen dazu, dass sich dieser Eindruck in uns verfestigt. Haben wir das Gefühl, dass wir etwas Gutes (wie Liebe oder Geld) verdient haben? Steht uns ein Kompliment, ein leckerer Nachtisch, ein liebevoller Partner sowie die schönen Dinge, die man mit Geld kaufen kann, überhaupt zu und können wir sie genießen? Vielleicht fällt es uns schwer, Geld zu haben und auszugeben, weil unsere früheren Erfahrungen in uns das Gefühl hinterlassen haben, dass wir »nicht gut genug« sind und etwas Schönes nicht verdienen. Das führt dazu, dass wir uns Verhaltensweisen angewöhnen, die unseren finanziellen Erfolg beeinträchtigen, und unser Umgang mit Geld unausgewogen ist: Wir verschenken es, geben es schnell wieder aus oder horten es in der Hoffnung, unser Selbstwertgefühl zu stärken.

Vielen Menschen fällt es schwer, etwas Gutes zu genießen oder zu schätzen. Sie werden von Scham und dem Gefühl gequält, sie hätten es nicht verdient. Wenn sie sich doch etwas gönnen, können sie es nicht genießen oder gehen davon aus, es schnell wieder zu verlieren (»das ist zu schön, um wahr zu sein, es wird nicht halten«) oder sabotieren sich selbst. Manche haben Schuldgefühle beim Essen oder fühlen sich wie ein Hochstapler, wenn sie etwas erreicht haben. In den Kapiteln, in denen es darum geht, zu wenig auszugeben oder sich selbst zu sabotieren, werden wir über diese Veranlagung sprechen und Menschen begegnen, die unter »finanzieller Magersucht« leiden oder sich lieber selbst ruinieren, anstatt ihr Geld zu behalten und zu genießen.

Der Kreis der Bezugspersonen erweitert sich im Lauf der Zeit. Wir beginnen, neben der Mutter (die in den ersten Wochen so ziemlich alles ist, was ein Baby wahrnehmen kann) Interaktionen mit unserem Vater, unseren Geschwistern, Großeltern, Lehrern und der Gesellschaft zu registrieren. Auch diese Interaktionen haben Auswirkung auf unser Selbstbild. Innerhalb der Familie ist interessant, mit welchem Elternteil man sich besonders identifiziert. Wenn man nicht versteht, warum man bei beruflichen Entscheidungen an sich zweifelt und sich bei einem Erfolg wie ein Hochstapler fühlt, sollte man sich fragen, ob diese defätistische Haltung daher rührt, dass man sich mit einem Elternteil identifiziert, der kein Vertrauen in seine Fähigkeiten hatte oder nicht das »Zeug« zum Erfolg hatte.

Natürlich identifizieren wir uns nie ausschließlich mit einem Elternteil: In Bezug auf Arbeit und Geldverhalten identifizieren wir uns vielleicht mit dem Vater, in Hinblick auf Beziehungen mit der Mutter. Wir sprechen hier von komplexen, unbewussten, multifaktoriellen Phänomenen, die wir im Einzelfall nicht wissenschaftlich untersuchen können, die es uns aber trotzdem ermöglichen, unser Verständnis von uns selbst zu erweitern.

Wie wir uns selbst sehen, hat Einfluss auf unseren Umgang mit Geld. Genauso wichtig ist die Fähigkeit, unsere Gefühle zu erkennen, zu benennen und zu steuern. Auch diese Fähigkeit wird über das Attunement mit unserer primären Bezugsperson erlernt: Ihre Fähigkeit, unsere Emotionen und Bedürfnisse zu erkennen, überträgt sich bei ausreichend guten Erfahrungen auf uns. Untersuchungen haben gezeigt, dass es emotional beeinträchtigten Kindern an Selbstbewusstsein und der Fähigkeit mangelt, ihre Gefühle zu benennen und zu reflektieren (was der Psychoanalytiker Peter Fonagy als »Mentalisierung« bezeichnet), aber auch an der Fähigkeit, den mentalen Zustand anderer zu erkennen.[27] Wir neigen viel eher dazu, unsere Gefühle destruktiv auszuleben, wenn wir sie nicht reflektieren, geschweige denn kontrollieren können.

Wie die Welt auf uns reagiert

Unsere frühen Erfahrungen formen auch unseren Sinn für Handlungsfähigkeit und unsere Erwartungen an die Art und Weise, wie andere uns begegnen und auf uns reagieren. Beides ist wichtig für unsere Fähigkeit, finanziell erfolgreich zu sein, aber auch für das Gefühl, dass wir bei der Verwaltung unserer Finanzen das Heft in der Hand halten.

Angefangen bei den frühen Mutter-Kind-Interaktionen prägen frühe Beziehungen unsere Erwartungen, wie die Welt auf uns reagiert. Wie die Jungianer Deborah C. Stewart, Lisa Marchiano und Joseph R. Lee in der Folge »The Money Complex« im Podcast *This Jungian Life* ausführen, wird ein Säugling, der sich der Brust zuwendet und feststellt, dass ihm die Brust im Gegenzug angeboten wird, mit dem Gefühl aufwachsen, dass die Welt positiv reagiert, wenn er nach etwas verlangt.[28]

Eine Mutter, die ihrem Kind die Erfahrung vermittelt, dass sie emotional präsent, aufmerksam und ansprechbar ist, hilft dem Kind nicht nur, sich wertgeschätzt, geborgen und umsorgt zu fühlen, sondern gibt ihm auch das Gefühl, dass seine Bedürfnisse erfüllt werden können (sie sind sowohl akzeptabel als auch erfüllbar). Derartige Erfahrungen sind eine wichtige Voraussetzung dafür, dass wir ein Gefühl der Handlungsfähigkeit entwickeln. Um Karriere zu machen oder ein Unternehmen zu gründen, brauchen wir ein gewisses Maß an Vertrauen, dass die Welt positiv auf uns reagiert.[29] Für ein selbstbewusstes Auftreten (etwa wenn wir Kunden eine Idee präsentieren) ist eine bestimmte Menge an positiven Erfahrungen erforderlich, bei denen der Empfänger auf unsere Botschaft mit Interesse oder zumindest mit Respekt reagiert hat. Wenn das nicht der Fall war, werden wir diese Situationen entweder meiden (und in unserem Streben bescheiden bleiben) oder von Angst überwältigt werden, wenn wir mit ihnen konfrontiert sind.

Wer mit sehr kritischen Eltern oder auch kritischen Lehrern/Trainerinnen aufwuchs, kann als Erwachsener von Ängsten geplagt sein, dass ihm andere ablehnend, kritisch oder abwertend begegnen. Womöglich meidet man dann Interaktionen oder hat Schwierigkeiten, anderen in Gelddingen zu vertrauen, oder wir hören diese innere Stimme (das »Über-Ich« aus psychoanalytischer Sicht), die uns sagt, dass wir undankbar sind, wenn wir nach einer Gehaltserhöhung fragen. Oder wir schrecken vor Risiken zurück, weil wir nicht mit Ermutigung oder Unterstützung rechnen, sondern mit negativen Reaktionen oder Kritik.

Finanzielles Wohlergehen ist schwer zu erreichen, wenn wir kein Vertrauen in unsere Fähigkeit haben, die eigene Situation durch unsere Entscheidungen zu beeinflussen und zu verändern. Was passiert, wenn wir uns um etwas bemühen? Erwarten wir Kritik oder gar Hohn und Spott? Gehen wir davon aus, dass unsere Bitten erfüllt oder dass sie abgelehnt werden? Wenn wir nicht das Gefühl haben, dass wir andere beeinflussen können, fehlt uns die nötige Handlungsfähigkeit, die für ein gesundes Verhältnis zum Geld unerlässlich ist.

Wie wir uns in Beziehungen verhalten

Unsere Kindheit und Erziehung hat auch Einfluss darauf, wie wir uns in Beziehungen verhalten und was wir von anderen erwarten. Für unser finanzielles emotionales Bewusstsein ist dieses Wissen sehr wichtig, weil:

1. Es uns helfen kann, unbewusste Erwartungen zu erkennen, die wir in einer Beziehung an andere haben und die sich oft in finanziellen Erwartungen niederschlagen.
   - Erwarten wir, mehr zu geben als wir bekommen (und landen in einer Beziehung, in der wir unseren Partner auch finanziell unterstützen)?
   - Erwarten wir bei jedem Aspekt der Beziehung Gleichberechtigung (und streben daher eine gleichmäßige Verteilung aller Aufgaben an, von elterlichen Pflichten bis hin zu finanziellen Beiträgen)?

- Sind wir an eine Dynamik gewöhnt, in der wir kontrolliert werden (und geben unbewusst die Kontrolle schnell ab, wenn es um unsere Finanzen geht) und das auch so erwarten?

2. Hilfreich ist auch die Überlegung, wann wir Geld nutzen, um Bedürfnisse, Ängste und Wünsche zu kommunizieren, die über das Finanzielle hinausgehen.
   - Bitten wir zum Beispiel um ein großzügigeres Geschenk, obwohl wir uns in Wirklichkeit mehr Zuneigung wünschen?
   - Beschweren wir uns über die überhöhten Reisekosten unseres Partners, wenn wir in Wirklichkeit über seine häufige Abwesenheit und emotionale Distanz beunruhigt sind?

Konflikte ums Geld treten in vielen Partnerschaften auf, und es wäre kurzsichtig, sie lösen zu wollen, indem man nur die unterschiedlichen finanziellen Ansichten und Wertvorstellungen betrachtet: Bei vielen Geldkonflikten geht es gar nicht um Geld. Wenn wir verstehen, welche Emotionen hinter unseren Diskussionen über Geld stehen, wird unser finanzielles Wohlbefinden ebenso profitieren wie unsere Beziehung.

Zweifellos hat das Verhältnis zu unseren Eltern und deren Umgang miteinander Einfluss darauf, wie wir mit anderen umgehen. Mitunter wiederholen oder ermöglichen wir finanzielle Verhaltensweisen und Beziehungsdynamiken, die wir in unseren Familien erlebt haben, ohne uns dessen bewusst zu sein.

Mein Klient David fand es anstrengend, sich zusammen mit seiner Schwester Sabrina um die Ferienwohnung zu kümmern, die sie nach dem Tod der Eltern geerbt hatten. Die beiden stritten ständig wegen der Finanzen. Während sich David in der Verantwortung sah und die Rechnungen im Blick hatte, Verträge mit Dienstleistern neu aushandelte und für Ersatz sorgte, wenn etwas beschädigt war, hatte er das Gefühl, dass Sabrina nur »Trittbrettfahrerin« war und die Wohnung nutzte, ohne sich einzubringen. Wenn überhaupt, dann hatte ihr Engagement negative Auswirkungen auf die Finanzen, weil sie impulsive und unbedachte Einkäufe für die Wohnung tätigte und dafür das gemeinsame Konto nutzte, das sie eingerichtet hatten.

Der Wendepunkt im Verhältnis zwischen den beiden Geschwistern kam, als David erkannte, dass er und Sabrina im Grunde die Auseinandersetzungen wiederholten, die sie über viele Jahre zwischen ihren Eltern miterlebt hatten. Der Vater war stets kooperativ und versuchte, seine Frau in Entscheidungen, die sich auf die Finanzen der Familie auswirkten, einzubeziehen, übernahm aber letztlich einen Großteil der finanziellen Verantwortung (nicht nur als Hauptverdiener, sondern auch bei der Verwaltung der Familienausgaben). Die Mutter wirkte desinteressiert und unbeteiligt und überließ alles ihrem Mann. Später entdeckte er, dass seine Frau Kreditkartenschulden vor ihm verheimlicht hatte und auch noch Schulden aus einem früheren gescheiterten kleinen Unternehmen hatte. David behandelte Sabrina in der Erwartung, dass sie sich wie ihre Mutter verhalten würde: Er misstraute ihren Absichten und ihren Fähigkeiten, die Finanzen zu verwalten, und suchte ständig nach Anzeichen, die seinen Argwohn bestätigten. Ein Großteil der Interaktionen wurde also von Anfang an sabotiert. Hatte Sabrina überhaupt eine Chance, mehr Verantwortung für die Finanzen zu übernehmen und David zu beweisen, dass sie nicht wie ihre Mutter war?

An Davids Schilderungen über Sabrina mag etwas Wahres dran sein (vielleicht war sie weniger organisiert und aktiv), aber war seine Erfahrung mit ihr nicht auch durch die Erfahrung mit seinen Eltern verzerrt? Wenn wir erwarten, dass sich etwas auf eine bestimmte Art und Weise entwickelt, können wir eine Situation unbewusst so gestalten, dass sie in unser Weltbild passt und sich unsere Voraussagen erfüllen. Man spricht hier von »selbsterfüllenden Prophezeiungen«. Davids Befürchtung, dass Sabrina sich wie ihre Mutter entwickeln würde, führte dazu, dass er Entscheidungen traf, die sie daran hinderten, ihren Beitrag zu leisten und ihren Teil an der Verwaltung der Wohnung zu übernehmen. Beide hatten ausreichend Gründe, dem anderen die Schuld zuzuschieben, doch an der schwierigen Dynamik ihrer Beziehung konnten sie nur etwas ändern, wenn sie über ihre eigene Rolle und die Rolle nachdachten, die sie dem anderen zuwiesen.

David und Sabrina sind ein gutes Beispiel für Identifikation. David identifizierte sich mit seinem Vater und sah sich als verantwortungsbewussten und organisierten Menschen, der die Wohnung gut verwalten konnte. Doch das tat Sabrina auch. Sie identifizierte sich so sehr mit ihrem Vater, dass sie das Selbstvertrauen und den finanziellen Sachverstand hatte, ihr eigenes Unternehmen zu gründen und zu führen: In der Beziehung zu ihrem Bruder hatte Sabrina jedoch keine Chance, diese Seite von sich zu zeigen.

Wir sind in Beziehungen jedoch nicht nur das Abbild unserer Eltern, sondern werden noch von vielen anderen Faktoren beeinflusst, unter anderem davon, wie sich unsere Eltern uns gegenüber verhalten haben. Die Bindungstheorie untersucht, wie wir Beziehungen zu anderen Menschen eingehen und gestalten. Sie kann uns dabei behilflich sein, die Wünsche und Ängste zu erkennen, die wir in unsere Beziehungen miteinbringen (und manchmal durch Geld ausleben). Die Begründer dieser Theorie, John Bowlby und Mary Ainsworth, stellten fest, dass ein Kleinkind aus biologischen und evolutionären Gründen die Nähe zu seiner Bezugsperson braucht.[30] Die Bezugsperson wird zur »sicheren Basis«, wie Bowlby erklärt, von der aus wir die Welt erkunden und auf die wir uns zurückziehen, wenn wir uns unsicher fühlen. Dass die Bezugsperson da ist (und vor allem emotional verfügbar und in der Lage ist, auf den Gemütszustand des Kindes zu reagieren), ist entscheidend für unser Gefühl der Sicherheit in Beziehungen. Wie wir uns an unsere Bezugsperson binden, bildet die Grundlage dafür, wie wir uns für den Rest unseres Lebens in Beziehungen verhalten.

Eine »sichere Bindung« bedeutet, dass wir uns sicher fühlen und anderen vertrauen können. Wir können tiefe und erfüllende Beziehungen aufbauen, unsere Gefühle regeln und Konflikte bewältigen. Dank einer sicheren Bindung sind wir in der Lage, um Hilfe zu bitten und anderen unsere Bedürfnisse und Frustrationen mitzuteilen. Wir fühlen uns der Liebe wert und brauchen dafür keine Bestätigung durch unseren Partner.

Negative Erfahrungen mit unseren Eltern können zu einer unsicheren Bindung führen. Wir meiden Beziehungen (man spricht in diesem Zusammenhang vom »unsicher-vermeidenden Bindungsstil«), finden Möglichkeiten, andere auf Distanz zu halten oder sie sogar wegzustoßen. Wir sehen uns gern als unabhängig und autark. Kein Wunder also, dass wir getrennte Konten haben, finanziell unabhängig sein wollen oder gemeinsame finanzielle Verpflichtungen (wie den Kauf eines Hauses) vermeiden.

Eine weitere Reaktion auf negative emotionale Erfahrungen ist der sogenannte »unsicher-ambivalente Bindungsstil«, der von der Angst vor Zurückweisung und Verlust geprägt ist. In einer Beziehung verstärkt sich diese Angst, weil wir dann womöglich auch schmerzlichen Gefühlen ausgesetzt sind, andererseits wollen wir eine Beziehung und fürchten uns vor dem Alleinsein, also klammern wir uns an unseren Partner und suchen nach Bestätigung. In vielen Gesprächen über Geld, die ich mitbekommen habe, wollten die Partner ihr Bedürfnis nach Nähe über die Finanzen lösen, etwa mit dem Wunsch, gemeinsam in etwas zu investieren (ein Auto, ein Ferienhaus), als Bestätigung dafür, dass die Beziehung gefestigt ist; oder aber man legt überstürzt die Bankkonten zusammen oder überträgt dem Partner die komplette Verantwortung für die Finanzen, weil man damit eine tröstliche Abhängigkeit schafft, die suggeriert, dass sich der Partner um uns kümmern will.

Die letzte Kategorie, der »desorganisierte Bindungsstil«, ist im Grunde eine Mischung der beiden vorherigen Bindungsstile: Man schwankt zwischen dem Wunsch nach Unabhängigkeit und Sicherheit, Angst und Ablehnung. Auch beim Geld sind die Botschaften widersprüchlich. Der Bindungstheoretiker Jeremy Holmes schrieb dazu: »Geld ist in erster Linie ein Tauschmittel, und menschliche Beziehungen basieren auf Austausch.«[31] Und natürlich spiegelt die Art, wie wir Geld in Beziehungen einsetzen, auch unsere Haltung gegenüber Bindungen wider.

Ich bin kein Fan von Verallgemeinerungen und Kategorien, doch die Bindungsstile können wirklich hilfreich sein. Ich stelle sie mir nicht als »Schubladen« vor, in die man die Leute steckt, sondern als »Tendenzen«. Einige Therapeuten schlagen vor, die Bindungsmuster als Rahmen zu betrachten, in dem wir Menschen einem von vier Quadranten zuordnen können, mit den Achsen (1.) Neigung zur Vermeidung von Nähe und (2.) Angst vor dem Verlassenwerden.[32] Sowohl Nähe als auch die Angst vor dem Verlassenwerden können durch Geld ausgedrückt werden.

Wenn man über Geld in Beziehungen nachdenkt, muss man immer auch die eigene Person betrachten: Welchen emotionalen Ballast bringen wir mit ein? Wie könnte er unser Verhalten gegenüber unserem Partner beeinflussen?

Psychologische Abwehr: Wie wir mit schwierigen Gefühlen umgehen

Mein Ansatz zur Entwicklung eines finanziellen emotionalen Bewusstseins ist breit aufgestellt: Zunächst einmal sollte man sich selbst (das Selbstwertgefühl, die eigenen Sehnsüchte und Unsicherheiten) verstehen und sein Verhältnis zum eigenen Umfeld sowie das eigene Verhalten in Beziehungen erforschen (die eigene Handlungsfähigkeit und die Erwartungen, die wir an andere richten). Im nächsten Schritt sollte man überlegen, wie man mit herausfordernden Emotionen umgeht. Sie werden in diesem Buch viele Beispiele dafür finden, dass hinter einer problematischen Einstellung oder einem problematischen Umgang mit Geld oft ein psychologischer Abwehrmechanismus zum Schutz vor schwierigen Gefühlen steckt.

»Abwehr« ist in der Psychoanalyse ein hilfreiches Konzept, auf das ich noch häufiger zurückgreifen werde, weil es einen Großteil des »Missbrauchs« von Geld erklären kann. Das Konzept der »Abwehr« wurde von Freud entwickelt, der darin eine Möglichkeit sah, mit unbeherrschbaren Gefühlen umzugehen, wenn ein Verlangen nicht erfüllt werden kann.[33] Mit anderen Worten: Anstatt sich einem schmerzhaften Gefühl zu stellen, wehren wir uns dagegen, indem wir etwas unternehmen (z. B. Einkäufe oder Glücksspiel, aber natürlich folgen auch Alkoholkonsum und andere Verhaltensweisen diesem Prinzip). Der Psychoanalytiker Lance Dodes[34] beschreibt den Mechanismus, der vielen problematischen Verhaltensweisen (auch beim Suchtverhalten) zugrunde liegt: Vor dem Handeln verspürt man ein Gefühl der »überwältigenden Hilflosigkeit«. Wenn man dann handelt, fühlt man sich gestärkt und glaubt, man habe die Kontrolle, er spricht in diesem Zusammenhang von der »Umkehr der Hilflosigkeit«. Dodes betont, wie wichtig es ist, die Situation zu verstehen, die das Gefühl der Hilflosigkeit hervorruft: Was sind das für Gefühle, die so schwer zu bewältigen sind?

Natürlich sollte man jede Verhaltensweise im Umgang mit Geld gesondert betrachten, doch oft bestehen gleich mehrere Formen abhängigen Verhaltens nebeneinander, außerdem wechselt man auch gern hin und her, weil die psychologische Erleichterung für viele schlicht und einfach darin besteht, *irgendetwas zu tun*, was auch immer das sein mag.[35]

Hier sind einige Beispiele, wie wir uns gegen negative Gefühle wehren, indem wir aktiv werden:

- »Wenn ich aufhören würde, teure Kleider zu kaufen, müsste ich mich meiner eigenen Unzulänglichkeit stellen.« Die übermäßigen Ausgaben sind eine Abwehr gegen das Gefühl, nicht »gut genug« zu sein.
- »Wenn ich aufhören würde, über mein Einkommen zu lügen, müsste ich mich dem Gefühl stellen, finanziell versagt zu haben.« Das Lügen ist eine Abwehr gegen die Scham (und vielleicht die Angst vor Verurteilung), die mit finanziellem Verlust verbunden ist.
- »Wenn ich das Geld von meinem Lottogewinn ausgeben würde,

müsste ich mich dem Neid meiner Freunde stellen.« Das Nichtausgeben ist ein Abwehrmechanismus gegen die Angst vor Neid.

Unser negatives finanzielles Verhalten kann also unbewusst einem guten Zweck dienen und uns vor einer unangenehmen Wahrheit oder einem peinlichen Gespräch bewahren.

Das psychologische Motiv hinter unserem irrationalen Verhalten ist vielleicht nicht gleich auf den ersten Blick zu erkennen. Eine Psychotherapie kann helfen, die unbewussten Prozesse zu entschlüsseln, die hinter einem scheinbar alltäglichen Symptom stecken (ein Leben mit Schulden ist ja eine erhebliche Belastung). Bei der Behandlung von Steve, einem jungen Mann, der mich wegen einer scheinbaren Kaufsucht aufsuchte, wäre es kontraproduktiv gewesen, wenn ich mich nur darum gekümmert hätte, dass er über seine Verhältnisse lebte.

Steve stand noch am Anfang seines Berufslebens und war auf einen monatlichen Zuschuss seines Vaters angewiesen, um über die Runden zu kommen. Die beiden standen sich sehr nahe, und der Vater stärkte ihm stets den Rücken, vor allem, seit sich die Eltern zehn Jahre zuvor hatten scheiden lassen. Steve wandte sich an mich, weil er seinen monatlichen Zuschuss immer sofort für unnötige Anschaffungen ausgab. Warum machte er das? Hatte er Schwierigkeiten, seine Impulse zu kontrollieren? Wofür er das Geld ausgab, schien keinerlei Muster oder Logik zu folgen: »Letzte Woche habe ich zwei Paar Kopfhörer gekauft«, erzählte er mir. Als wir die Sache durchgingen, wurde deutlich, dass er das Geld so schnell wie möglich loswerden wollte. Die Schlüsselfrage, die den wahren Grund für sein Verhalten offenlegte, lautete: »Was passiert, wenn Sie eine Woche nach Monatsanfang kein Geld mehr haben?« Er erklärte, er rufe seine Mutter an und bitte sie um Geld. Aha. Und was für ein Verhältnis hatte er zu seiner Mutter? Wie sich herausstellte, hätte er gerne ein besseres Verhältnis zu ihr gehabt, doch die beiden hatten sich auseinandergelebt. Der einzige Grund, miteinander zu reden, war Geld. Unbewusst widerstrebte es ihm, seinen

Umgang mit Geld in den Griff zu bekommen, weil das möglicherweise bedeutet hätte, den Kontakt zur Mutter ganz zu verlieren. Das von seiner Mutter zur Verfügung gestellte Geld diente unbewusst dazu, ihm zu bestätigen, dass seine Mutter sich »immer noch um ihn kümmerte« oder »immer noch für ihn da war«, und war in gewisser Weise eine Abwehr gegen die Angst, dass er ihr egal war. Aber natürlich gibt es gesündere Methoden, wieder Kontakt zu seiner Mutter aufzunehmen und eine Beziehung aufzubauen, als sich finanziell zu ruinieren.

Geld kann also verwendet werden, um ein inneres Gefühl der Unruhe oder Unzufriedenheit zu bewältigen. Entsprechend können wir ein kontraproduktives Finanzverhalten entwickeln, wenn Geld mit negativen Emotionen verbunden ist.

Die emotionale Prägung durch finanzielle Erfahrungen

Eine eingehende Betrachtung Ihres Selbstverständnisses und Ihrer Erwartungen an andere kann dazu beitragen, Ihre Einstellung und Ihr Verhalten im Umgang mit Geld zu entschlüsseln. Aber auch geldspezifische Erinnerungen und Erfahrungen spielen eine Rolle.

Zu unseren finanziellen emotionalen Erfahrungen gehören auch die finanziellen Verhältnisse, in denen wir aufgewachsen sind, und die Erfahrungen unserer Familie damit. Sie haben unsere Überzeugungen und Gefühle gegenüber Geld unwiderruflich (und nicht immer bewusst) geformt. Unsere emotionalen finanziellen Erfahrungen sind ein weiterer Teil des Puzzles, den Sie berücksichtigen sollten, wenn Sie verstehen wollen, wie sich Ihre Einstellung zum Geld entwickelt hat.

Stellen wir uns als einfaches Beispiel ein kleines Mädchen vor, das mitbekommt, wie die Mutter konsequent alles, was mit Geld zu tun hat, an den Vater delegiert. Papa gibt Mama Geld. Papa zahlt die Rechnung. Mama reicht die Umschläge an den Vater mit den Worten weiter: »Vergiss nicht, das zu überweisen.« Der Vater spricht am Telefon mit jemandem über Geldangelegenheiten. Er gibt Mama Geldscheine. Die Mutter bittet um mehr, weil sie zu einer Veranstaltung geht. Der Vater wirkt verärgert; er fragt sie etwas. Die beiden streiten. Papa schreit und stürmt davon. Die Mutter schaut traurig.

Welche Muster, Bedeutungen und Botschaften wird das kleine Mädchen wohl übernehmen? Wird es beispielsweise den Standpunkt verinnerlichen, dass Väter/Männer für Geld zuständig sind? Warum muss die Mutter darum bitten? Ist Geld so wichtig, dass man deswegen streitet? Die beobachteten Interaktionen werden die Muster prägen, die das Mädchen in seinem Kopf über Geld abspeichert. Die Kleine registriert die mangelnden finanziellen Fähigkeiten der Mutter, deren Abhängigkeit, die Gestaltung der Geschlechterrollen und das, was passiert, wenn wir um mehr bitten, sowie den Umgang mit Wut, Frustration und Konflikt. Die gesammelten Erfahrungen, zuerst daheim, doch zunehmend auch außerhalb der Familie, die zusammengetragenen Vorfälle, Informationen und emotionalen Eindrücke prägen unser Denken und Empfinden, unsere Sicht auf uns selbst und unsere Umwelt und beeinflussen unsere Erwartungen.

Wie in der Familie über Geld gesprochen wird, spielt eine große Rolle. Die Psychiaterin und Psychoanalytikerin Ann Ruth Turkel schreibt dazu: »Jedes Kind nimmt die Einstellung der Eltern zum Geld dadurch wahr, wie sie darüber zu sprechen, welche Bedeutung sie ihm beimessen, wie unbeschwert sie damit umgehen, wie viel Geld vorhanden zu sein scheint und wie die Eltern diejenigen betrachten, die mehr oder weniger Geld haben als sie selbst. Anhand dieser Anhaltspunkte entwickelt das Kind seine Vorstellungen von Geld. Ein Kind, dessen Neugier auf das elterliche Geld frustriert wird, wird mit dem Eindruck heranwachsen, dass Geld ein Geheimnis ist, und es daher mit dem Bösen und mit Schuld gleichsetzen.«[36] Wenn ein Kind mitbekommt, wie die Eltern über Geld streiten, wird es den Eindruck gewinnen, dass Geld etwas

Stressiges ist, das Ängste auslöst und über das man nur schwer sprechen kann.

Betrachten wir folgende Schilderungen:

»Ich werde nie vergessen, wie meine Mutter meinen Bruder und mich zum Einkaufen mitgenommen hat. Wir kauften alle so viele Sachen. Wir feierten, dass mein Dad seine Firma verkauft hatte, und durften uns aussuchen, was wir wollten. Mein Bruder und ich waren außer uns vor Freude! Aber als wir zurück im Hotel waren, wurde meine Mutter von Schuldgefühlen überwältigt. Wir waren es nicht gewohnt, so viel Geld auszugeben. Am nächsten Tag brachte sie das meiste zurück. Wir durften unsere Sachen behalten. Aber das hat sich mir eingeprägt ... obwohl wir endlich Geld hatten, waren wir voller Schuldgefühle, als wir es ausgaben.« (Don, 23, gibt mal viel zu viel Geld aus, mal hält er sich total zurück.)

»Ich weiß noch, wie uns mein Vater zum ersten Mal wieder zum Essen ausführte, nachdem er ein Jahr lang arbeitslos war. Ich wusste, wir hatten Mühe, uns über Wasser zu halten ... das wusste ich von den Auseinandersetzungen zwischen meinen Eltern. Aber an meinem Geburtstag wollte er essen gehen. Ich wurde neun. Eingebrannt hat sich mir dieses Gefühl, als er sein Portemonnaie öffnete, um die Rechnung zu bezahlen ... da war so eine tiefe Traurigkeit in seinem Gesicht, in seinem Seufzen. Es schmerzte, sich von den Geldscheinen zu trennen. Er wollte mir etwas Besonderes bieten, aber als er sein Portemonnaie öffnete, ging ihm auf, was er alles verloren hatte, all die Erlebnisse, die er uns nicht ermöglichen konnte. Diese Erfahrung, da war ich fest entschlossen, wollte ich in meinem Leben niemals machen.« (Rafael, 42, bestrebt, Reichtum anzuhäufen.)

»Ich weiß noch, wie aufgeregt ich war, als mir die Zahnfee meine ersten Münzen brachte. Ich erinnere mich, wie ich stundenlang überlegte, was ich damit machen sollte: Sollte ich die Münzen behalten und warten, dass ich noch mehr bekam? Oder sollte ich darum bitten, mich zum Schreibwarenladen zu fahren, damit ich mir den Radierer kaufen konnte, auf den ich ein Auge geworfen hatte? Ich beschloss, das Geld zu behalten, damit ich mir das komplette Schreibset kaufen konnte, aber es war ein befreiendes Gefühl, die Wahl zu haben. Meine Mum, die mir bei Gelddingen immer sagte, was ich tun sollte, meinte nur: ›Das ist dein Geld, Schatz, du kannst entscheiden.‹ Ich fühlte mich so frei! Geld bedeutete für mich Freiheit.« (Christina, 31, gibt gelegentlich zu viel aus.)

Ich will nicht behaupten, dass eine einzige dieser Erfahrungen über den späteren Umgang mit Geld bestimmt. Wenn man jedoch weiß, welchen Eindruck sie hinterlassen haben, kann das helfen, die Faktoren zu erkennen, die den aktuellen Umgang mit Geld beeinflussen. Wie die Beispiele zeigen, wird vieles nonverbal kommuniziert. Ein tiefer Seufzer der Eltern an der Kasse. Die schlechte Stimmung, wenn eine Rechnung in der Post ist.

Bei unseren Verhaltensweisen/Einstellungen übernehmen wir viel von unseren Eltern, und manchmal absorbieren wir sogar Teile davon: in der Sprache der Psychologie »internalisieren« wir sie. Wir wachsen als kleine Ebenbilder von ihnen auf (zumindest in Teilen), und es ist wichtig, diese Teile von ihnen in uns anzuerkennen. In der Pubertät setzt dann idealerweise ein Prozess ein, bei dem sich unsere eigene Identität herausbildet und wir (bewusst oder unbewusst) entscheiden, welche Eigenschaften unserer Eltern wir behalten und welche wir loslassen oder anders handhaben wollen. Wollen wir knauserig wie unsere Mutter sein oder das Leben (und Geld) mehr genießen? Wollen wir vernünftiger als unser Vater mit Geld umgehen, oder akzeptieren wir, dass wir eine leichtsinnige Seite haben, der wir hin und wieder frönen?

Von Gewohnheiten bis zu Gefühlen kann alles weitergegeben werden; Kinder können unbewusst Hoffnungen und Ängste im Umgang mit Geld absorbieren. Die finanzielle Unsicherheit der Eltern kann zu unserer eigenen werden, auch wenn unsere Lebensumstände ganz anders sind! Eltern, die in Armut aufwuchsen und mit den Schwierigkeiten und Opfern konfrontiert waren, die mit echtem Mangel einhergehen, haben möglicherweise emotionale Narben davongetragen, und ihre Kinder stellen dann als

Erwachsene fest, dass ihnen kein noch so hoher Geldbetrag das Gefühl von Sicherheit geben kann, obwohl sie sich in soliden finanziellen Verhältnissen befinden (für die sie auch hart gearbeitet haben). Das ist irrational, aber psychologisch nachvollziehbar: Wir übernehmen die Gefühle unserer Eltern als eine Art »emotionales Erbe«. Wenn wir nach finanzieller emotionaler Erkenntnis streben, ist es wichtig, über unser Verhalten und unsere Einstellung zu Geld nachzudenken und darüber, wie sie möglicherweise von unseren Eltern und ihren eigenen Erfahrungen mit Geld geformt und beeinflusst wurden.

Der Einfluss der finanziellen Vorstellungen und Erfahrungen unserer Familie ist unvermeidlich, was jedoch nicht bedeutet, dass wir diese Ansichten »komplett schlucken«; auch unsere Erfahrungen außerhalb der Familie beeinflussen unser späteres Verhältnis zu Geld.

Im Laufe der Jahre sehen wir Geld in einem größeren Kontext, und unsere Eltern haben die Möglichkeit, uns dabei zu helfen. Vielleicht fällt uns auf, dass andere mehr oder weniger haben als wir. Warum betteln manche Menschen auf der Straße? Warum haben Freunde ein größeres Haus? Warum hat die Zahnfee ihnen drei Euro gebracht und uns nur zwei? Die Reaktion der Eltern ist hier von großer Bedeutung. Entschärfen sie die Unterschiede (manche Menschen haben eben mehr, andere weniger, so ist das Leben)? Verbinden sie damit eine Wertung (wir sind besser, weil wir mehr haben)? Betonen sie die Bedeutung des Materiellen (wie gut, dass wir mehr haben)? Die Antworten prägen unsere Sicht auf das, wofür Geld steht. Wurden Sie nur dann gelobt und belohnt (mit Geschenken, Medaillen), wenn Sie eine gute Leistung erbrachten? Oder wurde auch anerkannt, dass Sie sich bemühten? Wenn man Belohnung mit Leistung verknüpft, besteht das Risiko, dass wir mit der Vorstellung aufwachsen, wir würden nur für unsere Resultate geliebt und für das, was wir haben, aber nicht als Person an sich.

Die Gesellschaft verdichtet die Botschaften im Zusammenhang mit Geld. Westliche Kulturen (aus deren Sicht ich schreibe) betonen materiellen Reichtum als Maßstab für Erfolg und persönliche Leistung. »Geld macht glücklich« ist eine weit verbreitete Illusion, die von der Gesellschaft propagiert und von der Werbung genutzt wird, um uns davon zu überzeugen, dass auch Konsum glücklich macht. In den sozialen Medien werden die neuesten Einkäufe zur Schau gestellt; gleichzeitig fungieren sie als Bühne, auf der wir in einem imaginären Wettbewerb miteinander stehen, ein sich ständig verändernder Maßstab, an dem wir uns messen. Es gibt immer mehr, was wir haben wollen und wofür wir unser Geld ausgeben; aber wenn wir dann haben, was wir glaubten zu wollen, hat sich die Messlatte schon wieder erhöht.

Und natürlich beeinflusst die verstärkte Wahrnehmung sozialer Hierarchien unsere Auffassung von der Rolle des Geldes in einer Gesellschaft, in der Geld und Macht untrennbar miteinander verbunden sind. In diesem Zusammenhang ist ein Blick auf die emotionalen Schwierigkeiten aufschlussreich, die mit sozialer Mobilität einhergehen. Derartige Erfahrungen haben großen Einfluss auf unser Verhalten und unsere Einstellung zum Geld. Ein sozialer Aufstieg kann uns ein Gefühl der Ermächtigung geben. Menschen mit Selbstvertrauen können sich durch diesen »Aufstieg« bestätigt fühlen. Sie haben möglicherweise das Gefühl, dass Geld Freiheit und Macht verleiht.

Menschen mit einem schwächeren Selbstwertgefühl könnten jedoch feststellen, dass der Aufstieg Gefühle der Unzulänglichkeit in ihnen auslöst und Geld eher Unbehagen (wenn nicht sogar Groll) weckt. Ich kenne Menschen, die anfingen, Geld zu verabscheuen, nachdem sie in ein neues soziales Umfeld katapultiert wurden, dem sie sich nicht zugehörig fühlten. Sie kommen sich vor wie Betrüger und fühlen sich unerwünscht, weil sie erst spät in eine höhere Schicht aufgestiegen sind (diese Ambivalenz können sie auch an ihre Kinder weitergeben, die erste Erbengeneration). Derartige innere Konflikte und Ängste sind natürlich keine guten Voraussetzungen für unser finanzielles Wohlbefinden, unser Selbstvertrauen und das Gefühl, die Kontrolle über unsere finanziellen Entscheidungen zu haben. Möglicherweise verfügen wir über jede Menge Einfluss und Geld, fühlen uns aber von denen, die ihren Reichtum für verdient halten, in den Schatten gestellt; vielleicht wollen wir unser Geld ausgeben und unsere neu gewonnene finanzielle Freiheit genießen, fürchten aber, von unseren langjährigen Freunden als »Angeber« und von den neuen als »Parvenüs« betrachtet zu werden; vielleicht können wir unseren Kindern bieten, was sie sich wünschen, stellen aber fest, dass dies mit unseren Wertvorstellungen darüber kollidiert, was für Kinder angemessen ist; vielleicht empfinden wir sowohl Stolz als auch Schuldgefühle, weil wir mehr haben als unsere Eltern je hatten. Die emotionalen Auswirkungen eines sozialen Aufstiegs auf unser Verhältnis zu Geld hängen von vielen Faktoren ab, vor allem aber davon, welche Vorstellungen man von seinem eigenen Wert hat, welche Ansprüche man an sich selbst stellt und ob Angst vor Ausgrenzung oder Kritik eine Rolle spielt.

Eine Familie kann aus der Armut aufsteigen und zu Wohlstand kommen, doch auch das Gegenteil ist möglich. Wenn ein Kind miterlebt, wie die eigenen Eltern massive finanzielle Verluste erleiden oder sogar bankrottgehen, hinterlässt das einen starken emotionalen Eindruck. Manche reagieren auf solche Erfahrungen, indem sie bei ihren eigenen Finanzen sehr vorsichtig oder ängstlich und/oder besonders risikoscheu sind. Die Erfahrung, von einem Tag auf den anderen alles zu verlieren, brennt sich unauslöschlich ins Gedächtnis und belastet zukünftige Entscheidungen. Ausgaben sind dann eventuell mit Schuldgefühlen behaftet, Investitionen mit Angst, und den einzigen Trost bietet das Horten von Geld. Viele Kinder, die mit solchen negativen Erfahrungen aufwuchsen (die man auch als »finanzielles Trauma« bezeichnen könnte), studieren vielleicht sogar Volks- oder Betriebswirtschaft, um bewusst oder unbewusst eine Wiederholung zu vermeiden, oder sie suchen sich einen Partner, der ihnen die ersehnte finanzielle Stabilität bietet.

Noch bedeutsamer als der tatsächliche Verlust ist die Reaktion der Familie. Wenn mit dem Geld auch alle Hoffnung verloren geht, können die Kinder die Botschaft verinnerlichen, dass Geld allein

Hoffnung gibt. Wenn der Verlust betrauert und überwunden werden kann, wachsen die Kinder vielleicht mit einer weniger idealisierten Vorstellung von Geld und Reichtum auf.

Verallgemeinerungen sind in der Psychotherapie nicht hilfreich, weil es immer darum geht, die Nuancen und die Komplexität unseres Verhaltens zu verstehen, in diesem Fall das Verhältnis eines bestimmten Menschen zum Geld. Auch wenn wir bei Menschen, die mit Armut zu kämpfen haben, oder bei Menschen, die im Überfluss leben, bestimmte Einstellungen erkennen, können wir nicht davon ausgehen, dass es sich um homogene Gruppen mit ähnlichen Erfahrungen handelt.

Tatsächlich können Geschwister in derselben Familie ihre Eltern (und auch deren Umgang mit Geld) ganz unterschiedlich erleben. Wir sind alle verschieden, und was dem einen genügt, ist dem anderen zu wenig, auch wenn beide mit demselben Einkommen im gleichen Viertel aufwuchsen. Das liegt daran, dass wir von so vielen Faktoren gleichzeitig geprägt werden: unseren Interaktionen, davon, wie wir die Handlungen und Gefühle anderer interpretierten, welche Abwehrmechanismen wir entwickelten, mit welchem Elternteil wir uns identifizierten usw.

Ängste und Sehnsüchte

Ich werde noch häufiger auf die These zurückkommen, dass wir mit Geld unbewusst emotionale Sehnsüchte erfüllen oder Ängste und Unsicherheiten aufgrund früherer Erfahrungen bewältigen wollen.

Die Liebe ist eine wichtige Triebfeder für das Streben nach Geld. Aber nicht die einzige. Auch die Sehnsucht, ernst genommen zu werden, von den Eltern wahrgenommen zu werden, ein anerkennendes Nicken oder ein Schulterklopfen zu bekommen, kann uns antreiben. Schmerzhafte Erfahrungen wie Verlust, Entbehrung und Vernachlässigung können dazu führen, dass wir uns an etwas klammern, weil wir fürchten, es zu verlieren. Dann kann Geld der Versuch sein, dem Wunsch nach Halt Ausdruck zu verleihen. Wir können unseren Umgang mit Geld nicht mit einem rein rationalen oder kognitiven Ansatz verstehen. Manchmal liegt die Antwort nicht in den »finanziellen Lektionen«, die wir daheim oder in unserem Umfeld aufgeschnappt haben, sondern tief in uns, in unseren innersten Ängsten und Sehnsüchten.

Wir sind komplexe Wesen, und unser Verhalten wird von eng miteinander verwobenen emotionalen und kognitiven Faktoren bestimmt, abhängig von unserer Persönlichkeit und Geschichte. Unser Verhältnis zum Geld kann mit »Phantasien« zusammenhängen, an denen wir seit Jahren festhalten. Eine »Phantasie«* (mit »Ph«, um sich von der üblichen Verwendung des Wortes zu unterscheiden) bezieht sich in der psychoanalytischen Literatur auf vorgestellte Szenarien mit unbewussten Inhalten (Wünschen, Ängsten, Konflikten). Zum Beispiel können wir die Phantasie und den Wunsch haben, dass mehr Geld uns mehr Liebe bringt, oder die Phantasie und die Angst, dass der Neid anderer Menschen tatsächlich zerstörerisch sein kann, oder die Phantasie, dass wir unbesiegbar sind. Das Aufspüren solcher Phantasien ist hilfreich, weil wir dadurch unsere innere Welt und unsere Motivationen besser verstehen können.

Ausdruck allgemeiner Persönlichkeitsmerkmale

Unser Umgang mit Geld könnte auch einen weitreichenderen Aspekt unserer Persönlichkeit spiegeln.

- Sind Sie insgesamt eher risikoscheu? Machen Sie sich Sorgen, malen sich negative Folgen aus und neigen zur Schwarzmalerei? Dann ist es auch kein Wunder, dass Sie bei Geldanlagen vorsich-

* *Es gibt in der Psychoanalyse für diesen Begriff keine einheitliche, klare Definition, an die sich alle halten. Während sich Freuds ursprüngliche Definition auf die Erfüllung frustrierter Wünsche beschränkte, wurde der Begriff später erweitert, um eine breitere Palette an Wünschen, Ängsten und Überzeugungen einzubeziehen.*

tig sind und mit ihrem Geld haushalten, anstatt es auszugeben und zu genießen. Geld ist ein Bereich, in dem tiefliegende Charaktereigenschaften zutage treten.

- Neigen Sie zum »Schwarz-Weiß-Denken« und folgen in Ihrem Denken und Handeln dem Prinzip »alles oder nichts« und oszillieren zwischen extremem Verzicht und Exzess? Das erklärt, warum sich bei Ihnen Anfälle von Verschwendung und Verzicht abwechseln.
- Haben Sie Probleme mit Beschränkungen (vielleicht haben Sie Schwierigkeiten, Termine zu halten, geben zu viel von sich preis, essen oder trinken exzessiv)? Dann liegt es nahe, dass Sie auch regelmäßig Ihre Kreditkarte überziehen, saftige Überziehungszinsen zahlen und eine schlechte Bonität haben.

Bei all diesen Beispielen würde der Versuch, nur das finanzielle Verhalten zu ändern, vermutlich nichts fruchten. Im Umgang mit Geld manifestieren sich Aspekte unserer Persönlichkeit; er verrät, wie wir unseren Gefühlen und der Welt an sich begegnen. Wir bringen unsere Persönlichkeit in jede Interaktion und Situation ein. Wenn wir ein umfassenderes Bild von uns selbst haben, können wir auch unsere Beziehung zu Geld (und zu allem anderen) besser verstehen.

*

Wir bringen in jede Beziehung, auch in die zum Therapeuten, unseren emotionalen Ballast mit ein, das Vermächtnis früherer Erfahrungen. Und als Therapeutin kann ich Ihnen versichern, dass unsere frühen Erfahrungen den größten Einfluss darauf haben, wer wir werden und wie wir mit der Welt umgehen. Selbst Klienten, die schon weit über fünfzig oder sechzig sind, kommen bei aktuellen Problemen schon bald auf Vorfälle in ihrer Kindheit zu sprechen. Auch 30, 40 oder 50 Jahre später wirken sich diese Erfahrungen darauf aus, wie sie sich heute verhalten.

Ein Therapeut versucht, neugierig und vorurteilsfrei in eine Sitzung zu gehen (soweit das möglich ist). Wenn uns ein Klient erzählt, er habe Ängste im Zusammenhang mit Geld, sagt uns das nicht mehr als das: Wir können daraus nicht schließen, ob er in Wohlstand oder in Armut aufgewachsen ist, ob sich seine Eltern in Geldfragen einig waren oder nicht, und auch über die Art seiner Sorgen wissen wir nichts. Ist es die Angst, dass ihm das Geld genommen wird? Oder dass es ihm ausgehen wird? Oder das Gefühl, nie genug zu haben? Ich möchte auch Sie davor warnen, bei der Lektüre des Buches voreilige Schlüsse zu ziehen und nach einfachen Antworten zu suchen.

Klienten mit naturwissenschaftlichem Hintergrund oder aus der Geschäftswelt sind oft frustriert, weil diese Reise nicht geradlinig verläuft (das ging mir am Anfang auch so!). Was ist das Ziel? Wie kommen wir von A nach B? Vielleicht hoffen auch Sie beim Lesen, bald zu dem Kapitel mit der Überschrift Ihres Geld-»Problems« zu gelangen und eine klare Antwort zu finden. Aber so funktioniert der Mensch nicht; wir sind viel komplexer – und das ist auch gut so!

Auch bei zwei Menschen mit ähnlichen Erfahrungen lässt sich nicht vorhersagen, wie sie sich gegen zukünftige schwierige Gefühle wappnen: ähnliche Situationen können zu ganz unterschiedlichen Ergebnissen führen. So kann jemand, nachdem er verlassen wurde, in zukünftigen Beziehungen übermäßig anhänglich sein oder komplett darauf verzichten. Ähnlich kann eine Person, die sich von den Eltern nicht wahrgenommen fühlte, später mit Geld um sich werfen, um Aufmerksamkeit zu bekommen, oder unermüdlich arbeiten, um Reichtum anzuhäufen in der Hoffnung, sich dadurch bedeutender zu fühlen. Die Erfahrung A führt nicht zwangsläufig zu Ergebnis B.

Es gibt auch immer ein ganzes Bündel von Erklärungen für das Verhalten einer Person im Hier und Jetzt. So kann das Verhalten B durch eine Vielzahl von Gedanken, Ängsten oder Wünschen beeinflusst werden. Würde man es auf einen einzigen Grund zurückführen, hätte man einen Tunnelblick und würde eine Menge interessanter Einsichten übersehen.

Dennoch lassen sich in den Irrationalitäten und Komplexitäten unseres Verhaltens einige Anhaltspunkte finden. Wir können vieles freilegen und verstehen, Verbindungen herstellen und erhellende Momente erleben, auch wenn der Weg nicht den üblichen Regeln der Logik folgt. Manchmal braucht es Monate oder sogar Jahre, in denen man um ein Thema kreist, die einzelnen Schichten freilegt und Stück für Stück vorankommt, bis sich etwas löst oder setzt und sich Erleichterung einstellt, weil man zwei Punkte miteinander verbinden konnte. Emotionale Einsicht kann befreiend, beruhigend und stärkend zugleich sein.

Kapitel 2

Übermäßige Ausgaben und ihre vielen Ursachen

Ich werde oft gefragt: »Woher weiß ich, dass ich zu viel Geld ausgebe und das das ein Problem ist?« Im Grunde geht es um die Frage, wie man »zu viel« definiert, denn einen klaren Maßstab gibt es nicht. Aber schauen wir uns das genauer an.

Bedeutet »zu viel«, dass man über seine Verhältnisse lebt? Was ist, wenn wir im Rahmen unserer Möglichkeiten Geld ausgeben, aber von Schuldgefühlen und Reue geplagt werden? Was ist, wenn wir aufgrund unserer heutigen finanziellen Situation mehr ausgeben können, als wir uns in unserer Kindheit je erträumt hätten, und unsere Definition von »zu viel« angepasst werden muss? Wie Sie sehen, ist die Definition von übermäßigen Ausgaben nicht nur subjektiv, sondern kann sich auch für uns als Individuum verschieben, sowohl aufgrund äußerer Umstände (finanzielle Realitäten) als auch innerer Beweggründe (emotionale Faktoren, die das, was wir als übermäßig oder nicht genug empfinden, beeinflussen).

Kürzlich hatte ich eine einmalige Sitzung mit einer Frau namens Helen, die mit den Worten begann: »Ich habe 103 Kleider.«[37] Ohne mir ein Urteil zu bilden, fragte ich, wie sie sich dabei fühlte. Sie fuhr fort: »Es ist nicht so, dass ich Schulden hätte oder Geld ausgebe, das ich nicht habe ... es geht eher darum, dass ich das Gefühl habe, keine Kontrolle darüber zu haben. Das sind oft Impulskäufe, und wenn ich meinen übervollen Kleiderschrank sehe, habe ich Schuldgefühle.« Manche Leute halten 103 Kleider für puren Exzess; doch im Hinblick auf das finanzielle Wohlbefinden lässt nicht die Zahl aufhorchen, sondern der Umstand, dass Helen sich nicht in der Lage fühlte, ihre Ausgaben zu kontrollieren, und zudem Schuldgefühle wegen ihres überquellenden Kleiderschranks hatte.

Reichen Schuldgefühle aus, um von übermäßigem Geldausgeben zu sprechen? Keineswegs; manche Menschen fühlen sich bereits schuldig, wenn sie sich nur das Nötigste gönnen. Doch Schuldgefühle in Verbindung mit dem unkontrollierbaren Drang zum Geldausgeben bedeuten, dass wir zumindest in Teilen das Gefühl haben, bei finanziellen Entscheidungen eher emotional als rational zu handeln. Helen wünschte sich, sie könne sich anders verhalten, und war mit ihrem Verhalten nicht im Reinen.

Und woher wissen wir nun, dass wir übermäßig viel Geld ausgeben? Nach meiner Erfahrung ist das dann der Fall, wenn man sich Gedanken darüber macht. Viele, die übermäßig viel Geld ausgeben, haben zumindest den Verdacht, dass sie etwas an ihrem Ausgabeverhalten ändern müssen. Das Kaufen vereinnahmt ihr Denken und ihre Zeit. Scham- und Schuldgefühle liegen nahe an der Oberfläche. Man lügt oder versteckt Einkaufstüten, Kassenbons und Kontoauszüge, um nicht von anderen verurteilt zu werden, obwohl man sich bereits selbst verurteilt.

Wir brauchen keine einheitliche Definition für »übermäßiges« Geldausgeben (was für den einen exzessiv ist, kann für den anderen eine völlig rationale und vernünftige Entscheidung sein). Wenn uns jemand sagt, dass wir zu viel für einen Restaurantbesuch ausgeben, macht uns das noch lange nicht zu jemandem, der ständig zu viel ausgibt. Anders sieht es jedoch aus, wenn sich Freunde, Familienmitglieder, Eltern oder Partner besorgt zeigen oder sich sogar über die Auswirkungen unseres Verhaltens beschweren. Manchmal nimmt unser Verhalten so viel Zeit und Energie in Anspruch, dass es unsere Beziehungen, unsere Arbeit und andere Aktivitäten beeinträchtigt. Ob es also nun um Schulden, die Beschwerden von Freunden, unsere eigenen Lügen, Schuldgefühle oder das Gefühl geht, unser Verhalten sei »außer Kontrolle« geraten, am Ende summiert sich alles, bis im wahrsten Sinne des Wortes der Groschen fällt.

Unser Ausgabeverhalten

Geldausgeben kann eine verhängnisvolle Angewohnheit sein. Es gehört zum normalen Leben dazu, daher ist es schwer, den Moment zu erkennen, in dem wir die abstrakte Grenze zum »übermäßigen Ausgeben« überschreiten. Manchmal spricht man scherzhaft von einer »Shopping-Therapie«, um sich aufzumuntern oder zu beruhigen. Ähnlich wie bei der Alkoholabhängigkeit können Regelmäßigkeit und Häufigkeit einen wichtigen Hinweis geben (wenn man sich also immer wieder verschuldet, ist das ein Zeichen dafür, dass man zu viel ausgibt), das Wichtigste ist jedoch die Frage, ob man sein Verhalten noch unter Kontrolle hat und welche Auswirkungen es auf das eigene Leben und die eigenen Beziehungen hat. Wir alle kaufen gelegentlich etwas, das wir eigentlich nicht brauchen, um uns etwas zu »gönnen«. Wenn das aber zur Gewohnheit wird und wir Dinge anhäufen, die wir nicht brauchen, und es uns trotzdem schwerfällt, dem Kaufdrang zu widerstehen, haben wir die Linie zum Zwangsverhalten oder sogar zur Sucht überschritten.

Auch die sogenannte »Lifestyle Inflation« kann eine Form des übermäßigen Geldausgebens sein. Damit wird eine Situation beschrieben, in der mit steigendem Einkommen auch die Ausgaben zunehmen. Das kann sich negativ auf die Fähigkeit auswirken, zu sparen, Schulden abzuzahlen oder auf andere finanzielle Ziele hinzuarbeiten. Wer finanziell aufsteigt, hat die Wahl. Man kann entweder mehr ausgeben und die neue finanzielle Freiheit dazu nutzen, sich das zu gönnen, was man sich schon immer gewünscht hat, aber nicht leisten konnte, oder man behält seinen bisherigen Lebensstil bei und nutzt das zusätzliche Einkommen, um andere finanzielle Ziele zu verwirklichen (etwa Sparen für den Hauskauf, Rückzahlung von Darlehen). Die Entscheidung kann ganz unterschiedlich ausfallen: Manche schaffen es, den Genuss auf ein paar zusätzliche Abende im Restaurant oder einen Extra-Stern bei der Hotelbuchung zu beschränken. Bei anderen kann die Lifestyle Inflation so weit gehen, dass sie am Ende finanziell schlechter dastehen als zuvor. Sie hören nicht nur auf zu sparen, sondern gefährden ihre bestehenden Ersparnisse. Diese individuellen Entscheidungen basieren auf persönlichen Zielen und Vorlieben, aber auch auf dem, was wir seit unserer Kindheit schätzen, wovon wir träumen oder wovor wir uns fürchten.

Die Lifestyle Inflation ist dann eine Form des übermäßigen Geldausgebens, wenn die Inflation (das zusätzliche Geld, das wir ausgeben, um bei steigendem Einkommen unseren Lebensstil zu verbessern) unsere finanzielle Situation verschlechtert oder wenn sie (selbst wenn sie finanziell nicht bedrohlich ist) nicht auf einer *bewussten* Entscheidung gründet, mit der wir im Reinen sind, sondern das Resultat einer von vielen emotionalen Triebkräften ist, etwa empfundener Anpassungsdruck, Unsicherheiten, die ihre Wurzeln in unserer Vergangenheit haben, oder Wünsche, die wir nicht richtig erklären können.

Übermäßiges Geldausgeben ist einer der Hauptgründe für die finanzielle Schieflage, in die viele Footballspieler in den USA geraten. Die Betroffenen tätigen ihre Ausgaben in Hinblick auf ihr hohes Einkommen, ohne zu bedenken, dass es nicht von Dauer sein wird und die Jahre als Spitzenverdiener nicht lange währen. Doch auch emotionale Gründe spielen eine Rolle, wie die Verlockung, dem »Club« der beneideten Superstars anzugehören und wie sie prestigeträchtigen Besitz (Autos, Villen) anzuhäufen; oder die Begeisterung, sich das leisten zu können, wovon man als Kind, das (oft) in Armut aufwuchs, nur träumen konnte. Dann wäre da noch der emotionale Druck (von außen oder selbst auferlegt), das Vermögen mit der Familie und den Freunden (oder sogar mit einem erweiterten Kreis von Unterstützern) zu teilen. In vielen Fällen sind es nicht nur die übermäßigen Ausgaben, die in die Pleite führen, sondern eine Kombination aus unzureichenden Finanzkenntnissen, schlechter Beratung und oft auch Spielsucht. Der Finanzberater einiger der besten Footballspieler der Welt (der anonym bleiben möchte) sagte mir einmal: »Sie geraten in eine Art Ausgaben-Ökosystem, in dem mehrere Kräfte gleichzeitig am Werk sind. Zweifellos gibt es auch ein Gefühl der finanziellen ›Allmacht‹ ohne langfristiges Denken, ohne Kontrolle der Ausgaben. Doch ihr gesamtes Umfeld ermuntert sie zum Geldausgeben: der Druck der Mannschaftskameraden, der Ehefrau (die plötzlich überall unbegrenzt Kredit hat), der Freunde. Ich muss ihnen oft helfen, sich einen Überblick über ihre immensen Ausgaben zu verschaffen. Manchmal geben sie das Geld nicht aus, weil sie etwas Bestimmtes wollen oder brauchen, sondern einfach, weil sie es können.« Laut einem Artikel in der *Sports Illustrated* von 2009 sind geschätzte 78 Prozent aller Spieler der National Football League (NFL) bereits zwei Jahre nach ihrem Abschied vom Profisport insolvent oder in massiven finanziellen Schwierigkeiten.[38]

Ähnlich stellte eine US-Studie fest, dass die Wahrscheinlichkeit einer Insolvenz bei Lottogewinnern in den ersten drei bis fünf Jahren deutlich erhöht ist.[39] Als Erklärung wird mitunter das »Mental Accounting« genannt, eine Verzerrung in unserem Denken, bei der wir Geld je nach Herkunft und Verwendungszweck unterschiedlich betrachten.[40] Im Fall der Lottogewinner bedeutet das oft, dass »gewonnenes« Geld leichter ausgegeben wird als verdientes, was die Geschwindigkeit und häufig auch die Sorglosigkeit erklärt, mit der Lotteriegewinne verprasst werden. Doch meist handelt es sich um eine Kombination von Faktoren, genau wie oben genannt: unvorstellbarer Reichtum gepaart mit dem Druck, das Geld zu investieren, zu spenden oder zu teilen, dazu kommen dann noch schlechte Beratung und unzureichende Finanzkenntnisse.

»Übermäßiges Geldausgeben« lässt sich also schwer definieren, besser verständlich sind da das »pathologische Kaufen« (Oniomanie) oder der »Kaufzwang« (Kaufsucht). In beiden Fällen besteht ein zwanghaftes Bedürfnis, Geld auszugeben, wobei der Schwerpunkt auf der Kaufhandlung und nicht auf dem gekauften Gegenstand liegt (der meist nebensächlich ist). Das Kaufen wird zur Standardreaktion auf jedes negative Gefühl oder Ereignis. Der Gedanke ans Kaufen (das Verlangen danach) ist massiv und scheint unwiderstehlich.[41] Das Kaufen geht weit über die Bedürfnisse, die finanziellen Mittel und sogar die Zeit hinaus, die man eigentlich dafür vorgesehen hat, und beeinträchtigt die Fähigkeit, anderen Verpflichtungen (wie der Arbeit oder dem Studium) nachzukommen. Ein Zwang wird zur Sucht, wenn man die Häufigkeit der Handlung oder den Betrag, den man ausgibt, stetig erhöhen muss, um einen »Kick« zu verspüren, genau wie es bei anderen Abhängigkeiten (etwa der Drogensucht) der Fall ist.

Kaufzwang wird als substanzungebundene Abhängigkeit bezeichnet, weil man süchtig nach der *Handlung* ist (und nicht nach einer bestimmten Substanz). Man schätzt, dass in den USA etwa jeder Zehnte an Kaufzwang leidet (die Schätzungen variieren jedoch stark), in Deutschland geht man von 5 Prozent der Bevölkerung aus, die Zahl der Kaufsucht-Gefährdeten ist jedoch deutlich höher.[42] Kaufsucht geht Hand in Hand mit stoffgebundenen Abhängigkeiten, Essstörungen und anderen Störungen der Impulskontrolle.[43] Pamela Roberts, Leiterin der Suchtabteilung am Priory Hospital in London, erklärt dazu: »Menschen mit Oniomanie fühlen sich völlig beherrscht von dem Zwang, ›einzukaufen und Geld auszugeben‹ – entweder für sich selbst oder für überzogene Geschenke an andere. Der Zeitaufwand, ganz zu schweigen vom emotionalen Stress, der mit der Online-Suche, dem Surfen in sozialen Medien, dem Einkauf im Geschäft, dem Jonglieren mit Kreditkartenrechnungen, dem Verstecken der Einkäufe vor der Familie und dem Umtausch verbunden ist, kann schwere Störungen hervorrufen.«[44] Die Priory Group schätzt, dass 8 bis 16 Prozent der britischen Bevölkerung unter Kaufzwang leiden.

Obwohl so viele Menschen mit Kaufsucht zu kämpfen haben, wurde die Krankheit noch nicht in das *DSM* (*Diagnostic and Statistical Manual of Mental Disorders*, eine Publikation der American Psychiatric Association [APA] zur Klassifizierung psychischer Störungen) oder in ähnliche, von Fachleuten verwendete Handbücher aufgenommen, während andere substanzungebundene Abhängigkeit wie etwa Glücksspielsucht oder Computerspielsucht aufgeführt sind. Die Debatte über die Aufnahme ist umfangreich und würde den Rahmen des Buchs sprengen, ich möchte jedoch festhalten, dass Kaufzwang genauso schwerwiegend sein kann wie Spielsucht, mit ähnlich negativen Auswirkungen auf die Finanzen und Psyche der Betroffenen, und daher nicht einfach als »schlechte Angewohnheit« abgetan werden sollte.

Warum wir Geld ausgeben

Wir leben eindeutig in einer Gesellschaft, die den Konsum fördert. Seit Jahrzehnten wird geforscht, wie man Werbebotschaften so gestaltet, dass wir zu immer weiteren Käufen angeregt werden. Die Werbebranche weiß, dass das Versprechen von Glück, einem besseren Leben oder größerer Attraktivität die Nachfrage steigert, und nutzt kognitive Verzerrungen (Verzerrungen des rationalen Denkens), um ihre Botschaften, Produkte oder Preise zu platzieren. Beispielsweise wissen Werbefachleute nur allzu gut, dass wir etwas umso mehr wertschätzen, wenn wir es für knapp halten. Botschaften wie »nur noch heute« oder »limitierte Auflage« oder auch Auktionen machen sich diese Neigung zunutze und appellieren gleichzeitig an unsere Angst, etwas zu verpassen (»Fear of missing out«, FOMO). Es ist bekannt, dass sich uns nur die Zahl 5 einprägt, wenn wir 599 Euro lesen, wodurch unser rationaler Blick auf den Preis verzerrt wird (*Left Digit Bias*). Oder dass wir eher bereit sind, einen Artikel zu kaufen, wenn wir sehen, dass er reduziert wurde (weil unsere Wahrnehmung durch den Vergleich des aktuellen mit dem höheren Preis verzerrt wird – der *Kontrasteffekt*).

Es gibt auch physiologische Gründe, warum wir Kaufen als angenehm empfinden. Studien[45] zeigen, dass das Stöbern und insbesondere das *Finden* von etwas, das uns gefällt, das Lustzentrum im Gehirn stimuliert, genauso wie der Kauf eines Schnäppchens: In beiden Fällen erwarten wir eine Belohnung oder einen Gewinn, wodurch Dopamin im Gehirn ausgeschüttet wird. Die chemische Reaktion und das dabei hervorgerufene Gefühl werden als »Shopper's High« bezeichnet. Die Dopaminausschüttung ist jedoch auch mit Suchtverhalten verbunden, weil unser Körper darauf konditioniert wird, weitere derartige Erfahrungen zu verlangen.

Verkäufer wissen, was sie tun müssen, um uns das Gefühl zu geben, dass wir ein »Schnäppchen« machen. Bei manchen Menschen werden dieselben Mechanismen, die bei Bedrohungen aktiviert werden, auch in einem durch den Verkauf erzeugten Wettbewerbsumfeld aktiviert. Aus all dem ergibt sich ein komplexes Bild. Der Einzelhandel verleitet uns zu Käufen, unsere physiologischen Reaktionen treiben uns dazu, dieses Erfolgserlebnis immer wieder zu suchen, und die sozialen Medien schüren den Wettbewerb und bieten die Möglichkeit, mit unseren Neuerwerbungen herumzuprahlen. Gleichzeitig wirken Schuldgefühle, Bedauern, die finanzielle Belastung und sogar ökologische und soziale Bedenken abschreckend und treiben Bewegungen wie »Slow Fashion« und das Streben nach Minimalismus voran.

Internet, Smartphone und Shopping-Apps ermöglichten den Boom des Online-Handels. Heutzutage müssen wir zum Einkaufen nicht einmal mehr aus dem Haus und können rund um die Uhr Geld ausgeben. Und wenn wir doch noch in richtige Geschäfte gehen, hat die Allgegenwart des kontaktlosen Bezahlens und der E-Wallets dazu geführt, dass uns das Geldausgeben gar nicht mehr richtig bewusst ist. Früher hatten wir Bargeld, dann kam die Karte und mittlerweile genügt eine kleine Wischbewegung auf dem Smartphone, schon schmilzt unser Konto zusammen. Früher wirkte es vielleicht noch abschreckend, wenn wir uns beim Bezahlen vom Bargeld trennen mussten, doch nun ist der Vorgang praktisch aus unserem Bewusstsein verschwunden. Untersuchungen zeigen, dass die Bezahlung mit Kreditkarte zu höheren Ausgaben führt, weil die *Entscheidung*, Geld auszugeben, und die *tatsächliche Zahlung* zeitlich voneinander getrennt sind (ein Phänomen, das als »Payment coupling« bezeichnet wird).[46] Die Neuroökonomie als neues Fachgebiet hat physiologische Hinweise darauf gefunden, dass bei der Entscheidung, ob wir einen Kauf tätigen oder nicht,

Teile des Gehirns aktiviert werden, die das erwartete positive Kauferlebnis gegen den Schmerz des Geldausgebens abwägen – dass Zahlungen heute zunehmend »schmerzfrei« sind, könnte also erklären, warum wir eher etwas kaufen, wenn wir mit Kreditkarte statt mit Bargeld bezahlen.

Eine Umfrage unter 1045 US-Verbrauchern ergab, dass ein Fünftel der Befragten die Angst, etwas zu verpassen, als Grund für Ausgaben nennt. Die sozialen Medien beeinflussen unser Kaufverhalten und bieten zusätzlich die Möglichkeit, unsere Erfahrungen mit der gewünschten Zielgruppe zu teilen. Doch wir präsentieren dort nicht nur unser Hab und Gut – wir prahlen auch mit Restaurantbesuchen, Schönheitsbehandlungen, Erlebnissen und Urlaubsreisen. Die sozialen Medien bieten eine zusätzliche Möglichkeit für Vergleiche, für Neid und Idealisierungen und verleiten zu Ausgaben, die in der Hoffnung getätigt werden, mit »den anderen« mitzuhalten. Fast ein Drittel der Befragten fühlte sich nicht wohl dabei, »nein« zu sagen, wenn Freunde eine Aktivität vorschlugen, die sie sich nicht leisten konnten. Etwa 40 Prozent der Millennials (geboren zwischen 1981 und 1996) geben zu viel Geld aus, um im Freundeskreis mitzuhalten, und nannten als Grund soziale Ängste wie die, nicht dazuzugehören, sich als Außenseiter zu fühlen oder vor den anderen schlecht dazustehen.[47]

Es gibt Phasen im Leben, in denen der Wunsch, dazuzugehören, stärker ausgeprägt ist, etwa in der Pubertät (die in dem Fall weit über das zwanzigste Lebensjahr hinausgeht). In dieser Phase wird unser Selbstbild durch die Gruppe geprägt: Anschluss und Zugehörigkeit haben eine große Bedeutung, wodurch ein starker emotionaler Druck entsteht, sich anzupassen und einzufügen. Wir schauen genau auf unsere Peergroup und orientieren uns in unserem Aussehen und Verhalten an denen, die wir bewundern. Die Gruppe vermittelt uns ein Gefühl der Zugehörigkeit, während wir uns zur Vorbereitung aufs Erwachsensein innerlich von unseren Eltern abnabeln. Manche Menschen bleiben in der Adoleszenz »stecken« und zeigen die Merkmale dieser Lebensphase über ihre

Teenager- und Twenjahre hinaus. Sie versuchen weiterhin herauszufinden, wer sie sind, indem sie beispielsweise viel Geld für Kleidung ausgeben und ihren »Look« verändern, als würden sie verschiedene Identitäten ausprobieren. Ausgaben werden von dem Bedürfnis angetrieben, sich selbst zu definieren, und Identität wird über das Äußere ausgedrückt, obwohl es dabei eigentlich um eine innerliche Auseinandersetzung geht.

Aufgrund der sozialen Medien ist der Pubertätsdruck bei den heutigen Heranwachsenden deutlich gestiegen. Während sie damit beschäftigt sind, sich mit den Veränderungen in ihrem Körper auseinanderzusetzen und ein Gefühl für sich selbst zu entwickeln, bieten die sozialen Medien eine Plattform, die ein idealisiertes Menschenbild propagiert: Die Möglichkeit, sich mit anderen zu vergleichen und zu konkurrieren, ist stets nur einen Klick entfernt. Was die Jugendlichen dann zu sehen bekommen, sind sorgfältig ausgewählte, mit Photoshop bearbeitete und oft unrealistische Darstellungen, die unmögliche Erwartungen in ihnen wecken. Vor den sozialen Medien gab es vielleicht »das beliebteste Mädchen der Schule«, das idealisiert und beneidet wurde, doch heute hat dieses Mädchen keinen einzigen »Bad-Hair-Day«, sondern ist stets perfekt. Wahrscheinlich hat sie deutlich mehr »Likes« und wird als viel sympathischer und begehrenswerter wahrgenommen als wir. Sie ist nur einen Klick entfernt, wir können sie jederzeit bewundern und beneiden.

Psychotherapeuten liefert der beschriebene soziale Kontext zwar wichtige Hintergrundinformationen, dennoch konzentriere ich mich auf den besonderen emotionalen Kontext des Einzelnen. Die Gründe für übermäßige Ausgaben sind vielfältig, komplex und meiner Erfahrung nach oft in der Vergangenheit angelegt. Aber eben nicht immer.

Ich hatte auch schon Fälle, bei denen die Antwort relativ naheliegend war. Wenn man im Überfluss aufgewachsen ist und stets das Gefühl hatte, dass Geld unbegrenzt zur Verfügung steht, und die Eltern einen nicht dazu angeleitet haben, sich für eine Sache zu entscheiden und Kompromisse einzugehen, geht man als Erwachsener womöglich recht sorglos mit Geld um. Muss man dann feststellen, dass Geld in Wirklichkeit eine begrenzte Ressource ist, ist das ein Schock. Ein einfacher, aber schmerzhafter Prozess der Erkenntnis und Anpassung ist nötig, um zu begreifen, dass Geld nicht vom Himmel fällt. Dabei sind Enttäuschung und Frustration unvermeidlich, und einige Betroffene (meist junge Erwachsene) ziehen vielleicht einen Dritten hinzu, wie einen Coach, Therapeuten oder Partner, der sie als »Elternteil auf Zeit« (oder, psychologisch ausgedrückt, als »externalisiertes Über-Ich«) zur Verantwortung anhält und ihnen hilft, die Umstellung zu bewältigen. Diese Form des übermäßigen Geldausgebens lässt sich leichter in den Griff bekommen als die Formen, bei denen emotionale Unterströmungen am Werk sind. Sie sind schwierig aufzudröseln und zu ändern, denn bei ihnen geht es nicht um »Ups, das war teurer als gedacht«, sondern darum, dass man Geld dazu nutzt, mit seinen Gefühlen klarzukommen, sei es, um ein unbewusstes Verlangen zu stillen oder Ängste zu beschwichtigen.

Der Wunsch, dazuzugehören

Nachdem wir die verschiedenen Formen des übermäßigen Geldausgebens untersucht haben, können wir nun die zugrunde liegenden emotionalen Triebkräfte hinter dem Drang betrachten, beim Geld »außer Kontrolle« zu geraten. Wenn jemand zugibt, dass er unkontrolliert Geld ausgibt, lautet die nächste Frage oft: »Warum tue ich das?« Wenn die Betroffenen dann zu mir kommen, haben sie meist schon einiges ausprobiert: Sie haben ihre Kreditkarten abgeschafft, ein Budget festgesetzt oder eine Freundin oder ein Familienmitglied gebeten, mit ihnen ihre Ausgaben durchzugehen. Das Problem ist nur, dass Hilfsmittel und Strategien erst dann wirken, wenn wir den eigentlichen Grund für unser Verhalten kennen. Nach meiner Erfahrung muss man meist ein ganzes Geflecht psychologischer und emotionaler Gründe entwirren, um das eigene

Verhalten zu verstehen und nach und nach zu ändern, was nicht nur Zeit, sondern auch eine gewisse Anstrengung erfordert.

Übermäßiges Geldausgeben gründet mitunter in dem Wunsch, dazuzugehören. Helen mit ihren vielen Kleidern hatte schon früh die Erfahrung gemacht, dass sie sowohl in der Schule als auch in der Nachbarschaft (wo ihre Familie die einzige mit Migrationshintergrund war) nicht dazugehörte. Frühe Erfahrungen der Ausgrenzung in der Schule, Mobbing oder sogar ein Gefühl der Isolation in der eigenen Familie, können später Ängste auslösen, »nicht passend gekleidet« oder nicht integriert zu sein. Die alte Angst, nicht dazuzugehören, die Isolation, die wir empfunden haben, die Verlegenheit, das Gefühl der eigenen Unzulänglichkeit oder sogar die Demütigung, die wir erlebt haben, lauern vielleicht noch in unserem Unterbewusstsein, wenn wir ein weiteres Paar Schuhe kaufen. Der erwachsene Teil von uns weiß, dass die Kollegen nicht so brutal oder kritisch sind wie einst die Kinder auf dem Spielplatz, doch dieser Teil erreicht uns im Moment des Kaufens nicht. Das Sagen hat das Kind, das sich mit der Kreditkarte in der Hand vor dem Gefühl schützen kann, ein Außenseiter zu sein, indem es sich etwas Schönes kauft. Die Sehnsucht, dazuzugehören, in Kombination mit der Angst, sich wieder so zu fühlen wie »damals«, ist in solchen Situationen eine starke Triebfeder.

Es gibt viele Erfahrungen, die derartige Gefühle hervorrufen können, etwa, wenn man als Kind das Gefühl hatte, in der Schule oder in seinem Umfeld nicht dazuzugehören, sei es aufgrund eines unterschiedlichen sozioökonomischen Status, des Aussehens (Herkunft, Gewicht, Haarfarbe) oder einfach, weil man den Eindruck hatte, anders zu sein, auch wenn sich das äußerlich nicht erklären ließ (»ich kam mir stets wie ein Sonderling vor«). Auch Ausgrenzungserfahrungen in der Familie können diese Sehnsucht hinterlassen. Wenn wir in einer Familie aufgewachsen sind, in der wir das Gefühl hatten, dass andere Geschwister mehr geliebt und verstanden wurden, verbringen wir unser Erwachsenenleben vielleicht mit der Suche nach einer »Familie«, der wir uns zugehörig fühlen, und in manchen Fällen äußert sich der Wunsch, Teil einer bestimmten Gruppe (von Kollegen, Freunden) zu sein, eben darin, übermäßig Geld auszugeben. Wir investieren Zeit, Energie und Geld, um unsere Chancen zu verbessern, dazuzugehören, und um nie wieder das »schwarze Schaf« zu sein. Wir übernehmen die Rechnung, damit die anderen uns mögen. Oder wir geben immer etwas, wenn in der Gruppe gesammelt wird (auch wenn wir mit dem Zweck nicht einig sind), nur um das Gefühl zu haben, einbezogen zu werden.

In Helens Fall besteht der erste Schritt, etwas zu ändern, also nicht in der Festsetzung eines Budgets, sondern in dem Eingeständnis, dass die 103 Kleider ein emotionales Relikt aus einer Zeit sind, in der sie sich anpassen und möglichst nicht auffallen wollte, um sich vor der beängstigenden Aussicht zu schützen, sich allein und isoliert zu fühlen. Doch als Erwachsene kann Helen sich fragen: »Brauche ich diesen Schutzpanzer noch?«, »Werden meine heutigen Freunde und Kollegen genauso hart über mich urteilen wie damals die Kinder in der Schule?«

Das soll nicht heißen, dass jedes Kind dauerhaft von solchen Erfahrungen gezeichnet ist. Manche Kinder fügen sich trotz ihres »Andersseins« gut ein. Mobbingopfer können Resilienz entwickeln und über diese Erfahrungen triumphieren. In anderen Fällen bleiben jedoch emotionale Prägungen (Ängste, Unsicherheiten) zurück. Dann kann es befreiend sein, »das Kind, das sich danach sehnt, wie alle anderen zu sein« in sich anzuerkennen, weil sich daraus die Möglichkeit ergibt, etwas zu ändern.

Derartige Sehnsüchte können sogar von Eltern an die Kinder weitergegeben werden, sie müssen also gar nicht auf eigenen, direkten Erfahrungen beruhen. Wenn die Eltern unbedingt mit den Nachbarn mithalten wollten, steckt vielleicht auch in uns der Wunsch, mit anderen gleichzuziehen. Vielleicht haben wir von den Eltern aufgeschnappt, wie sie immer darauf schauten, was die anderen hatten, auf den Besitz anderer neidisch waren, sich in Konkurrenz zu anderen sahen oder ständig betonten, was sie selbst hatten (und andere nicht). Ich spreche hier nicht von einem einzelnen Kommentar, sondern von Tausenden Interaktionen, Antworten, Bemerkungen, die dem Kind das Unbehagen der Eltern und deren Angst, nicht dazuzugehören, übermitteln. Wir nehmen die Emotionen unserer Eltern auf und »schlucken« sie mitunter völlig unreflektiert. Ihre Sehnsucht, dazuzugehören, oder ihre Scham, nicht genug zu haben, kann zu unserer eigenen werden.

Die 42-jährige Vivian war von Konflikten aufgrund ihres Ausgabeverhaltens geplagt und suchte therapeutische Hilfe. Sie beschrieb zwei Seiten, die in ihr miteinander »rangen«. Die eine Seite empfand große Macht und Befriedigung, wenn sie Geld für Aktivitäten ausgab, mit denen sie dann in ihrem Bekanntenkreis prahlen konnte. Sie sprach gern über den letzten Skiurlaub oder das prestigeträchtige Tenniscamp, zu dem sie die Kinder angemeldet hatte, und hielt dabei stolz ihre Designertasche in der Hand. Obwohl sie stets im Rahmen ihrer finanziellen Möglichkeiten blieb, war klar, dass sie nicht wusste, welche Ausgabe sinnvoll war und welche nicht. Sie hatte das Gefühl, dass ihr ein »Kompass« fehlte, der ihr bei ihren Ausgaben Orientierung gab, obwohl sie in einigen Bereichen ihres Lebens eigentlich recht sparsam war. Was Vivian half, diesen »Kompass« zu finden, war die Erkenntnis, dass viele ihrer Ausgaben ihr eigentlich nur das Gefühl geben sollten, in ihr jetziges soziales Umfeld zu »passen«.

Vivian stammte aus einer Familie der unteren Mittelschicht, die sich stets um den sozialen Aufstieg bemüht hatte. Die Eltern hatten sich eingeschränkt, um ihren Kindern eine gute private Ausbildung und Möglichkeiten zu bieten, die sie selbst nie hatten. Das hatte Vivian jedoch schon früh geprägt. In der Schule fielen ihr die Unterschiede zu ihren Klassenkameraden auf. Ihre Familie machte Urlaub in der Region, während andere Familien ins Ausland fuhren. Sie erinnert sich, wie sie als Studentin ablehnte oder Ausreden fand, wenn sie von ihren Kommilitonen aufgefordert wurde, mit in den Skiurlaub zu kommen (weil es ihr peinlich war, zuzugeben, dass sie nicht Ski fahren konnte). Sie wechselte das Thema oder dachte an etwas anderes, wenn ihre Freundinnen die Strände in Thailand mit denen am Mittelmeer verglichen. Auf die eine oder andere Weise hatte Vivian ihr ganzes bisheriges Leben das unangenehme Gefühl gehabt, nicht dazuzupassen.

Wie schon ihre Eltern schickte auch sie ihre Kinder auf eine Privatschule und bot ihnen Möglichkeiten, die sie selbst nicht gehabt hatte. Doch im Gegensatz zu ihren Eltern schwelgte Vivian im Luxus. Sie kaufte Designerkleidung und machte teure Urlaubsreisen ins Ausland. Zweifellos genoss ein Teil von ihr einfach die Annehmlichkeiten, die sie sich jetzt leisten konnte. Oder wie sie es ausdrückte: »Ich fühle mich reich, wenn ich Geld ausgebe, und das ist ein gutes Gefühl.« Dank ihrer Ausgaben hatte sie endlich das Gefühl, mit den anderen mithalten zu können. Allerdings gab es noch einen anderen Teil von ihr, der sich angesichts ihrer Ausgaben verwirrt und verunsichert fühlte. Die Verwirrung basierte darauf, dass ihre Entscheidungen mal rational und mal von dem Wunsch getrieben waren, dazuzugehören und nicht wie einst als Kind Neid und Unbehagen zu verspüren. Sie musste ihre Beweggründe freilegen und verstehen. In der Therapie arbeitete sie daran, die Teile von sich zu akzeptieren, die an ihre Eltern erinnerten (ihr Streben, sozial aufzusteigen und »mit den anderen« mitzuhalten), und ihren Wunsch oder ihr verzweifeltes Bemühen zu analysieren, sich anzupassen und von ihren Freunden Aufmerksamkeit und Bestätigung zu bekommen und manchmal sogar deren Neid zu wecken. Erst als sie sich diesen Aspekten ihres Selbst stellte, fand sie einen »Kompass« und konnte beurteilen, was sich wie ein ausreichender Grund für ihre Ausgaben anfühlte und was nicht.

Dinge sind verlässlicher als Menschen

Eine Ursache für übermäßige Ausgaben kann die Angst sein, von anderen verlassen oder enttäuscht zu werden. Im Grunde geht es dabei um eine ambivalente Einstellung gegenüber Beziehungen.

Ein Einkauf wird zumindest vorübergehend zu einem Triumph der Autarkie, zu einer scheinbar perfekten Abwehr gegen die unbewusste Angst, von Menschen enttäuscht oder vielleicht sogar verlassen zu werden. Kurzzeitig hat man sich damit selbst beruhigt: »Hier bin ich, ich gebe mir selbst etwas Gutes, etwas, das Bestand hat.« Doch mit der Zeit kehrt das Gefühl der Leere oder Einsamkeit zurück. Der gekaufte Gegenstand kann die Sehnsucht nach einer Beziehung nicht ersetzen, und obwohl er Beständigkeit bietet, erfüllt er nicht das emotionale Verlangen, das ihm zugrunde liegt. Zur Sehnsucht kommen dann auch noch Gewissensbisse, weil wir möglicherweise über unsere Verhältnisse gelebt oder für etwas Unnötiges und letztlich Unbefriedigendes Geld ausgegeben haben.

Es ist ziemlich aufschlussreich, die Bandbreite menschlicher Erfahrungen zu betrachten, die als Verrat oder Verlassenwerden interpretiert werden können. Dass man damit einen Vater verbindet, der die Familie verlässt und jeglichen Kontakt abbricht, ist wenig überraschend. Doch auch eine Scheidung oder sogar der Tod eines geliebten Menschen kann das Gefühl hinterlassen, man sei im Stich gelassen worden. Man muss sich vorstellen, wie das Kind eine Situation betrachtet, wie es ein Ereignis erlebte und interpretierte. Ein Klient erklärte mir einmal: »Ich weiß, dass es nicht die Schuld meines Vaters war, dass er Krebs hatte. Trotzdem hatte ich das Gefühl, dass er uns im Stich ließ, als ob wir es nicht wert gewesen wären, für uns zu leben.« Das schmerzliche Gefühl, verraten und verlassen, womöglich sogar zurückgewiesen worden zu sein, kann sich verfestigen und noch jahrelang Schmerz und Sehnsucht auslösen.

Sylvia Plath, die als eine der größten Dichterinnen aller Zeiten gilt, verlor ihren Vater, als sie acht Jahre alt war, und erholte sich nie wieder davon. Danach war die Welt für sie eine andere, der Zauber der Kindheit war verschwunden. In einem Interview sagte sie dazu: »Ich hörte auf, an Elfen und den Weihnachtsmann und all diese freundlichen Mächte zu glauben, und wurde realistischer und deprimierter.«[48] Sie verlor ihren Lebensmut und auch ihren Glauben. In ihrer Vorstellung war ihr Vater nicht nur gestorben, er hatte sie verlassen. Sie bewältigte das Gefühl der Verlassenheit zum Teil durch Phantasien, dass sie ihn im Tod wiedersehen würde. Sie versank in einer tiefen Depression, mit der sie ihr ganzes Leben lang zu kämpfen hatte, und unternahm in jedem Jahrzehnt einen Selbstmordversuch, bis er ihr mit 30 Jahren schließlich gelang. In ihrem Roman *Unter der Glasglocke* schreibt sie: »Wenn man von jemandem nichts erwartet, wird man auch nicht enttäuscht.«[49] Und in ihrem unglaublich kraftvollen Gedicht »Letzte Worte« schildert sie ihren Wunsch, zusammen mit »Dingen« begraben zu werden – sie wollte, dass ihre persönlichen Gegenstände zu ihr ins Grab (oder genauer gesagt in ihren Sarkophag) gelegt wurden.

Ich traue dem Geist nicht. Er entweicht wie Dampf
In Träumen, durch Mund- oder Augenhöhle. Ich kann ihn nicht aufhalten.
Eines Tages wird er nicht zurückkommen. Dinge sind nicht so.
Sie bleiben.[50]

Plath betont, dass Dinge bleiben. Ihre Worte beschreiben eindrücklich, wie manche Menschen den Besitz, den sie sich zugestehen, als kostbaren Schatz empfinden, weil er nicht mehr nur ein »Ding« ist, sondern ein »Ding, das bleibt« – die Dinge werden zum emotionalen Objekt und stehen für die ersehnte Dauerhaftigkeit und Verlässlichkeit.

Massive schmerzliche Erfahrungen sind starke Trigger für den Aufbau einer Abwehr, die verhindern soll, je wieder einen solchen Schmerz zu erleben. Doch wenn wir uns derart abschotten, besteht die Gefahr, dass wir uns aus Beziehungen komplett ausklinken und Dinge als Ersatz betrachten.

Der Psychoanalytiker David Krueger[51] berichtet von der Arbeit mit einer Klientin, die zu viel Geld ausgab und ihr Verhalten als ein Gefühl »der Raserei und des Wahnsinns« beschrieb. »Der Drang nach *mehr*. Das ist eine Riesenanspannung – wie vor einer Fressattacke – die gleichen Gefühle. Dann ging ich los und kaufte ein paar

Kleider. Ich hatte das Gefühl, dass ich den Laden nicht mit leeren Händen verlassen konnte. Selbst wenn mir nichts gefiel, musste ich irgendetwas kaufen.« Krueger interpretiert das so, dass die Frau für sich die Illusion schuf, sie könne »alles haben, was sie wollte«. Sie konnte sich das geben, was andere ihr emotional verwehrt hatten. Bei dieser Art der Abwehr wird Geld zu einem Mittel, mit dem man sich Trost kauft und das einem die Gewissheit gibt, dass man sich wenigstens selbst etwas schenken kann, wenn einem schon die anderen nichts geben wollen. Das Geldausgeben wirkt beruhigend, vermittelt aber auch kurzzeitig die Illusion, dass etwas Wichtiges bleibt, an dem man festhalten kann.

Schaut her!

In den griechischen Nachrichten machte im Juni 2022 eine Gruppe junger Männer Schlagzeilen, die in einer Strandbar 200 Flaschen Champagner bestellten, um sich dann damit zu bespritzen.[52] Im Englischen wird dafür der Begriff »Vaskning« verwendet, der aus dem Schwedischen kommt und eigentlich »Versenken« bedeutet, mittlerweile aber den absurden Trend beschreibt, Champagner demonstrativ in den Ausguss zu kippen. Nachdem schwedische Bars das Verspritzen von Champagner verboten hatten, begannen Gäste, die ihren Reichtum zur Schau stellen wollten, damit, Flaschen zu ordern, um dann den Barkeeper aufzufordern, den Champagner wegzuschütten. Eine derartige Verschwendung ist empörend, es ist jedoch nicht ungewöhnlich, dass man viel Geld ausgibt, um Aufmerksamkeit zu erregen. Wir alle haben schon großtuerische Angeber erlebt, die mit Geld um sich werfen. Vielleicht haben Sie solche Personen als »Aufschneider« bezeichnet, womöglich haben Sie sich für sie fremdgeschämt, haben die Augen verdreht oder waren vielleicht doch ein bisschen neidisch. Diese Leute geben Geld aus, um Aufmerksamkeit zu erregen und andere neidisch zu machen. Meiner Erfahrung nach sind sie sich dessen in unterschiedlichem Maße bewusst: Einige sind völlig nichtsahnend, während andere zugeben: »Ja, ich stehe gerne im Mittelpunkt.«

Noch vor wenigen Jahren beschränkte sich unser Publikum auf die Menschen in unserem Umfeld, denen wir unser neues Auto oder neues Jackett vorführen konnten. Heute »senden« wir unsere Neuerwerbungen dank der sozialen Medien in die Welt hinaus und lehnen uns dann entspannt zurück, um uns die bewundernden Reaktionen unseres Publikums auszumalen. Nach und nach trudeln die »Likes« ein und sorgen für die gewünschte Resonanz. Jeder einzelne Like ist eine Bestätigung, dass wir der Liebe und Aufmerksamkeit wert sind.

Der Wunsch nach positiver Aufmerksamkeit ist in vielen von uns angelegt, aber wann wird dieser Drang so stark, dass er anderen Dingen in die Quere kommt oder sogar nach hinten losgeht? Um auf die Schwierigkeiten bei der Definition des übermäßigen Geldausgebens zurückzukommen, sollten wir uns nicht nur fragen, wann dieses Übermaß anderen finanziellen Zielen im Weg steht oder ob wir Schuldgefühle und Reue empfinden, weil wir so viel Geld für unser neues Auto oder unsere neue Uhr ausgegeben haben, sondern auch, welche Auswirkungen es auf unsere Beziehungen hat. Der falsche Umgang mit Geld kann sich nicht nur nachteilig auf unsere Gefühle und Finanzen auswirken, sondern auch auf unser Verhältnis zu anderen. Einfach ausgedrückt: Prahlerei oder Angeberei kann zwar Bewunderung hervorrufen, weckt aber normalerweise eher negative Emotionen bei unserem Gegenüber – und stößt die Menschen eher ab, als dass sie sich davon angezogen fühlen.

Dank neuer Untersuchungen weiß man, dass Menschen, die gern herumprahlen, oft nicht ahnen, welche Wirkung sie damit haben.[53] Eine Studie stellte fest, dass sich die Probanden sehr schnell erinnerten, wenn andere mit ihrem Einkommen, ihrem Vermögen oder Besitz »prahlten« (im Gegensatz zu Fällen, in denen mit Leistungen oder Errungenschaften geprahlt wurde). Außerdem fand man heraus, dass diejenigen, die sich selbst in Szene setzen oder »angeben«, das Ausmaß der negativen Emotionen bei den Empfängern erheblich unterschätzen, wohingegen sie deren positive Emotionen deutlich überschätzen.

Die Erkenntnis, dass mit dem dreisten Buhlen um Aufmerksamkeit oft ein innerer Mangel überkompensiert wird, ist nicht neu. Freud benutzte den Begriff Narzissmus, um zu beschreiben, wie sich eine Person mit Selbstliebe und Bewunderung aufbläht, um ein unbewusstes Gefühl der Verletzlichkeit und Zerbrechlichkeit zu überdecken. Das Fehlen eines inneren, stabilen Selbstbildes erzeugt ein Bedürfnis nach äußeren Bezugspunkten. Der Psychoanalytiker Laurence Spurling erklärt dazu: »Die harte äußere Schale gibt dem Erleben eine gewisse Stabilität und Konsistenz, doch die starre Struktur ist in Wirklichkeit hohl, und wenn sie bedroht wird, spürt die narzisstische Person die Gefahr eines katastrophalen Zusammenbruchs.«[54] Unbewusst bauen wir eine Persona auf, an der wir festhalten und die wir der Welt präsentieren können. Sie hält den darunterliegenden Selbstzweifel in Schach (oder verdeckt ihn sogar) und verhindert, dass wir uns für uns schämen.

Geld hat für den grandiosen Narzissten (ein Narzisst, der sich mit einem aufgeblasenen, pompösen, protzigen Image präsentiert) einen psychologischen Nutzen, weil es eine einfache Möglichkeit bietet, das gewünschte »glanzvolle« Image aufrechtzuerhalten und den Zugang zu den Aspekten des Selbst zu blockieren, die als fehlend empfunden werden. Mit Geld kann man Neid wecken, Ehrfurcht hervorrufen, sich mächtig und sogar stark fühlen, das großartige Bild verstärken, das man vermitteln will, und die innere »Leere« füllen.

Das ist eine starke Abwehr, allerdings stößt man damit andere vor den Kopf. Bei einer so strahlenden Rüstung dringt man schwerlich zur Person im Innern vor; was ja auch beabsichtigt ist, aber eben einsam macht. Obwohl Mitgefühl so ziemlich die letzte Emotion ist, die ein grandioser Narzisst bei seinem Gegenüber hervorruft, habe ich bei meiner Arbeit festgestellt, dass ich, wenn man mir Zugang gewährt, auf ein verletzliches Kind stoße, das Angst hat, gesehen zu werden. Ich empfinde stets großes Mitgefühl, wenn wir beginnen, den Teil des Kindes zu verstehen, das sich für nicht liebenswert, für unerwünscht und wertlos hält. Genau diesen Teil will ein Narzisst schützen.

Ich hatte einen Klienten, der in vielerlei Hinsicht eine grandiose »harte äußere Schale« zeigte. Er sagte mir: »Ich denke, Sie sollten ein höheres Honorar verlangen.« Diese bizarre Aufforderung zeigte, dass er mich zu diesem Zeitpunkt der Therapie idealisierte. Vielleicht wollte er auch kundtun, dass er sich viel mehr leisten konnte, als ich verlangte, und so der potenziell demütigenden Erfahrung einer Therapie entgegenwirken. Doch die Äußerung war natürlich auch Teil seiner Abwehr: der »aufgeblasene« Teil von ihm, der nach Prestige strebte und sein Image mit teuren Dingen aufpolierte. Eine teure Therapeutin bestätigte das Bild, für ihn sei nur das Beste gut genug.

Es gibt keine eindeutige Antwort auf die Frage, was zur Entwicklung einer narzisstischen Persönlichkeit führt, man bringt jedoch einige Erziehungsstile damit in Verbindung. Narzisstische Eltern haben aus einer Vielzahl von Gründen eine höhere Wahrscheinlichkeit, narzisstische Kinder hervorzubringen. Zum Teil liegt es daran, dass wir einiges von unseren Eltern übernehmen. Wenn also unsere Eltern Narzissten waren, werden wir unweigerlich einen narzisstischen Teil in uns entwickeln, indem wir ihre Einstellung zum Leben und zu anderen Menschen nachahmen und verinnerlichen. Doch es gibt noch weitere Gründe. Auch die Erziehung durch narzisstische Eltern spielt eine Rolle, da sie in der Regel zwischen Idealisierung und Herabsetzung/Kritik am Kind hin- und herschwanken, so dass das Kind ein instabiles Selbstwertgefühl entwickelt.

Zudem sehen narzisstische Eltern ihre Kinder oft als Erweiterung ihres eigenen Ichs. Sie stellen hohe Erwartungen an das Kind und setzen es unter Druck, damit es dem gewünschten Idealbild entspricht. Das Kind hat keine Möglichkeit, herauszufinden, wer es ist: Es ist dazu da, die emotionalen Bedürfnisse der Eltern zu befriedigen, und ihm bleibt wenig Raum, seine eigenen emotionalen Bedürfnisse auszudrücken, anzuerkennen oder zu erfüllen. Das Kind versucht, all das zu sein, was von ihm verlangt wird (sich um die Bedürfnisse der Eltern kümmern, deren Idealen entsprechen, deren Träume realisieren), und muss unweigerlich scheitern. Die einzige Möglichkeit, Liebe, Aufmerksamkeit und Anerkennung zu bekommen, besteht darin, den Bedürfnissen der Eltern zu entsprechen, weshalb das Kind zu dem Schluss kommt, dass seine eigenen Ideale, Wünsche oder auch negativen Gefühle uninteressant oder inakzeptabel sind.

Das Kind wächst ohne ausreichende positive Reaktionen auf und rechnet gar nicht mehr damit, dass seine Bedürfnisse erfüllt werden. Das kann auch bei überkritischen Eltern passieren, bei Missbrauch oder Vernachlässigung der Kinder. Die emotionale Verletzung ist ähnlich, ebenso das innere Narrativ, das in etwa lautet: »Meine Bedürfnisse sind egal, ich bin egal.« Das Kind lernt, seine inakzeptablen Seiten in sich zu verbergen, und beginnt, eine Abwehr gegen sie aufzubauen.

Auch Eltern, die ihr Kind übermäßig loben oder verwöhnen, können diese Wirkung haben: Das Kind hat den Eindruck, dass es keinen Platz für seine »schlechten Seiten« gibt – Gefühle, die von dem idealisierten Bild abweichen, das die Eltern zeichnen, werden versteckt und als inakzeptabel betrachtet.

Die Hoffnung auf die magische Verwandlung des Selbst

Hinter übermäßigen Ausgaben kann auch der Wunsch nach einer Veränderung der eigenen Person stehen. Die Ausgaben konzentrieren sich vielleicht auf eine äußerliche Veränderung, doch in Wirklichkeit wünschen wir uns eine Veränderung im Innern. Möglicherweise leben wir die unbewusste Phantasie aus, dass wir uns oder dass andere uns mehr mögen, wenn wir uns modischer kleiden oder einer weiteren Schönheitsoperation unterziehen – das magische Versprechen, dass man als neuer Mensch aus der Umkleidekabine kommt.

Eine Journalistin, die über ihren eigenen Kampf mit der Kaufsucht schreibt, gesteht: »Meine endlosen Einkäufe waren der Versuch, die Dinge, die ich an mir nicht leiden konnte, ›in Ordnung zu bringen‹ [...] Allerdings brachten sie keine Erleichterung. Ich war in ständiger Aufregung und konnte es kaum erwarten, bis mein nächstes Outfit geliefert wurde. Wenn dann das Paket kam, war die Enttäuschung groß. Ich lebte in der ständigen Hoffnung, eines Tages das Outfit zu finden, mit dem alles gut werden würde. Ich würde so lange Geld ausgeben, bis mir mein Spiegelbild gefiel. Aber dieser Moment kam nie.«[55] Damit ist der emotionale Prozess treffend beschrieben: Der Wunsch und die Hoffnung, dass der Kauf eine magische Veränderung bewirkt. Die Vorfreude und die Angst, während sie auf die Artikel wartet, gefolgt von der Enttäuschung, wenn die neuen Kleider die unmögliche Aufgabe, »alles in Ordnung zu bringen«, nicht erfüllen.

Die Phantasien, die den Kleidern (oder Schönheitsoperationen oder Stylings) in der Hoffnung auf eine innere Verwandlung alle möglichen magischen Eigenschaften verleihen, wurzeln oft in Erfahrungen, die einem Kind vermittelten, es sei »nicht gut genug«. Ein Elternteil, der desinteressiert wirkt oder oft abwesend ist oder mit Depressionen kämpft und nicht in der Lage ist, positiv auf das Kind zu reagieren, kann beim Kind das Gefühl hinterlassen, nicht »liebenswert« oder nicht »gut genug« zu sein. Die Suche nach Bestätigung von außen ist dann ein Abwehrmechanismus, um sich vom eigenen Wert zu überzeugen.

In manchen Fällen ist der Wunsch nach einer inneren Verwandlung, der sich in verschwenderischen Ausgaben äußert, nicht auf vergangene Erfahrungen zurückzuführen, sondern auf einen Kampf mit gegenwärtigen Gefühlen. Das lässt sich besonders in der Lebensmitte (in der sogenannten »Midlife-Crisis«) beobachten, wenn sich manche Menschen plötzlich einen schicken Sportwagen oder eine imposante Villa kaufen. Im Podcast *This Jungian Life* erklären die drei Analytiker in der Folge über die Midlife Crisis,[56] dass der Psychiater, Psychoanalytiker und Begründer der analytischen Psychologie, Carl Gustav Jung, einer der ersten war, der die zweite Lebenshälfte ins Blickfeld rückte, die am Kipppunkt (»Midlife«) beginnt und viele Möglichkeiten für das persönliche Wachstum bietet. In dieser Phase stellen sich viele die Frage nach dem Sinn des Lebens, doch für manche wird sie zur vorherrschenden Beschäftigung. Nachdem wir unsere beruflichen Ziele erreicht, Kinder bekommen und die Hypothek aufs Haus abbezahlt haben, beschäftigen uns Fragen wie »Ist das schon alles?« Und selbst wenn wir diese Ziele nicht erreicht haben, fragen wir uns vielleicht, was uns wirklich wichtig ist und was wir eigentlich vom Leben erwarten. All die Fragen, Ängste und Sehnsüchte, die wir nie richtig zum Ausdruck gebracht haben, summieren sich. Wenn wir diese Gedanken und Gefühle nicht zulassen und uns nicht aufrichtig mit ihnen auseinandersetzen, leben wir sie womöglich dadurch aus, dass wir Äußerlichkeiten verändern (im Podcast werden als Beispiele genannt: einen Lamborghini kaufen, den Job kündigen), obwohl wir uns in Wirklichkeit nach einer innerlichen Veränderung sehnen. Anstatt dem »inneren Ruf« zu folgen, lassen wir uns von unseren beunruhigenden und unangenehmen Gefühlen antreiben.

Geld, um sich selbst zu beruhigen

Bislang haben wir uns mit spezifischen emotionalen Beweggründen für übermäßige Ausgaben befasst. Manchmal erfüllt Geld jedoch einen ganz einfachen Zweck: Es gibt uns die Möglichkeit zu handeln (es auszugeben) und lenkt uns dadurch von negativen Gefühlen ab, die wir vermeiden wollen.

Mit negativen Gefühlen umzugehen, muss man lernen. Meist haben wir diese Fähigkeit unbewusst von unseren Bezugspersonen übernommen. Kann ein Elternteil mit einem brüllenden Säugling oder Kleinkind umgehen, auf seine Bedürfnisse eingehen, seine Gefühle deuten und in Worte fassen, anstatt in Panik zu verfallen und die Bedürfnisse des Kindes zu ignorieren? Derartige Erfahrungen haben Einfluss darauf, ob wir später in der Lage sind, unsere Gefühle in Worte zu fassen, sie auszudrücken und zu beherrschen (anstatt sie auszuagieren).

Wenn man Eltern hatte, die Mühe hatten, sich zu beherrschen, mit ihren Gefühlen klarzukommen und sie auf gesunde Weise auszudrücken, wirkt sich das auf die Fähigkeit aus, mit den eigenen Gefühlen umzugehen. Wir beobachten, was die Eltern tun, wenn sie wütend, traurig usw. sind – bringen sie ihre Gefühle zum Ausdruck? Sprechen sie darüber? Haben wir den Eindruck, dass sie mit ihren Gefühlen umgehen können und sie bewältigen? Oder sind sie unbeherrscht, schlagen, schreien, gehen weg, betäuben sich mit Alkohol oder Essen? Gut möglich, dass wir die Bewältigungsstrategie unserer Eltern übernehmen: handeln, anstatt ein unangenehmes Gefühl zu akzeptieren. Es sind vielleicht nicht dieselben Handlungen (wir geben vielleicht zu viel Geld aus, während unsere Eltern geraucht/getrunken/übermäßig viel gegessen haben), aber doch derselbe psychologische Mechanismus: Wir handeln, anstatt schwierige Gefühle zu benennen und zu versuchen, auf sie einzugehen und darüber zu sprechen.

Da überrascht es nicht, dass sich Kaufsucht nachweislich durch eine Familie zieht und gleich bei mehreren Mitgliedern auftreten kann (und dass in diesen Familien Stimmungsschwankungen, Angstzustände und Substanzkonsum stark ausgeprägt sind).[57] Die Unfähigkeit der Eltern, Resilienz zu entwickeln und ihre Gefühle zu bewältigen, überträgt sich auf das Kind.

Doch die Wiederholung der Bewältigungsstrategien unserer Eltern ist nicht der einzige Faktor. Wenn ein Elternteil, der depressiv oder suchtkrank ist, für das Kind emotional weniger verfügbar ist, kann das dazu führen, dass das Kind seine Gefühle eher unterdrückt, anstatt sie zu äußern und zu lernen, mit ihnen umzugehen. Wenn uns negative Gefühle überkommen, versuchen wir, uns abzulenken. Das kann ein hilfreicher Bewältigungsmechanismus sein, wenn wir nur gelegentlich darauf zurückgreifen und es nicht zu einer systematischen Verleugnung oder Unterdrückung unserer Gefühle kommt. Und natürlich hängt es sehr davon ab, wie oft wir diese Bewältigungsstrategie einsetzen und *womit* wir uns ablenken. So wie es einen Unterschied gibt zwischen einem gelegentlichen Eis zum Trost und regelmäßigen Fressattacken oder den Unterschied zwischen einer Kneipentour am Wochenende mit Freunden, um »runterzukommen«, und einer Alkoholabhängigkeit, so gibt es auch einen Unterschied zwischen »sich etwas zur Belohnung kaufen« und einem Kaufzwang.

Für viele, die übermäßig Geld ausgeben, lautet die Antwort auf die Frage: »Was würde passieren, wenn Sie nicht einkaufen gehen würden, obwohl Sie den Drang dazu verspüren?« »Ich wäre meinen Gedanken/Gefühlen ausgesetzt.« Und diese Gefühle können ganz unterschiedlich sein – Langeweile, Trauer, Wut. Anstatt die eigenen Gefühle wahrzunehmen, geben die Betroffenen Geld aus, was ihnen zunächst ein gutes Gefühl gibt, weil es sie von ihren störenden Gedanken oder Gefühlen ablenkt und sie in einen Prozess einbindet: Sie scrollen auf einer Website und suchen nach etwas, das sie kaufen möchten. In Claer Barretts Podcast *Money Clinic* sagt die bekennende Kaufsüchtige Brooke: »Wenn ich in einem Geschäft bin, sind alle äußeren Stressfaktoren ausgeschaltet. Ich bin voll und ganz da und muss nicht über den Stress bei der Arbeit nachdenken. Ich muss nicht darüber nachdenken, dass ich nicht viele Freunde habe. Manchmal ist es schon wie ein Durchatmen, wenn ich einfach durch ein Geschäft schlendere.«[58]

Studien haben gezeigt, dass zwanghafte Käufer unmittelbar vor dem Einkaufen negative Gefühle (traurig/deprimiert, ängstlich und gelangweilt) empfinden.[59] Unmittelbar nach dem Kauf fühlen sich die Befragten »high«, »stark«, »aufgeregt«, »beschwingt«, »wichtiger« und »wie jemand anderes«.[60] Der Einkauf vermittelt ihnen ein Gefühl der Kontrolle in einem Moment, in dem sich etwas scheinbar Unbeherrschbares unter der Oberfläche zusammenbraut. Wie wir bereits festgestellt haben, gibt es sowohl psychologische als auch physiologische Erklärungen für das Stimmungshoch nach einem Kauf, das jedoch nur von kurzer Dauer ist. Schuldgefühle und Verzweiflung sind typisch für einen Kaufrausch-Kater (und nicht zu vergessen: auch die ursprünglichen negativen Gefühle, denen wir aus dem Weg gehen wollten, sind immer noch da).

Bei Kaufsüchtigen liegt der Schwerpunkt auf dem tatsächlichen Bedürfnis, etwas zu kaufen, und nicht so sehr auf der Ware an sich (die oft unausgepackt und unbenutzt bleibt). Was unwiderstehlich erscheint, ist die *Handlung*, etwas zu kaufen, nicht das Objekt. Oft übersteigt der Kauf sowohl die Bedürfnisse als auch die finanziellen Ressourcen (und Schulden sind dann die Folge). Selbst die Zeit, die dafür aufgewendet wird, steht in keinem Verhältnis, was sich wiederum negativ auf andere Verpflichtungen (z. B. im Beruf) auswirkt.

Der Versuch, die Gefühle, die hinter diesem Verhalten stehen, zu erkennen und zu benennen, kann ein erster Schritt sein, das eigene Verhalten in den Griff zu bekommen. Anschließend stellt sich die Frage, was man mit diesen Gefühlen anfangen soll. Man kann sie ansprechen, ausdrücken, ergründen und sich mit ihnen auseinandersetzen. Wenn es traurige Gefühle sind, denen Sie ausweichen, worum geht es dabei? Können Sie mit Ihrer Traurigkeit leben, ohne sie ausleben zu müssen? Können Sie einen gesünderen Weg finden, sich gegen sie zu wehren? Was kann Sie sonst noch von Ihrer Einsamkeit ablenken? Was können Sie tun, wenn Sie sich einsam fühlen, anstatt online zu shoppen?

Die Forschung zeigt,[61] dass Kaufzwang meist Hand in Hand mit anderen psychischen Problemen geht (wie Depressionen oder Ängste). Eine junge Frau sagte einmal: »Was würde ich tun, wenn ich nicht einkaufen würde? Worauf könnte ich mich freuen? Auf nichts.«[62]

Personen mit Kaufzwang leiden häufig auch unter Essstörungen, Alkohol- oder Nikotinabhängigkeit oder zwanghaftem Verhalten. Tatsächlich wissen wir aus der Forschung, dass Kaufsüchtige stärker zu anderen Abhängigkeiten neigen oder unter einer affektiven oder einer Angststörung leiden.[63] Meiner Meinung nach zeugt das davon, dass das Kaufen in dem Fall eine Handlung ist (eine von vielen), mit der man versucht, depressive Gefühle oder Ängste in den Griff zu bekommen.

In einer Folge der Doku-Serie *Only Human* hilft ein Therapeut einer Frau zu verstehen, was hinter ihren exzessiven Ausgaben stecken könnte, die in vielen Formen auftraten, wie z. B. die Bewirtung von Gästen, das Feiern von Partys und das Ausgehen mit Freunden. Als sie mit einem Coach nach Gründen für ihr Verhalten suchte, stellte sich heraus, dass sie jahrelang schmerzhafte und starke Gefühle im Zusammenhang mit ihrem Vater unterdrückt hatte, der ausgezogen war, als sie drei Jahre alt war. Damals hatte sie die negativen Gefühle verdrängt und sich nur auf die Momente auf dem Spielplatz und die »schönen Unternehmungen« mit ihrem Vater am Wochenende konzentriert. In der Gegenwart zielte ein Großteil ihrer Ausgaben darauf ab, diese sorglosen Momente wiederherzustellen und die selbstzerstörerische Seite ihres Handelns (ihre Schulden überstiegen ihr Jahresgehalt) zu verstecken/auszublenden. Sie konzentrierte sich auf den Spaß und ignorierte den Schmerz und die Verletzungen, die sie aus ihrer Kindheit mit sich herumtrug, in der Gegenwart aber auch selbst verursachte, weil sie sich in eine so prekäre finanzielle Lage gebracht hatte. Das zeigte sich auch an ihrer Essstörung: Ihr Umfeld sah ihre lustige und genussvolle Seite, doch sie hatte auch düstere Gefühle, die sie mit ihrer Bulimie zu verdrängen suchte. Indem sie Kontakt mit dem »verletzten kleinen Mädchen« in ihrem Inneren aufnahm, konnte sie ihre übermäßigen Ausgaben besser verstehen. Bevor sie sich den Gefühlen hinter ihrem Verhalten gestellt hatte, fühlte sie sich, wie selbst sagte, »ängstlich, allein und verschreckt«.

*

Die unbewussten Triebkräfte für überhöhte Ausgaben können so komplex sein wie unser Innenleben an sich, doch nach meiner Erfahrung geht es meist darum, dass sich die Betroffenen vorstellen, die gekauften Dinge würden sie begehrenswerter machen, ihnen ein Gefühl der Zugehörigkeit vermitteln oder ihnen Trost spenden, weil sie dadurch etwas Gutes haben, das bleibt.

Für andere, denen es generell schwerfällt, ihre negativen Gefühle anzuerkennen, zu benennen und auszuhalten, ist Geld ein Mittel zum Handeln, ein Werkzeug für ihre Impulsivität: Sie kaufen, anstatt sich mit schwierigen Gedanken oder unangenehmen Gefühlen auseinanderzusetzen.

Wenn Sie feststellen, dass Sie mehr ausgeben, als Ihnen lieb ist, oder wenn Sie unsicher sind, warum Sie immer mehr Dinge, technischen Schnickschnack und Accessoires anhäufen, sollten Sie sich fragen, was Sie sich wirklich davon erhoffen. Wenn Sie ein Schaubild zeichnen müssten, das Ihre halb bewussten Erwartungen an ein solches Objekt zum Ausdruck bringt, was würden Sie hineinschreiben? Man findet nicht immer auf direktem Weg heraus, was hinter den eigenen übermäßigen Ausgaben steckt (Ratschläge, wie man das angeht, mache ich in Kapitel 12), es ist jedoch schon ein guter Anfang, wenn man sich seine Gefühle in den verschiedenen Stadien des Kaufprozesses bewusst macht. Wie beginnt der Vorgang, der mit einem Kauf endet? Scrollen Sie im Beisein Ihrer Freundinnen auf Ihrem Handy? Beschließen Sie, wenn Sie allein zu Hause sitzen, einen Einkaufsbummel zu machen? Was fühlen Sie in diesen Momenten? Verhaltensmuster helfen, die Emotionen zu entschlüsseln, die den Prozess in Gang setzen: Bei einer Klientin war es »jedes Mal, wenn ich zu einer Veranstaltung muss«, was auf ihre Unsicherheit hinweist, wie andere sie »sehen«, und auf ihr Unbehagen in Gesellschaft anderer. Eine andere Klientin sagte »zur Schlafenszeit«, was auf ein Gefühl der Einsamkeit schließen lässt.

Fragen Sie sich selbst:

- Welche Gefühle und Gedanken kommen Ihnen in den Sinn, wenn Sie etwas sehen, das Sie sich wünschen?
- Was passiert, wenn Sie den Artikel kaufen?

- Was ist, wenn der Artikel geliefert wird?
- Behalten Sie ihn/schicken Sie ihn zurück? Wie fühlen Sie sich, wenn Sie nichts ausgeben, oder wenn Sie in der Vergangenheit versucht haben, Ihre Ausgaben einzuschränken?
- Welche Gefühle werden dann hervorgerufen?

Wenn die übermäßigen Ausgaben ein Verhalten sind, mit dem Sie sich gegen schwierige Gefühle wehren, denken Sie daran: Abwehrmechanismen haben einen Grund. Sie schützen uns vor Schmerz. Doch es lohnt sich, sie zu überdenken, wenn sie uns nicht das geben, was wir wollen, oder wenn sie so nachteilige Folgen haben, dass wir uns danach noch schlechter fühlen, obwohl wir genau das vermeiden wollten. Die finanzielle Belastung und die Schuldgefühle, die 103 Kleider in unserem Kleiderschrank verursachen, könnten uns so zu schaffen machen, dass es eine zwar beängstigende, aber durchaus lohnende Übung sein könnte, uns stattdessen unserer Angst zu stellen, nicht dazuzugehören. Oder unsere narzisstische Angeberei hat uns so sehr isoliert, dass unsere Suche nach Anerkennung nach hinten losgeht. Wir müssen uns fragen, ob es vielleicht bessere Orte (weniger schädlich, erfüllender) als Läden oder Schönheitssalons gibt, um das zu finden, was uns unserer Meinung nach fehlt.

Der Autor und Psychotherapeut Stephen Grosz schreibt dazu: »Hin und wieder versuchen wir alle, schmerzliche Emotionen zum Verstummen zu bringen. Doch wenn wir es schaffen, nichts mehr zu fühlen, verlieren wir das einzige Instrument, das uns sagt, was wehtut und warum.«[64]

Kapitel 3

Gier: Wenn wir nie genug kriegen

Wenn Geld einen Wert an sich hat, idealisiert und mit magischen Kräften ausgestattet wird (z. B. mit der Fähigkeit, »alles in Ordnung zu bringen«), ist ein Leben in Unzufriedenheit vorprogrammiert. Schon der griechische Philosoph Sokrates erklärte: »Wer mit dem, was er hat, nicht zufrieden ist, wäre auch mit dem, was er gerne hätte, nicht zufrieden«, was heißt, dass es eine Illusion ist, dass wir mit »mehr« glücklicher wären. Das verzweifelte Streben nach Reichtum birgt eine tragische Wahrheit: Kein noch so hoher Betrag wird je genügen, denn bei diesem Streben geht es gar nicht um Geld, es ist rein symbolisch.

Meist wird Gier so definiert, dass man »mehr will, als man braucht«[65] – aber wer legt das fest? Geht es dabei um unsere Grundbedürfnisse wie Essen und ein Dach über dem Kopf? Oder darum, so zu leben wie die meisten Leute mit unserem Einkommen? Hat nicht jeder Mensch eine andere Vorstellung davon, was ein »ausreichendes« Einkommen oder Maß an Ersparnissen bedeutet? Ein weiteres Problem bei der Definition ist, dass kein Platz für einen gesunden Ehrgeiz bleibt. Ist es gierig, wenn wir mehr wollen, als wir haben, oder nur ein Anzeichen dafür, dass wir nach Höherem streben oder wollen, dass unsere Kinder es später einmal besser haben?

Die meisten Menschen hätten gern mehr Geld (tatsächlich wären laut einer Gallup-Umfrage 60 Prozent der Amerikaner eines Tages gerne reich, in Deutschland halten es sogar 70 Prozent der Deutschen für »sehr« oder »eher erstrebenswert«, reich zu sein).[66] Doch

Gier bedeutet nicht nur ein Verlangen nach mehr, sondern einen *unersättlichen* Drang, der mit der ständigen Sorge einhergeht, nicht genug zu haben.[67] Das Wort »Gier« geht auf das althochdeutsche *giri* (»Begierde«) zurück und entstand vermutlich aus dem indogermanischen *gher* (»verlangen«) und *ghei* (»den Mund aufsperrend«).[68] Doch das Verlangen wird nicht befriedigt, der Hunger wird nicht gestillt. Gierige haben nie »genug« – da diese Einschätzung oft in keiner Weise der tatsächlichen finanziellen Realität entspricht, stellt sich die Frage: genug wofür?

Um die ständige Sorge, nicht genug zu haben, zu erklären, ist in letzter Zeit in den Medien die Formulierung »finanzdysmorph« (kein psychoanalytischer Begriff) aufgetaucht, die die verzerrte Wahrnehmung der finanziellen Realität beschreiben soll. Man hat das Gefühl, nicht genug zu haben, obwohl es einem in Wirklichkeit finanziell gar nicht so schlecht geht. Der Begriff lehnt sich an die sogenannte »körperdysmorphe Störung« an, eine psychische Erkrankung, bei der man sich selbst verzerrt wahrnimmt und sich auf vermeintliche Mängel am körperlichen Erscheinungsbild (die für andere in der Regel nicht wahrnehmbar sind) fixiert. Ähnlich kann jemand mit einer finanzdysmorphen Störung eine unrealistische Vorstellung von seiner finanziellen Situation haben und einen finanziellen »Mangel« empfinden, der in Wirklichkeit gar nicht besteht (was ein Teil von uns auch weiß). So wie jemand mit einer körperdysmorphen Störung unermüdlich daran arbeitet, den »Fehler« in seinem Aussehen zu korrigieren, wird der Gierige zum Workaholic oder hortet zwanghaft Geld in der Hoffnung, seinen finanziellen »Mangel« zu beheben.

Die andere Eigenschaft, die man der Gier zuschreibt, ist die Missachtung anderer. Die negativen Assoziationen hängen eindeutig mit diesem Aspekt zusammen: Der »Hunger« überwiegt und hat Vorrang vor allem anderen. Wir verfolgen unser gewünschtes Ziel (in diesem Fall Geld) und räumen dabei alle aus dem Weg, die uns in die Quere kommen. In einer Studienreihe zeigten Kouchaki und andere,[69] dass ein verstärkter Kontakt mit Geld unethische Absichten und Verhaltensweisen (Lügen, Betrügen oder egoistisches Handeln ohne Rücksicht auf andere) auslösen kann, und kamen zu dem Schluss: »Geld ist ein heimtückischer, korrumpierender Faktor.«[70] Selbst wenn man die Teilnehmer eines Experiments einfach nur mit Wörtern in Verbindung mit Geld konfrontierte, schien ihr späteres Verhalten davon beeinflusst, da sie anschließend bei einer ihnen gestellten Aufgabe eher zu unethischen Handlungen (wie Lügen) neigten. Das ist nicht die erste Studie, die wirtschaftliches Interesse mit einem wettbewerbsorientierten und eigennützigen Verhalten in Verbindung bringt.

Doch auch Reichtum kann eine Ideologie des Eigennutzes fördern. In den USA durchgeführte Studien ergaben, dass wohlhabendere Menschen weniger Empathie und Mitgefühl zeigen (wohingegen ihr Anspruchsdenken größer ist), was auf einen Zusammenhang zwischen Reichtum und der Missachtung anderer schließen lässt.[71] In einer Studie hielten die Fahrer teurerer Autos seltener für Fußgänger an einer Kreuzung an. Natürlich lässt sich daraus nicht schlussfolgern, dass alle Wohlhabenden gierig sind, dennoch zeigen diese Studien, dass wir, je wohlhabender wir sind, das Streben nach Reichtum umso eher moralisch rechtfertigen und einer Ideologie des Eigennutzes anhängen. Die Komplexität des menschlichen Verhaltens lässt sich nur schwer in Experimenten abbilden. Das genannte Beispiel mag überzeugend wirken, doch wie erklären wir dann, dass Wohlhabende genauso großzügig sind (wenn man den Anteil des Einkommens betrachtet, der für wohltätige Zwecke gespendet wird) wie die meisten anderen Menschen?[72]

Was viele Definitionen von Gier meiner Meinung nach außer Acht lassen, ist die mangelnde Achtsamkeit gegenüber sich selbst, die so typisch für Menschen ist, die in diesem Streben gefangen sind. Oft vernachlässigen sie ihr eigenes Wohlbefinden und auch ihre Beziehungen, weil sie unablässig damit beschäftigt sind, immer mehr Reichtum anzuhäufen. Und wie schon Ralph Waldo Emerson sagte: »Geld kostet oft zu viel.«[73]

Bislang haben wir also festgestellt, dass ein unstillbares Verlangen nach Geld und die ständige Sorge, nicht genug zu haben, zu einem selbstschädigenden, unmoralischen oder einfach nur unemphatischen Verhalten führen kann.

Das griechische Wort für Gier (*philargyros*) bedeutet wörtlich übersetzt »geldliebend«.[74] Damit ist ein wichtiger Aspekt der Gier nach Geld erfasst: der »Geldfetischismus«. Geld wird idealisiert und geliebt, als wäre es von Natur aus wertvoll. Es ist nicht mehr nur Mittel zum Zweck, sondern wird um seiner selbst willen angehäuft. Anstatt als Tauschmittel oder Instrument, mit dem man sich die Freuden des Lebens beschaffen kann, wird Geld als etwas gesehen, das von sich aus Zufriedenheit bringt und alle Ängste lindert. Geld wird unsere depressiven Gefühle heilen. Geld macht alles wieder gut. So zumindest die Vorstellung. Doch Geld kann dieses Versprechen nicht erfüllen.

Weil wir Gier in einem negativen Zusammenhang sehen, erkennen wir sie eher bei anderen als bei uns selbst. Dieses Phänomen wird »Projektion« genannt. Unbewusst »projizieren« wir Gefühle, die uns selbst unangenehm sind, auf andere und nehmen sie somit bei ihnen wahr. Und je mehr wir uns über die Gier anderer Menschen ärgern, desto wahrscheinlicher ist es, dass es eine gierige Seite in uns gibt, die wir nicht anerkennen wollen und daher unbewusst leugnen oder loszuwerden versuchen. Wenn Sie sich also häufig über die Gier anderer Menschen aufregen, sollten Sie sich fragen, wie es um Ihre eigene Gier bestellt ist.

Wenn wir unsere Einstellung zum Geld differenzierter betrachten wollen, ist es wichtig, zwischen Gier und Habgier sowie zwischen »Knauserigkeit« und Geiz zu unterscheiden. Aus psychologischer Sicht gibt es einen großen Unterschied, auch wenn wir diese Begriffe im Alltag vielleicht austauschbar verwenden. »Geizig« ist man, wenn man sowohl eine Besessenheit beim Horten von Geld (also Gier) zeigt, als auch Schwierigkeiten hat, es auszugeben. Meiner Erfahrung nach gehen diese beiden Eigenschaften zwar oft Hand in Hand, unterscheiden sich aber: Der Wunsch zu sparen ist etwas anderes als der Wunsch, sein Geld nicht auszugeben. Und wenn man sein Geld nicht für sich selbst ausgeben will, ist das ebenfalls etwas anderes, als wenn man es nicht für andere ausgeben will. Wenn wir hier von Gier sprechen, konzentriere ich mich speziell auf den Wunsch, etwas anzuhäufen.

Ich kenne Menschen (oft sehr wohlhabende), die sich einen Lebensstil leisten könnten, von dem viele von uns nur träumen, und trotzdem mit ihrer Gier zu kämpfen haben. Sie äußert sich etwa dahingehend, dass sie Workaholics sind und von dem überwältigenden Bedürfnis getrieben werden, immer mehr anzuhäufen, koste es, was es wolle. Sie haben genug Geld und könnten nicht nur sich selbst, sondern auch kommenden Generationen ein sorgenfreies Leben bieten, trotzdem machen sie immer weiter und verzichten dafür auf Zeit mit der Familie, Sport, eine gesunde Ernährung oder Urlaubsreisen.

Ursprung und Wahrnehmung von Gier

Die Wahrnehmung der Gier war im Lauf der Zeit immer wieder Veränderungen unterworfen und wird von Ökonomen und Philosophen unterschiedlich beurteilt. Die einen sehen sie als Teil des Selbsterhaltungstriebs[75] und als gesellschaftlichen Motor für Wirtschaftswachstum.[76] Michael Douglas' berühmter Monolog im Film *Wall Street* (1987), in dem er den fiktiven Börsenspekulanten Gordon Gekko spielt, bringt diese Haltung auf den Punkt: »Gier, in Ermangelung eines besseren Wortes, ist gut. Gier ist richtig, Gier funktioniert. Gier verdeutlicht, durchdringt und fasst die Essenz des evolutionären Geistes zusammen. Die Gier in all ihren Formen, die Gier nach Leben, nach Geld, nach Liebe, nach Wissen, kennzeichnet den Aufschwung der Menschheit.« Es gibt sogar die Behauptung, dass politische Systeme, die darauf abzielen, gieriges Verhalten zu unterbinden, in Armut und Chaos münden würden.[77]

Gier ist angeboren und findet sich nicht nur beim Menschen, sondern auch bei Tieren. Der Drang, Essen oder Geld anzuhäufen, ist in Teilen auch eine Überlebensstrategie. Unser Überleben ist an Geld gebunden, und die Aussicht, nicht genug zu haben, weckt Urängste in uns. Evolutionspsychologen sind der Meinung, dass die Gier dazu dient, unseren genetischen Code fortzuschreiben, da wir durch die Anhäufung von Status signalisierenden Besitztümern unsere Chancen erhöhen, einen Partner zu finden.[78]

Es gibt jedoch auch entgegengesetzte Meinungen. Der Ökonom John Maynard Keynes betrachtete die Liebe zum Geld als eine Art Wahn und bezeichnete die »Triebkraft des Geldes« als moralische Alchemie, als magischen Akt, der Schlechtes gut erscheinen lässt. Wir verwandeln rücksichtslose Gier in etwas moralisch Vorbildliches.[79] Gier kann auf gesellschaftlicher wie auf persönlicher Ebene eine zerstörerische Wirkung entfalten. Sie kann zu einer schädlichen, unmoralischen und ausbeuterischen Kraft werden. Es gibt sogar die These, dass wir in einem gesellschaftlichen und wirtschaftlichen System leben, das Gier fördert und institutionalisiert, was zu Problemen wie Ungleichheit, Korruption, Finanzkrisen und sogar Krieg führt.[80]

Otto Fenichel war einer der ersten Psychoanalytiker, der (bereits 1938) erklärte, dass der Kapitalismus zu den starken Kräften gehört, die die Anhäufung von Reichtum fördern: »Der Kapitalist muss unter Androhung seines eigenen Untergangs *danach streben, Reichtum anzuhäufen*.«[81] Wir werden jedoch, so Fenichel weiter, in diesem Streben nach Geld sowohl von internen als auch von externen Kräften angetrieben. Innerlich sind es »narzisstische Bedürfnisse«, die wir durch Geld zu befriedigen suchen: Fenichel bezieht sich darauf, dass sich kleine Kinder allmächtig fühlen und »während ihres ganzen Lebens eine gewisse Erinnerung an diese Allmacht bleibt, verbunden mit der Sehnsucht, sie wieder zu erlangen«. Geld wird zum Symbol für potenzielle Macht und (Selbst-)Wertschätzung, weil in unserer Gesellschaft »Macht und Ansehen auf dem Besitz von Geld beruhen«. Dieser innere Drang nach Macht und Selbstwert wird durch die gesellschaftliche Wahrnehmung noch verstärkt.

Fenichel betonte, dass das Zusammenspiel interner und externer Kräfte unser Streben nach Reichtum bestimmt, und dass es einschränkend wäre, nur das eine und nicht das andere zu berücksichtigen. Die Realität des Geldes in der Gesellschaft kann nicht ignoriert werden. Er schrieb: »In unserer Gesellschaft wird derjenige, der Geld besitzt, geehrt und ist wirklich mächtig.«[82]

Melanie Klein, deren bahnbrechende Arbeit in der Kinderpsychotherapie das psychoanalytische Denken maßgeblich beeinflusst hat, sah auch das Kind durch das ständige Zusammenspiel innerer und äußerer Faktoren geprägt.[83] Allerdings betonte sie bei den »äußeren« Faktoren die Reaktion der Bezugspersonen auf die Gier des Kindes. Die Gier ist angeboren, wird aber durch die Reaktionen unserer Bezugspersonen gemildert oder verstärkt, wenn wir unseren Wunsch nach mehr zum Ausdruck bringen: Wie reagiert die Welt auf uns? Bekommen wir mehr, wenn wir um mehr bitten? Werden wir getadelt oder bestraft, weil wir »gierig«/»bedürftig« sind?

Zu den äußeren Faktoren, die unsere Wahrnehmung von Gier prägen, gesellt sich noch die Religion. Die meisten Religionen verurteilen Gier. Im christlichen Glauben ist sie eine der Hauptsünden (wie Judas' Verrat Christi für 30 Silberlinge veranschaulicht).[84] Im Buddhismus ist sie einer der drei Gründe für das Leid der Menschen (die anderen sind Aggression und Unwissenheit). Auch in vielen anderen Religionen finden sich Beispiele. In Dantes *Inferno*[85] sind die Habgierigen (die Geld horten) und die Verschwender (die es lustvoll ausgeben) in den gleichen Höllenkreis verbannt, weil beide Gruppen derselben Sünde für schuldig befunden wurden – der fehlenden Mäßigung im Umgang mit Geld.

In der griechischen Mythologie[86] macht sich die Geschichte von Midas über das begierige Streben nach Reichtum lustig. König Midas half Dionysos (dem Gott des Weins und der Ekstase), seinen alten Lehrer zu finden, und durfte sich dafür etwas wünschen.

Und König Midas wünschte sich, dass alles, was er anfasste, zu Gold wurde. Doch sein Wunsch war etwas voreilig, er hatte nicht bedacht, dass sich auch das, was er essen wollte, in Gold verwandelte. Aufgrund seiner dummen Gier drohte ihm nun der Hungertod. In einer späteren Version der Geschichte[87] verwandelt sich sogar seine Tochter in Gold, als er sie anfasst. In einigen Versionen des Mythos hat der Gott Erbarmen und hebt den Fluch auf, doch in anderen muss Midas verhungern. Unabhängig von ihrem Ende ist die Geschichte voller Bedeutung: Geld/Gold macht nicht glücklich, und das Streben danach kann zum Fluch und zu einer destruktiven Kraft werden. Tatsächlich hatte Dionysos, der Gott, der Midas den Wunsch gewährt hatte, zwei Gesichter; er stand für das Glück, konnte die Menschen im Übermaß des Genusses jedoch auch in brutale Raserei verfallen lassen (in Anlehnung an die duale Natur des Weins). Auch bei Midas wurde die dunkle Seite übermäßiger Gier offenkundig.

Gier wird oft sehr negativ gesehen, womöglich haben Sie sich bei der Lektüre in einigen Beispielen wiedererkannt, jedoch ganz schnell für sich erklärt: »Bei mir ist das nicht wirklich Gier, sondern Angst, Anspannung …« Doch erst wenn wir uns der Tatsache stellen, dass es Gefühle in uns gibt (darunter kann durchaus auch Angst sein, aber eben oft auch Gier), die unser Verlangen nach mehr befeuern, haben wir eine Chance, unser Verhalten zu verstehen und zu ändern. Erst wenn wir akzeptieren, dass wir unablässig nach mehr verlangen, können wir uns fragen: Warum reicht mir nicht, was ich habe? Was bringt es mir denn, *noch mehr* zu haben? Wovor habe ich Angst?

Und dann gibt es noch diejenigen, die mehr Vermögen angehäuft haben, als sie sich je erträumt haben, und sich dennoch leer und unzufrieden fühlen. Geld sollte ihnen etwas geben, aber das hat nicht funktioniert. Manche erhofften sich Liebe, andere ein Gefühl von Selbstwert, wieder andere Glück. Stellen Sie sich vor, Sie würden Ihr ganzes Leben unermüdlich für etwas arbeiten und am Ende feststellen, dass Sie genau dort stehen, wo Sie angefangen haben. Es war alles nur eine Illusion. Wir idealisieren Geld und schreiben ihm alle möglichen magischen Eigenschaften zu, um dann zu erkennen, dass wir das, was wir uns erhofften, nicht kaufen können.

Gieriges Verhalten

Das unermüdliche Streben nach Reichtum tritt in verschiedenen Formen auf. Eine davon ist das Horten von Geld, wie es Ebenezer Scrooge in Charles Dickens' Weihnachtsgeschichte praktiziert. Scrooge wird als unbarmherziger Geizhals beschrieben, der von Geld völlig besessen ist. Noch besser veranschaulicht diese Eigenschaft meiner Meinung nach Disneys Dagobert Duck, der sich an Dickens' Scrooge anlehnt (und im Englischen Scrooge McDuck heißt), die »reichste Ente der Welt«. Dagobert nimmt gern ein Bad in seinem Geldspeicher (einem begehbaren Tresor voller Geld) und genießt es, seine geliebten Taler am ganzen Körper zu spüren.[88] Onkel Dagobert ist so besessen von Geld und so beschäftigt, immer mehr anzuhäufen, dass er den Kontakt zu Familie und Freunden verloren hat.

Auch Menschen streben wie besessen nach immer mehr Geld. Sie baden zwar nicht in ihren Münzen, sind jedoch stolz auf ihren Fleiß und ihre harte Arbeit. Vielleicht werden sie für ihre cleveren Deals bewundert. Oder aber ihre Partner und Freunde betrachten sie als »Workaholics«. Ich verwende den Begriff in einem allgemeineren (nicht nur klinischen) Sinn. Die Definition von »Arbeitssucht« als substanzungebundene Abhängigkeit umfasst auch das Ausmaß der Arbeit, die eigene Haltung zur Arbeit und den Grad, in dem man andere Aspekte seines Lebens (wie Gesundheit und Beziehungen) zugunsten der Arbeit vernachlässigt (obwohl eine so hohe Arbeitsleistung oft gar nicht erwartet wird). Probleme, Aktivitäten zu genießen, die nichts mit der Arbeit zu tun haben, Verleugnung und Lügen sind ebenfalls Anzeichen einer Arbeitssucht.

Es ist eine Sache, gern zu arbeiten und sich aus Freude an seiner Tätigkeit einzubringen, Motivation und einen gesunden Ehrgeiz zu verspüren. Doch es ist etwas ganz anderes, wenn man sich aus einem unverständlichen inneren Zwang heraus voll reinhängt. Die Forschung hat gezeigt, dass das eine (auch als »Engagement am Arbeitsplatz« bezeichnet) mit positiven Gefühlen, wie Freude, Aufmerksamkeit und Selbstvertrauen, und das andere (Arbeitssucht) mit »Schuldgefühlen, Angst, Wut und Enttäuschung« verbunden ist.[89]

Arbeitssucht kann ein Merkmal eines zwanghaften Charakters sein, wie bei Menschen, die übermäßig Geld ausgeben und »agieren«, anstatt sich mit ihren Gefühlen auseinanderzusetzen (egal welcher Art). Sie kann auch Kennzeichen eines masochistischen Charakters sein (der sich unbewusst selbst bestraft). Andere arbeiten sehr viel, um einer unglücklichen Ehe oder einer schwierigen Familiensituation zu entkommen. Doch einige Workaholics, auf die ich mich hier konzentrieren möchte, arbeiten wegen des Geldes. Sie sind von Gier getrieben. Ihr Umfeld sieht verwundert zu und fragt sich, wann sie endlich genug haben werden. Doch die Messlatte verlagert sich immer weiter nach oben, und der Hunger ist nie gestillt. Manchmal geht das bis zum Burnout, den die American Psychological Association als »körperliche, emotionale oder geistige Erschöpfung, begleitet von abnehmender Motivation, verminderter Leistung und negativer Einstellung zu sich selbst und anderen« definiert.[90]

Um zu verstehen, warum jemand begierig Geld hortet oder sich im Hamsterrad verausgabt, um noch mehr Geld anzuhäufen, müssen wir fragen: Was versprechen sich die Betroffenen von Geld? Wonach sehnen sie sich (ein Gefühl von Komfort und Sicherheit)? Was bedeutet Geld in ihrer Vorstellung (ein Maß für Wert)? Wovor haben sie Angst (kein Geld mehr zu haben/in Vergessenheit zu geraten)?

Ängste im Zusammenhang mit Armutserfahrungen und finanziellem Verlust

Eine Klientin fasste ihre Situation folgendermaßen zusammen: »Mit dreißig habe ich entsetzliche Angst, dass mir das Geld ausgeht. Jeden Tag habe ich das Gefühl, ein falscher Schritt könnte in den Abgrund führen, was nicht nur unlogisch, sondern geradezu verheerend ist. Ich bin hyperwachsam. Ich kann bei der Arbeit unmöglich nein sagen, weshalb ich mich oft ausgebrannt fühle. Mehr denn je ist der Druck, genug zum Leben und Überleben zu verdienen und voranzukommen, unerträglich geworden.«[91] Die junge Frau konnte den Zwang, mehr zu arbeiten, mehr zu verdienen und mehr zu haben, nicht kontrollieren, obwohl ihr auf rationaler Ebene bewusst war, dass ihr Bedürfnis »unlogisch« und angstbasiert war.

Viele Menschen haben Probleme, ihre Angst, nicht genug zu haben, in Schach zu halten. Meiner Erfahrung nach gründet diese Angst oft in Erfahrungen echter Armut und finanziellen Verlusts oder in *emotionalen* Entbehrungen, weshalb sie nach einem inneren Gefühl der Sicherheit streben, das über Geld ausgelebt wird.

Reale Armutserfahrungen sind eine einfache (wenn auch schmerzliche) Erklärung für die Angst, dass »einem das Geld ausgeht«, und das daraus resultierende Streben nach immer mehr. Diese Ängste gründen meist nicht in der aktuellen Realität. Viele Menschen, die sich vor Armut fürchten, arbeiten hart, um eine prekäre finanzielle Lage zu vermeiden, schätzen ihre eigene Situation aber völlig falsch ein. Ihre rationale Seite weiß das auch, doch dieses rationale Wissen trägt wenig dazu bei, ihre Ängste zu beschwichtigen. Das liegt daran, dass sie in einem Umfeld aufgewachsen sind, das eine emotionale Prägung durch Angst und Verlust hinterlassen hat. Sie haben beobachtet, wie ihre Eltern schmerzhafte Kompromisse machen mussten und sich aufopferten, aber vor allem *fühlten* sie das, was ihre Eltern unter diesen Bedingungen fühlten. Vielleicht sehnten sie sich auch nach Dingen oder Erlebnissen, die sich andere leisten konnten, sie aber nicht. Aufgrund dieser Erinnerungen haben sie sich vielleicht geschworen, nie wieder in eine solche Situation zu geraten. Doch die Angst ist geblieben. Sie halten an ihrer Gier fest, damit es ihnen nicht wie den eigenen Eltern ergeht oder damit sie sich nicht nach etwas sehnen müssen, das sie sich nicht leisten können.

Große finanzielle Verluste (persönliche oder in der Familie) können ebenfalls emotionale Narben hinterlassen. Sie können zum sogenannten »Katastrophisieren« führen, bei dem man ständig denkt »Was ist, wenn?«. Das ist ganz normal, nachdem man erfahren musste, dass von einem Tag auf den anderen alles weg sein kann. Dennoch sollte man nicht jegliches *Maß* verlieren, wenn man sich gegen die Angst wehrt, plötzlich vor dem Nichts zu stehen. Damit will ich keineswegs sagen, dass man nicht »etwas für schlechte Zeiten beiseitelegen« oder auch negative Szenarien bei seiner Finanzplanung berücksichtigen sollte (das ist sogar sehr vernünftig), doch zwischen Vorsicht und einem Leben in Angst besteht ein Riesenunterschied. Wenn die Angst lähmend ist, steht sie dem finanziellen Wohlergehen im Wege. Immer mehr zu arbeiten, anzuhäufen, zu sparen, ist dann die einzige Möglichkeit, die Ängste (wenn auch nur vorübergehend) zu beschwichtigen.

Eine Folge von Armut oder finanziellem Verlust ist häufig auch die unbewusste Phantasie, Geld könne alle Probleme lösen. Wenn Geldsorgen einer Familie das Leben schwermachen, kann Geld zur Erklärung für alle negativen Gefühle werden. Dadurch wächst im Kind das Gefühl, Geld würde »alles wieder gut machen«. Geld würde helfen, wenn man unglücklich oder depressiv ist, und die Familie würde weniger streiten, wenn nur mehr Geld da wäre. Wer so denkt, lebt in der Hoffnung, dass das Geld/Glück zum Greifen nah ist und man dafür nur ein bisschen mehr arbeiten, ein weiteres Projekt einschieben oder eine weitere Stufe auf der Karriereleiter erklimmen muss.

Wer mit den Geistern eines finanziellen Traumas zu kämpfen hat, kann davon profitieren, wenn er die Verbindung zwischen seinen aktuellen Empfindungen und den vergangenen Erfahrungen anerkennt. Es kann befreiend sein, diesen Gefühlen Raum zu geben und sich mit ihnen auseinanderzusetzen, um das Geschehene besser zu verstehen. Vielen Menschen fällt es schwer, zu akzeptieren, dass etwas, das ihren Eltern widerfahren ist, sie so stark beeinflusst – sie tun das Geschehene ab als »deren Trauma, nicht meins«. Doch wenn wir den Gefühlen *der Eltern* und der Bedeutung, die *sie* der Erfahrung beimaßen, Raum geben, können wir das emotionale Vermächtnis, das hinter einem gierigen Verhalten in der Gegenwart steckt, besser verstehen.

Auch ein Realitätscheck kann hilfreich sein. Ich meine damit nicht, dass man sich selbst versichert: »Du hast doch genug Geld, also mach dir keine Sorgen«, weil man damit nichts gegen die Angst ausrichtet. Vielmehr geht es darum, sich bewusst zu machen, wann man ins Katastrophendenken verfällt, sich also auf Szenarien fixiert, die wahrscheinlich nie eintreten. Man sollte sich auch überlegen, wie viel Kontrolle man tatsächlich über seine Lebensumstände hat, was bedeuten kann, dass man finanzielle Vorkehrungen trifft (Notfallreserven schafft), um nicht überrumpelt zu werden. Manchmal geht es beim Realitätscheck auch darum, sich den Unterschied zwischen sich und den Eltern bewusst zu machen – etwa die Tatsache, dass die Eltern nachlässig mit ihren Finanzen umgegangen sind, während man selbst seine Zahlen im Griff hat. So offensichtlich diese Faktoren auch sein mögen, wer mit derartigen Ängsten kämpft, vergisst oft, dass er anders als seine Eltern ist und bereits viel getan hat, damit sich die Geschichte nicht wiederholt.

Ein Bündel voller Liebe (sichere Basis)

Die meisten Therapeuten sind sich einig, dass Probleme mit Gier ihre Ursachen in frühen Erfahrungen der Entbehrung haben. Ein Baby, das fürchtet, etwas entbehren zu müssen, weil es die Erfahrung gemacht hat, dass seine Forderungen nicht erfüllt werden, reagiert darauf mit verstärkter Gier. Vernachlässigung kann Ängste und Unsicherheiten in Bezug auf die Versorgung mit Nahrung/Liebe/Geld schüren, wodurch ein unersättlicher Hunger entsteht. Klein beschrieb, wie aus dem gierigen Kind ein Erwachsener wird, der ehrgeizig, aber stets unzufrieden mit dem Erreichten ist und immer noch mehr will.

So verschieden die Erfahrungen mit Entbehrung sind, so unterschiedlich sind auch die Auswirkungen. Wie versuchen wir, die Lücke zu füllen, die der Mangel, den wir »damals« erfahren haben, in uns hinterlassen hat? Mit anderen Worten, welche Bedeutung hat Geld in unserem Denken in Bezug auf diese Lücke? Ist es Liebe, Glück oder unser eigenes Selbstwertgefühl, das wir durch die Anhäufung von immer mehr Reichtum erlangen wollen? Wenn wir das herausfinden, können wir auch unsere »gierige Seite« besser verstehen, die in unserem Umgang mit Geld und zwangsläufig auch in anderen Aspekten unseres Lebens zum Ausdruck kommt.

»Ich dachte, mit Geld käme alles in Ordnung«, sagte mir einmal ein Klient. Er hatte sich aus der Armut bis zum Millionär hochgearbeitet. Doch zu seiner Überraschung war er trotzdem nicht glücklich. »Vielleicht haben sich ein paar finanzielle Ängste abgeschwächt, aber das war's dann auch.«

Häufig kommen Menschen mit sogenannten »existenziellen« Fragen über den Sinn des Lebens und das Streben nach Glück in die Therapie. Ihnen ist klar geworden, dass sie sich dem angestrebten Glück umso weniger nahe fühlen, je mehr sie arbeiten und je mehr Geld sie haben.

Der Psychoanalytiker David Krueger beschreibt einen Klienten, der zu ihm kam, weil er an den Wänden seines Büros und in seiner Vitrine keinen Platz mehr für seine Trophäen und Auszeichnungen hatte: »Mit jeder Auszeichnung, die er erreichen, mit jeder Summe, die er noch zusätzlich verdienen wollte, wurde seine Hoffnung weiter angespornt. Er erhöhte einfach mit jedem Erfolg den Einsatz, weil er hoffte, dadurch das zu bekommen, was er in seiner Kindheit nicht bekommen hatte, und so seine innere Leere zu füllen.«[92] Klienten sprechen oft über ein Gefühl der inneren *Leere,* die sich nicht füllen lässt. Das ist eine interessante Wortwahl – man hat den leeren, hungrigen Magen vor Augen, der metaphorisch für den emotionalen Mangel steht. Oft wird versucht, diesen Hunger, die Sehnsucht nach mehr, mit Geld zu stillen.

Woher kommt dieses unersättliche Verlangen? Bei der Betrachtung dieser Frage liefert die Bindungstheorie wichtige Anhaltspunkte. Jahrzehnte der Forschung haben gezeigt, dass das Bindungsmuster eines Kindes durch die Interaktion zwischen Mutter* und Kind zu Hause bestimmt wird und Einfluss auf die Beziehungen hat, die man als Kind, Jugendlicher und Erwachsener aufbaut.

Wenn unsere Bezugspersonen für uns da waren, auf uns reagierten und sich um uns kümmerten und wenn unsere Erfahrungen mit ihnen überwiegend positiv waren, ist die Wahrscheinlichkeit groß, dass wir einen sicheren Bindungsstil entwickeln, was heißt, dass wir uns in Beziehungen sicher fühlen und anderen vertrauen. Wir können mit Konflikten umgehen, unsere Emotionen regulieren und anderen unsere Bedürfnisse und Frustrationen mitteilen. Wir haben das Gefühl, dass wir der Liebe wert sind, und sind nicht auf äußere Bestätigung und Wertschätzung angewiesen.

Leider machen nicht alle Kinder überwiegend positive Erfahrungen mit ihren Eltern. Sie wachsen in einer Umgebung auf, in der ihre Bedürfnisse nicht immer erfüllt werden, Bezugspersonen unzuverlässig oder nicht verfügbar sind und Zurückweisung, Kritik oder Gleichgültigkeit dominieren. Dann fehlt dem Kind die »sichere Basis«.[93] Es geht davon aus, dass es enttäuscht wird, daher gründen seine Bindungen auf Verunsicherung und Angst. Solche Kinder haben Mühe, eine sinnvolle und erfüllende Beziehung einzugehen, in einigen Fällen klammern sie sich auf der Suche nach Bestätigung und Rückhalt an ihre Partner oder Freunde. Sie werden »ängstlich anhänglich«, weil sie fürchten, verlassen zu werden. Trotz der Bemühungen ihrer Partner oder Freunde lassen sich diese

---

* *In den von mir verwendeten Zitaten bezieht sich »Mutter« auf jede primäre Bezugsperson.*

Bedürfnisse nicht erfüllen, denn es fehlt mit der »sicheren Basis« schlicht der Glaube, dass ihre Bedürfnisse in ausreichendem Maße erfüllt werden. Ähnlich klammern sie sich an Geld, weil sie darin eine Möglichkeit sehen, ihren Hunger nach Liebe und Sicherheit zu stillen, die Leere zu füllen, aber auch das funktioniert nicht. Der Psychiater und renommierte Bindungsforscher Jeremy Holmes schreibt dazu: »Die Vergötterung von Geld ist eine perverse Reaktion auf [...] die Leere. Wenn ich schon nicht lieben kann, habe ich wenigstens Geld: Aus meiner unbefriedigten Gier wird die Lust am Geld.«[94] Ein Mangel an echter Sicherheit und Bindung führt dazu, dass man sich seine »sichere Basis« mit Geld schafft.

Auch Ebenezer Scrooge in Dickens' Weihnachtsgeschichte erfuhr in der Kindheit keine Liebe. Der »Geist der vergangenen Weihnacht« erinnert ihn daran, dass er schon als Kind einsam war und sogar Weihnachten allein im Internat verbringen musste. Seine emotionale Sehnsucht hat sich bei ihm in ein Streben nach immer mehr Geld verwandelt. Unbewusst steckt dahinter das Gefühl, dass wir, wenn wir nicht an etwas festhalten, wenn wir nicht sparen, solange wir etwas haben, am Ende hungrig und voller Sehnsucht dastehen.

Scrooge halfen die Geister der vergangenen, diesjährigen und zukünftigen Weihnacht, sich zu ändern. Die Konfrontation mit seinem frühen Trauma, das Wissen um das Leid, das sein gegenwärtiges Verhalten verursachte, und die Erkenntnis, wohin der gegenwärtige Weg ihn führen würde, halfen ihm, sich zu ändern. Wir müssen uns dem Teil von uns stellen, der das Gefühl hat, dass ihm etwas fehlt. Wir müssen um die Eltern trauern, die wir gerne gehabt hätten. Und wir müssen als Erwachsene herausfinden, was uns wirklich fehlt, damit wir nicht an der falschen Stelle danach suchen.

Auf Geld kann man sich verlassen – der Wunsch nach Eigenständigkeit

Während die einen Dinge kaufen und horten, weil sie glauben, sie seien verlässlicher als Menschen, häufen andere Geld an, weil es ihnen ein Gefühl der Unabhängigkeit gibt, das Gefühl, niemanden zu brauchen, nicht auf jemand anderen angewiesen zu sein, der sie womöglich enttäuscht.

Der Wunsch nach finanzieller Unabhängigkeit ist ein durchaus gesundes Ziel in der persönlichen Entwicklung: Er ist hier natürlich nicht gemeint. Ganz anders verhält es sich, wenn man immer mehr anhäufen will, um sich nie wieder nach etwas sehnen zu müssen.

Nachdem ich Warren Buffett an einem Wendepunkt in meinem Leben persönlich kennengelernt hatte, war ich neugierig, was ihn zu seinen außergewöhnlichen Leistungen getrieben hatte. Je mehr ich in seinen Biografien nach Hinweisen auf seine frühen Erfahrungen suchte, desto mehr wurden mir die vielen Faktoren vor Augen geführt, die unsere Beziehung zu Geld prägen. Warren wurde vom Umgang mit Geld in seiner Familie beeinflusst, von seinem unverwüstlichen und gewitzten Vater, von emotionalen Entbehrungen und der traumatischen Beziehung zu seiner Mutter. Das alles trug dazu bei, dass aus ihm im Laufe der Zeit einer der reichsten Männer der Welt wurde.[95]

Warren Buffett wollte schon als kleiner Junge Millionär werden. Er wurde 1930 in Nebraska geboren, nicht einmal ein Jahr nach dem New Yorker Börsenkrach am »Schwarzen Donnerstag«. Als Warren ein knappes Jahr alt war, erklärte sein Vater der Familie, seine Bank habe geschlossen und er sei nun arbeitslos.[96] Während der Wirtschaftskrise hatten die Menschen im ganzen Land große Geldsorgen. Depressionen und Selbstmorde häuften sich. Dennoch traf Buffetts Vater Howard die mutige Entscheidung, sich als Börsenmakler selbstständig zu machen, und baute das Unternehmen stetig aus. Vielleicht war dies die erste wertvolle

Lektion, die Buffett über das Leben (und das Geld) lernte – dass man mit einem gewissen Maß an Widerstandsfähigkeit, Mut und Entschlossenheit selbst die größten (finanziellen) Herausforderungen meistern kann.

Buffett wusste um den großen Einfluss, den sein Vater auf seine Lebenseinstellung hatte: »Er kümmerte sich nicht um die Meinung anderer Leute. Mein Vater brachte mir bei, wie man sein Leben führen sollte.«[97] Dieses Konzept, das Buffett die »innere Anzeigetafel« nannte, spielte für seinen finanziellen Erfolg eine große Rolle. Durch die Identifikation mit seinem Vater brachte er den Mut auf, seine Ziele zu verfolgen und an seinen Überzeugungen festzuhalten, etwa wenn er bei sinkenden Kursen seine Aktien behielt, während die anderen Anleger in Panik gerieten und verkauften.

Sein vorsichtiger Ansatz, seine Auswahl der Firmen und Unternehmen, in die er investierte, die Entscheidung, auf eine Investition zu verzichten, wenn sie nicht seinen Kriterien entsprach, das alles entsprach den Lektionen, die er von seinem Vater und Großvater gelernt hatte.[98] Doch es wäre zu kurz gegriffen, Buffetts außergewöhnlichen Erfolg nur in Hinblick auf die »Geldlektionen« zu betrachten, die ihm zu Hause erteilt wurden. Meiner Meinung nach liegt der Schlüssel zu Buffetts Besessenheit, Reichtum anzuhäufen, in der schwierigen Beziehung zu seiner Mutter und der Sehnsucht nach mehr Zeit mit seinem Vater. Buffetts Mutter Leila stammte aus einer Familie, in der es seit Generationen psychische Erkrankungen gab.[99] Sie hatte große Schwierigkeiten, ihre Emotionen zu zügeln, und sowohl Buffett als auch seine älteste Schwester erzählen, wie Kleinigkeiten massive Wutausbrüche mit zornigen Anschuldigungen auslösen konnten. Sie hörte erst auf, wenn die Kinder völlig in Tränen aufgelöst waren und hilflos weinten.[100] Da diese Vorfälle meist dann auftraten, wenn der Vater nicht zu Hause war, konnte er die Kinder nicht schützen. Dazu kam, dass in Buffetts Familie nicht über Gefühle gesprochen wurde. Buffett musste mit der Wut, der Scham und den Schuldgefühlen, die solche Vorfälle auslösen können, allein fertig werden. Nur seine Frau Susie ahnte, was in ihm vorging: »All das selbstsichere Gerede über Aktien ... [verbarg] nur den zerbrechlichen, instabilen Kern: Ein Junge, der im Grunde verzweifelt war.«[101]

Buffett war schon früh von Zahlen besessen.[102] Er konnte Stunden damit verbringen, zusammen mit seinen Freunden die Kennzeichen vorbeifahrender Autos in ein Notizbuch zu schreiben.[103] Kinder im Latenzalter (grob die Jahre zwischen fünf und elf) entwickeln häufig ein Interesse am Sammeln (meist Steine, Murmeln und später Münzen) und an Aktivitäten, die redundant und monoton scheinen (wie Zahlen, Listen oder Reihenfolgen). Im Lauf der Zeit wenden sich die meisten Kinder dann anderen Interessen zu. Doch der kleine Warren suchte weiterhin Trost im Sammeln, Horten und der Welt der Zahlen.

Ich frage mich, ob Zahlen für Buffett eine Fluchtmöglichkeit vor der Wut seiner Mutter waren, ein Ort, an dem man sich auf die Dinge »verlassen« konnte, an dem alles vorhersehbar, rational und leicht verständlich war. In *Becoming Warren Buffett*, einer Doku des US-Senders HBO aus dem Jahr 2017, erklärt er: »Ich finde es angenehm, über Geschäfts- oder Investitionsprobleme nachzudenken. Sie sind einfach. Es sind die menschlichen Probleme, die schwierig sind. Manchmal gibt es keine gute Antwort auf menschliche Probleme. Bei Geld gibt es fast immer eine gute Antwort.«[104] Die Angst vor den Kontrollverlusten seiner Mutter bewältigte er, indem er Dinge sammelte, zählte und nummerierte; sie waren kontrollierbar und vorhersagbar.

Mit acht war Buffett viel außer Haus, um »seiner Mutter aus dem Weg zu gehen«.[105] Er bemühte sich jedoch um die Aufmerksamkeit seines Vaters.[106] Sein Vater zog sich oft zum Lesen in sein Arbeitszimmer zurück, vielleicht sehnte sich Buffett nach mehr Zeit mit ihm. Ich frage mich, ob seine Gier, die sich im Sammeln von Münzen äußerte, Ausdruck eines emotionalen Verlangens war. Er bewältigte sein Verlangen nach mehr, indem er Gegenstände hortete.

Den Entschluss, Geld zu verdienen, fasste er im Alter von zehn Jahren, als er zusammen mit seinem Vater die New Yorker Börse besuchte und mit einem beeindruckenden Niederländer zu Mittag aß, der sich anschließend eine Zigarre nach seinen Wünschen drehen ließ. Als Psychotherapeutin ist mir natürlich nicht entgangen, dass es die Zigarre dieses Mannes war, die den jungen Buffett faszinierte, allerdings glaube ich nicht, dass sie in seinen Augen ein Symbol für Macht und Potenz war, sondern eher für Einfallsreichtum. Dieser Mann würde niemals Hunger leiden. Der Holländer konnte seine eigenen Bedürfnisse und Wünsche befriedigen und sich genehmigen, was er wollte. Den jungen Buffett muss das sehr angesprochen haben: die Vorstellung, niemand anderen zu brauchen und sich nach nichts mehr sehnen zu müssen.

Buffetts Interesse an Geld beruhte nicht auf dessen Wert als Transaktionsmittel. Tatsächlich gab er nicht viel aus und war sogar berühmt berüchtigt für seinen Unwillen, sich etwas Neues zum Anziehen, ein größeres Haus und dergleichen zu kaufen. Er wollte mit Geld ein emotionales Bedürfnis befriedigen.

Sein Mantra lautete: »Sei furchtsam, wenn andere gierig sind, und gierig, wenn andere furchtsam sind.« Das bezog sich auf die Börse, doch ich frage mich, ob dadurch, dass er die Stürme daheim überstanden und Widerstandskraft gegen die Momente der Verzweiflung entwickelt hatte, innere Ressourcen in ihm freigesetzt wurden, die er zu seinen Gunsten nutzen konnte. Schon in jungen Jahren musste er sowohl seine Angst als auch seine Gier in den Griff bekommen. Als Anleger ließ er sich von der Volatilität der Märkte nicht aus der Ruhe bringen. Wenn alle verkauften, kaufte er oder hielt an seinen Aktien fest (und umgekehrt). Er legte damit eine Zuversicht an den Tag, die er in anderen Bereichen seines Lebens nicht zeigte. Seine Botschaft an die Anleger lautete: Lasst euch nicht von den Emotionen der anderen mitreißen.

Vermutlich entwickelte Buffett Bewältigungsstrategien, um mit belastenden emotionalen Erlebnissen in seiner Kindheit umzugehen, und konnte sie später produktiv für sich nutzen. Geld gab ihm vielleicht ein Gefühl der Kontrolle und bediente seine Phantasie der Eigenständigkeit. Doch es war für ihn auch eine emotionale Währung, die ihm das Gefühl gab, reich zu sein, nachdem er Gefühle der Entbehrung erfahren hatte.

Ein Wertmaßstab

Für manche ist die Anhäufung von Geld direkt mit der Vorstellung von Liebe und Sicherheit oder Eigenständigkeit verbunden, während bei anderen das Streben nach Reichtum auf einer Gleichung in ihrem Unterbewusstsein basiert, bei der Selbstwert auch finanzieller Wert ist. Mit Geld wird ein innerer Mangel kompensiert. Das gilt aber auch umgekehrt: Wenn man Geld verliert, fühlt es sich an, als ob damit ein Teil des Selbst (oder des Selbstwerts) weg wäre. Aus Fenichels These, dass Geld Selbstachtung und Macht verleihen kann, folgt ihm zufolge auch, dass die »pathologische Angst vor Verarmung« eine Angst vor dem Verlust der »Selbstachtung« ist.[107]

Die innere Gleichung (Selbstwert = finanzieller Wert) hat sich möglicherweise daraus entwickelt, dass die Liebe, die man erhielt, an *Bedingungen* geknüpft war. Wenn wir in unserer Kindheit das Gefühl haben, dass Liebe von guten schulischen Leistungen, vom »Bravsein«, von sportlichen Erfolgen und Gehorsam abhängt, wachsen wir nicht mit dem Gefühl auf, dass wir ein *Anrecht* auf Liebe haben, sondern glauben, dass wir sie uns verdienen müssen. Wir bekommen Liebe, wenn wir anderen das geben, was sie von uns erwarten, wenn wir unsere Stärken zur Schau stellen. Unsere Schwächen sind inakzeptabel und unerwünscht. In unserer Vorstellung ist Liebe mit Erfolg verknüpft. Das führt oft dazu, dass wir uns später mit Menschen umgeben, die uns wegen unseres Besitzes schätzen und unser Weltbild teilen – das darauf hinausläuft, dass unser Wert nur in unseren Leistungen liegt. Erfolg (finanzieller Erfolg) beschwichtigt unsere Befürchtungen, die Liebe zu verlieren, wenn wir – Gott bewahre – ganz gewöhnliche Menschen wären.

Während die einen Geld ausgeben, um äußerliche Bestätigung zu finden, versuchen diejenigen, die ihr Geld horten, dem Teil von sich selbst, der sich substanzlos fühlt, »Substanz« zu verleihen. Etwas (Bankkonto/Selbstwahrnehmung) wird »aufgeblasen«, um einen inneren Mangel zu kompensieren. Manche stellen ihren Reichtum stolz zur Schau, um andere zu beeindrucken und Bestätigung von außen zu bekommen. Andere streben eher unauffällig und einsam nach immer mehr.

Wenn man mit jemandem spricht, für den unbewusst die Gleichung Selbstwert = finanzieller Wert gilt, bekommt man ein Gefühl dafür, wie wichtig Geld sein kann und wie viel Bedeutung es für manche hat. Natürlich hätten die meisten von uns gerne mehr Geld, aber wir würden vermutlich keinen so hohen Preis dafür zahlen: Wir schätzen es nicht in einem ähnlich hohen Maß. Möglicherweise fürchten auch wir, weniger zu haben (vor allem, wenn düstere Wirtschaftsnachrichten auf uns einprasseln), doch für die Betroffenen hat die Angst einen ganz anderen Stellenwert, weil für sie viel mehr auf dem Spiel steht, und sie glauben, sie würden nicht nur Geld verlieren. »Was wäre dann?«, frage ich in einem solchen Fall. Die Antwort lautet zunächst: »Ich müsste auf meinen jetzigen Lebensstandard verzichten« (die rationale Antwort), doch schon bald kommt die tiefere Wahrheit ans Licht: »Was würden die Leute von mir denken?«, »Was sagt das über mich aus?«, »Was bleibt dann noch?«. Sie haben das Gefühl, dass sie in ihren Augen und den Augen der anderen als Person an Wert verlieren. Ein tiefes Gefühl der Scham würde sich in ihnen breitmachen, das sie nicht in den Griff bekommen könnten.

Scham, nicht Schuld. Schuldgefühle haben wir, wenn wir glauben, wir hätten einen Fehler gemacht (etwa bei einer unklugen Investitionsentscheidung). Scham ist das Gefühl, »schlecht« zu sein, das Gefühl, dass etwas mit uns nicht stimmt. Der Fokus liegt auf uns, nicht auf unseren Handlungen; auf dem, wer wir sind, und nicht auf dem, was wir getan haben. Scham kann tief- und weitreichend sein, es dauert lange, bis sie überwunden ist. Dadurch können sich finanzielle

Verluste für jemanden, dessen Selbstwertgefühl auf der Anhäufung von Geld beruht, katastrophal und irreparabel anfühlen.

Verluste, die unseren Lebensstandard gefährden, sind für jeden eine große Belastung, nicht nur für diejenigen, die mit Gier zu kämpfen haben. Jahrelang auf ein finanzielles Ziel hinzuarbeiten und dann zuzusehen, wie sich alles in nichts auflöst, ist verheerend. Meiner Erfahrung nach fällt uns die Verarbeitung des Verlusts jedoch umso schwerer, je mehr Eigenwert wir dem Geld beimessen. Wir sehen uns mit der Angst konfrontiert, dass wir mit dem Geld auch Selbstwert, Glaubwürdigkeit, Respekt und Liebe verloren haben. Andrew (68, verheiratet, vier Kinder und ein Enkelkind) gestand: »Ich habe das Gefühl, dass nichts mehr da ist. Es hat keinen Sinn mehr zu kämpfen. Ich habe alles verloren.« Erkennen Sie den Doppelsinn? Redet er über Geld? Oder über sich und sein Leben? Der Verlust geht weit über das Finanzielle hinaus.

Können wir unterscheiden zwischen: »Es kommt mir so vor, *als ob* ich alles verloren hätte« und »Ich habe alles verloren«? Können wir den symbolischen Verlust vom echten trennen? In Andrews Fall war der finanzielle Verlust hoch und ohne jeden Zweifel ein schwerer Schlag, er war tragisch und machte ihn wütend. Obwohl er immer noch Kinder hatte, die ihn liebten, eine Frau, die ihn unterstützte, und (!) ein paar Millionen Pfund auf der Bank, hatte er das Gefühl, es wäre alles weg.

Es gibt Menschen, die viel mehr verloren haben als Andrew und die trotzdem nicht jede Hoffnung fahren lassen. Familien rutschen in die Armut ab, müssen sich über Hilfsorganisationen wie die Tafel versorgen und können ihren Kindern keine Weihnachtsgeschenke mehr kaufen. Dennoch bringen viele von ihnen die Widerstandskraft auf, ihren Verlust zu verarbeiten und sich auf das zu konzentrieren, was dem Leben trotz allem einen Sinn gibt, jenseits des Materiellen, weil sie wissen, dass sie zwar Geld und die Dinge verloren haben, die man damit kaufen kann, aber nicht ihren Selbstwert.

Es gibt eben nicht nur Schwarz oder Weiß. Ein finanzieller Verlust kann sich verheerend und beschämend anfühlen. Wie bei jedem Trauerprozess braucht die Verarbeitung Zeit. Zunächst muss die ganze Bandbreite der Gefühle durchlebt werden: Zorn, Wut, Bedauern, Trauer, Verlegenheit, Scham, Angst und ein tiefes, tiefes Gefühl des Verlustes. Die Vergangenheit wird im Kopf durchgespielt: Was wäre, wenn dies, was wäre, wenn das ... wenn doch nur. Die Zukunft wird unter dem Aspekt betrachtet, was hätte sein können im Vergleich zu dem, was sein wird. Man versucht, dem Geschehenen einen Sinn zu geben – hier ist viel Raum für Selbstbeobachtung und Lernen. Aber dann muss getrauert werden: Man muss um die Verluste trauern und sich von dem Gedanken lösen, dass man an der Vergangenheit noch etwas ändern kann, und schließlich loslassen.

Bei denjenigen, bei denen Geld für ihr Selbstwertgefühl stand, kreist das Denken fast nur noch um den Verlust: Das Leben wird eingeteilt in »vor dem Verlust« und »nach dem Verlust«, als ob sich alles, ihre gesamte Welt, in diesem Moment verändert hätte. Oft fühlen sie sich in ihrem Schmerz allein. Manchmal schämen sie sich nicht nur für den Verlust, sondern auch für ihre Gefühle, für ihre Unfähigkeit, »einfach weiterzumachen«. Freunde und Familie versichern ihnen, dass es doch »nur Geld« war, aber das kann sie nicht trösten. Für manche, wie einige narzisstische Klienten, mit denen ich gearbeitet habe, bedeutete der finanzielle Verlust, dass die äußere Hülle, die sie jahrelang aufgebaut hatten, in sich zusammenfiel. Eine schützende Schale, die ihnen das Gefühl gab, mächtig genug, groß genug, stark genug zu sein. Nun waren sie nackt und verwundbar; das verletzte Kind, das sie die ganze Zeit verstecken wollten, kam wieder zum Vorschein. Das ist verheerend.

Und diejenigen, die ihr Geld nicht verloren haben, fühlen sich womöglich in ihrer Haltung bestätigt, das in ihren Augen so überlebenswichtige Kapital weiterhin unablässig anzuhäufen.

Der Wunsch, ernst genommen zu werden

Hinter dem Streben, seinen Wert mit Geld und finanziellen Leistungen zu beweisen, kann auch der Wunsch stehen, ernst genommen zu werden. Auch er gründet in frühen Erfahrungen und kommt meiner Erfahrung nach vor allem bei Geschwistern zum Tragen, kann aber auch bei einem Einzelkind auftreten, das sich nicht ausreichend wahrgenommen fühlt.

Solche Erfahrungen können zu der oft unbewussten Sehnsucht führen, gehört und ernst genommen zu werden. Auch diese »Gier« basiert auf einem emotionalen Mangel und dem Gefühl, dass man so, wie man ist, nicht im gleichen Maß wie andere Respekt, Aufmerksamkeit und Liebe bekommt. Man spürt förmlich das aus Geld gebaute Podest, an dem die Betroffenen ihr Leben lang in der Hoffnung bauen, sie könnten sich damit auf dieselbe Ebene wie ihre Geschwister heben oder über die anderen hinausragen, damit der »Vater« sie bemerkt. Für sie steht Geld für Glaubwürdigkeit und Respekt. Wenn sie, so die Phantasie, genug angehäuft haben, können sie es den anderen »zeigen« und beweisen, dass sie Respekt und die ersehnte Aufmerksamkeit verdienen.

Dann wären sie in ihrer Vorstellung womöglich sogar der Liebling, weil sie in der Lage wären, den Eltern etwas Wertvolles zu bieten. Dahinter steht das Verlangen, wahrgenommen zu werden, gesehen zu werden, gelobt und bewundert zu werden, wie man es sich »damals« gewünscht hat und auch heute noch anstrebt.

Vermächtnis und Unsterblichkeit – den Tod überwinden

Irvin Yalom, Autor und einer der bedeutendsten Vertreter der existenziellen Psychotherapie, schreibt: »Für einige von uns manifestiert sich die Furcht vor dem Tod nur indirekt, entweder als allgemeine Beunruhigung oder als sonstiges psychologisches Symptom verkleidet.«[108] Eine dieser Verkleidungen ist meiner Erfahrung nach das Horten von Geld, vor allem, wenn es sich erst später im Leben entwickelt.

Mit dem Beginn der dritten Lebensphase und der Erkenntnis, dass man unausweichlich dem Ende entgegengeht, werden Fragen zum Sinn des Lebens dringlicher. Haben wir genug erreicht? Was hinterlassen wir, bleibt etwas von unserem Leben in Erinnerung? Für manche Menschen verändert sich etwas, wenn sie mit diesen Fragen ringen. Ihre Angst vor dem Kommenden (und ihr Bedauern über Vergangenes) schlägt sich in obsessivem Sparen und Horten nieder. Angesichts der vielen Dinge, die sich unserer Kontrolle entziehen, bietet das Anhäufen von Reichtum das beruhigende Gefühl, alles im Griff zu haben.

Das Bemühen, so viel wie möglich anzuhäufen, kann auch ein Versuch sein, etwas »Substanzielles« zu hinterlassen, das die Illusion eines »Weiterlebens« vermittelt. Vielleicht hegen wir den starken Wunsch, ein Vermächtnis zu hinterlassen, um zumindest in unserer Vorstellung das Gefühl der Unsterblichkeit zu haben.

Die meisten Menschen befassen sich erst spät im Leben mit dem Tod, manche begegnen ihm jedoch schon früh (Tod eines Familienmitglieds, eines Geschwisterkinds, eines Elternteils), wodurch ihre Einstellung zum Leben geprägt wird. Frühe Erfahrungen mit dem Tod müssen nicht unbedingt zu Gier führen, können aber etwas hervorrufen, was der Psychoanalytiker Salman Akhtar als »dem Tod trotzende Energie« bezeichnet,[109] und ein »Streben nach Errungenschaften auslösen, die ›unsterblich‹ machen«.[110] Die »Überlebenden« arbeiten unermüdlich daran, Geld anzuhäufen, weil es die Illusion eines »Weiterlebens« durch das eigene Vermächtnis, durch Wohltätigkeit oder einfach in Form von Besitz nährt, der nach dem Tod noch da ist. Dinge bleiben.

*

Von der Unsterblichkeit bis zum Füllen einer inneren Leere aufgrund eines emotionalen Mangels kann Geld viele psychologische Funktionen haben. Erfahrungen eines »Mangels« werden auf unterschiedliche Weise verinnerlicht und verarbeitet. Manche horten Geld, weil sie gelernt haben, dass man das mit »guten Ressourcen« so macht: Leg dir einen Vorrat an, wenn es gerade etwas gibt, und sorg dafür, dass du genug davon hast, um nie wieder Mangel zu leiden. Für sie bedeutet Geld Liebe und Sicherheit.

Andere häufen Ressourcen an, weil die Erfahrung von Mangel in ihnen das Gefühl hinterließ, sie selbst hätten keinen Wert. Geld hilft ihnen, ihre vermeintlichen Defizite auszugleichen, ihnen ein Gefühl von Wert zu geben. In ihrem Fall steht Geld für Selbstwert und Wertschätzung.

Wieder andere horten Geld, weil es ihnen eine Stimme verleiht. Für sie bedeutet Geld Glaubwürdigkeit und Respekt.

Geld ist Objekt und Symbol, daher sollten wir uns, wenn wir unser Leben mit der ewigen Jagd nach Geld verbringen, fragen: Wofür steht es in unserem Denken und Fühlen?

Kapitel 4

Zu wenig Geld ausgeben: Wenn wir Geld nicht genießen können

Der Geizhals, der nur das Allernötigste kauft. Der Freund, der kein Trinkgeld gibt. Die Bekannte, die Richtung Toilette verschwendet, wenn die Rechnung kommt. Die Kollegin, die einen bittet, eine Fahrt per Uber zu bestellen, und sich dann nicht an den Kosten beteiligt. Sie alle haben Probleme, sich von ihrem Geld zu trennen, ob sie es nun für sich oder für andere ausgeben sollen.

Das Problem kann sich in verschiedenen Formen äußern. Es kann sein, dass wir sehr sparsam leben, obwohl wir einen Haufen Geld haben, das auf dem Bankkonto verstaubt; oder dass wir jedes Mal mit Schuldgefühlen kämpfen, wenn wir Geld für uns ausgeben; oder dass wir alles tun, um bei kleinen Anschaffungen Geld zu sparen (indem wir wie besessen Gutscheine und Rabattcoupons sammeln). Und das sind nur einige Beispiele von vielen.

Wann wird aus Sparsamkeit Geiz? Ähnlich wie bei »zu viel Geld ausgeben« ist auch die Definition von »zu wenig Geld ausgeben« schwierig, weil wir alle sehr unterschiedliche Definitionen davon haben, was eine unnötige und was eine notwendige Ausgabe ist. Alles ist relativ, doch einige Anhaltspunkte helfen uns zu erkennen, ob wir uns Verhaltensweisen angewöhnt haben, die über die reine Sparsamkeit hinausgehen.

Oft spürt ein Teil von uns sehr wohl, dass unser Umgang mit Geld »ungewöhnlich« ist. Vielleicht wünschen wir uns, dass wir unser Geld mehr genießen könnten, oder beneiden Leute, die ihr Vermögen ausgeben und Spaß dabei haben. Womöglich merken wir, dass wir beim Geldausgeben Schuld und Bedauern empfinden und deshalb lieber darauf verzichten.

Eventuell wurden wir schon »knauserig« genannt oder uns wurde gesagt, wir sollten »ein bisschen lockerer« werden oder »mehr genießen«. Wir fühlen uns angegriffen, wenn unsere Sparsamkeit kritisiert wird, oder haben uns selbst schon kritisch über die »Verschwendungssucht« anderer geäußert. Das alles sind Zeichen, dass wir mit unserem Ausgabeverhalten nicht im Reinen sind.

Beim Versuch, unzureichendes Geldausgeben zu verstehen, muss man unterscheiden zwischen dem Problem, Geld im Allgemeinen auszugeben, Geld für sich selbst auszugeben, und Geld für andere auszugeben. Begriffe wie »geizig« und »knauserig« helfen uns bei dieser psychologisch wichtigen Unterscheidung nicht weiter.

Auch »Sparsamkeit« ist kein geeigneter Begriff, weil man sparsam gegenüber sich selbst sein (indem man sich selbst die guten Dinge verkneift, die man mit Geld kaufen kann) und gleichzeitig gegenüber anderen großzügig sein kann – und umgekehrt. Die Unterscheidungen sind wichtig, wenn wir verstehen wollen, was hinter unserem Verhalten steckt. Bei der Betrachtung werde ich Personen, denen es schwerfällt, für sich selbst Geld auszugeben, als »selbstverleugnend« bezeichnen und Personen, die Mühe haben, großzügig zu sein, als »vorenthaltend«.

Selbstverleugnend

Ich kenne Menschen, die sich selbst praktisch nichts gönnen, aber keine Sekunde zögern, anderen unter die Arme zu greifen. Mit »finanzieller Magersucht« (ein Begriff, der gern von den Medien verwendet wird) beschreibt man Menschen, die in Gelddingen zur Selbstverleugnung neigen. Sie können sich die Freude am Ausgeben nicht gönnen. Ähnlich wie Menschen, die mit der psychischen Störung Anorexia nervosa zu kämpfen haben und sich selbst die Nahrung verweigern, um ihr Körpergewicht möglichst niedrig zu halten, verweigern sich die »finanziell Magersüchtigen« den »schönen Dingen des Lebens«, die man mit Geld kaufen kann. Der Begriff ist nicht einheitlich definiert. Gelegentlich findet man die Beschreibung: »Jemand, der übermäßig stolz darauf ist, mit wenig Geld auszukommen und dafür gern Entbehrungen auf sich nimmt.«[111] Nach meiner Erfahrung geht es jedoch nicht immer um Stolz. Manche Betroffene sind sehr frustriert und schämen sich dafür, dass ihnen das Geldausgeben so schwerfällt. Ich werde darauf noch näher eingehen, wenn wir die verschiedenen Ursachen für dieses Verhalten betrachten.

Die finanzielle Magersucht beeinträchtigt unser finanzielles Wohlergehen, insbesondere unsere Fähigkeit, das zu genießen, was wir haben, anstatt uns unnötig und aus einer irrationalen, emotionalen Haltung heraus einzuschränken. Mitunter kann sie so extreme Formen annehmen, dass unsere Beziehungen und unsere Lebensqualität beeinträchtigt sind.

Vorenthaltend

Es gibt auch den umgekehrten Fall: Menschen, die ihr Geld anderen vorenthalten, aber kein Problem damit haben, es für sich selbst auszugeben. Sie versuchen, sich beim Bezahlen zu drücken, geben bei Sammlungen nichts und finden einen Vorwand, anderen nichts zu schenken. Ihnen fällt das *Geben* schwer. Ihr Umfeld hat mitunter das Gefühl, von ihnen ausgenutzt zu werden. Manche geben sogar vor, pleite zu sein und spekulieren darauf, dass andere für sie bezahlen, was ihnen eine Art Triumphgefühl verschafft, weil sie andere dazu gebracht haben, Geld für sie auszugeben. Ich bezeichne das Verhalten dieser Gruppe als »vorenthaltend«.

Insgesamt geizig

Geizigen fällt es generell schwer, Geld auszugeben, sei es nun für sich selbst oder für andere. Sie haben Probleme, sich vom Geld zu trennen, der Vorgang löst bei ihnen Ängste aus und muss um jeden Preis vermieden werden. Ihr Geiz ist nicht unbedingt auf das Finanzielle beschränkt, sondern kann alle Bereiche betreffen. Eventuell geizen sie auch mit Gefühlen. Für sie ist Geben generell eine Herausforderung – ob es nun eine Umarmung ist, ihre Zeit oder ihre Liebe. Auch ihre Selbstverleugnung kann über das Finanzielle hinausgehen (und zusammen mit echter Anorexie oder anderen Formen der Abstinenz oder Selbsteinschränkung auftreten).

*

Ich konzentriere mich hier auf die *Schwierigkeit*, Geld auszugeben und zu genießen. Das ist etwas anderes als die bewusste Entscheidung, nichts auszugeben. Eine neue Bewegung namens FIRE (Financial Independence, Retire Early – finanzielle Unabhängigkeit, vorzeitig in Ruhestand, in Deutschland häufig auch unter dem Begriff Frugalismus gefasst),[112] die in den USA entstand und auch in anderen Industrieländern zunehmend Anhänger findet, propagiert extreme Spartechniken (bis zu 70 Prozent des Einkommens), um in Zukunft finanziell unabhängig zu sein (um entweder früh in den Ruhestand zu gehen oder selbst zu entscheiden, wann und wie viel man arbeitet). Man kann sich fragen, worin der Reiz einer solchen Strategie liegt, aber letztlich handelt es sich dabei um eine bewusste Entscheidung, die nichts mit dem Problem zu tun hat, generell kein Geld ausgeben zu wollen, auch wenn jemand, der damit bereits Schwierigkeiten hat, eine willkommene Begründung (oder Legitimierung) darin sehen könnte.

Sozialer Kontext

Es war schon interessant, dass ich mein Buch ausgerechnet in einer Zeit schrieb, als die Nachrichten von massiv gestiegenen Lebenshaltungskosten, der Inflation und einer drohenden Rezession beherrscht wurden. Finanzielle Instabilität, Ungewissheit und mögliche finanzielle Einbußen sind für die meisten Menschen ein beunruhigendes Szenario. Die natürliche Reaktion darauf ist der Versuch, die eigenen Ausgaben zu reduzieren.

Sparsamkeit ist wieder »in«, es gibt jede Menge Tipps zum Energiesparen oder zum Kochen leckerer Gerichte für wenig Geld. Ob vorsorglich oder weil man keine andere Wahl hat – der Trend geht zum Sparen.

Bewegungen für Konsumverzicht verurteilen das enorme Ausmaß unseres Konsums und prangern das Verhalten von Unternehmen an, die versuchen, ihre Gewinne zu maximieren, indem sie die Verbraucher dazu bringen, immer mehr zu kaufen, während sie gleichzeitig möglichst billig produzieren (was häufig zulasten der Umwelt und Gesellschaft geht). Beim Konsumverzicht wird zu Recycling und Upcycling aufgerufen und ein sparsamer oder minimalistischer Lebensstil anstelle des gedankenlosen Geldausgebens propagiert. Einwegprodukte, »Fast Fashion« und die Auswirkungen von »Made in China« werden verurteilt. Auch die meisten Religionen priesen früher die Sparsamkeit und verurteilten Verschwendung.

Doch nach meiner Erfahrung basiert Sparsamkeit weniger auf äußerem, sondern auf innerem Druck. Der Umweltaspekt oder gesellschaftliche Druck, ja selbst der Umgang mit Geld in der Familie greifen nur bedingt, wenn man verstehen will, was in Menschen vorgeht, die Probleme haben, Geld auszugeben. Erst durch einen Blick in ihr Inneres und dessen Aufbau können wir ihr Verhalten verstehen: Wie sie sich selbst wahrnehmen, vor allem die Seiten an sich, die sie nicht mögen; wie sie mit Gefühlen wie Gier, Scham und Neid umgehen; wie sie Kontrolle als Abwehrmechanismus einsetzen.

Gründe

Es gibt viele psychologische Gründe, warum man sich nur schwer von Geld trennen kann. Einige habe ich bereits im Zusammenhang mit Gier genannt: Geld wird aufgrund seiner symbolischen Bedeutung (als Sicherheitsgarant, Liebesersatz oder um die innere Leere zu füllen) als »zu wertvoll« empfunden, um es herzugeben. Oder die Wahrnehmung der eigenen finanziellen Situation ist verzerrt (man fühlt sich arm, obwohl man es nicht ist), weil Geld früher knapp oder plötzlich ganz weg war, oder man ist einfach generell ängstlich und geht immer vom schlimmsten Fall aus.

Das sind jedoch nicht die einzigen Erklärungen, es gibt noch viele weitere: Das Gefühl, keinen Anspruch auf Vermögen zu haben, Wohlstandsscham, Stolz auf den Verzicht oder Kontrollzwang. Damit ist die Liste noch lange nicht vollständig, doch man erkennt bereits erste Ansätze, warum wir an Dingen (und in diesem Fall an Geld) festhalten. Nur wenn wir verstehen, warum es uns so schwerfällt, Geld loszulassen, haben wir eine Chance, es zu genießen und zu teilen.

Das Gefühl, wir hätten Gutes nicht verdient

Es klingt vielleicht paradox, aber ein niedriges Selbstwertgefühl kann sich sowohl durch übermäßigen Konsum als auch darin äußern, Geld zu horten und zu wenig auszugeben. Wir können uns mit Geld Dinge kaufen, die uns das Gefühl geben, begehrenswerter zu sein. Wir können es aber auch in der Hoffnung horten, unsere inneren Defizite zu kompensieren. Oder wir können uns trotz unserer harten Arbeit und Anstrengung die guten Dinge verkneifen, die man mit Geld kaufen kann, weil wir das Gefühl haben, wir hätten darauf keinen Anspruch.

Wer sich selbst verleugnet und glaubt, er habe das Gute nicht verdient, kann nach außen hin wie jemand wirken, der stolz auf seine Sparsamkeit ist und gerne ein Schnäppchen macht. Die

Gründe für seine Selbstverleugnung sind ihm vielleicht gar nicht bewusst, er rechtfertigt sie vermutlich als reine Sparsamkeit. Solche Menschen sind es oft leid, sich wegen der kleinsten Ausgabe zu quälen, und wünschen sich, sie könnten so sein wie andere, die ihr Geld »ganz entspannt ausgeben«.

Für Freunde oder Familienmitglieder Geld auszugeben oder für wohltätige Zwecke zu spenden, fällt ihnen dagegen nicht schwer. Tatsächlich unterscheiden sie klar zwischen einer Ausgabe, die mit Schuldgefühlen einhergeht (man gibt das Geld zum eigenen Vergnügen aus) und einer Ausgabe, die sich rechtfertigen lässt (geschäftliche Ausgaben, etwas fürs Haus, von dem auch die Mitbewohner profitieren, oder ein Geschenk). Unterm Strich heißt das, wenn nur sie selbst Freude daran haben, vermeiden sie den Kauf. Die Betroffenen machen nur selten eine Therapie (was sich auch in der mangelnden Literatur zum Thema widerspiegelt), denn mit einer Investition in ihr eigenes Wohlbefinden würden sie sich bereits viel zu sehr verwöhnen!

Flavio zeigte bereits bei unserer ersten Begegnung die Neigung zur Selbstverleugnung: »Können wir uns auch nur alle zwei Wochen treffen?«, fragte er gleich am Anfang. Er war Mitte zwanzig und kam aufgrund einer Depression zur Therapie, zudem hatte er das Gefühl, dass mit ihm »etwas nicht stimmte«, weil er nicht glücklich war, obwohl er viel erreicht hatte. Flavio war in einer Familie aufgewachsen, in der das Geld knapp war. Während seiner freudlosen Kindheit in Süditalien in einem ärmlichen Viertel hatte er sich oft in sein Zimmer zurückgezogen. Er hatte fleißig gelernt, weil er schon früh beschlossen hatte, dass gute Noten und eine Karriere ihm helfen würden, um »von diesem Ort« wegzukommen. Und so studierte er Naturwissenschaften, machte seinen Doktor und hatte nun seinen ersten Job in Mailand bei einem großen Pharmaunternehmen, wo er nicht nur seine Fähigkeiten anwenden konnte, sondern auch gut verdiente. Er hatte »es geschafft«, konnte seine neu gewonnene finanzielle Freiheit aber nicht genießen.

»Mailand ist eine kalte, trostlose Stadt. Aber obwohl ich den ganzen Winter dort verbracht habe, konnte ich mich nicht überwinden, mir einen Mantel zu kaufen. Das ist verrückt, ich weiß ... warum habe ich ein schlechtes Gewissen, wenn ich mir einen Mantel kaufe, obwohl ich so viel verdiene? Ich verstehe das nicht ...« Die vermeintliche Trostlosigkeit der Stadt spiegelte Flavios eigenen Gemütszustand wider und war von den Erfahrungen seiner Kindheit geprägt. Nicht nur bei seiner Kleidung wollte sich Flavio nichts gönnen. Er lebte generell sehr spartanisch und gab nur das Notwendigste für Essen aus. Er ging kilometerweit zu Fuß, anstatt öffentliche Verkehrsmittel zu nutzen. Dazu kamen noch viele weitere Beispiele für seine Selbstverleugnung. Obwohl ich Therapiesitzungen eigentlich nie im Zweiwochenabstand anberaume (mindestens einmal pro Woche, weil die Klienten davon mehr haben), gab ich nach, weil ich das Gefühl hatte, dass Flavio sich schon überwunden hatte, überhaupt zur Therapie zu gehen, und er wirklich an sich arbeiten wollte. Also setzten wir gemeinsam einen Zeitpunkt fest, an dem wir die Situation beurteilen und überlegen wollten, ob wöchentliche Sitzungen nicht doch möglich wären.

Wie bei den meisten Menschen trug auch bei Flavio ein komplexes Geflecht von Faktoren zu seinem Problem bei. Zum einen waren da die finanziellen Entbehrungen; die Erinnerungen daran, wie sein Vater keine Tickets fürs Stadion kaufen konnte oder seine Mutter Artikel an der Kasse lassen musste, weil das Geld nicht reichte. Flavio zeigte beim Erzählen tiefes Mitgefühl für seine deprimierte Mutter: als Junge, aber auch noch als Erwachsener wollte er ihr ein besseres Leben bieten. Doch bei seinen Versuchen, ihr einen Teil seines Gehalts zukommen zu lassen (was sie abgelehnt hatte), fühlte er sich genauso hilflos wie als kleiner Junge, der sie nicht aufmuntern konnte. Als der Älteste von vier Brüdern und mit einem Vater, der kein Interesse an der Familie (und der Mutter) zeigte, fühlte sich Flavio verantwortlich und wollte derjenige sein, der die Mutter glücklich machte.

Wie sich zeigte, war das Desinteresse des Vaters, seine Gleichgültigkeit gegenüber Flavios Leistungen und seine Ablehnung, obwohl sich der Sohn um Annäherung bemühte, ein ebenso schwerer Dämpfer für Flavios Selbstwertgefühl wie die Traurigkeit der Mutter. Wie so viele Kinder konnte er den Grund für die Unzufriedenheit der Eltern nicht verstehen und kam deshalb zu dem Schluss, dass er das Problem sei. Auch wenn uns diese Gedanken oft nicht bewusst sind (wir erinnern uns nicht unbedingt daran, dass wir gedacht haben: »Oh, es muss meine Schuld sein«), hinterlassen sie einen tiefen emotionalen Eindruck. Eventuell wachsen wir mit dem Glauben auf, dass etwas an uns »falsch« oder »nicht liebenswert« oder »fehlerhaft« ist, weil wir unsere Eltern nicht glücklich machen oder nicht genug für uns interessieren können.

Vor diesem emotionalen Hintergrund ist es schwierig, das Gefühl zu entwickeln, man habe sich etwas verdient. Wenn unser Innenleben mit Erinnerungen durchsetzt ist, dass man lustig sein wollte, aber niemand lachte, dass man dem Vater beim Autoreparieren helfen wollte, aber weggescheucht wurde, oder dass die Eltern das, was sie hatten, nicht genießen konnten, wie groß ist dann die Wahrscheinlichkeit, dass man glaubt, man hätte die Annehmlichkeiten, die man sich mit Geld kaufen kann, wirklich verdient?

Und außerdem: Was nehmen wir uns heraus, wenn wir uns mehr gönnen, als unsere Eltern hatten? Ich werde auf das Thema im Kapitel Selbstsabotage noch näher eingehen, möchte es hier aber auf jeden Fall erwähnen. Flavio hatte mehr Geld, als seine Eltern je hatten, konnte er sich das überhaupt gönnen? Oder standen die Schuldgefühle seiner Freude darüber im Weg?

Stolz auf Verzicht

Der Stolz auf Verzicht ist uralt und findet sich in vielen Religionen. Die selbstauferlegte Armut, die Buddhismus und Hinduismus propagieren, oder die asketische Lebensweise, zu dem sich das Christentum in seiner Geschichte bekannte, sind nur einige Beispiele für die Vorstellung, dass die Verleugnung der Sehnsüchte und sogar Bedürfnisse etwas Tugendhaftes sei.

Flavio beschrieb seine Mutter als »wahre Märtyrerin«. Er meinte damit, dass seine Mutter sich für andere aufopferte. Sie stellte ihre eigenen Bedürfnisse stets zurück und suchte Anerkennung und Mitgefühl dafür, dass sie so viel aufgegeben hatte. Im Grunde hatte sie sich für dieses beschwerliche Leben selbst entschieden. Sie bevorzugte »die harte Tour«, als ob das anerkennenswert wäre. Flavio ahmte diese Haltung auf seine Art nach: Anstatt sich für andere aufzuopfern, übte er sich in Selbstverleugnung, als ob darin eine Tugend läge.

Ähnlich wie Magersüchtige, die denken, sie würden sich bei der bloßen Nahrungsaufnahme gehen lassen, glauben »finanziell Magersüchtige« oft, Verzicht sei eine Tugend, und schämen sich für »Verschwendung«. Eine Frau, die in der Vergangenheit mit einer Essstörung zu kämpfen hatte, erklärte: »Jetzt habe ich Probleme damit, für mich selbst etwas auszugeben. Ich muss vor mir selbst rechtfertigen, was ich esse, was ich besitze usw. Ich strebe nach Minimalismus und habe meine Sachen schon mehrfach ausgemistet. Das half, weil ich dann weniger hatte und die Beweise meiner Verschwendung nicht ständig vor Augen hatte. Als ich eine Nintendo-Konsole hatte, quälte mich das nachts, weil ich wusste, wie viel sie kostete und was das für eine Verschwendung für mich war.«[113] Das Beispiel zeigt, dass mit der finanziellen Magersucht Stolz und Scham einhergehen. Eine spartanische Wohnung gilt als bewundernswert, weil die gekauften Gegenstände als »Verschwendung« betrachtet wurden, als beschämender Beweis für ihre Exzesse.

Mitunter rührt der Stolz auf Verzicht von einem emotionalen Mangel her. Das könnte auch bei Flavio die Ursache gewesen sein. Neben dem Vorbild der aufopferungsvollen Mutter könnte ihn auch das Gefühl emotionaler Entbehrung geprägt haben. Wenn uns wiederholt der Raum für unsere Gefühle verwehrt oder uns sogar vermittelt wurde, »bedürftig« zu sein und »nach Aufmerksamkeit zu heischen«, obwohl wir nur unseren Bedürfnissen altersgemäß Ausdruck verliehen haben, können wir Schuldgefühle entwickeln, weil wir andere mit unseren Ansprüchen überfordert haben, oder schämen uns vielleicht sogar für unsere »schlechte«, bedürftige Seite. Womöglich reagieren wir darauf mit einer Abwehrhaltung, mit der wir uns selbst und der Welt beweisen wollen, dass wir keineswegs bedürftig sind: Wir triumphieren über unsere Bedürfnisse. Wenn Flavio an kalten Winterabenden nach Hause ging, empfand er in gewisser Weise Erleichterung (und Stolz) bei dem Gedanken, dass er ohne Mantel auskommen konnte.

In anderen Fällen kann der scheinbare Stolz auf die Entbehrung eine Abwehrreaktion sein, die sogenannte »Reaktionsbildung«, die sich gegen ein Verlangen richtet, das sich irgendwie »unzulässig« anfühlt. Ich habe das bei Menschen aus Familien beobachtet, in denen das Streben nach Reichtum stark negativ besetzt war. Wächst man in einer solchen Familie auf, kann es passieren, dass man, sobald man den Wunsch nach materiellem Besitz verspürt, sich gegen diese inakzeptablen Gedanken wehrt, indem man eine Haltung einnimmt, die »dem unterdrückten Wunsch diametral entgegengesetzt ist«.[114] Im Grunde genommen sagt man sich: »Dinge sind mir nicht wichtig« und handelt entsprechend, um sich das zu beweisen. Bei dieser Form des Verzichts geht es darum, sich selbst und die Welt davon zu überzeugen, dass man nichts haben will, denn Besitz ließe sich ja nur schwer mit den Lektionen und Werten der Familie vereinbaren.

Man erkennt diese Abwehrhaltung anhand der Beharrlichkeit, mit der Verzicht geübt wird, und dessen Betonung. Wir reden hier nicht von jemandem, der still mit seinem Problem kämpft, sondern eher von jemandem, der wiederholt und öffentlich betont, wie *un*wichtig Besitz für ihn ist; vielleicht spricht er auch verächtlich über andere, die Dinge wertschätzen, und stellt seine Askese heraus, um sein unbewusstes Verlangen nach mehr zu verschleiern. Diese Abwehr versagt jedoch häufig, denn wenn man ständig darüber spricht, wie unwichtig Besitz und Geld sind, denkt man auch andauernd daran. Außerdem ist der innere Konflikt oft zu spüren: Irgendwann kommt das Unbehagen über die eigene unauthentische Lebensweise zum Vorschein – normalerweise in Form von Angst, Unbehagen oder Traurigkeit.

Von Kontrolle besessen

Ähnlich wie Magersüchtige von ihrem Gewicht besessen sind, denkt jemand, der aufgrund von Selbstverleugnung Probleme mit dem Geldausgeben hat, obsessiv an seine Ausgaben und fragt sich ständig: »Brauche ich das wirklich? Wo bekomme ich das billiger? Wie schaffe ich es, dass ich gar nichts dafür zahlen muss?« Er zählt keine Kalorien, sondern schaut auf seinen Kontostand und die Kontoauszüge. Beide Gruppen konzentrieren sich auf das Denken und Handeln (anstatt auf ihre *Gefühle*). Das einzige Gefühl, dem sie Raum geben, ist die Scham.[115]

Ich spreche von Menschen, die ihre Ausgaben so streng kontrollieren, weil sie fürchten, »die Kontrolle zu verlieren«. Mit dem Klammergriff um ihr Portemonnaie wollen sie den Teil von sich im Zaum halten, der »über die Stränge« schlagen könnte. Diese Haltung zeigt sich durchgängig: Häufig fehlt es ihnen an Kreativität und Verspieltheit. Sie sind nicht nur bei ihrem Umgang mit Geld rigoros und strukturiert, sondern vermutlich auch bei der Arbeit, wo diese Eigenschaften je nach Beruf von Vorteil sein können.

Die frühen Erfahrungen mit unseren Eltern haben Einfluss darauf, welche Bedeutung Kontrolle für uns später als Erwachsene hat. Eine Kombination aus *emotionaler* Zurückhaltung und ausgeprägter Selbstkontrolle bei den Eltern fördert die Entwicklung derartiger Neigungen bei den Kindern – weil ein gesundes Lernumfeld, in dem Fehler erlaubt sind und Neugier und Experimentierfreude sowie Kreativität gefördert werden, *fehlt*. Stattdessen muss alles auf eine bestimmte Art gemacht werden, weil nur sie »die richtige Art« ist. Das Kind wird dadurch ängstlich und vermeidet es, »alles durcheinanderzubringen«. Stattdessen legt es den Schwerpunkt darauf, die Regeln zu befolgen und ein braves, gehorsames Kind zu sein. Struktur und Strenge werden verinnerlicht und sind zudem ein guter Schutz vor Tadel und Strafe. Das Zeigen negativer Emotionen kann die Eltern verärgern: Wut, Gier oder Traurigkeit beim Kind werden nicht toleriert. Es wird sofort ermahnt, sich nicht »wie ein verzogenes Kind« zu benehmen, es sei »bedürftig« oder sogar selbstsüchtig, wenn es seine Gefühle zum Ausdruck bringt. Kein Wunder, dass sich ein solches Kind auf Leistung fokussiert, detailorientiert ist und an sich selbst hohe Ansprüche stellt. Es hat die hohen Standards der Eltern übernommen und verinnerlicht, sie sind sein Maßstab. Als Erwachsene bestrafen sich solche Kinder, lassen negative Gefühle nicht zu, sprechen sie nicht aus oder schlimmer noch, unterdrücken sie, ohne sie wahrzunehmen.

Letztendlich sind sie unfähig, ihre »chaotische Seite« zu akzeptieren, egal ob es sich dabei um negative Gefühle oder Unzulänglichkeiten handelt. Sie tragen ein Gefühl der Scham mit sich herum, die ein Kind, dessen Eltern Fehler, negative Emotionen und Verwundbarkeiten tolerierten, nicht kennt.

Und warum geben sie kein Geld aus? Bei der Selbstverleugnung will man den Wunsch kontrollieren, Geld auszugeben, weil man fürchtet, wenn man erst mal »den Deckel geöffnet« hat, werde man von einem unkontrollierbaren, unstillbaren Verlangen nach immer mehr überwältigt. Dahinter steckt die Vorstellung, dass der »bedürftige« Teil der Persönlichkeit »schlecht« ist, weil er die »gierige Seite« zum Vorschein bringt, die bereits die Eltern enttäuschte, weil man »selbstsüchtig« war. Also geht man lieber auf Nummer sicher und verleugnet die eigenen Bedürfnisse – lieber isst man gar nichts, als gierig alles hinunterzuschlingen und sich dafür schämen zu müssen. Lieber gibt man gar kein Geld aus, als mit der beschämenden eigenen Gier konfrontiert zu werden.

Laut Freud unterdrücken diejenigen, die Sparsamkeit und Fleiß über alles stellen, in Wirklichkeit ihr Verlangen, weil sie fürchten, sich sonst genau umgekehrt zu verhalten: Sie würden sich gehenlassen und dem Genuss frönen, wären unordentlich, rücksichtslos und verschwenderisch (diese Abwehr wird als »Reaktionsbildung« bezeichnet, d. h. man nimmt eine Haltung ein, die das genaue Gegenteil dessen ist, was man eigentlich gern täte, was aber als inakzeptabel gilt).[116] Das erklärt, warum man zwischen Selbstkasteiung und »Völlerei« hin und her gerissen ist, oder beim Umgang mit Geld mal so gut wie gar nichts und dann wieder enorme Summen ausgibt. Dazu passt die folgende Aussage: »Mein Ausgabeverhalten entspricht größtenteils meinen Essgewohnheiten. Wenn ich mich in einer Binge-Eating-Phase befinde, kaufe ich [...] eher online ein. Wenn ich mich einschränke, muss ich jeden einzelnen Artikel auf meiner Einkaufsliste vor mir rechtfertigen und kaufe nichts (auch nicht das Nötigste), wenn mein Gehirn denkt, dass es eigentlich zu teuer ist.«[117] Geld ist nur ein Symbol, ein Objekt, das dazu benutzt wird, unsere zwiespältige Haltung gegenüber unserem tiefsten und dunkelsten Verlangen auszudrücken, das man entweder auslebt oder unterdrückt und kontrolliert, um »brav« zu sein. Manchmal verbirgt sich dahinter echte Angst vor dem eigenen Verlangen, wie die Angst vor dem Öffnen der »Büchse der Pandora«, manchmal können wir auch einfach nicht regulieren, wie viel wir uns erlauben, weil wir vielleicht als Kind die falschen Beispiele hatten – etwa zu nachsichtige oder zu restriktive Eltern.

Bei den von mir genannten Beispielen für Selbstverleugnung gibt es viele Überschneidungen. Letztlich geht es darum, dass wir eine kritische Seite haben, die uns daran hindert, das zu genießen, was wir haben könnten. In der Therapie kann man daran arbeiten, mit der Zeit ein größeres Selbstwertgefühl zu entwickeln, so dass man sich vorstellen kann, sich auch mal etwas zu gönnen. Und es geht darum, alle Seiten von uns anzuerkennen und in unser Selbstverständnis zu integrieren, auch die, die wir für weniger akzeptabel halten (wie unsere gierigen, bedürftigen, neidischen Seiten). Wenn wir sie als menschlich und normal akzeptieren, müssen wir uns nicht an Abwehrmechanismen klammern, die eine strenge Kontrolle erfordern. Wenn wir sie als einen Teil von uns annehmen und lernen, mit ihnen umzugehen, müssen wir uns auch nicht moralisch aufspielen: »Ich bin stolz auf meine Sparsamkeit, alle anderen haben sich nicht im Griff, neigen zu Exzess und Verschwendung.« Wenn wir lernen, dass alle Seiten von uns akzeptabel sind, und begreifen, dass wir liebenswert sind, auch wenn wir gelegentlich negative Gefühle haben, unterteilen wir die Welt nicht mehr nur in schwarz und weiß, gut und böse. Sie wird genauso facettenreich wie die Wahrnehmung unserer selbst.

Vermögensscham und die Schuld der Überlebenden

Der Selbstverleugnung kann auch die Scham über den eigenen Reichtum zugrunde liegen. Manche Menschen haben Schwierigkeiten, ihren Besitz zu genießen, wenn er deutlich größer ist als das, was ihre Familie hatte oder ihre Freunde haben. Unbewusst kann sich das wie Verrat anfühlen und die Freude trüben. Wir wollen damit Gewissensbisse vermeiden, wenn wir unsere neu gewonnene finanzielle Freiheit genießen: Was werden die anderen sagen? Wie werden sie uns sehen? Ursprünglich bezeichnet das »Überlebenden-Syndrom«[118] eine Reihe von Symptomen, die bei Überlebenden eines extremen Traumas auftreten, bei dem viele andere verletzt oder getötet wurden. Der Begriff wurde erstmals von dem Psychoanalytiker William Niederland verwendet, der in den 1960er-Jahren feststellte, dass viele Holocaust-Überlebende Schuldgefühle hatten, weil sie im Gegensatz zu Millionen anderen überlebt hatten. Ein überwältigendes Schuldgefühl, aber auch Gefühle der Hilflosigkeit, des Bedauerns und sogar der Depression zählen zu den Symptomen des Überlebenden-Syndroms. Die Pseudo-Überlebenden-Schuld, über die wir hier sprechen, ist nicht unbedingt mit einem traumatischen Erlebnis verbunden und löst meist auch keine Flashbacks oder andere posttraumatische Belastungsstörungen aus. Das Prinzip ist jedoch ähnlich: »Warum habe ich so viel, wenn andere so wenig haben?« Die Selbstverleugnung ist eine Art, mit der Schuld umzugehen, die sich einstellt, weil man seine eigene finanzielle Misere hinter sich gelassen hat, während andere noch damit kämpfen. Wir haben jetzt das Geld, aber wir erlauben uns nicht, es zu genießen, weil andere es früher entbehren mussten oder immer noch entbehren (unsere Eltern, Familienmitglieder oder Freunde). Wenn Menschen Hungersnöte, Kriege oder extreme Wirtschaftskrisen überlebt haben, können sie einige der

Verhaltensweisen und Gewohnheiten von »damals« beibehalten, etwa die, jeden Cent zweimal umzudrehen, kein Geld auszugeben oder es zu horten, oder sie entwickeln möglicherweise neue, zwanghafte Gewohnheiten als Bewältigungsmechanismus für die posttraumatische Angst, sich erneut in einer Situation wiederzufinden, über die sie keine Kontrolle haben. Zahlreiche Studien haben den Zusammenhang zwischen Trauma und der Entwicklung von Zwangsstörungen aufgezeigt. Einige Verhaltensweisen (wie z. B. das Unvermögen, Geld auszugeben) werden möglicherweise über Generationen hinweg weitergegeben, entweder direkt (weil wir oft Verhaltensweisen nachahmen, die wir bei unseren Eltern gesehen haben, mit einem Dominoeffekt bei künftigen Generationen) oder indirekt (Schuld wird unbewusst weitergegeben).

Die amerikanische Geschäftsfrau Hetty Green wurde zu einer der reichsten Frauen des Gilded Age (die Zeit von 1870 bis 1900, die in den USA von einem massiven Wirtschaftswachstum geprägt war). Sie galt aber auch als einer der größten Geizhälse. »Von Kindesbeinen an (Hetty eröffnete ihr erstes Bankkonto schon mit acht Jahren) bis zu ihrem Tod 73 Jahre später drehte sie jeden einzelnen Cent ihres enormen Vermögens zweimal um.«[119] Hettys jüngerer Bruder war bereits als Säugling gestorben, wodurch sie zur Alleinerbin eines gewaltigen Walfang-Imperiums wurde. Vielleicht hatte auch sie mit der Schuld der Überlebenden zu kämpfen. Nur durch den Tod ihres Bruders konnte sie das enorme Familienvermögen erben. Nach dem Tod des Vaters litt sie unter der ständigen Angst, wegen ihres Reichtums ermordet zu werden. Als Therapeutin frage ich mich, ob sie als Kind Schuld am Tod ihres Bruders empfand und als Erwachsene diese Gefühle auf andere projizierte, die in ihren Augen für Geld morden würden.

Vieles kann zur Entstehung von Ängsten beitragen. Ein frühes Trauma wie der Verlust des Bruders, eine emotional zurückhaltende Mutter, das Trauma, im Alter von zehn Jahren aufs Internat geschickt zu werden, und ein Vater mit einem »explosiven Charakter«[120] sind einleuchtende Gründe, zu einem ängstlichen Menschen zu werden, der angesichts emotionaler Entbehrungen an jedem Cent festhält. Ergänzt man dann noch die religiöse Prägung durch die Quäker (die Bescheidenheit und Gleichbehandlung schätzen), so wird deutlich, dass gleich mehrere Faktoren zu Hettys extremer Selbstverleugnung beitrugen.

Und wie um meine vorigen Aussagen zu bestätigen, war Hetty eigentlich eine Philanthropin. Nur sich selbst konnte sie nichts gönnen. Ihr Unvermögen, ihr Geld auszugeben, beschränkte sich hauptsächlich auf sich selbst und ihre Familie, hatte jedoch keine Auswirkungen auf ihre Großzügigkeit gegenüber anderen.

Auch ein geerbtes Vermögen kann Schuldgefühle hervorrufen. Wir haben vielleicht das Gefühl, dass wir das Erbe nicht »verdienen«. Anstatt es zu genießen, lassen wir es unangetastet auf einem Bankkonto liegen (in der Hoffnung, dass das Geld – oder Schuldgefühl – wieder verschwindet). In Familien, in denen die Eltern hart gearbeitet haben und stolz auf den Kampf und die Entschlossenheit sind, die zu ihrem »Selfmade«-Erfolg führten, empfinden Kinder möglicherweise eine Kombination aus Schuldgefühlen und Unsicherheit, weil ihnen ihr Erbe einfach so in den Schoß fiel. Sie haben das Geld nicht selbst verdient, dazu kommt, dass ihr Selbstbewusstsein nicht wie bei ihren Eltern gestärkt wurde, weshalb sie nicht nur Schwierigkeiten haben, das Geld auszugeben, sondern auch Angst, damit umzugehen. Womöglich treffen sie die falschen finanziellen Entscheidungen und verlieren alles. Und hätten sie dann die Fähigkeiten und das Selbstvertrauen, sich ihr Vermögen wieder zu verdienen? Voller Angst beschließen sie, das Vermögen nicht anzutasten – es weder zu investieren noch zu genießen. Das Geld wird zu einem Symbol ihrer Unzulänglichkeit.

Vorenthaltend – Wenn wir nicht geben

Die Angst vor Nähe

Wenn Geiz in Beziehungen auftritt, sollte man sich fragen, was in unserem Innern vorgeht, wenn wir zugunsten anderer auf etwas verzichten. Oft stellt sich ein Gefühl der Verwundbarkeit ein, man fühlt sich »entblößt« oder sogar ausgeliefert. Wir fürchten vielleicht, dass die anderen, wenn wir ihnen etwas geben, unsere Freundlichkeit ausnutzen und uns mit ihren Ansprüchen überfordern. Je nachdem, welche Erfahrungen wir in früheren Beziehungen gemacht haben, können wir sogar befürchten, dass der andere ein Schmarotzer ist und uns ausnutzt.

Womöglich wehren wir uns gegen diese Ängste, indem wir nicht nur mit unseren Gefühlen, sondern auch mit unserem Geld haushalten, um ein Gefühl der Autonomie und Unabhängigkeit zu bewahren. Wenn wir nicht teilen, vermeiden wir den »finanziellen Austausch«, die Dynamik von Geben und Nehmen. Darin könnte sich die allgemeine Tendenz widerspiegeln, Nähe und Intimität mit anderen zu meiden.

Solche Ängste können sich auf verschiedenen Bewusstseinsebenen manifestieren: Jemand, der von einem früheren Partner im wahrsten Sinne des Wortes ausgeplündert oder finanziell ausgebeutet wurde, wird sich seiner Angst sehr bewusst sein. Die Abneigung, etwas zu geben oder zu teilen, kann auf sehr realen und aktuellen Erfahrungen beruhen, weil man in einer früheren Beziehung ausgenutzt wurde.

Wer aus einer vermögenden Familie stammt, fürchtet bei einer Beziehung vielleicht, dass der andere sich nur für sein Geld interessiert, und betrachtet dessen Motive mit Misstrauen. Begegnungen sind von Argwohn und mangelndem Vertrauen geprägt. Der Psychoanalytiker Charles Wahl hörte von einem reichen Klienten: »Ich bin schon mein Leben lang daran gewöhnt, dass mich die Leute als Ressource betrachten, als Symbol, und nicht als Mensch. Ich habe schon früh gelernt, die Gier und Ablehnung in ihren Augen zu erkennen. Da ist es eigentlich kein Wunder, dass ich jedem mit Misstrauen und Zynismus begegne.«[121]

Die Angst, ausgenutzt zu werden, ist uns jedoch nicht immer so bewusst, zudem gibt es viele verborgene und tief sitzende Gründe, warum wir unser Geld darauf verwenden, andere auf Distanz zu halten. Wenden wir uns noch einmal der Bindungstheorie zu: Die Ursache für den »vermeidenden Bindungsstil« (man will in einer Beziehung unabhängig sein und anderen nur ungern vertrauen oder sich auf sie verlassen) liegt häufig in der Erfahrung emotionaler Vernachlässigung: Eltern, die physisch oder emotional nicht verfügbar waren. Dazu zählen Eltern, die sich sowohl körperlich als auch emotional zurückhalten (die ihre Liebe weder verbal noch durch Gesten der Zuneigung oder Berührungen zum Ausdruck bringen). Wiederholte Ablehnung (weil die Eltern beschäftigt sind, keine Zeit zum Spielen haben, sich nicht mit dem Kind beschäftigen wollen) wird als Zurückweisung empfunden. Die Angst der Eltern kann einen Mangel an Attunement bedingen. All diese externen Interaktionen beeinflussen die Fähigkeit des Kindes, Bindungen einzugehen und sich in Beziehungen geborgen zu fühlen.

Die Angst vor Nähe kann aber auch daher rühren, dass man frühe Beziehungen als erdrückend und klaustrophobisch empfand. Ein überbehütetes Kind kann sich eingeengt und sogar kontrolliert fühlen. Wir wachsen mit der Befürchtung auf, dass unsere zukünftigen Beziehungen genauso sein werden wie unsere bisherigen, und halten deshalb »Abstand«, um sicherzustellen, dass »genug Raum« für uns bleibt und wir uns nie wieder so fühlen wie früher.

Aber was ist mit Menschen, die stets auf getrennten Kassen beharren, die ihrem Partner ungern etwas schenken und ihn auch nie zu etwas einladen, obwohl sie es sich leisten können? Möglicherweise dient ihr zurückhaltender Umgang mit Geld als eine Art Barriere, als Abwehr gegen eine Beziehung, in der man sich vom anderen erdrückt fühlen würde.

Geld kann ein wirkungsvolles Mittel sein, um den Wunsch nach Distanz zum Ausdruck zu bringen. Schenken bedeutet, Barrieren für eine Beziehung abzubauen, und kann dazu führen, dass wir uns schutzlos fühlen. Der Entschluss, weiterhin ein eigenes Bankkonto zu haben, kann sehr rationale Gründe haben, aber auch von dem Wunsch kommen, Nähe zu vermeiden. Nicht zu schenken, nicht zu geben, sich finanziell zurückzuhalten – damit errichtet man Mauern, um sich nicht auf den anderen einlassen zu müssen.

Der Kampf um Macht

Manchmal geht es jedoch nicht um die Angst vor Nähe, sondern um Ablehnung oder Macht.

Wer Probleme hat, vor allem einer bestimmten Person (etwa dem Partner) etwas zu geben, drückt über Geld seine Unzufriedenheit über das Kräfteverhältnis beim Geben und Nehmen in der Beziehung aus. Wir sind vielleicht verärgert, weil uns der andere zu etwas gedrängt hat, das wir nicht wollen. Vielleicht sollen wir unseren Eltern plötzlich Miete zahlen oder wir haben entdeckt, dass unser Partner untreu ist, oder wir fühlen uns betrogen. Vielleicht wollte der Partner keinen Sex und wir reagieren darauf, indem wir den Geldhahn zudrehen. Unsere mangelnde Großzügigkeit dem anderen gegenüber ist unsere Art des Protests; unser Versuch, etwas für uns zu beanspruchen. Wenn sich die »Knausrigkeit« gegen eine bestimmte Person richtet, sollte man sich fragen, warum es uns so schwerfällt, gerade ihr etwas zu geben. Was versuchen wir ihr zu sagen, indem wir Geschenke zurückhalten, uns weigern, die Rechnung zu teilen, oder erwarten, dass *sie* zahlt?

Solche Gefühle müssen nicht in der Gegenwart gründen, sondern können auch »Geister der Vergangenheit« sein, das heißt, es kann auch um Erfahrungen aus vergangenen Beziehungen gehen. Die Person, mit der man jetzt zusammen ist, mag freundlich, großzügig und spendabel sein, trotzdem hat man noch die Dynamik von früher im Kopf und folgt der alten Regel »Gib nicht zu viel, sonst hast du am Ende das Gefühl, ausgeplündert worden zu sein«. Wenn in Ihrer Familie Machtkämpfe an der Tagesordnung waren, haben Sie vielleicht für sich die Lehre gezogen, »nicht zu viel von mir herzugeben«, weil Geben in ihrer Vorstellung mit dem Verzicht auf Macht verbunden ist, Sie also fürchten, dass Sie sich verwundbar und machtlos fühlen könnten. Sie finden es beruhigend, wenn das Kräfteverhältnis zu Ihren Gunsten steht, als ob Sie sich nur dann emotional auf der sicheren Seite fühlen können, wenn Sie mehr bekommen, als Sie geben.

*

Was auf unserer »inneren Bühne« passiert, wenn wir etwas zurückhalten, ist bei jedem anders. Manche haben nur selten die Erfahrung gemacht, dass sich Eltern oder Autoritätspersonen dankbar zeigten, warum also großzügig sein? Andere hatten sadistische Eltern, denen es Freude machte, ihnen etwas zu nehmen oder vorzuenthalten, daher wiederholen sie dieses Verhalten und genießen es, andere auszunutzen; oder die Eltern waren manipulativ und nutzten gern andere aus – stets auf ihren Vorteil bedacht, mit wenig Rücksicht auf andere. Es geht jedoch immer darum, dass die Freude am Geben nicht in vergangenen Beziehungen vorgelebt wurde. Stattdessen bauten Eltern (oder andere Autoritätspersonen) Beziehungen auf, die ausbeuterisch waren oder in denen sie auf Kosten des anderen Macht ausübten.

Wieder andere versuchen, sich ein Gefühl der Überlegenheit zu verschaffen (oder zu wahren), indem sie beim Trinkgeldgeben das eigene Gefühl der Unterlegenheit auf den Kellner/die Kellnerin projizieren (sie verdrängen diese Gefühle unbewusst und lassen sie stattdessen die andere Person spüren). Vielleicht machen wir das in Beziehungen auch so: Wir lassen den anderen warten, er soll sich nach uns sehnen und sich verzehren, weil uns das das Gefühl gibt, wir hätten die Kontrolle und die Macht. Menschen, die Beziehungen als ein Nullsummenspiel betrachten, bei dem es immer einen Gewinner und einen Verlierer gibt, neigen meiner Erfahrung nach dazu, weniger zu geben. Anstatt das Geben als eine für beide Seiten bereichernde Erfahrung zu betrachten, denken sie: »Wenn du gewinnst, verliere ich.« Letztlich bringen sie damit eine tiefe Ambivalenz in Bezug auf Beziehungen zum Ausdruck: Beim Geben gibt es wenig zu gewinnen. »Jeder kämpft für sich allein«, lautet ihr unausgesprochenes Mantra.

*

Ich hoffe, ich habe die großen psychologischen Unterschiede zwischen Gier, einem selbstverleugnenden und einem vorenthaltenden Umgang mit Geld verdeutlicht. Wenn Sie sich für jemanden halten, der »zu wenig« Geld ausgibt, sollten Sie zuerst einmal ergründen, ob Sie generell Schwierigkeiten haben, sich von Geld zu trennen (was mit Gier und der Angst zu tun haben könnte, nicht genug Geld zu haben). Wenn das nicht zutrifft, sollten Sie sich fragen, für welche Dinge/Menschen/Veranstaltungen Sie leichter Geld ausgeben und welche sich problematisch anfühlen oder Schuldgefühle verursachen. Das gibt Ihnen ein Hinweis darauf, ob Sie Ihre Ausgaben in verschiedene Kategorien unterteilen und was das bedeuten könnte. Dann überlegen Sie, wie Sie sich fühlen, wenn Sie sich etwas verkneifen. Stolz? Oder beschämt? Es lohnt sich aufzuschlüsseln, ob ein Teil von Ihnen glaubt, nichts auszugeben sei edel und besser, als wenn man sich etwas Gutes gönnt. Betrachten Sie dann andere Bereiche in Ihrem Leben, in denen Sie sich ähnlich verhalten/denken/fühlen: Sind Sie generell ein Mensch, der von allem nur das Nötigste hat? – Sie erlauben sich nicht, mehr zu essen, mehr Freunde zu haben, mehr zu erleben, etc. Welche Ängste kommen in Ihnen auf, wenn Sie sich vorstellen, mehr Geld auszugeben?

Wenn es Ihnen besonders schwerfällt, Geld für andere auszugeben, dann stellen Sie sich ein Theater vor und überlegen Sie, was in den Köpfen der einzelnen Figuren auf der Bühne vorgeht, wenn ihnen etwas vorenthalten wird (es ist zum Beispiel Valentinstag und Sie haben nichts für Ihren Partner gekauft. Sie wissen, dass er mit einer Schachtel Pralinen auftauchen wird. Sie schenken ihm trotzdem nichts). Was würde als Denkblase über den Köpfen der einzelnen Figuren stehen? Es wäre sicher aufschlussreich zu wissen, was in Ihrem Kopf vor sich geht (als derjenige, der etwas zurückhält) und was Sie sich vorstellen, was die andere Person infolge der von Ihnen erzeugten Dynamik fühlt und denkt. Die nächste Frage lautet: Kommt Ihnen diese Dynamik bekannt vor?

Kapitel 5

Selbstsabotage: Warum wir uns selbst im Weg stehen

Es fällt schwer mitanzusehen, wie intelligente Menschen fahrlässig mit ihren Finanzen umgehen. Warum halten sie nicht inne, denken über ihre Finanzen nach und machen einen Plan? Warum scheitern sie jedes Mal am Erfolg? Warum sind sie in Bezug auf Geld immer noch abhängig von anderen? Warum verschulden sie sich? C. G. Jung, schrieb: »Man tut ja alles, auch das Absurdeste, um der eigenen Seele zu entgehen.«[122] Wenn wir anderen zusehen, wie sie sich finanziell selbst zugrunde richten oder keinen Finger rühren, während sich ihre finanzielle Situation immer weiter verschlechtert, wirkt das in der Tat »absurd«. Aber wie Jung betont, gibt es für unsere bizarren Verhaltensweisen meist eine psychologische Erklärung. Emotionen wie Wut, Schuld und Scham, denen wir uns nicht stellen wollen, brodeln in unserem Unterbewusstsein vor sich hin und vergiften unsere Urteilsfähigkeit.

Traditionell wird Selbstsabotage definiert als Verhalten, das unseren Erfolg und unser Wohlbefinden beeinträchtigt. Einige Definitionen sprechen dabei von »Tätigkeiten«, allerdings ist es oft die *Un*tätigkeit, die uns schadet, vor allem im Zusammenhang mit finanzieller Selbstsabotage.

Dass die eigene finanzielle Situation stabil bleibt oder sich verbessert und sich vor allem nicht verschlechtert, ist ein vernünftiger Wunsch. Wenn wir gegen unsere eigenen Interessen handeln, stellt sich die Frage: Warum tun wir das? Und wie ist es dazu gekommen?

Ist jemand, der finanzielle Verluste einfährt, auch automatisch jemand, der Selbstsabotage betreibt? Nicht unbedingt (allerdings sollte man bei wiederholten Verlusten genauer hinschauen). Damit ein Verhalten als Selbstsabotage eingestuft werden kann, müssen wir unser Schicksal selbst in der Hand haben. So verblüffend es auch klingen mag, wir selbst ermöglichen erst die Sabotage. Wenn wir z. B. die Vorbereitung auf ein Vorstellungsgespräch hinauszögern, wenn wir nicht um eine wohlverdiente Gehaltserhöhung bitten, weiterhin in ein angeschlagenes Unternehmen investieren oder monatelang unsere Kontoauszüge nicht öffnen – dann sind das riskante/schädliche Verhaltensweisen, die wir ändern könnten, doch Verleugnung, Angst und andere Gefühle hindern uns daran, in unserem eigenen Interesse zu handeln. Wenn unsere Firma aufgrund einer Wirtschaftskrise rote Zahlen schreibt, obwohl wir alles getan haben, um das zu vermeiden, ist das eindeutig keine Selbstsabotage. Ein gewisses Maß an Handlungsfähigkeit ist also entscheidend.

Weitere wichtige Faktoren sind der allgemeine Wissensstand und die finanziellen Kenntnisse. Wie bereits in der Einleitung erwähnt, treffen viele Leute Entscheidungen über ihre Finanzen, ohne die grundlegenden finanziellen Konzepte zu verstehen. Da beschließt jemand, all seine Ersparnisse in eine Aktie zu investieren, weil er das für eine richtig gute Idee hält. Er weiß vielleicht nicht, dass man Investitionen besser streuen und nicht alles auf ein Pferd setzen sollte, kennt sich nicht mit Makroökonomie aus und ahnt nicht, dass Marktfaktoren, die Haltung der Investoren gegenüber der Branche an sich, den Wert der Aktie beeinflussen können. Wenn man ohne dieses Finanzwissen etwa bei Investitionen eine Entscheidung trifft, die einen in den Ruin treibt, hat das nichts mit Selbstsabotage zu tun.

Wir alle haben unterschiedliche Vorstellungen von Risiko (»für mich fühlt sich das wie eine sichere Anlage an«), entsprechend treffen wir ganz unterschiedliche Entscheidungen. Wenn sich bei leichtsinnigen Entscheidungen jedoch ein Muster abzeichnet und sie noch dazu von jemandem getroffen werden, der weiß, was er tut, sollte man genauer hinschauen – vor allem, wenn sich die Entscheidungen wiederholt nicht auszahlen.

Um Selbstsabotage zu erkennen, ist es sinnvoll, auf *Muster* zu achten. Dass man einmal vergisst, die Steuer zu überweisen, kann ein Versehen sein; vielleicht waren wir durch andere Verpflichtungen gestresst, aber wenn das zwei- oder dreimal passiert, sollten wir uns fragen, was uns unbewusst daran hindert, die Frist einzuhalten.

Eine Unterart der Selbstsabotage besteht darin, dass wir unseren eigenen Erfolg behindern, wenn er zum Greifen nah ist. Der Psychoanalytiker David Krueger beschreibt die Betroffenen als Personen, die »fleißig arbeiten, während der Erfolg oder der Abschluss einer Arbeit in sicherer Entfernung zu sein scheint, doch wenn das Ziel näher rückt, wird man ängstlich und sabotiert die eigenen Anstrengungen oder aber man wertet kurz nach dem Erfolg die eigene Leistung oder die Freude daran ab.«[123] Sich die Freude an der eigenen Leistung zu verderben, kann eine emotionale Form der Sabotage sein und wirkt sich negativ auf unser Wohlbefinden aus, selbst wenn wir unser finanzielles (oder ein anderes) Ziel erreicht haben.

Die Dinge sind jedoch selten nur schwarz oder weiß, daher ist die Selbstsabotage nicht leicht zu erkennen – vielleicht ahnt man, dass man sich »etwas vormacht«, weiß aber nicht warum. Die Gründe dafür sind vielfältig. Wenn ein erfahrener Anleger stur an einer Aktie festhält, ohne sich irgendwie abzusichern, könnte man fragen: Neigt er dazu, sich ängstlich an Dinge zu klammern? Hat er Angst vor finanziellen Entscheidungen im Allgemeinen, weshalb er nur eine trifft und weitere vermeidet? Idealisiert er den Eigentümer des Unternehmens aus einem bestimmten Grund (sieht in ihm den selbstbewussten und furchtlosen Chef/Vater, den er gerne gehabt hätte?) Oder will er scheitern in der Hoffnung, von jemandem gerettet zu werden? Mit anderen Worten: Es lohnt sich, auf mögliche emotionale Belastungen bei einem Entscheidungsprozess zu achten. Nur wenn Sie sich auf den Gedanken einlassen, dass Sie womöglich nicht das tun, was für Sie am besten ist, und gleichzeitig neugierig sind, warum das so ist, können Sie erkennen, was dahintersteckt.

Verhaltensweisen bei Selbstsabotage

Ein kleiner Überblick über die Bandbreite der Verhaltensweisen, die unter »finanzielle Selbstsabotage« fallen, ist sicher hilfreich. Beginnen wir mit dem aktiven Verhalten. Übermäßige Ausgaben können eine Form der Selbstsabotage sein, ebenso hohe Schulden oder finanzielle Risiken, Glücksspiel, unvorsichtige Investitionen oder überstürzte finanzielle Entscheidungen, ohne sich vorher gründlich zu informieren. Am äußersten Ende des Spektrums steht dann die »finanzielle Dominanz«.

Warum habe ich zu hohe Ausgaben und Selbstsabotage in getrennte Kapitel unterteilt? Sind übermäßige Ausgaben nicht nur eine weitere Form der Selbstsabotage? Übermäßige Ausgaben können sich negativ auf Finanzen, psychische Gesundheit und Beziehungen auswirken, doch ihr psychologischer *Zweck* liegt nicht zwangsläufig darin, Schaden anzurichten. Vielmehr geht es um die Befriedigung von Bedürfnissen, um Bewunderung oder darum, sich liebenswert und begehrenswert oder auch autark zu fühlen. Übermäßige Ausgaben werden dann zur Selbstsabotage, wenn der unbewusste Antrieb dahinter destruktiv ist: Ein Teil von uns sieht im Scheitern einen Vorteil.

Aber auch *Un*tätigkeit kann selbstzerstörerisch sein: Wir vermeiden es vielleicht, unsere Finanzen zu überprüfen, lassen Schulden auflaufen, legen unser Geld nicht an oder delegieren alle finanziellen Angelegenheiten an unseren Partner und nehmen uns damit selbst die Möglichkeit, unsere Wünsche und Ziele einzubringen oder zu äußern. Das alles sind Formen der Selbstsabotage, die unser finanzielles Wohlergehen beeinträchtigen.

Wir bleiben untätig, weil wir Angst haben oder uns selbst sabotieren. Was wird durch Trägheit/Delegieren/Vermeiden erreicht?

Wenn wir finanzielles Scheitern als Bollwerk gegen unsere Gefühle verwenden – gegen unsere Angst, unabhängig zu sein, oder die Angst, das Familienunternehmen zu übernehmen, unsere Scham, weil wir unser Geld geerbt und nicht selbst verdient haben –, dann ist das Selbstsabotage. Bewusst oder unbewusst hoffen wir, dass wir mit *Scheitern* das erreichen, was wir eigentlich wollen (oder das beenden, was wir nicht wollen).

Viele, die zur Therapie zu mir kommen, versuchen, ihr Potenzial auszuschöpfen, doch manchmal kommt ihnen etwas dazwischen. Sie haben das Gefühl festzustecken. Sie wissen, was sie tun müssten, um ihre Finanzen zu verbessern (anfangen zu sparen, aufhören, Geld zu verschwenden, Risiken vermeiden), und verstehen einfach nicht, warum sie sich nicht dazu aufraffen können. Da ist irgendetwas, das sie nicht entschlüsseln oder an das sie nicht rühren wollen. »Warum passiert das immer mir?« »Warum fällt mir das so schwer, obwohl ich weiß, dass es das Beste ist?« »Warum stehe ich mir selbst im Weg?« sind häufige Fragen.

Im Großen und Ganzen sind es drei wesentliche Gefühle, die zur Selbstsabotage führen:

- Schuld und Scham
- Wut und Groll
- Angst

Meist sind gleich mehrere Faktoren im Spiel. Doch wenn wir die Faktoren einzeln betrachten, können wir besser verstehen, was in einem Menschen vorgeht, der in diesem wenig hilfreichen und selbstschädigenden Verhaltensmuster feststeckt, das seinem finanziellen Wohlergehen im Weg steht.

Schuld und Scham: Wenn sich Geld schmutzig anfühlt

Die Unternehmerin Dorothée Loorbach sprach in einem TED-Talk darüber, wie sie viel Geld verlor: »Ich wurde mit der Vorstellung erzogen, dass Geld nicht wichtig ist. Irgendwie habe ich die Überzeugung übernommen [...], dass Menschen mit Geld keine guten Menschen sind. Deshalb gab ich mein Geld, sobald ich welches hatte, gleich wieder aus.« Als ob sie ihr Geld loswerden wollte, weil sie tief in ihrem Innern davon überzeugt war, dass Geld die Menschen korrumpiert.[124]

Manche Menschen halten Geld für schmutzig (Freud bezeichnete Geld als »schnöden Mammon«).[125] Sie können sich dieser Überzeugung durchaus bewusst sein und sie lautstark äußern. In anderen schlummert diese Haltung eher unbewusst, als Relikt der Vergangenheit, das sich in Form von Schuldgefühlen bei finanziellem Erfolg äußert. Unsere Gefühle sind nicht immer leicht zu entschlüsseln und selten eindeutig, es kommt durchaus vor, dass wir etwas gleichzeitig wollen und nicht wollen und wir zwei widersprüchliche Gefühle auf einmal empfinden. Diese Ambivalenz ist ganz normal, kann aber auch innere Konflikte hervorrufen, die schwer zu bewältigen sind und uns Angst machen. Das daraus resultierende Gefühl, »festzustecken«, begegnet mir im Zusammenhang mit Geld häufig. Ein Teil von uns ist sich zwar bewusst, dass wir Geld brauchen oder sogar danach streben, doch ein anderer Teil sieht Geld und »die Reichen« eher kritisch und ist deshalb hin und hergerissen. Je mehr wir uns der Ambivalenz bewusst sind, die unter der Oberfläche schlummert, desto mehr Möglichkeiten haben wir zu entscheiden, was wir damit tun, und desto geringer ist die Wahrscheinlichkeit, dass sie in unbewussten Sabotageakten zum Ausdruck kommt.

Das Streben nach Geld wird als oberflächlich, schlecht und schmutzig betrachtet. Man weiß, dass diese Assoziationen von den Lektionen im Elternhaus herrühren, dazu kommen Einflüsse aus dem Umfeld.

Wie wir in Kapitel 3 festgestellt haben, wird Gier von vielen Religionen und politischen Bewegungen verurteilt. Stellen Sie sich ein Kind vor, das in einer sozialistischen Familie aufwächst, in der das Streben nach finanziellem Erfolg lautstark verurteilt wird. Zentrale Werte der Familie sind Bescheidenheit, Großzügigkeit und die Suche nach Glück im Rahmen einer genügsamen Lebensweise. Mit 22 Jahren versucht das »Kind«, in einer Bank die Karriereleiter zu erklimmen. Auf der einen Ebene war der junge Mann mit den Ansichten der Familie nie einverstanden und hegte unbewusst den Wunsch nach Reichtum. Er beneidete diejenigen, die die Annehmlichkeiten genießen konnten, die man mit Geld kaufen kann, und wollte das auch für sich selbst. Aus psychologischer Sicht kann es schwierig sein, diese gegensätzlichen Ansichten zu vereinen. Ein Teil von uns genießt den Ehrgeiz, ist stolz darauf und verteidigt ihn, doch der andere Teil fühlt sich schuldig, vielleicht schämt er sich sogar für das, was dieser Ehrgeiz über uns aussagt. Sind wir zu einem »verkommenen, gierigen Kapitalisten« geworden, wie der Vater solche Menschen gern nannte? Ich habe dieses innere Ringen schon so oft bei Klienten erlebt. Wenn man noch keine Gelegenheit hatte, diesen inneren Konflikt zu durchdenken, die Überzeugungen der Familie über Bord zu werfen und ein eigenes Gefühl dafür zu entwickeln, was sich »richtig« anfühlt, kann man in dieser Ambivalenz gefangen sein und beim Versuch, seine Gefühle in Schach zu halten, auf wenig hilfreiche Verhaltensweisen zurückgreifen.

Der Konflikt lässt sich auf verschiedene Weise lösen, manche schaffen es, die Überzeugungen der Eltern loszulassen, während andere sie komplett übernehmen. Diejenigen, die die Überzeugungen der Eltern überwinden, tun dies, indem sie ihre eigenen, anderen Ansichten über Geld und Erfolg artikulieren und akzeptieren und sich dafür entscheiden, ihre Ziele weiterzuverfolgen.

Finanzielle Selbstsabotage ist eine Möglichkeit, Schuldgefühle unbewusst zum Ausdruck zu bringen. Manche Betroffene machen bei der Arbeit Fehler oder investieren die Früchte ihrer Arbeit leichtsinnig, bei anderen ist plötzlich der Ehrgeiz weg, ohne dass sie den Grund dafür verstehen. Wiederum andere sind mit religiösen Ansichten aufgewachsen, die einen direkten Einfluss auf ihre Haltung zum Streben nach finanziellem Erfolg haben. In der Bibel wird Geld mehrfach verurteilt. Paulus schrieb (im 1. Brief an Timotheus 6:10): »Denn die Wurzel aller Übel ist die Habsucht. Nicht wenige, die ihr verfielen, sind vom Glauben abgeirrt und haben sich viele Qualen bereitet.« Oder: »Leichter geht ein Kamel durch ein Nadelöhr, als dass ein Reicher in das Reich Gottes gelangt.« (Matthäus 19:24),[126] womit impliziert wird, dass das Streben nach Reichtum unweigerlich mit einem sündhaften Verhalten einhergeht. Wie wörtlich die Botschaften genommen werden, wie sie von Familie und Gesellschaft verstärkt werden, ist unterschiedlich. Doch diese Lektionen werden meist in einem jungen und beeinflussbaren Alter vermittelt. Wenn sie mit ähnlichen Lehren im Elternhaus übereinstimmen (etwa wenn Familienmitglieder stolz auf ihren Verzicht sind oder wenn Wohlstand kritisiert wird), können sie eine dauerhafte Wirkung entfalten. Werden die Verurteilung des Geldes und das Lob der Selbstaufopferung nicht nur gelehrt, sondern auch von den Menschen in unserem Umfeld vorgelebt, können wir daraus den Schluss ziehen, dass das Streben nach Geld etwas Schlechtes ist.

Wenn wir in einer Familie aufwachsen, die die »Reichen« kritisiert und verurteilt und in der eine Haltung »wir gegen die« vermittelt mit, wirkt sich auch das auf unsere Wahrnehmung von Reichtum aus. »Jetzt schaut euch an, wie viel die für ihren Urlaub ausgeben, das ist doch lächerlich!« »Für wen halten die sich eigentlich mit ihren teuren Autos?« »Die denken wohl, sie könnten sich mit ihrem Geld alles erlauben!« Die Verurteilung von Reichtum hinterlässt eine Prägung, von der man sich nur schwer wieder löst, selbst wenn man sich später den so verachteten Luxus gönnen könnte. In unserer Vorstellung hat Geld womöglich den Ruf, einen Menschen zu verderben und ihn weniger ethisch, moralisch usw. zu machen. Da kann man sich die Scham vorstellen, wenn man »diesem Club«

beitritt. Gut möglich, dass die Eltern mit ihren Äußerungen nur ein Ventil für ihren Neid brauchten oder versuchten, wichtige Lektionen darüber zu erteilen, wie man sein Lebensglück jenseits des Strebens nach materiellem Besitz finden kann, beim Kind blieb jedoch nur hängen, dass Reichtum etwas Schlechtes ist.

Doch nicht nur die Erfahrungen in unserer Kindheit beeinflussen unsere Haltung zu Geld. In manchen Berufen, die traditionell als Berufung angesehen werden, ist das Honorar bestenfalls Nebensache, man will ja nicht als gierig gelten oder als jemand, der sich nicht ausreichend für das höhere Ziel seiner Tätigkeit engagiert. Da schon viele Künstlerinnen, Bildhauer und Schriftsteller bei mir in Therapie waren, kann ich feststellen, dass Geld für viele Kreative ein zweischneidiges Schwert ist. Einerseits bietet es die Bestätigung und Anerkennung, nach der sich viele Kreative sehnen (sie können sich endlich als professionelle Künstler/Schriftsteller etc. bezeichnen und werden von den Menschen ernst genommen, die ihnen wichtig sind – seien es skeptische Familienmitglieder oder die Kunstszene an sich). Geld kann aber auch die kreative Freiheit einschränken oder sogar dem Grundsatz zuwiderlaufen, dass Kunst um der Kunst willen gemacht werden sollte.

Der Künstler Andy Warhol war in dieser Hinsicht vermutlich eine der wenigen Ausnahmen. In der Kunstwelt war er wegen seines klaren Bekenntnisses zum Geld und der schamlosen Vermarktung seiner Kunst umstritten. Er nannte seine Kunst »Business Art« und sein Atelier »Factory«. Warhol, der aus armen Verhältnissen stammte, wusste die Macht des Geldes zu schätzen und ging offen damit um. Er inspirierte spätere Künstler wie Damien Hirst, der sagte: »Andy Warhol war der erste Künstler, der zeigte, dass es okay ist, wenn Künstler Geld verdienen.«[127]

Eins der besten Beispiele für die ambivalente Haltung zu Geld ist der anonyme Street-Art-Künstler Banksy, der bei einer Versteigerung 2018 bei Sotheby's, nachdem der Hammer gefallen war und sein Bild *Girl with Balloon* für über 1 Million Pfund, also rund 1,2 Million Euro, verkauft worden war, ein System aktivierte, das das Kunstwerk vor den Augen des schockierten Publikums schredderte.* Der Käufer musste dann entscheiden: Wollte er das Werk immer noch kaufen (obwohl es zur Hälfte zerstört war)? Er entschied sich dafür und das Bild erhielt den neuen Titel *Love is in the Bin.*

Die Aktion gab viele Gedankenanstöße, was Kunst eigentlich ist und worin ihr eigentlicher Wert besteht. Sie war zweifellos als Provokation gedacht, doch für uns stellt sich die Frage: War es Sabotage oder ein Trick? Banksy zerstörte das Bild (und hätte damit auch seinen finanziellen Wert zunichtemachen können), um die Kommerzialisierung der Kunst anzuprangern. Vielleicht gilt für ihn die Gleichung Kunst = Liebe (wie der Titel des Bildes andeutet), und Geld stört diese Gleichung, weil die Liebe zur Kunst im Mülleimer landet, wenn der Wert der Kunst in Geld bemessen wird. Vielleicht negiert das Geld den Wert der Kunst, wenn selbst deren Zerstörung ihren Wert steigert. *Love is in the Bin* wurde einige Jahre später (2021) bei Sotheby's für über 18 Millionen Pfund, also ca. 21,5 Million Euro, versteigert.

Carl Richards, Finanzplaner, Autor und Zeichner, schrieb über die Ambivalenz, die er empfindet, wenn er mit Kunst Geld verdient. Er konnte damit nur umgehen, indem er den Gewinn aus einem Projekt als Finanzierung für das nächste betrachtete. Das ist natürlich eine gesündere Bewältigungsstrategie als Selbstsabotage, wirft jedoch die Frage auf: Was ist falsch daran, dass man sein eigenes Werk als wertvoll betrachtet und damit etwas verdienen will? Richards erklärt, nachdem er diese neue Sicht aufs Geldverdienen gefunden habe, »fühlten sich die Treffen mit meinem Buchhalter und das Führen der Bücher nicht mehr wie schmutzige Aufgaben an, die von einem ungewaschenen Heiden erledigt werden müssen«.[128] Seine Beschreibung unterstreicht, wie schwierig es für Künstler manchmal ist, ihre Arbeit mit der Realität des Geldverdienens in Einklang zu bringen, ohne sich vom Geld beschmutzt zu fühlen.

---

* *Banksy erklärte in einem Video, dass er das Bild eigentlich komplett schreddern wollte, der Mechanismus aber nach der Hälfte versagte.*

Wenn wir Geldverdienen unbewusst als ein korrumpierendes, böses oder schmutziges Streben betrachten, welche Chance haben wir dann zu akzeptieren, dass es uns zusteht?

Erfolgsangst und Imposter-Syndrom

Selbst mühsam verdientes Geld wird mit negativen Emotionen verknüpft. Wir fühlen uns mit unserem Reichtum und dem Gedanken nicht wohl, dass wir mehr haben als Freunde oder Familienangehörige haben oder jemals hatten. Das emotionale Unbehagen darüber, Geld zu verdienen und zu genießen, wird unbewusst dadurch bewältigt, dass wir es falsch verwalten, es ausgeben oder sogar verlieren. Die meisten Menschen wollen ihre Eltern stolz machen, manche prahlen sogar mit ihren Leistungen in der Hoffnung, bewundert zu werden oder den Eltern das Gefühl zu geben, dass ihre Erziehung Erfolg hatte. Andere empfinden ihren Reichtum als Verrat. Schon Freud deutete an, dass die Vorstellung von Erfolg unbewusst etwas sehr Problematisches haben kann, wenn sie als symbolische Überbietung des Vaters interpretiert wird und deshalb mit Schuldgefühlen oder sogar Angst vor Vergeltung verbunden ist. Den eigenen Erfolg zu sabotieren, war nach Freuds Ansicht eine Möglichkeit, dem Zorn oder gar der Bestrafung des Vaters zu entgehen. Da er selbst mit ähnlichen Schuldgefühlen zu kämpfen hatte, fragte er sich nach dem Grund und schrieb: »Es muß so sein, daß sich an die Befriedigung, es so weit gebracht zu haben, ein Schuldgefühl knüpft; es ist etwas dabei, was unrecht, was von alters her verboten ist. [...] Es sieht aus, als wäre es das Wesentliche am Erfolg, es weiter zu bringen als der Vater, und als wäre es noch immer unerlaubt, den Vater übertreffen zu wollen.«[129]

All diese Elemente können nicht nur bei einem unverhofften Geldsegen zum Tragen kommen, sondern auch, wenn wir uns um finanziellen Erfolg bemühen oder vielleicht sogar kurz davor stehen, uns dann aber plötzlich die Angst vor dem Erfolg überkommt, also im Grunde die Angst, wie andere auf unseren Erfolg reagieren (die Freud mit der Angst vor der Vergeltung der Eltern verknüpfen würde). Die Psychiaterin und Psychoanalytikerin Ann Ruth Turkel[130] zitiert eine Fallstudie, in der ein Mann »Angst vor dem Erfolg hatte, weil dadurch Schuldgefühle und der Gedanke in ihm aufkamen, er habe den Erfolg nicht verdient. Vor allem der Gedanke, dass er mehr Geld als sein Vater verdiente, bereitete ihm Schuldgefühle. Er träumte oft, er sei ein Hochstapler, der bald von einem größeren, stärkeren Mann bloßgestellt werden würde.«[131]

Zu den Ängsten gesellen sich Schuldgefühle und Scham, die sich mit dem Erfolg einstellen, selbst wenn der nur in Teilen eintritt. Zuerst kommen die Schuldgefühle, weil man sich »etwas Gutes« gönnt. Daraus kann schnell Scham werden. »Was bin ich nur für ein Mensch, wenn ich mein Geld genieße?« Dann fühlt man sich sogar wegen dieser Gefühle schuldig: »Warum kann ich nicht glücklich und dankbar sein, dass ich so viel habe?«, »Warum kann ich mich nicht einfach darüber freuen?« Man hat Schuldgefühle wegen seiner Schuldgefühle, und das geht dann immer so weiter. Um aus diesem negativen Kreislauf wieder herauszufinden, muss man die Schuld- und Schamgefühle im Zusammenhang mit Besitz verstehen und bewältigen. Hängen sie mit einem Teil von uns zusammen, der schon immer glaubte, er habe keinen Anspruch auf die »guten Dinge« im Leben? (Ich habe Schuldgefühle, weil ich es nicht verdiene)? Knüpfen sie an Erinnerungen und Attribute an, die man mit »reichen« Menschen in Verbindung bringt (ich schäme mich, weil Geld mich zu einer der gierigen und egoistischen Personen macht, die ich immer kritisiert habe)?

Interessanterweise hatte der Mann in Turkels Fallstudie einen Vater, der stets auf »die Reichen« schimpfte, womit sich zumindest teilweise die Schuldgefühle des Mannes erklärten, da er nun einer dieser »Reichen« war. Ich wollte hier aber vor allem darauf eingehen, dass er sich als Hochstapler fühlte, was bei Menschen, die »sich selbst im Weg stehen«, gar nicht so selten ist.

Das Imposter-Syndrom ist im Wesentlichen eine Form der Selbstzweifel, die sich durch Leistungen und Erfolge nicht beschwichtigen lassen. Egal was man erreicht hat, ein Betroffener kann seine Erfolge nicht »anerkennen« und hat mitunter sehr fantasievolle Erklärungen dafür, wodurch dieser Erfolg zustande kam (von »reinem Glück« bis hin zu »Fehler im Vergabeverfahren« oder »Zufall« – nur die eigenen Fähigkeiten bleiben außen vor). Menschen mit Imposter-Syndrom sind überzeugt, dass andere eine übertriebene Vorstellung von ihren Fähigkeiten haben, und fürchten, sie könnten jeden Moment auffliegen. In gewisser Weise plagt sie die unbewusste Angst, dass sie vor Anforderungen gestellt werden, die sie nicht erfüllen können. Sie fürchten, überbewertet und überschätzt zu werden oder mehr zu versprechen, als sie halten können.

Die Betroffenen spielen ihre Leistungen oft herunter. Das ist (zumindest in finanzieller Hinsicht) eine relativ harmlose Bewältigungsstrategie (»Ich lasse das ganz unbedeutend aussehen, damit die Leute nicht zu genau hinschauen und nicht merken, dass ich ein Hochstapler bin«). Wenn jedoch Selbstsabotage als Abwehrmaßnahme hinzukommt (»Ich werde mich selbst davon abhalten, etwas zu erreichen, damit ich mich nicht wie ein Hochstapler fühlen muss oder als solcher entlarvt werde«), wird daraus eine selbsterfüllende Prophezeiung mit schlimmen Folgen. Wir verpassen dadurch Gelegenheiten, zu unserem Wohl zu handeln, nur um unser Selbstbild zu bestätigen: Ich bin unfähig.

Es gibt viele mögliche Gründe für das Imposter-Syndrom, doch häufig findet es sich bei Kindern, die von ihren Eltern mit Lob überschüttet wurden (vor allem für ihre Leistungen), wodurch dem Kind wenig Raum blieb, seine »schlechten Seiten« zu akzeptieren. Anstatt sich als ganz normale Menschen mit Stärken und Schwächen, mit positiven und negativen Gefühlen zu sehen, wachsen diese Kinder mit einem unausgewogenen Bild von sich selbst auf und arbeiten unermüdlich daran, das Bild der Eltern zu bewahren, sie seien »perfekt« und »außergewöhnlich«. Tief in ihrem Innern ist ihnen jedoch bewusst, dass es noch eine »andere Seite« gibt (ihre negativen Gefühle, ihre »Fehler«). Anstatt sie in ihr Selbstbild zu integrieren, gehen sie mit dem Gefühl durchs Leben, ein Hochstapler zu sein (im Gegensatz zum Narzissten, der Unvollkommenheiten leugnet oder sie auf andere Menschen projiziert). Psychologisch betrachtet versöhnen sie sich so mit dieser Dissonanz (oder antworten darauf) – sie sind nicht das, was die Welt als perfekt und erstaunlich ansieht, denn in Wirklichkeit haben sie »alle getäuscht«, sie sind ein Hochstapler.

Überkritische Eltern können eine ähnliche Wirkung haben. David Krueger[132] beschreibt einen Klienten namens Jack, der einen eigenen Computerhandel gründete und mit zunehmendem Erfolg massive Ängste entwickelte. In der Therapie erzählte Jack von seinen strengen Eltern, die frustriert über seine »Dummheit« waren, weil er nicht die guten Noten in der Schule hatte, die sie von ihm erwarteten. Dadurch entwickelte sich bei ihm die Vorstellung, er sei unfähig und faul. Als zunehmend erfolgreicher Unternehmer begann er, sich wie ein Hochstapler zu fühlen: Sein geschäftlicher Erfolg passte nicht zu seinem Selbstbild. Auch hier wird das Imposter-Syndrom zur psychologischen Erklärung für die Diskrepanz zwischen dem Bild, das wir/andere von uns haben (Jack ist zu nichts nütze) und unseren tatsächlichen Leistungen. Die einzige Möglichkeit, beides in Einklang zu bringen, bestand in der Erklärung, dass sein Erfolg reine Glückssache war. Da Jack in Therapie war, griff er nicht auf Selbstsabotage zurück, um seine Vorstellung von sich als »Nichtsnutz« zu bestätigen, sondern lernte, mit der Angst umzugehen, seinen Vater zu übertreffen, und sich von dem Bild, das er sich in seinem Kopf zurechtgelegt hatte, zu lösen.

Die amerikanische Psychologin Matina Horner schlug 1969 eine alternative Erklärung für die Angst vor dem Erfolg vor allem bei Frauen vor, die mittlerweile als »Horner-Effekt« bezeichnet wird. Bei ihren Experimenten stellte sie fest, dass die Ängste der Frauen im Zusammenhang mit Erfolg in einem oft unbewussten inneren Konflikt wurzelten: Einerseits wollten sie Erfolg und strebten danach, andererseits sorgten sie sich um die möglichen Konsequenzen. Die Frauen hatten das Gefühl, Ehrgeiz sei »unweiblich«, und fürchteten, kritisiert und isoliert zu werden, wenn sie den gesellschaftlichen Erwartungen an ihre Geschlechterrolle nicht entsprachen. Horner stellte fest, dass diese Überzeugungen nicht nur von Frauen, sondern auch von Männern vertreten wurden. Männliche Jurastudenten beschrieben erfolgreiche Frauen im Rahmen von Horners Untersuchung als »unattraktiv, unbeliebt, unweiblich, wie ein ›Computer‹ und hyperaggressiv«.[133] Je fähiger und leistungsorientierter die Frauen waren, desto größer war ihre Angst vor Erfolg und desto schlechter waren ihre Leistungen als Folge dieser Angst. Horner vertrat die Ansicht, dass Frauen mitunter zulassen, dass ihre Angst vor dem, was sie aufgrund ihres Erfolges aufgeben müssen, ihnen im Weg steht und ihre Bemühungen sabotiert.

Horners Forschungen stammen aus den 1960er-Jahren, in letzter Zeit wurden in den westlichen Gesellschaften die Geschlechterstereotypen infrage gestellt. Die geschlechtsspezifischen Unterschiede in Führungspositionen und bei der Entlohnung bestehen jedoch nach wie vor. Laut einer im Jahr 2022 vom National Bureau of Economic Research veröffentlichten Studie verdienen in den USA Frauen in Führungspositionen 26 Prozent weniger als Männer. Das Lohngefälle sinkt auf 15 Prozent, wenn man die Eigenschaften der jeweiligen Führungskraft (einschließlich Erfahrung, Ausbildung und Alter) berücksichtigt.[134] Im Vereinigen Königreich lag der durchschnittliche Gender-Pay-Gap nach Angaben des Office for National Statistics in den letzten fünf Jahren bei 8 bis 9 Prozent. Laut Statistischem Bundesamt lag er 2023 in Deutschland bei 18 Prozent.[135] Frauen im Finanzsektor verdienen im Durchschnitt 22 Prozent weniger als ihre männlichen Kollegen.[136]

Die Gründe sind zweifellos komplex, einer der vielen Faktoren sind jedoch vermutlich unsere unbewussten Stereotypen, welche Rolle ein Mann und welche eine Frau in unserer Gesellschaft einnehmen »sollte« (Vorstellungen, die oft noch aus der Generation unserer Eltern stammen und an uns weitergegeben wurden). Die Behauptung, es sei »unweiblich«, wenn eine Frau finanziell erfolgreicher ist als ihr Mann, mag in der heutigen Zeit absurd klingen (noch dazu in einer Gesellschaft, in der Paare auch gleichgeschlechtlich sind), dennoch höre ich nach wie vor in meiner Praxis, dass sich Männer »entmannt« fühlen, weil ihre Frau mehr verdient als sie. Umgekehrt unterstellen Frauen ihrem Partner aufgrund seiner finanziellen Unzulänglichkeiten mangelnde Männlichkeit, Potenz und Macht. Wenn eine Frau auf irgendeiner Ebene die Ansicht vertritt (oder sich einbildet, dass andere das tun), dass Geld = Macht = männlich ist, dann könnte es ihr schwerfallen, sich wirklich für Leistung zu begeistern. Und wenn das Streben nach finanziellem Erfolg auch bedeutet, dass sie praktisch auf ihre traditionelle Rolle als Hausfrau und Mutter verzichten muss, kann sich diese Haltung natürlich noch verstärken. Mit anderen Worten: Die Angst gründet auf einem inneren Konflikt. Kann ich weiblich sein (so wie ich und die Gesellschaft Weiblichkeit verstehen), eine gute Mutter sein (so wie ich und die Gesellschaft die Rolle definieren) und gleichzeitig nach (finanziellem) Erfolg streben?

Man kann nicht einfach davon ausgehen, dass Erfolg und Geld immer angenehm sind. Manche Menschen streben (auf einer bestimmten Ebene) danach, fürchten sich aber gleichzeitig auch davor. Finanzieller Erfolg oder Vermögen können auch Angst und Verunsicherung hervorrufen, weshalb es unbewusst wie ein einleuchtender Plan oder eine gute Abwehr erscheinen mag, sich davon zu befreien. Und natürlich wissen wir rein rational, dass es weniger destruktiv wäre, wenn wir uns unseren Ängsten und Befürchtungen stellen würden.

Masochismus: Wenn wir das Gefühl haben, wir hätten Strafe verdient

Die Selbstsabotage kann perverse Formen annehmen. Als ich anfing, mich mit unserem Verhältnis zum Geld zu beschäftigen, war ich zunächst überrascht, als ich auf »findom« stieß, die Abkürzung für »finanzielle Dominanz«, die die Praxis beschreibt, sich aus freien Stücken auf eine Beziehung einzulassen, in der man finanziell machtlos ist und sich dem anderen, der die Macht hat, unterwirft.

Bevor ich mit Findom-Betroffenen arbeitete, las ich unzählige Blogs, um mir einen Eindruck zu verschaffen. Häufige Aussagen waren: »Ich bin begeistert von der Vorstellung, dass mich jemand wie einen Geldsklaven behandelt« oder »Es macht mich an, wenn sie mich ›paypig‹ nennt und verlangt, dass ich sie bezahle«.

Die häufigste Form von Findom ist die, dass die Frau dominant ist und der Mann den unterwürfigen (in diesem Fall finanziell unterwürfigen) Part übernimmt. Findom kommt aber auch in homosexuellen Beziehungen vor. Die dominante Partei (bekannt als »findomme«, »goddess«, »money dome«, »money mistress«, »cashmaster«) fordert auf verunglimpfende und demütigende Weise Geld. Der untergeordnete Teil (auch »cash piggy«, »finsub«, »Geldautomat«, »Geldsklave« oder »paypig«) fügt sich und gehorcht, mitunter gibt er die Kontrolle über die Finanzen vollständig an die dominante Partei ab und erlebt dadurch ein Gefühl der psychologischen Befreiung. Schon die Bezeichnungen weisen auf die Idealisierung der dominanten Partei und die Verunglimpfung der untergeordneten Partei hin. Sex ist nicht unbedingt Teil der Findom-Dynamik. Im Grunde erkauft sich die untergeordnete Partei die Erfahrung, dominiert zu werden und völlig machtlos zu sein. »Moneydommes« werben online für sich, in der Regel trifft man sich nicht persönlich, sondern im Netz.

Interessant an Findom ist der Aspekt, dass ein anderer in die Sabotage einbezogen wird. Praktisch betreibt man »Selbstsabotage« mit einem Komplizen. Warum spreche ich dann nicht von Missbrauch? Weil die Person, die Findom praktiziert, dies aus freien Stücken tut. Allerdings sind die Grenzen hinsichtlich der Entscheidungsfreiheit und Kontrolle bei Findom-Praktizierenden fließend. Es ist nicht ungewöhnlich, dass sich Menschen unter dem Einfluss von Drogen, die ihre Fähigkeit zu rationalen Entscheidungen beeinträchtigen, auf Findom einlassen. Wenn das von jemandem ausgenutzt wird, der einen Freibrief erhalten hat, den Betroffenen buchstäblich »auszuplündern«, ist das eine verhängnisvolle Kombination.

Findom ist vermutlich die extremste Form der Selbstsabotage: Angestrebt und fetischisiert wird der eigene finanzielle Ruin. Das ist destruktiv, doch gleichzeitig bereitet der Schmerz, beraubt und gedemütigt zu werden, den Betroffenen Lust, womit wir beim Masochismus wären. Im *Psychodynamic Diagnostic Manual* wird erklärt, dass »Masochismus« kein einheitliches Konstrukt ist. Der Begriff bezeichnet eine Reihe von Phänomenen mit ganz unterschiedlichen psychologischen Ursprüngen und Funktionen, wobei der gemeinsame Nenner eine offensichtliche (unbewusste) Investition in Leiden ist.[137] Im Grunde sind Leiden und Lust untrennbar miteinander verbunden. Geld ist nur ein weiteres Mittel, mit dem wir alle möglichen unbewussten Wünsche ausleben – unter anderem auch den Wunsch, die Kontrolle und Macht komplett an jemand anderen abzugeben.

Geld steht in dieser Dynamik für Macht. Warum verzichtet man auf sie? Was ist psychologisch betrachtet so anziehend daran, alles (Geld/Macht) aufzugeben? Was bewirkt diese Form der Selbstzerstörung? Welche frühen Erfahrungen oder Phantasien können hinter dem Wunsch nach einer derart selbstzerstörerischen Dynamik stehen?

In einem Interview erklärt eine Finanz-Domina: »Es gibt zwei Typen von Menschen, die das genießen. Zum einen diejenigen, die danach verlangen, erniedrigt werden. Es gefällt ihnen, wenn sie lächerlich gemacht werden oder sich benutzt fühlen. Es kann demütigend sein, wenn dir jemand das Geld wegnimmt und dich leiden und kämpfen lässt. Der andere Typ ist der Macho, der ›im wahren Leben dominante‹ Mann. Er ist gestresst, weil er viele geschäftliche Entscheidungen treffen muss, ein eigenes Unternehmen führt und immer das Sagen hat. Ihm gefällt es, ab und zu verletzlich zu sein und jemand anderem das Kommando zu überlassen. Das ist für ihn wie Urlaub.«[138] Diese Form der Findom zielt auf die Unterschiede ab zwischen denjenigen, die bei diesen Interaktionen die Kontrolle abgeben, aber ansonsten in ihrem täglichen Leben von einer stärkeren Position aus agieren, und denjenigen, deren unterwürfige Haltung alle Aspekte ihres Lebens durchdringt. Doch auch wenn sie sich unterschiedlich präsentieren, finden letztlich beide »Typen« Gefallen daran, sich auf eine Dynamik einzulassen, in der sie entmachtet und erniedrigt werden.

Der Psychoanalytiker Emmanuel Ghent schrieb dazu: »Masochistische Phänomene werden oft auf Entbehrungen, Traumata und Entwicklungsstörungen in jungen Jahren zurückgeführt.«[139] Trauma, Vernachlässigung und Missbrauch können große Wut und sogar Hass in uns hinterlassen. Freud[140] sprach von inneren psychologischen Prozessen, durch die wir das schlechte, verlassene Objekt (stellvertretend für »den Anderen«) in unserer Vorstellung »attackieren«. Wir können Rachephantasien hegen und diejenigen angreifen, die uns im Stich gelassen haben, und deshalb unerträgliche Schuldgefühle empfinden. Können wir unsere Wut und unsere aggressiven Gedanken ertragen? Oder leben wir unbewusst in dem Glauben, dass wir eine Bestrafung verdienen? Die Erniedrigung, die wir anstreben, könnte die unerträgliche Schuld lindern, die wir mit uns herumschleppen. Findom ist eine Art, sich zu bestrafen, doch wie wir bereits gesehen haben, gibt es viele Möglichkeiten der Selbstsabotage, wenn wir das Gefühl haben, dass wir am Ende nur eins verdienen: Schmerz und Verlust.

In einer Studie bei Kindern mit einem »desorganisierten Bindungsstil«[141] – also Kindern, die sich aufgrund von Traumata, Missbrauch oder Vernachlässigung in Beziehungen unsicher fühlen, sich danach sehnen, sie aber auch fürchten – kam die Psychologin Jude Cassidy zu dem Schluss, dass die Kinder dazu neigten, sich als »innerlich schlecht« zu bezeichnen. Das liegt unter anderem daran, dass unsere frühen Beziehungen auf Identifikation beruhen, das heißt, dass wir durch die Beziehung zu einem »bösen« anderen Menschen aufgrund der Identifikation selbst böse werden. Ronald Fairbairn[142] hat jedoch noch eine weitere Erklärung, laut der eine Beziehung zu einem »schlechten Objekt« für Kinder so unerträglich ist, dass sie psychologisch gesehen lieber eine Realität akzeptieren, in der sie selbst »schlecht« sind und der andere gut ist. Offenbar, so Fairbairn, »will das Kind [den missbrauchenden Anderen] von seiner Schlechtigkeit befreien; und in dem Maße, in dem ihm das gelingt, wird es durch ein Gefühl der Sicherheit belohnt, das eine Umgebung mit guten Objekten typischerweise vermittelt«. Fairbairn weiter: »Es ist besser, ein Sünder in einer von Gott beherrschten Welt zu sein, als in einer vom Teufel beherrschten Welt zu leben.«[143] Das heißt, wenn wir schmerzhafte traumatische Erfahrungen machen, ist der Vorwurf an uns selbst, der Schlechte und Schuldige zu sein, eine psychologische Abwehr, um uns vor der erschreckenden Aussicht zu schützen, in einer unsicheren und schlechten Welt zu leben. Wir streben nach Leid, um unseren Selbsthass zu bestätigen und ihm Ausdruck zu verleihen.

Wir lindern vorübergehend unsere Schuldgefühle, weil wir »bekommen, was wir verdienen«. Möglicherweise ist uns Leiden vertraut, und der Mensch fühlt sich nun einmal zu Vertrautem hingezogen. Psychologisch betrachtet liegt darin jedoch eine Chance; anstatt uns wie das hilflose kleine Kind von damals zu fühlen, können wir endlich die Kontrolle übernehmen. In der Psychologie gibt es einen Mechanismus, den Freud »Wiederholungszwang« nannte und der eine vergangene traumatische Erfahrung unbewusst in der Gegenwart wiederholt. An die vergangene Erfahrung erinnern wir uns nicht bewusst, dennoch wiederholen wir sie. Warum? Freud führte die Erklärung ein (der auch seine Nachfolger zustimmten), dass wir durch die Wiederholung versuchen, das Trauma zu beherrschen oder unser passives Verhalten in ein aktives umzukehren (wir sind nicht mehr Opfer der Demütigung, sondern haben nun die Kontrolle, indem wir die Demütigung selbst herbeiführen und beenden).[144] Im Grunde geben wir die Kontrolle auf kontrollierte Weise ab (weil wir uns freiwillig darauf eingelassen haben). Das kann sich so anfühlen, als würden wir über eine belastende Erfahrung triumphieren, über die wir in der Vergangenheit keine Kontrolle hatten. Jetzt gibt es ein »safe word«, das uns rausholen kann, oder wir können den Chat einfach abbrechen und dem Leiden und der Demütigung ein Ende setzen.

Die Erleichterung ist jedoch nur von kurzer Dauer, dann kehren die Schuldgefühle zurück, noch dazu »dreimal schlimmer«, wie ein Klient einmal sagte, denn nun kommt zur vergangenen Schuld noch die aktuelle Schuld hinzu: die Hunderte oder Tausende, die wir der finanziell dominanten Seite überlassen haben. Wenn man, nachdem man seine Findom-Phantasie in der Realität ausgelebt hat, aus seiner traumähnlichen Trance erwacht, wird man von Schuldgefühlen und Reue überwältigt angesichts des Schadens, den man sich selbst zugefügt hat: »Was habe ich getan?« Die finanzielle Misere wird immer größer und es wird immer schwieriger, sich selbst daraus zu befreien. Schon bald steckt man in einem Teufelskreis aus Zerstörung, Schuldgefühlen, noch mehr Zerstörung und noch mehr Schuldgefühlen fest.

Wut und Groll

Wut ist eine häufige Ursache für destruktive Finanzentscheidungen. Ich kenne Menschen, die sich finanziell ruinieren, nur um ihre Eltern zur Verzweiflung zu bringen. Manchmal dauert es eine Weile, bis die Verbindung zwischen den ruinierten Finanzen und der Wut auf die Eltern zum Vorschein kommt. Es braucht meist viel Selbstbetrachtung (und Therapie), bis der unbewusste Wunsch erkannt wird, gegen die Eltern zu rebellieren und sich gegen ihre Wünsche und Bedürfnisse zu stellen. Ich habe das zum Beispiel bei Kindern erlebt, deren Eltern so besessen von ihrer Arbeit waren, dass sie keine Zeit für ihren Nachwuchs hatten. Die Kinder ärgerten sich, dass die Eltern Karriere machten, und hegten einen tiefen Groll, weil sie sich vernachlässigt fühlten. Aus diesem Groll entwickelt sich zum einen das Bestreben, sich im Widerspruch zu den Eltern zu definieren (»Ich will nie so werden wie sie«, »Geld ist mir egal«), zum anderen eine Art psychologische Rache (»Von mir werden sie nie bekommen, was sie sich wünschen«). Jemand, dem es nicht gelingt, finanziell unabhängig zu werden, der einen

Job nach dem anderen kündigt, dessen Karriere nie in Schwung kommt, der sein gesamtes Einkommen ausgibt oder sich sogar verschuldet, um eine Sucht zu finanzieren, bestraft in gewisser Weise die Eltern, weil er ihnen nicht das gibt, was sie erwarten.

Stellen Sie sich Eltern vor, von denen sich die Mutter oder der Vater so auf die eigene Karriere und den Aufbau eines Vermögens konzentriert, dass die ganze Familie unter den negativen Auswirkungen zu leiden hat (vielleicht kommt es zur Scheidung oder zu Konflikten zwischen den Eltern) und auch die eigene Gesundheit in Mitleidenschaft gezogen wird. Da ist es nicht verwunderlich, wenn die Kinder mit dem festen Vorsatz aufwachsen, ihr Leben anders zu gestalten. Das Streben nach Geld gilt dann womöglich als »der Grund« für sämtliches Unglück in der Familie. Natürlich ist es gut, sich für einen gesünderen Lebensstil zu entscheiden, weshalb eine derartige Erfahrung den Kindern auch produktive und positive Denkanstöße geben kann, sie sollten sich jedoch bewusst machen, was sie dazu treibt. Es ist ein Riesenunterschied, ob man einfach nur gesünder leben will als die Eltern (mit einer besseren Work-Life-Balance), oder ob man sich in Abgrenzung zu den Eltern definiert und einen Anti-Erfolgs-Kurs einschlägt, um sich an ihnen zu rächen. Es ist nichts dagegen einzuwenden, den Sinn des Lebens in Berufen und Tätigkeiten zu suchen, die weniger auf das Streben nach Geld ausgerichtet sind, aber wenn sich daraus eine zu unbekümmerte Haltung gegenüber Geld entwickelt und wir uns selbst sabotieren, müssen wir uns fragen, ob wir noch in unserem eigenen Interesse handeln oder ob wir unseren Verdruss darüber zum Ausdruck bringen, wie sehr wir uns »damals« darüber geärgert haben, dass Arbeit und Geld wichtiger als die eigenen Kinder schienen oder wichtiger, als für uns gesund und am Leben zu bleiben.

Bei meiner ersten Sitzung mit Caleb (damals Ende zwanzig) hätte man leicht zu dem Schluss gelangen können, er habe Probleme im Umgang mit Geld. Er erzählte mir, dass er zwanghaft Geld ausgab und sein Budget jeden Monat überschritt, ohne dass sich ein Muster bei seinen Käufen erkennen ließ, er es aber im Großen und Ganzen für sich selbst ausgab (etwa für den Kauf von technischen Geräten, Kleidung oder beim Essengehen). Der Betrag, den er »zu viel« ausgab, blieb dabei jedoch immer gleich. Meist frage ich meine Klienten, was sie mit »zu viel ausgeben« meinen, und die Betroffenen tun sich in der Regel schwer, diese Frage zu beantworten. Sie leugnen und schämen sich für ihre Angewohnheit, daher geben sie Antworten wie: »Ähm … Ich bin mir nicht sicher … Das kommt darauf an … Ich meine, der letzte Monat war anders, weil …« Caleb hingegen antwortete sofort: »Ungefähr 1000 Dollar jeden Monat.« Er hatte zwar »ungefähr« gesagt, doch seine Antwort kam so schnell und sicher, dass ich aufhorchte.

Ich fragte ihn, ob er eine Ahnung habe, warum er zu viel Geld ausgab. »Mein Vater hatte es nicht so mit Finanzen«, sagte er, und ergänzte, dass sein Vater, als Caleb gerade achtzehn war, für einen Unternehmenskredit gebürgt hatte. Als das Unternehmen pleiteging, musste Caleb gleich zu Beginn seines Arbeitslebens einen enormen Kredit abzahlen. Mittlerweile ging er auf die dreißig zu und musste die Schulden immer noch in monatlichen Raten abstottern. Caleb hatte sich damit abgefunden und konnte nachempfinden, wie verheerend die Geschichte für seinen Vater gewesen sein musste. Ich hatte den Eindruck, dass Caleb seine Gefühle damals nicht zugelassen hatte, dabei wären Wut über die Entscheidung seines Vaters oder das Gefühl von Verrat durchaus angebracht gewesen. Entsprechend hatte er seine Gefühle auch nicht verarbeiten können.

Noch aufschlussreicher war Calebs Antwort auf meine Frage, wie hoch denn die Ratenzahlungen pro Monat seien. »Ungefähr 1000 Dollar«, antwortete er. Aha! Caleb gab also fast genau den Betrag zu viel aus, den er jeden Monat an Schulden abzahlte. Er war sich dessen nicht bewusst, aber für mich war das kein Zufall. Wahrscheinlich waren diese Ausgaben eine Art Wiedergutmachung – wenn ich wegen meines Vaters auf 1000 Dollar verzichten muss, dann gebe ich eben noch 1000 Dollar für mich aus. Das schien, wenn auch unbewusst, seine Art, Gerechtigkeit einzufordern, auf seine Bedürfnisse hinzuweisen, ein Zeichen zu setzen. Allerdings auf eine sehr kontraproduktive Art und Weise.

Wenn er sich durch seine übermäßigen Ausgaben nicht etwas »gegönnt« hätte, hätte er das Gefühl gehabt, von seinem Vater ausgenutzt und »beraubt« worden zu sein, und diese Gefühle waren sehr schwer zu akzeptieren, vor allem, weil er weiterhin für seinen Vater in dessen neuem Unternehmen arbeitete.

Warum nenne ich dieses Beispiel im Kapitel über Selbstsabotage? Weil Calebs Verhalten ein destruktives Element hat. Caleb verschwendete sein Geld, um unbewusst die Wut und den Groll darüber zu verarbeiten, dass er jeden Monat 1000 Dollar von den Schulden seines Vaters abzahlen musste. Das Geld zurückzufordern, hätte nicht funktioniert. Er hätte kaum Genugtuung empfunden, sondern eher noch zusätzliche Schuldgefühle, ohne dass der ursprüngliche Ärger verschwunden wäre. Caleb wollte zwar sein »Ausgabenproblem« angehen, allerdings hätte das bedeutet, dass er sich mit der Wut, der eigentlichen Ursache seines Problems, auseinandersetzen musste – aber dazu war Caleb nicht bereit (das Verhältnis zu seinem Vater war gut, so wie es war, außerdem war er bei ihm angestellt). Er hätte sich Fragen stellen müssen wie »Genieße ich das Geld, das ich ausgebe, wirklich oder lebe ich über meine Verhältnisse, um zu kompensieren, wie sehr ich mich von meinem Vater in meiner finanziellen Freiheit eingeschränkt fühle?« oder »Welche Gefühle habe ich, wenn ich kein Geld für mich selbst ausgebe und meine größte monatliche Ausgabe die Rückzahlung der Schulden meines Vaters ist?« Caleb beschloss, auf weitere Psychotherapiesitzungen zu verzichten.

Wenn die Familie besprochen hat, dass Schulden vererbt werden, wenn die Eltern ihre Gefühle (Bedauern, Schuldgefühle) geäußert haben und die Kinder die Möglichkeit hatten, über ihre eigenen Gefühle in diesem Zusammenhang zu sprechen, dann ist es weniger wahrscheinlich, dass die Erben der Schulden eine Abwehrhaltung entwickeln, indem sie ihre Gefühle unterdrücken oder das Thema komplett vermeiden.

Manche Klienten von mir haben sehr lange gebraucht, um die finanzielle Bürde zu akzeptieren, die ihnen hinterlassen wurde, und die daraus resultierenden Gefühle aufzuarbeiten. Wenn sich die finanzielle Bürde mit einer emotionalen verbindet (das Gefühl, dass die Eltern sich nicht genug anstrengten, nicht präsent waren, die Kinder nicht genug unterstützten), wird die Schuld nicht nur mit den damit verbundenen Emotionen aufgeladen, sondern auch mit all den anderen Problemen der Beziehung. Die Schulden belasten nicht nur das Bankkonto, sondern sind auch ein Symbol für »alles, was ihr mir angetan habt, für den Schmerz, den ihr mir zugefügt habt«.

Es gibt verschiedene Möglichkeiten, damit umzugehen. Wir können die Schulden als Beweis für die Unzulänglichkeiten der Eltern bestehen lassen oder uns dafür entscheiden, sie so schnell wie möglich abzuzahlen, als ob wir damit die emotionale Bindung zu unserer »enttäuschenden Familie« lösen könnten. Dadurch sind die damit verbundenen Gefühle natürlich nicht beseitigt. Die Rückzahlung der Schulden mag finanziell betrachtet hilfreich sein, doch unsere Wut und unser Schmerz bleiben. Unabhängig davon, ob wir uns dafür entscheiden, die Schulden zu ignorieren oder sie vorzeitig zu tilgen (und dafür auch noch eine Vorfälligkeitsentschädigung zahlen), müssen wir uns die Frage stellen: Was ist der Grund für diese Entscheidung? Wovon wollen wir uns befreien, wenn wir sie tilgen? Wofür stehen die Schulden in unserem Kopf? Welche Emotionen verbinden wir mit ihnen? Es ist wichtig, unsere finanziellen Entscheidungen losgelöst von dem zu betrachten, was wir mit den Schulden emotional erreichen wollen, nur dann können wir unser finanzielles emotionales Bewusstsein verbessern und letztendlich bessere finanzielle Entscheidungen treffen.

Angst: Trennungsängste und Furcht vor Autonomie

Und was ist, wenn die Selbstsabotage dafür sorgt, dass wir finanziell auf andere angewiesen sind? Viele Menschen haben Schwierigkeiten, finanziell unabhängig zu werden, weil ihnen ihre Emotionen im Zusammenhang mit einer Trennung im Weg stehen.

Die Ablösung von den Eltern ist ein langer und schwieriger Prozess. Er beginnt im Kleinkindalter, setzt sich aber stetig fort: Das Kind entwickelt die Fähigkeit, darauf zu vertrauen, dass die Eltern noch am Leben sind und an es denken, auch wenn sie ins Nebenzimmer gegangen sind. Mit dem Laufenlernen entfernt man sich von den Eltern, dann geht man zur Schule und muss darauf vertrauen, dass man am Ende des Tages wieder abgeholt wird. Auch in der Pubertät, wenn wir beginnen, ein Leben außerhalb des Hauses zu führen und uns darauf vorbereiten, möglicherweise auszuziehen, dauert der Prozess noch an.

Die Ablösung ist umso schwieriger, wenn ein Trauma hinzu kommt – ein abrupter Bruch, wenn man verlassen wird, ein Elternteil stirbt oder man in jungen Jahren ins Internat abgeschoben wird. Löst der Abnabelungsprozess Gefühle von Verlust und Verlassenheit aus, fühlt man sich möglicherweise emotional überfordert.

Erschwert wird der Prozess auch durch eine ambivalente Haltung der Eltern, die eventuell Probleme haben, ihr Kind loszulassen: dann kommen zu den emotionalen Herausforderungen der Ablösung noch Angst und Schuldgefühle hinzu. Dadurch kann ein starker emotionaler Druck entstehen, der dem Wunsch nach finanzieller Unabhängigkeit (von den Eltern, vom Partner) entgegensteht.

Vor kurzem hörte ich ein Interview mit einer jungen Frau, die kaufsüchtig war. Auf den ersten Blick schien es sich um einen typischen Kaufzwang wie aus dem Lehrbuch zu handeln: ein unwiderstehlicher Drang, Schulden, das Zimmer vollgestopft mit Sachen und keine Zeit für andere Aktivitäten. Die Frau, die Anfang dreißig war, sah »ohne Shoppen keinen Sinn im Leben. Es gäbe dann nichts, worauf ich mich freuen könnte.« Obwohl klar war, dass sie mit ihren Einkäufen depressive Gedanken verdrängen wollte, fand ich es bemerkenswert, dass sie trotz der unerbittlichen Fragen der Journalistin nur einmal in Tränen ausbrach, und zwar auf die Frage hin, ob sie jemals aus ihrem Elternhaus ausziehen, heiraten und ihr eigenes Leben führen wolle. »Daran will ich nicht einmal denken. Ich kann die Vorstellung nicht ertragen, mein Zuhause eines Tages zu verlassen.« Durch ihre Kaufsucht war sie weiterhin finanziell von ihren Eltern abhängig – und blieb das kleine Mädchen, das weiterhin von den Eltern umsorgt und verwöhnt wurde, anstatt erwachsen zu werden und selbst Verantwortung zu übernehmen. Ein Blick in die Familiengeschichte zeigt, dass die Eltern nach der Heirat sechs Jahre auf Nachwuchs warten mussten. Sie beteten und hofften, bis sie endlich eine kleine Tochter bekamen, die, wie der Vater sagte, nach Strich und Faden verwöhnt wurde: »Ich wollte ihr alles geben, was sie wollte. Sie war wie eine kleine Prinzessin.«[145] Ihr Zögern, das Elternhaus zu verlassen, könnte also damit zusammenhängen, dass ihre Bedürfnisse und Wünsche zu Hause so gut erfüllt wurden. Man könnte sich aber auch fragen, ob dahinter nicht auch der Widerwille der Eltern steht, ihre Tochter gehen zu lassen, nachdem sie so lange auf sie gewartet haben.

Geht es hier also nun um übermäßige Ausgaben oder um Selbstsabotage? Wahrscheinlich um beides, allerdings haben die übermäßigen Ausgaben vermutlich einen tieferen emotionalen Grund: die Angst vor Autonomie und vor dem Verlassen des Elternhauses. Die übermäßigen Ausgaben sind nicht das Kernproblem an sich, sondern nur Mittel zum Zweck.

Die Ablösung von der Familie ist eine Herausforderung für unsere Entwicklung: Wir müssen darauf vertrauen, dass wir das Zeug dazu haben, ein »funktionierender Erwachsener« zu sein, sowohl auf praktischer Ebene (Rechnungen und Steuern zahlen, Glühbirnen wechseln, einen Mietvertrag unterschreiben) als auch auf emotionaler Ebene (unsere emotionalen Bedürfnisse befriedigen, uns selbst trösten, Bewältigungsstrategien entwickeln). Selbst eine gesunde Abnabelung ruft eine ganze Reihe von Gefühlen hervor, die von Verlust und Trauer bis hin zu Dankbarkeit und Bestärkung reichen. Eine erfolgreiche Abnabelung (natürlich ist der Prozess nicht klar abgrenzbar und kann sich manchmal ein Leben lang hinziehen) hängt von vielen Faktoren ab, unter anderem davon, dass unsere Eltern uns das Gefühl vermitteln, dass *sie* uns loslassen können und uns bei unserem Auszug unterstützend zur Seite stehen. Wenn die Eltern hingegen ängstlich an uns festhalten, wird die Ablösung schwierig, weil die Kinder das Gefühl haben, sie könnten ohne ihre Eltern nicht überleben. Dem heranwachsenden Kind kann es schwerfallen, die Enttäuschungen zu bewältigen, die mit dem Eintritt in die »reale Welt« einhergehen, vor allem, wenn es von den Eltern »wie eine Prinzessin« behandelt wurde.

Freud schrieb 1926 über die Angst des Kleinkinds, von der Mutter getrennt zu werden.[146] Diese Angst gründet in der körperlichen und geistigen Hilflosigkeit, die ein Kleinkind in Abwesenheit der Bezugsperson empfindet. Die Trennungsangst kann als Überlebensangst erlebt werden (oder als »Vernichtungsangst«, wie von Melanie Klein beschrieben).[147] Sie kann im Kind aber auch destruktive Gedanken und Phantasien (attackierender/sadistischer Natur) wecken, was zu Schuld- und Schamgefühlen führt. Als Psychotherapeuten in den 1990er-Jahren Kinder mit einem desorganisierten Bindungsstil untersuchten (bei denen eine besonders hohe Wahrscheinlichkeit besteht, dass sie unter elterlicher Vernachlässigung und Misshandlung gelitten haben), stellten sie fest, dass viele Kinder »dazu neigen, sich als hilflose Opfer katastrophaler Ereignisse zu sehen«.[148] Ihre Phantasien zeigten, wie verletzlich und hilflos sie sich gegenüber der Außenwelt fühlten, aber auch, wie destruktiv und gewalttätig ihre Gedanken sein konnten. Die Angst vor der Trennung, vor dem Ausgeliefertsein in einen Zustand der Hilflosigkeit kann sehr stark sein, entsprechend heftig wehren wir uns dagegen.

Beim ängstlichen Bindungsstil fühlen wir uns in einer Beziehung nicht sicher. Wir sind voller Angst, verlassen oder zurückgewiesen zu werden – wir fürchten eine schmerzhafte und schädliche Verlusterfahrung. In diesem Fall kann finanzielle Selbstsabotage als Mittel gesehen werden, eine in unseren Augen traumatische Trennung zu verhindern. Wenn wir Angst davor haben, das Elternhaus zu verlassen, weil unsere Beziehung zu unseren Eltern mit Ängsten behaftet ist, könnten wir durch unser finanzielles Unvermögen eine konkrete Nähe und ein Gefühl der Fürsorge bewahren und so unsere Ängste lindern.

Die Psychiater und Psychoanalytiker David Krueger[149] und Ann Ruth Turkel[150] sind der Ansicht, dass das Vermeiden finanzieller Verpflichtungen und das Verbleiben in finanzieller Abhängigkeit Ausdruck von Trennungs- und Individuationsproblemen ist. Krueger nennt ein Beispiel, das auch mir schon in der Praxis begegnet ist: Anleger, die darauf verzichten, das Investitionsangebot eines Freundes gründlich zu prüfen. Dafür gibt es viele Gründe, doch häufig steht hinter dem Versäumnis der Wunsch, dass sich der andere um einen kümmert, dass man sich dessen vermeintlich erfahrener Führung anvertrauen und sagen kann: »Bitte, sorg für mich.«[151] Bleibt dieser Wunsch unbewusst, kann er zu einem echten Fallstrick für unser rationales Finanzverhalten werden und blinde Flecken schaffen, die realistische Entscheidungen verhindern. Wiederkehrende finanzielle Sabotage und ungewollte Finanzkrisen, aus denen man möglicherweise gerettet werden muss, können mit der Angst vor Autonomie, der Angst vor der Trennung von den Eltern zusammenhängen. Diese Angst hat psychische Ursachen, manifestiert sich aber auf konkrete, materielle Weise. Wir suchen immer wieder die Gewissheit, dass der andere sich um uns kümmert.

Die Angst, die Wahrheit über Geld herauszufinden

Selbstsabotage kann eine starke Abwehr gegen die Angst vor der Erkenntnis sein, dass Geld uns nicht das gibt, was wir uns erhofft haben. Erinnern Sie sich an meinen Klienten in Kapitel 3, der Geld idealisierte und ihm alle möglichen magischen Kräfte zuschrieb (dass Geld glücklich macht oder Konflikte in der Familie lösen kann)? Wenn man dann ein Vermögen hat, stellt man vermutlich fest, dass sich nichts geändert hat, obwohl man so hart dafür gearbeitet und geglaubt hat, dass einem Geld endlich das gibt, was man sich wünscht. Es ist schwer, diese Hoffnung aufzugeben. Selbstsabotage bietet die Möglichkeit »drei Felder zurückzugehen«, wie bei Monopoly, und kann so die Illusion aufrechterhalten. Man verschließt die Augen vor der Realität, dass Geld kein Mittel gegen den eigenen Kummer ist.

*

Um herauszufinden, ob es sich bei einem Verhalten wirklich um Selbstsabotage handelt oder ob unser ruinöser Umgang mit Geld einen anderen Grund hat, können Sie sich folgende Fragen stellen, wenn Sie zu viel Geld ausgeben:

»Was will ich mir mit Geld in Wirklichkeit kaufen?« Die Antwort könnte lauten: Liebe, Sicherheit, Aufmerksamkeit, Bestätigung oder etwas, das bleibt. *Psychologisch betrachtet versuchen wir, durch unsere Einkäufe etwas zu erlangen.*

»Welche Gedanken/Gefühle vermeide ich, indem ich agiere/Geld ausgebe?« Die Antwort könnte sein: Langeweile, Einsamkeit, depressive Gedanken oder Selbsthass. *Wir geben Geld aus, um etwas zu tun und dadurch schwierigen Gefühlen aus dem Weg zu gehen.*

»Was würde ein finanzielles Scheitern (verursacht durch zu hohe Ausgaben) für mich bedeuten?« Die Antwort könnte lauten, dass wir damit die Schuld/Scham, Geld zu haben, vermeiden oder uns an unseren Eltern rächen wollen oder uns nach deren Fürsorge und Aufmerksamkeit sehnen. *Was uns hilft, das zu bekommen, was wir wollen, ist nicht das, was wir kaufen, sondern das, was wir verlieren. Das ist Selbstsabotage.*

Oft ist uns Selbstsabotage gar nicht bewusst. Man muss schon ein bisschen tiefer graben, um die Motive, Gefühle und unbewussten Phantasien zutage zu fördern, die unserem Verhalten zugrunde liegen. Der Moment der Erkenntnis ist eindrucksvoll. Wenn wir wissen, was wir mit Selbstsabotage erreichen wollen, haben wir die Wahl: Wir können weiterhin den Preis dafür zahlen oder einen anderen Weg finden, mit unseren Gefühlen umzugehen.

Wie wir gesehen haben, sind die Ursachen für Selbstsabotage sehr vielfältig. Manche Betroffene sehen bei Angst vor der eigenen Unabhängigkeit nur eine Lösung: Vermeidung. Wenn wir dafür sorgen, dass wir finanziell stets in der Klemme stecken, können wir das vermeiden, was wir am meisten fürchten. Andere werden von dem Gefühl, keinen Anspruch auf Reichtum zu haben (weil er unverdient ist oder weil man von Schuld- oder Schamgefühlen geplagt ist), dazu getrieben, sich selbst finanziell zu ruinieren, genauso wie beim Gefühl, eine Bestrafung zu verdienen (manchmal in so extremer Form wie Findom). Auch Wut und Groll können zur Selbstsabotage führen, weil wir andere quälen wollen, oder wir setzen unbewusst einen subtileren Mechanismus in Gang, bei dem wir unsere Wut umgehen wollen (wir werden selbst zum »Problem« und richten unsere Wut gegen uns selbst, weil wir sie nicht gegen diejenigen richten wollen, denen sie eigentlich gilt – wie in Calebs Fall). Doch bei allen Beispielen gilt: Wir müssen unsere Selbstsabotage erkennen und uns fragen, was ihr eigentlich zugrunde liegt.

Vielleicht müssen wir uns gar nicht so schuldig fühlen, weil wir Geld geerbt haben, vielleicht erkennen wir ja, dass die finanzielle Misere, die wir unbewusst herbeigeführt haben, uns nur noch mehr Schuldgefühle beschert, obwohl wir die eigentlich loswerden wollten.

Vielleicht müssen wir unsere Wut über die geerbten Schulden nicht ausleben, indem wir uns noch mehr verschulden und die Sache nur noch schlimmer machen. Vielleicht gibt es einen Weg, mit der Wut umzugehen, sie vielleicht sogar so auszudrücken, dass sie ihre Kraft verliert, was für uns deutlich gesünder wäre. Und vielleicht fühlt es sich ermutigend und befreiend an, wenn wir uns unserer Angst vor der Autonomie, vor dem Erwachsenwerden stellen. Die Konfrontation mit der negativen Seite unserer Abhängigkeit von anderen kann helfen, uns von den finanziell schädlichen Verhaltensmustern zu lösen, die uns ein Gefühl der »Sicherheit« vermitteln, uns in Wirklichkeit aber abhängig machen.

Wir zahlen womöglich einen sehr hohen finanziellen Preis dafür, dass wir unseren schwierigen Emotionen aus dem Weg gehen. Ist es das wirklich wert?

Kapitel 6

Großzügigkeit: Von der Unzulänglichkeit zur Kontrolle oder warum wir geben

1999 saß ich nach einem langen und harten Tag an der Universität zusammen mit zwei meiner besten Freundinnen im Café Rouge, einer Bar in Philadelphia. Bei einer Flasche Wein und einem Schälchen Knabberzeug redeten wir stundenlang und lachten viel. Wir waren die letzten Gäste, als die Bar schloss, und als wir nach der Rechnung fragten, sagte man uns: »Ein Mann, der vorhin da war, hat Ihre Rechnung übernommen und wünscht Ihnen alles Gute.« Ich habe nie herausgefunden, wer dieser freundliche Fremde war, doch da er sich nicht zu erkennen gab, erwartete er für seine Großzügigkeit wohl auch keine Gegenleistung. Trotzdem fragte ich mich nach seinen Gründen. Sah er in uns etwas, das ihn veranlasste, uns einzuladen? War das seine Art, an unserer Unbeschwertheit teilzuhaben? Kam damit eine Sehnsucht nach einem netten Abend mit Freunden zum Ausdruck? »Revanchierte« er sich, weil er selbst eine zufällige freundliche Geste erfahren hatte? Ich malte mir alles Mögliche aus.

Großzügigkeit ist an eine Beziehung gebunden (man braucht dafür zwei Parteien), daher kann der Akt des Gebens dazu dienen, Gefühle in Bezug auf diese Beziehung auszudrücken (ich bin dir dankbar, ich liebe dich), aber auch Gefühle über uns selbst (mir fehlt etwas, ich bin dir überlegen, ich habe mehr, als ich verdiene). Wir sind so komplex und verschieden, dass wir nicht davon ausgehen können, dass ein Akt der Großzügigkeit jedes Mal die gleiche Bedeutung hat. Die Botschaft kann je nach Empfänger oder Gemütsverfassung stark variieren.

Doch bevor ich auf die emotionalen Beweggründe eingehe, sollten wir zunächst klären, was ich mit Großzügigkeit überhaupt meine. Das *Dictionary of Psychology* der American Psychological Association definiert Großzügigkeit als »die Eigenschaft, Bedürftigen aus freien Stücken Unterstützung oder Ressourcen zukommen zu lassen«,[152] allerdings bin ich mit dieser Definition nicht ganz einverstanden, da Großzügigkeit nicht automatisch bedeutet, dass der Empfänger »bedürftig« ist. Auch die Formulierung »aus freien Stücken« sagt mir nicht zu. Vermutlich will man damit ausdrücken, dass das Geben nicht erbeten wurde, aber da ich viele Beispiele von Menschen kenne, die sich durch ihren unkontrollierbaren Wunsch, großzügig zu sein, unter Druck gesetzt fühlen, erscheint mir »aus freien Stücken« nicht ganz zutreffend. Eine offenere und genauere Definition wäre »die Eigenschaft, einer anderen Partei unaufgefordert Unterstützung oder Mittel zukommen zu lassen«, mit dem Zusatz »oft mehr als üblich oder erwartet«, wie es im *Cambridge Dictionary*[153] heißt, womit auch berücksichtigt wird, dass Großzügigkeit oft Erwartungen übersteigt, sei es in ihrer Häufigkeit oder in ihrem Umfang.

Verhaltensweisen

Man kann auf viele Arten großzügig sein. Man kann großzügig mit seiner Zeit sein, mit seiner emotionalen Verfügbarkeit, mit seinen finanziellen Ressourcen oder sogar mit seinem Blut oder seinen Organen. Selbst in der Beziehung zum Therapeuten bringen die einen ihre Großzügigkeit ganz offen und die anderen eher indirekt zum Ausdruck. Manche Klienten schicken eine Weihnachtskarte oder bringen ein Geschenk, andere erzählen lustige Anekdoten oder machen Komplimente. Die Absicht ist dieselbe wie bei einem Geschenk, nämlich um mir eine Freude zu machen, um gemocht zu werden oder sogar, um ihren Besuch irgendwie aufzupeppen, weil sie befürchten, ihre bloße Anwesenheit wäre sonst irgendwie enttäuschend oder »nicht genug«.

Wir können spontan schenken, etwa wenn wir jemandem Geld geben, der um Hilfe bittet, oder einem Freund ein Geschenk machen, ohne dass ein Anlass besteht. Oder regelmäßig, wie beim Spenden für wohltätige Zwecke oder bei routinemäßigen Geldüberweisungen an ein Familienmitglied. Wir können widerwillig oder mit aufrichtiger Freude, in Maßen oder im Übermaß geben. Manche Menschen übertreiben es immer wieder und geben nicht nur mehr (und öfter), als andere von ihnen erwarten, sondern, was noch wichtiger ist, mehr, als ihnen selbst lieb ist.

In Hinblick auf unser finanzielles Wohlergehen ist es wichtig, ein Gefühl der Kontrolle über unsere finanziellen Entscheidungen zu haben. Wenn Sie jemand sind, der mehr gibt, als ihm selbst lieb ist, oder Sie so viel geben, dass andere sich unbehaglich fühlen, sollten Sie sich die folgenden Fragen stellen, um ihr Verhalten besser zu verstehen:

Was versuche ich mit meiner Großzügigkeit zu erreichen?

Auf welche unbewussten Gefühle lässt sich mein Verhalten zurückführen? Gibt es eine bessere Möglichkeit, damit umzugehen?

Wofür steht das Geld/Geschenk?

Behalten Sie diese Fragen im Hinterkopf, wenn ich auf den folgenden Seiten die emotionalen Triebkräfte fürs Schenken erläutere, und überlegen Sie, welche vergangenen Erfahrungen Ihr Bemühen um Großzügigkeit beeinflusst haben könnten.

Als »pathologische Großzügigkeit« oder »zwanghaftes Schenken« (Doromanie) bezeichnet man einen Zustand, der durch das unkontrollierbare Verlangen gekennzeichnet ist, andere übermäßig zu beschenken. Das Geben, das verschiedene Formen annehmen kann, wird zum Zwang. Es ist so exzessiv, dass es schwerwiegende finanzielle und soziale Folgen hat. Versuche, das Geben zu unterlassen, lösen unkontrollierbare Schuldgefühle und Ängste aus. Die Doromanie wird mit verschiedenen psychischen Erkrankungen in

Verbindung gebracht, darunter Zwangsstörungen, manische Episoden, Gehirnverletzungen und Krankheiten, die die Funktion des Gehirns beeinträchtigen, selbst bestimmte Medikamente können ein Auslöser sein.[154]

Die pathologische Großzügigkeit ist selten, deutlich häufiger findet sich hingegen die Tendenz, mehr zu geben, als uns lieb ist, oder andere zu beschenken, ohne zu verstehen, was uns dazu veranlasst hat. Äußerungen wie »Bei Geschenken übertreibe ich immer, ohne zu wissen warum. Ich weiß, dass das nicht erwartet wird, habe aber das Gefühl, dass ich nicht anders kann« deuten darauf hin, dass ein inneres Bedürfnis besteht, das unseren Sinn für Kontrolle ausschaltet, so dass wir nicht mehr wissen, wie viel wir für ein Geschenk ausgeben wollen.

Wenn Großzügigkeit aufrichtig gemeint und angemessen ist, sind sowohl der Geber als auch der Empfänger glücklich und zufrieden. Die Geschenke einer zwanghaft großzügigen Person können jedoch genau das Gegenteil bewirken: Der Beschenkte fühlt sich unbehaglich, eingeengt, ja sogar vereinnahmt. Das ist meist nicht die eigentliche Absicht des zwanghaften Schenkens, sondern nur eine Folge davon.

Es gibt verschiedene Arten des Gebens, die unbewusst ein anderes Ziel verfolgen als das Vergnügen und das Glück des anderen. Derartige Gaben werden nicht mit der gleichen Freude entgegengenommen wie ein Geschenk, das nur dazu dient, positive Gefühle hervorzurufen. Geschenke, die die Erwartung einer Gegenleistung zum Ausdruck bringen oder den Eindruck erwecken, wir würden dem Schenkenden etwas »schulden«, wirken, als ob der andere über uns bestimmen oder uns kontrollieren will. Manche »Geschenke« sind in negative Emotionen verpackt: Bewusst oder unbewusst übertragen wir mit ihnen unsere negativen Gefühle und kränken so den Beschenkten. Vielleicht haben wir einen unaufmerksamen Freund, der unseren Geburtstag vergessen hat oder uns nie nach unserem neuen Job gefragt hat, aber immer ganz eifrig aus seinem Leben erzählt, ohne sich nach unserem zu erkundigen. Ihm schenken wir dann etwas Banales und Liebloses, durch das er sich genauso »unbeachtet« fühlt, wie wir uns in letzter Zeit gefühlt haben. Vielleicht wollen wir mit unserem Geschenk eine emotionale Botschaft vermitteln. Wenn man von »Großzügigkeit« spricht, denken wir eher an ihre harmlosen Formen, daher sollte man die hier beschriebenen Formen des Schenkens vielleicht besser als »falsche Großzügigkeit« bezeichnen, weil ihr oft böse Absichten zugrunde liegen.

Die Grenzen sind allerdings fließend. Die Gefühle, die das Schenken leiten, sind oft nicht klar oder uns gar nicht bewusst. Stellen wir uns eine Mutter vor, die versucht hat, sich die Kommentare über die tief ausgeschnittenen Oberteile ihrer Tochter zu verkneifen. Zum Geburtstag schenkt sie der Tochter dann eine ziemlich konservative Bluse. Die Tochter packt das Geschenk aus und ist empört: »Das bin doch NICHT ICH, warum hast du das für mich ausgesucht?« Sie stürmt aus dem Zimmer. »Ich dachte, das würde dir gut stehen«, behauptet die Mutter (und glaubt das auch). Man kann sich nun fragen, ob sie der Tochter etwas aufdrängen will, weil sie (tief in ihrem Innern) weiß, dass sie sich bei der Auswahl von ihren eigenen Vorstellungen und Hoffnungen in Hinblick auf die Kleidung ihrer Tochter leiten ließ. Oder hat sie das Geschenk tatsächlich in der Hoffnung ausgesucht, es würde der Tochter gefallen? Es ist zwar unwahrscheinlich, dass die Mutter wollte, dass sich die Tochter verletzt und missverstanden fühlt, dennoch bleibt fraglich, ob unsere eigentliche Vorstellung von Großzügigkeit, dem anderen eine Freude zu machen, die einzige Motivation der Mutter war.

Wie, wann oder wem wir etwas schenken, ist bei jedem von uns unterschiedlich. Meiner Meinung nach ist das kein Zufall, denn hinter unseren Entscheidungen verbirgt sich eine tiefere Bedeutung. Warum fühlen wir uns veranlasst, unsere Kinder mit Geschenken zu überhäufen, sind aber in anderen Bereichen weit weniger großzügig? Warum gibt es eine Gruppe Freundinnen, bei denen wir mit unseren Geschenken immer übertreiben? Warum waren wir bei unserer Exfrau so geizig, haben aber keine Probleme, bei unserer neuen Partnerin großzügig zu sein?

In der Psychoanalyse steht die Großzügigkeit nicht gerade im Mittelpunkt der Forschung, doch andere Bereiche wie die Soziobiologie haben sich intensiv mit Altruismus (der ein breiteres Spektrum aufopferungsvoller Verhaltensweisen umfasst) und Großzügigkeit beschäftigt. Zahlreiche, ganz unterschiedliche Studien[155] bestätigen, dass der Mensch von Natur aus zu Altruismus neigt und uns Großzügigkeit glücklicher macht.

Das ist ein kulturübergreifendes Phänomen. Eine Umfrage unter mehr als 200 000 Personen in 136 Ländern ergab, dass sich die Befragten in den meisten Ländern glücklicher fühlten, wenn sie Geld für andere ausgaben.[156] Ich muss jedoch ergänzen, dass ich zum Thema Großzügigkeit aus meiner Perspektive schreibe und meine Erfahrungen aus der Arbeit mit meiner Klientel einbringe, deren Zusammensetzung zwar sehr heterogen, aber weitgehend dem westlichen Kulturkreis zuzuordnen ist. Geschenke und finanzielle Zuwendungen haben in verschiedenen Kulturen einen unterschiedlichen Stellenwert, wie sich beispielsweise beim Trinkgeld oder den Gepflogenheiten des Schenkens zeigt. Je nach Umfeld werden Geschenke in einigen Kulturen geschätzt, während sie in anderen als unangemessen gelten; in manchen Kulturen wird erwartet, dass man ein Geschenk zurückweist, in anderen gilt das als unhöflich; in einigen Ländern wird Trinkgeld im Restaurant erwartet, in anderen ist es einfach nur willkommen. Ich möchte hier keine kulturübergreifende Darstellung anstreben, sie ist für unsere Zwecke auch nicht nötig. Stattdessen möchte ich Sie auffordern, sich unabhängig von Ihrer Kultur und den dort geltenden Parametern und Protokollen die Frage zu stellen, warum Sie die Grenzen des »üblichen« Gebens überschreiten. Warum geben Sie am Ende mehr, als Ihnen lieb ist? Und was wollen Sie den anderen damit vermitteln?

Generell gilt Großzügigkeit als Tugend, in vielen Religionen werden Gesten der Freundlichkeit und Großzügigkeit positiv hervorgehoben. Schon in der Bibel heißt es: »Geben ist seliger als nehmen« (Apostelgeschichte 20:35). Im Buddhismus ist »dana« (was Großzügigkeit oder Geben bedeutet) neben Moral und Meditation eine der drei zentralen Praktiken. Im Islam ist »Zakat« die Praxis des wohltätigen Gebens. Für alle, deren Vermögen eine bestimmte Grenze überschreitet, zählt sie zu den Fünf Säulen des Glaubens und wird als Möglichkeit gesehen, den eigenen Reichtum reinzuwaschen und anderen zu helfen.

In unserer Kultur ist Großzügigkeit in verschiedene Traditionen eingebettet. Weihnachten, Hochzeiten, der Valentinstag und Geburtstage sind Anlässe, zu denen Geschenke üblich sind. Darüber hinaus gibt es gesellschaftliche Normen für Gaben an Menschen, die wir nicht persönlich kennen; Trinkgeld ist dafür ein gutes Beispiel.

Philosophen, Sozialpsychologen, Evolutionspsychologen und Neurowissenschaftler vertreten unterschiedliche Ansichten, warum wir als Menschen Großzügigkeit schätzen und davon profitieren. Es wird auch diskutiert, ob es so etwas wie »reine Großzügigkeit« überhaupt gibt oder ob wir immer etwas davon haben (es also immer um den eigenen Vorteil geht, z. B. um die Verbesserung des Ansehens oder um Selbsterhaltung). Die Erklärungen reichen von den evolutionären Vorteilen des Altruismus (weil er auf Gegenseitigkeit beruht oder weil er das Wohlergehen der eigenen Sippe fördert), bis hin zu Altruismus als gesellschaftliche Erwartung, um ein Gegengewicht zu unserem Egoismus und unserer Gier zu schaffen.

Aus der neurologischen Forschung weiß man, dass beim Spenden von Geld die Belohnungszentren im Gehirn aktiviert werden. Das sogenannte »Helferhoch« (Helper's High) beschreibt das wohlige Gefühl, das Großzügigkeit in uns hervorruft, Ökonomen sprechen vom »warm Glow«. Mittlerweile ist erwiesen, dass es dafür eine physiologische Grundlage gibt. Mehrere Studien haben gezeigt, dass altruistisches Verhalten »tiefgreifende positive Auswirkungen auf das gegenwärtige und künftige physische und psychische Wohlbefinden der handelnden Person hat«,[157] sogar eine höhere Lebenserwartung ist damit verbunden. Selbst im Vergleich mit dem Handeln im eigenen Interesse schneidet das Geben besser ab: Einigen Untersuchungen zufolge »fühlt man sich glücklicher, wenn man Geld für andere ausgibt, als wenn man es für sich selbst ausgibt«.[158]

Der Wunsch, großzügig zu sein, ist schon von klein auf vorhanden, was darauf hindeutet, dass er nicht erlernt, sondern angeboren ist. Tatsächlich zeigen Kinder positivere Emotionen, wenn sie etwas verschenken, als wenn sie selbst etwas bekommen.[159] Wir alle kennen das Strahlen im Gesicht eines Kindes, das darauf wartet, dass wir uns das Bild ansehen, das es für uns gemalt hat und das es uns nun stolz präsentiert.

Das gute Gefühl beim Schenken funktioniert auch in umgekehrter Richtung: Wenn wir uns gut fühlen, sind wir großzügiger. Psychologen sprechen in diesem Zusammenhang vom »Feel-good-do-good-Phänomen«.[160] Großzügigkeit kann aus einem Gefühl der inneren Zufriedenheit und Erfülltheit entstehen.

Doch wie schon erwähnt, soll es nicht darum gehen, warum die meisten Menschen schenken oder nicht schenken, ihr Geld ausgeben oder nicht ausgeben. Vielmehr möchte ich Sie dazu einladen, über Ihre eigenen emotionalen Triebkräfte nachzudenken. Welche Gefühle, Ängste oder Wünsche drücken wir mit einem Geschenk aus oder damit, dass wir unser Date einladen oder ein großzügiges Trinkgeld geben? Und wenn unsere Großzügigkeit noch weiter geht, wie sieht es in unserem Inneren aus, wie ist sie aufgebaut, warum sind wir so anfällig für Großzügigkeit?

Ohne die Großzügigkeit unserer Mutter (oder der ersten Bezugsperson) würden wir unsere ersten Lebensmonate gar nicht überstehen. Der Psychoanalytiker Salman Akhtar schreibt: »Die Fürsorge der Mutter bringt das Baby auf den Weg der Menschwerdung«, und »Großzügigkeit gegenüber anderen und von anderen bleibt ein lebenslanger Partner der psychischen Entwicklung und Stabilität.«[161] Großzügigkeit ist ein Meilenstein in der Entwicklung. Wir entwickeln uns von einem Säugling, der die Fürsorge und Pflege seiner

Eltern benötigt, zu einem psychologisch eigenständigen Wesen, das in der Lage ist, seinen Beitrag zur Interaktion zwischen zwei Personen zu leisten: zum Beispiel ein Lächeln, das von unseren Eltern (hoffentlich) wahrgenommen wird und sie erfreut.

Die Psychoanalytikerin Melanie Klein beschrieb, wie wir durch unsere Erfahrungen mit positiver elterlicher Fürsorge und der Befriedigung unserer Bedürfnisse ein Gefühl des inneren Reichtums entwickeln. Wir erleben unsere Mutter als freigiebig und großzügig, und diese Bereicherung unserer inneren Welt gibt uns das Gefühl, dass wir viel zu geben haben. Klein erklärt weiter, dass »bei Menschen, bei denen dieses Gefühl von innerem Reichtum und Stärke nicht ausreichend ausgeprägt ist, auf Anfälle von Großzügigkeit oft ein übertriebenes Bedürfnis nach Wertschätzung und Dankbarkeit folgt und folglich Verfolgungsängste, verarmt und beraubt worden zu sein.«[162] Mit anderen Worten: Um großzügig und erfüllend geben zu können, müssen wir sowohl ein inneres Gefühl der Fülle verspüren als auch darauf vertrauen, dass unser Angebot gut ankommt (ohne dass wir eine Bestätigung dafür brauchen).

Wenn wir also Großzügigkeit entschlüsseln und verstehen wollen, vor allem, wenn sie ein wesentlicher Charakterzug von uns ist, müssen wir über die gesellschaftlichen, neurologischen und erlernten Verhaltensweisen hinausgehen und die emotionalen und psychologischen Bedürfnisse, Ängste und Wünsche erforschen, die wir beim Geben zum Ausdruck bringen wollen. Die Beschäftigung damit lohnt sich auf jeden Fall, weil bei der Erforschung unseres Verhaltens Gefühle und Emotionen zum Vorschein kommen können, die uns womöglich nicht bewusst sind oder die wir bisher nicht anerkennen wollten oder nicht auszusprechen wagten.

Geben als Ausdruck von Glück, Liebe, Dankbarkeit oder als Bitte um Verzeihung

In der Regel soll Großzügigkeit eine positive Reaktion bei einer anderen Person hervorrufen und ein positives Gefühl zum Ausdruck bringen, etwa Liebe oder Dankbarkeit. Geld und Geschenke sind nur eine von vielen Möglichkeiten, wie wir diese Gefühle ausdrücken können, im besten Fall ist das Schenken nur eine Ergänzung. Leider ist das nicht immer der Fall. In manchen Familien fungieren Geschenke als Sprache der Liebe, weil sie auf andere Weise nicht vermittelt werden kann. Es gibt Familien, in denen man sich nicht umarmt, nicht küsst und keine Worte findet, um seine Zuneigung zu zeigen, die durchaus vorhanden sein kann. Dann ist Schenken vielleicht eine risikofreie Möglichkeit, seine Liebe zu äußern, womöglich kennt man auch gar keine andere.

Wenn wir das Gefühl haben, dass wir nicht in der Lage sind, emotional das zu geben, was von uns erwartet wird, ist das vielleicht schwer in Worte zu fassen. Vielleicht ist uns das gar nicht richtig bewusst, wir verspüren nur ein vages Gefühl der Unzulänglichkeit, das wir dann nicht emotional, sondern materiell kompensieren. Wir versuchen, uns mit Geschenken für Versäumnisse oder sogar Fehler in der Vergangenheit zu entschuldigen. So beschenken Eltern, die sich scheiden lassen, ihre Kinder oft großzügig, um den Schmerz zu lindern, den sie ihnen zufügen, oder um die Lücke zu füllen, die ein abwesender Elternteil hinterlässt. Oder man schickt seinem Partner nach einem Streit Blumen (oder der Ehefrau, wenn man sie betrogen hat), um zu sagen, dass es einem leidtut, weil Worte nicht genügen oder man sie nicht über die Lippen bringt.

Glücksgefühle durch »Stellvertreter«

Mit Geld oder Geschenken kann man seine Gefühle für einen anderen Menschen symbolisch zum Ausdruck bringen. Wir schenken, um positive Emotionen hervorzurufen oder negative zu kompensieren, aber wir können auch schenken, um stellvertretend Glück zu erfahren. Die Psychoanalytikerinnen Beth Seelig und Lisa Rosof schreiben: »Wir alle haben Bedürfnisse, die wir aufgrund unserer Persönlichkeit, der Umstände oder Lebensentscheidungen nicht erfüllen können. [...] Wenn wir solche Sehnsüchte durch einen Stellvertreter befriedigen können, ist das eine Bereicherung für unser Leben.«[163] Wenn Sie sehen, wie sich andere, z. B. Ihre Kinder, über ein Geschenk freuen, ist das eine Möglichkeit, selbst Freude zu empfinden. Die Sehnsucht kann in der Gegenwart gründen (Sie möchten im Hier und Jetzt Freude erleben) oder in der Vergangenheit: Vielleicht haben Sie sich immer danach gesehnt, dass Ihre Eltern Ihnen einen Überraschungsausflug ins Disneyland schenken, und jetzt können Sie diese Freude zumindest stellvertretend erleben, wenn Sie mit Ihren Kindern hinfahren und deren Begeisterung sehen.

Die Psychoanalytikerin Anna Freud,[164] Tochter des berühmten Sigmund Freud, befasste sich mit der Großzügigkeit, die altruistisch wirkt, tatsächlich aber eine psychologische Abwehr ist, die sie »altruistische Abtretung« nannte. Anstatt unsere eigenen Wünsche zu akzeptieren (die wir niemals aussprechen oder gar erfüllen würden, weil wir das Gefühl haben, wir wären es nicht wert), handeln wir großzügig und helfen anderen bei der Erfüllung ihrer Wünsche. Wir sind nicht »durch« andere glücklich, sondern ermöglichen es anderen, an unserer Stelle glücklich zu sein, nachdem wir die Vorstellung aufgegeben haben, das zu haben, was wir uns selbst wünschen. Anna Freud nennt das Beispiel einer Klientin, die »Gewissensbisse« hatte, weil sie eifersüchtig auf ihre Schwester und deren Verehrer war, und nach anfänglicher Enttäuschung alles daransetzte, die Beziehung zu fördern. Ein weiteres Beispiel wäre ein Angestellter, der sich nicht überwinden kann, selbst um eine Lohnerhöhung zu bitten, und sich stattdessen für die Erhöhung eines Kollegen stark macht. Dahinter steht der unbewusste Gedanke: »Ich verzichte auf meinen Wunsch, aber ich helfe dir, damit dein Wunsch erfüllt wird.« Wir fördern das Glück anderer nicht, weil wir an deren Glück interessiert sind, sondern weil wir aufgegeben haben, für das zu kämpfen, was wir selbst wollen (weil wir vielleicht das Gefühl haben, dass wir nicht das Zeug dazu haben, unser Ziel zu erreichen, oder weil wir glauben, dass wir in einer Welt leben, in der wir ohnehin nicht das bekommen, was wir gerne hätten).

Großzügigkeit, weil wir den Schmerz des anderen spüren (oder fürchten)

Die amerikanische Schauspielerin und Comedienne Amy Schumer wurde einmal gefragt, warum sie bei Kellnern und Barkeepern so großzügig sei (sie ist bekannt dafür, mitunter bis zu fünfstellige Dollarbeträge als Trinkgeld zu geben). Sie antwortete, dass sie vor ihrem großen Durchbruch jahrelang als Kellnerin gearbeitet habe.[165] Es ist nicht ungewöhnlich, dass wir uns dazu veranlasst fühlen, jemandem etwas zu geben, wenn wir uns mit ihm oder seiner Situation identifizieren. Wir können die Situation nachempfinden, weil wir sie aus eigener Erfahrung kennen oder weil sie eine unserer größten Ängste widerspiegelt. Schumer sah in den Barkeepern und Kellnerinnen, denen sie so großzügig Trinkgeld gab, ihr »jüngeres Ich«. Eine Mutter kann sich wahrscheinlich gut mit einer anderen Mutter identifizieren, die Mühe hat, sich über Wasser zu halten, und jemand, der schon einmal auf der Straße lebte, hilft vielleicht häufiger Obdachlosen.

Unsere Großzügigkeit kann in eigenen Erfahrungen und Empathie gründen: »Ich weiß, wie das ist, das habe ich auch schon erlebt«, oder unsere eigenen Ängste zum Ausdruck bringen: »Hoffentlich passiert mir sowas nie« oder die Hoffnung, dass unsere Großzügigkeit einmal vergolten wird: »Falls mir mal sowas passiert, gibt mir hoffentlich auch jemand was.« Gründet unsere Großzügigkeit in früheren Erfahrungen, kann sie die ganze Bandbreite der Gefühle umfassen. Vielleicht überhäufen wir unsere Kinder mit Geschenken und feiern große Geburtstagspartys, weil unser eigener Geburtstag früher nicht gefeiert wurde. Wir wollen ihnen eine andere Erfahrung bieten, weil wir noch sehr gut nachvollziehen können, wie enttäuscht wir waren, wenn wir an unserem Geburtstag vergessen oder kaum beachtet wurden. Oder wir lassen uns von der Bitte einer schutzbedürftigen Person berühren, weil sie einen Teil von uns anspricht, der sich hilflos oder zerbrechlich fühlt.

Geben im Einklang mit unseren Werten oder um nicht »bedürftig« zu wirken

Für manche ist Geben eine Frage des Prinzips. Sie geben, weil sie der Ansicht sind, Geld sei dazu da, um mit anderen geteilt zu werden. Sie sind stolz auf ihre Philosophie, weil sie ihnen das Gefühl gibt, dass sie sich damit von unserer gierigen und wettbewerbsorientierten Welt abheben. Sie teilen gerne das, was sie haben. Meist bezeichnen sie sich als nicht-materialistisch und erklären, sie hätten mehr Freude daran, anderen etwas zu geben, als sich selbst etwas Unnötiges zu kaufen. Geben ist für sie Ausdruck ihres Glaubens an Altruismus und ihres Wunsches, in einer Welt zu leben, in der der Eigennutz nicht an oberster Stelle steht.

Nach meiner Erfahrung führen oft noch zusätzliche, tief verwurzelte emotionale Erfahrungen dazu, dass wir andere Menschen (oder uns selbst) für übermäßig gierig halten, weshalb wir Wert darauf legen, selbst großzügig zu sein. Ich will damit nicht behaupten, dass solche Ansichten falsch sind, doch anstatt zu erklären: »Das halte ich für richtig/moralisch/ethisch«, sollte man sich fragen, was diesen Moralkodex geprägt hat.

Versuchen wir womöglich, eine bedürftige Seite in uns zu verleugnen? Manche sind in ihrer Haltung sehr rigoros. Ihre Lebensweise ist die einzig richtige und viel besser (und nicht einfach nur anders) als die der anderen. In dieser kompromisslosen Ausprägung kann man auch von einem »moralischen Narzissmus« sprechen, wie es der Psychoanalytiker André Green formuliert, der von der Sehnsucht spricht, »rein zu sein und über den ordinären menschlichen Bedürfnissen zu stehen«.[166] Wir sind stolz darauf, an unserem strengen Moralkodex festzuhalten, der uns ein Gefühl der Überlegenheit gibt, obwohl er nur die Scham über unsere eigene Bedürftigkeit überdeckt. Sigmund Freud war der erste, der vorschlug, Großzügigkeit könnte eine Form der Abwehr sein, eine »Reaktionsbildung« gegen unsere eigene Gier: Man ist so bedacht, die eigene Gier zu verleugnen, dass man eine entgegengesetzte Haltung einnimmt: »Schaut her, wie großzügig ich bin.«[167]

Betrachten wir als Beispiel Todd, dessen Eltern nur Interesse an ihrer eigenen Karriere zu haben schienen: Sie arbeiteten bis spät in den Abend, waren oft auf Geschäftsreise und ließen Todd in der Obhut einer Reihe wechselnder Kindermädchen zurück. Wenn die Eltern da waren, hatten sie oft Gäste und ignorierten ihn oder lobten ihn in den höchsten Tönen, weil er so ein braves Kind und guter Schüler sei. Wenn Todd versuchte, mehr Aufmerksamkeit zu bekommen, oder seine Eltern bat, am Wochenende zu Hause zu bleiben oder bei der Arbeit einfach neben seinen Eltern sitzen zu dürfen, wurde er dem Kindermädchen übergeben, außerdem machte man ihm ein schlechtes Gewissen, weil er störe oder »zu bedürftig« sei. Doch anstatt sich einzugestehen, dass er sich vernachlässigt fühlte und mit seiner Sehnsucht allein gelassen wurde, lernte Todd, seine Bedürfnisse zurückzustellen (oder sogar zu leugnen) und sich auf die Bedürfnisse anderer zu konzentrieren. Er brachte seiner Mutter unermüdlich Zeichnungen und Bastelarbeiten, weil das einer der wenigen Momente war, in denen sie ihre Arbeit unterbrach und ihn lobte. Er wuchs zu einem Mann heran, der sich als unabhängig und überaus großzügig präsentierte; ein Abwehrmechanismus, der es ihm erlaubte, seinen bedürftigen und scheinbar inakzeptablen Teil zu verleugnen und sich selbst und der Welt zu sagen: »Ich bin nicht gierig, ich bin das genaue Gegenteil: ich bin freigiebig und großzügig.«

Man kann seine Großzügigkeit aber auch einsetzen, um die eigene Gier zu kompensieren (anstatt sie zu leugnen). Wie wir bereits festgestellt haben, gibt es Menschen, die mit finanziellem Erfolg negative Assoziationen verknüpfen (Gier = schlecht) und sich deshalb selbst sabotieren. Eine andere Möglichkeit, mit dem inneren Konflikt (dass der eine Teil nach Geld strebt und der andere Teil dieses Streben negativ sieht) umzugehen, besteht darin, mit der einen Hand zu nehmen und mit der anderen zu geben. Dieses Geben fungiert als eine Art Ausgleich – wir können damit gegen unsere Schuldgefühle wegen unseres Reichtums angehen. Amy Schumer wurde in dem Interview, in dem es um ihre Großzügigkeit ging, auch gefragt, ob sie Schuldgefühle wegen ihres Reichtums habe, woraufhin sie antwortete: »Ich habe kein Problem damit, Geld zu haben [...] Ich kümmere mich um meine Familie, um meine Freunde. Vielleicht hätte ich Schuldgefühle wegen meines Geldes, wenn ich nicht so viel davon weitergeben würde.« Wenn ich das lese, wird für mich daraus die Aussage, dass sie Schuldgefühle wegen ihres Reichtums vermeiden kann, weil sie ihrer Familie und ihren Freunden Geld gibt.

Defizite kompensieren

In den vorigen Kapiteln sprach ich über Leute, die mit einem niedrigen Selbstwertgefühl aufwuchsen, kaum Ansprüche haben und glauben, sie hätten Gutes nicht verdient. Geschenke oder finanzielle Zuwendungen können ein Symbol für ein »Defizit« sein, das wir an uns wahrnehmen – ein Gefühl der Scham. Sie unterscheidet sich von Schuld (es geht nicht darum, frühere Fehler auszubügeln), weil sie von einem Gefühl der Unzulänglichkeit herrührt. Wir haben unbewusst das Gefühl, dass wir die anderen enttäuschen würden, wenn wir zum Treffen unseres Buchclubs »nur uns selbst« mitbringen (wir sind nicht so klug wie die anderen, unsere Beiträge könnten unzureichend sein), also kommen wir mit Obst und Gebäck. Mit dem Geben kompensieren wir diese Gefühle.

Ein Mitbringsel mildert unser Unbehagen (und beruhigt: »ich + Geschenk = reicht«). Obwohl uns meist klar ist, dass die anderen (Freunde/Familie/Kollegen) vermutlich gar nicht denken, dass wir nicht gut genug sind, ist uns das Risiko zu groß, mit leeren Händen zu kommen. Für uns ist das ein Risiko, weil wir uns mit uns selbst nicht wohlfühlen, mit dem, was wir unserer Meinung nach beitragen können. Diese Form der Großzügigkeit entspringt unserem selbstverachtenden Teil, dem kritischen Teil, der sich selbst nicht genug schätzt und ein geringes Selbstwertgefühl hat.

Zu mir in die Therapie kam eine Frau, die wiederholt ihre persönlichen Ersparnisse zur Verfügung stellte, um ein angeschlagenes Catering-Unternehmen zu retten, das sie mit vier Freundinnen gegründet hatte. Als Jüngste von fünf Geschwistern war sie zu Hause immer als »die Kleine« behandelt und nie ernst genommen worden. Sie wuchs im Schatten der Leistungen ihrer Geschwister auf. In der Therapie erkannte sie, dass ihre großzügigen Finanzspritzen sowohl in ihrem Wunsch gründeten, ernst genommen zu werden, als auch in ihrer Unsicherheit, sie könnte »nicht so viel wie die anderen« zum Unternehmen beitragen. In ihren Augen waren ihre Geschäftspartnerinnen die brillanten älteren Geschwister, weshalb sie mit Geld ersetzen wollte, was ihr ihrer Meinung nach fehlte.

Die Psychoanalytikerin Hilde Lewinsky berichtet von einer Frau, deren Eltern auf einen Jungen gehofft hatten. Sie besuchte Freunde »nie ohne ein Geschenk; sie hatte das Gefühl, sonst nicht willkommen zu sein, ähnlich wie sie bei ihren Eltern nicht willkommen gewesen war«.[168] Lewinsky sprach in diesem Zusammenhang vom »besänftigenden Schenken«. Diese Form des Schenkens zielte darauf ab, ein gefühltes Defizit auszugleichen, aber auch, wie Lewinsky vorschlägt, sich selbst zu beweisen, dass sie gut war (großzügig = gut), obwohl sie nicht der gewünschte Junge war.

Ich möchte im Verlauf des Buches immer wieder dazu ermuntern, sich selbst zu fragen: »Warum tue ich das?« Auch bei der Großzügigkeit, die ohnehin ein positives und bestätigendes Verhalten sein kann, geht es nicht darum, Sie davon abzubringen, sondern Ihnen zu helfen, Ihre Entscheidungen zu verstehen und einen besseren Einblick in Ihre Gefühle zu bekommen, damit Sie eine fundiertere Entscheidung darüber treffen können, ob Sie Geld für ein Geschenk ausgeben sollen oder nicht, wie viel Sie dafür ausgeben wollen und warum Sie sich dazu veranlasst fühlen. Glauben Sie, dass es von Ihnen erwartet wird? Bringen Sie mit dieser Geste Ihre Freude und Begeisterung über die Begegnung zum Ausdruck? Oder rührt Ihre Großzügigkeit *doch* daher, dass Sie etwas kompensieren wollen oder dass Sie Angst vor Ablehnung haben (ich selbst bin nicht genug, also bringe ich etwas mit, damit die Gastgeber nicht enttäuscht sind)? Wenn wir uns diese Fragen stellen, haben wir die Wahl: Wir können beschließen, trotzdem Blumen mitzubringen und so unsere Befürchtung zu beschwichtigen, wir selbst seien »nicht genug«. Oder wir können versuchen, gegen unser Gefühl der Unzulänglichkeit anzugehen und uns ohne Geschenk hinwagen, um herauszufinden, ob wir nicht doch »gut genug« sind.

Eine Form des Masochismus

Wie bereits erwähnt, verwehren wir uns selbst Dinge oder bestrafen uns sogar selbst durch Verzicht, weil wir das Gefühl haben, wir hätten »es nicht verdient«. Auch Großzügigkeit kann sich zu einer Form der Selbstverleugnung entwickeln. In dem Fall ist das Geben masochistisch, was heißt, dass es kaum oder gar keine Freude bereitet: die »Freude« liegt vielmehr in unserer Selbstverleugnung und darin, dass wir uns als Märtyrer fühlen. Der großzügige Masochist gibt so viel, dass er die Auswirkungen spürt, sein Verzicht dient einem psychologischen Zweck: Das Leiden passt entweder zu dem, was wir gewohnt sind, oder zu dem, was wir glauben, verdient zu haben. Vielleicht halten wir sogar an der Illusion fest, dass etwas Gutes dabei herauskommen könnte. Es ist nicht ganz einfach zu erkennen, ob Großzügigkeit auf einer masochistischen Haltung basiert oder nicht, vielleicht hilft ein konkretes Beispiel:

Anna: »Es wäre so TOLL, wenn meine Freundin Jinny das Hochzeitskleid meiner Mutter bekäme. Ich werde es in nächster Zeit sicher nicht brauchen; wenn sie es tragen würde, hätte es wenigstens eine Verwendung! Außerdem ist sie meine beste Freundin, und ich würde mich ihr an ihrem großen Tag näher fühlen.«

Und zum Vergleich:

Esther: »Ich werde nie heiraten, mich will sowieso niemand, deshalb kann genauso gut Jinny das Hochzeitskleid meiner Mutter tragen. Es hat ja keinen Sinn, dass ich es aufhebe.«

Es schmerzt Anna vielleicht, dass bei ihr keine Hochzeit in Sicht ist, sie klingt aber nicht völlig mutlos und nutzt das großzügige Angebot sicher nicht, um sich von ihrem Selbsthass noch mehr runterziehen zu lassen. Anna freut sich, ihrer Freundin eine Freude zu machen, während Esther sich mehr darauf konzentriert, was sie nicht hat. Ihr großzügiges Angebot ist pseudoaltruistisch,[169] weil es dabei nicht um die Freude am Geben oder um Jinnys Glück geht. Es ist eine masochistische Handlung, die sagt: »Ich verzichte auf das Hochzeitskleid, um mich daran zu erinnern, wie hoffnungslos meine Situation ist.«

Materielle Großzügigkeit ist nur eine Möglichkeit für aufopfernden Verzicht. Zusätzlich übernehmen die Betroffenen oft eine fürsorgliche Rolle, sind immer für andere da, melden sich freiwillig für heroische Aufgaben und sind nicht gut darin, sich um sich selbst zu kümmern oder sich »etwas Gutes« zu gönnen. Am Ende glauben sie, Großzügigkeit sei der Preis, den sie bezahlen müssen, um sich geliebt zu fühlen. Nur wenn sie mehr geben, als sie bekommen, haben sie in ihren Augen eine Chance, sich angenommen zu fühlen und als annehmbar akzeptiert zu werden. Mehr dazu im nächsten Abschnitt.

Die Angst vor dem Verlassenwerden beschwichtigen

Nachdem ich einige emotionale Triebkräfte für Großzügigkeit erörtert habe, die mit unserer Selbstwahrnehmung eng verbunden sind, möchte ich nun Großzügigkeit im Zusammenhang mit Beziehungen betrachten. Während es in den bisherigen Beispielen darum ging, wie wir uns selbst fühlen, befassen wir uns nun mit Formen der Großzügigkeit, die davon beeinflusst sind, wie wir die Beziehungen zu anderen gestalten.

Geben kann eine Beziehung stärken – es ist eine symbolische Form der Verbindung, der Annäherung an andere. Der gegenseitige Austausch in einer vertrauensvollen Beziehung ist etwas Wunderbares; wir können darauf vertrauen, dass es mehr Liebe als Hass gibt, wir wissen, dass wir uns über das Geben und Nehmen des anderen freuen.

Aber natürlich gibt es auch ganz andere Beziehungen. Unsichere Bindungstypen leben in der Angst, dass der andere sie enttäuscht oder sie sogar verlässt. Ambivalente Bindungstypen haben die Erfahrung gemacht, dass wichtige Bezugspersonen nicht verlässlich für sie da waren. Aufgrund dieser Prägung versuchen sie, andere eng an sich zu binden, aus Angst, verlassen oder abgewiesen zu werden.

Großzügigkeit kann in diesem Zusammenhang wie ein »nützliches« Mittel erscheinen, um durch Schenken eine beruhigende Verbindung zu schaffen und eine bestätigende positive Reaktion zu erhalten. Vielleicht hofft man insgeheim, dass sich der andere revanchiert: Wenn wir so viel gegeben haben, wird sich der andere uns gegenüber verpflichtet fühlen und uns nie wieder verlassen. Die Psychoanalytikerin Nancy McWilliams sieht darin eine Form des »Bindungsmasochismus«, bei dem man sich selbst aufopfert, um die Bindung zum Partner zu bewahren.[170]

Psychotherapeuten sind darin geschult, ihren Klienten zu helfen, die Bedeutung ihrer Handlungen zu verstehen. Wir betrachten und interpretieren sogar das Zahlungsverhalten im Zusammenhang mit dem Therapiehonorar. Der Wunsch, im Voraus zu zahlen, hat eine Bedeutung: Ein Klient erklärte einmal (halb im Scherz): »So weiß ich, dass Sie kommen werden.« Da überrascht es nicht, wenn man erfährt, dass er im Alter von sieben Jahren auf ein Internat geschickt wurde.

Die Psychoanalytiker Shelley Orgel und Leonard Shengold[171] beschreiben den Fall von A, deren Mutter »das Mädchen durch ständige, oft unaufgeforderte mütterliche Aufmerksamkeiten und Geschenke an sich gebunden hatte«. Die Mutter strebte eine symbiotische Bindung mit ihrer Tochter an und machte ihr deshalb überaus großzügige und sehr persönliche Geschenke, bekochte sie und kaufte Kleider für sie, selbst nachdem sie von daheim ausgezogen war. Dank der Therapie gelang es A, ihre Abhängigkeit von der Mutter zu verringern und sich zum ersten Mal selbst einen Mantel zu kaufen. Die Mutter reagierte darauf mit verärgertem Schweigen. Später schickte sie der Tochter mit der Post einen neuen, teureren Mantel. War dieser Mantel ein Akt der Großzügigkeit? Oder eher der verzweifelte Versuch, die Tochter aus Angst vor der Trennung weiterhin an sich zu binden? Orgel und Shengold schreiben dazu: »Bei einem echten Geschenk sollte man auch bereit sein, auf seine Ansprüche gegenüber dem anderen zu verzichten, anstatt zu versuchen, ihn dauerhaft an sich zu binden.« Das ist ein gutes Beispiel für eine narzisstische Mutter, die ihre eigene emotionale Agenda höher stellt als die Bedürfnisse ihrer Tochter. Die Mutter kann nicht anders, als ihre Tochter zum Mittelpunkt ihrer Welt zu machen, als wäre sie eine Erweiterung ihrer selbst. Weil sie Angst hat, ihre Tochter gehen zu lassen, setzt sie Geld und Geschenke ein in der Hoffnung, sie damit weiterhin an sich zu binden.

Großzügigkeit als Mittel der Kontrolle

Die Mutter im obigen Beispiel wehrte sich gegen die Angst, verlassen zu werden, und klammerte sich deshalb an ihre Tochter. Die Geschenke dienten als konkrete Verbindung zwischen den beiden. Das Beispiel zeigt auch, wie man ein Geschenk dazu benutzen kann, Kontrolle auszuüben. Den Mantel, den sie der Tochter schickte, könnte man auch als Befehl verstehen: »Du trägst gefälligst das, was ich dir gebe.«

Kontrolle kann ein wichtiges Merkmal in der Beziehung der Eltern untereinander oder zu uns sein. Es gibt viele Möglichkeiten, in einer Beziehung Kontrolle auszuüben, und finanzielle Zuwendungen sind eine davon. Wenn wir davon ausgehen, dass Großzügigkeit darin besteht, etwas zu geben, von dem wir hoffen, dass es beim Empfänger Freude auslöst, dann ist Großzügigkeit, die darauf abzielt, den anderen zu kontrollieren, eine Art »Pseudogroßzügigkeit«. Natürlich umfasst auch sie das Geben, mitunter sogar in recht üppiger Form, doch damit ist die Absicht verbunden, Macht über den anderen auszuüben: Der Empfänger wird uns entweder geben, was wir wollen, oder tun, was wir sagen. Menschen, die Großzügigkeit auf diese Weise nutzen, setzen Geld wie eine Waffe als Mittel der Kontrolle ein.

Auch die Hoffnung auf einen erwiderten Gefallen kann, wie bereits angesprochen, Motivation beim großzügigen Geben sein. Aber es ist eine Sache, für die Katastrophenhilfe zu spenden oder einem Obdachlosen Geld zu geben in der unbewussten Hoffnung, dass jemand das auch tun würde, wenn wir uns in einer derartigen Situation befinden würden. Es ist jedoch etwas ganz anderes, einen Gefallen zu *erwarten*. Ähnlich wie bei der Bestechung geht es um Kontrolle, weil wir etwas geben oder schenken, um das Verhalten der anderen Person zu beeinflussen.

Vielleicht laden wir unsere erwachsenen Kinder zu einem luxuriösen Urlaub ein. Wenn das Verhältnis zu ihnen nicht harmonisch ist, wollen wir sie womöglich damit anlocken, dass wir ihn bezahlen. Aber kann man bei dieser Form der Kontrolle noch von Großzügigkeit sprechen? Ich würde sagen, auch hier geht es um den feinen Unterschied zwischen Hoffnung und Erwartung. Wir können hoffen, dass sie sich verlocken lassen und der Aufenthalt in einem schönen Hotel die Schwierigkeiten im gemeinsamen Umgang kompensiert. Das ist ein Unterschied zur Haltung: »Wenn ich für euch bezahle, erwarte ich auch, dass ihr jeden Tag des Urlaubs mit mir verbringt.«

Die kontrollierende Großzügigkeit ist viel häufiger, als wir vielleicht vermuten würden. Da gibt es die Eltern, die anbieten, die Hochzeitsfeier zu bezahlen, dann aber auch Mitsprache bei der Planung fordern. Oder Eltern, die anbieten, die Studiengebühren zu übernehmen, aber nur, wenn das Kind auch Medizin studiert.

Oder die Schwiegermutter, die meint, mit ihren teuren Geschenken hätte sie das Recht zu bestimmen, was das Enkelkind tun darf und was nicht. Sind das großzügige Geschenke oder ist das bereits eine Form von Zwang?

Kontrollierende Großzügigkeit heißt jedoch nicht automatisch, dass man ein Machiavellist ist. Manchmal ist der Wunsch nach Kontrolle auch unbewusst: Wir sagen uns, dass wir den Ersatzschlüssel zur Wohnung unserer Tochter nur nehmen, um die Pflanzen zu gießen oder eine Lasagne vorbeizubringen, aber vielleicht haben wir auch Probleme damit, ihr ihren Freiraum zu lassen, wenn wir selbst keinen Einblick haben. In anderen Fällen versuchen wir bewusst, anderen eine Identität überzustülpen:[172] die Ehefrau, die ihrem Mann, der nur T-Shirts trägt, immer wieder Hemden kauft, oder die Mutter, die weiterhin Schweineschnitzel brät, wenn der Sohn zu Besuch kommt, obwohl der längst Vegetarier ist.

Der Wunsch nach Kontrolle kann von Beziehungsdynamiken herrühren, die wir verinnerlicht haben und wiederholen, er kann aber auch situationsabhängig sein. Nehmen wir zum Beispiel eine Erbschaft. So sehr wir auch wollen, dass beispielsweise unsere Kinder unser Geld erben, so schwierig kann es sein, die Früchte unserer harten Arbeit aus der Hand zu geben und damit auch auf die Kontrolle über ihr weiteres Schicksal zu verzichten. Wird »unser Geld« wertgeschätzt, wird verantwortungsvoll damit umgegangen, oder wird es gedankenlos verschleudert? Für solche Gedanken muss man kein Kontrolltyp sein. Eine Umfrage im Vereinigten Königreich ergab, dass fast zwei Drittel der Eltern und Großeltern »eine gewisse Form der Kontrolle darüber wünschen, wie finanzielle Zuwendungen und Erbschaften von Kindern und Enkeln verwendet werden«.[173] Der Wunsch, der Verwendung des Erbes Grenzen zu setzen, kann auf der Erfahrung beruhen, dass die Kinder unverantwortlich mit ihrem eigenen Geld umgegangen sind, oder auf dem Wunsch, die Elternrolle noch über den Tod hinaus fortzuführen.

Der Wunsch nach Unsterblichkeit oder die Angst vor dem Tod

Wenn uns existenzielle Ängste plagen, dann können Spenden oder Stiftungen, mit denen wir etwas Bleibendes hinterlassen, eine Antwort auf die Frage nach dem Sinn des Lebens geben. Wie in Kapitel 2 erörtert, kann das Streben nach »Unsterblichkeit« eine starke Kraft sein, die unseren Umgang mit Geld beeinflusst: Das Anhäufen von Vermögen, das an künftige Generationen vererbt wird, wäre dann der Versuch, ein Gefühl der Kontinuität über den Tod hinaus zu schaffen, genau wie großzügige Spenden für wohltätige Zwecke. Beide bedienen die Phantasie, durch unsere Handlungen »weiterzuleben«. Als ob ein Teil von uns »am Leben bleiben« würde, weil eine Bibliothek/Parkbank/Plakette unseren Namen trägt, oder für diejenigen, die sich weniger Illusionen machen, zumindest dafür sorgt, dass man sich an uns als spendabel und großzügig erinnert.

Um Wut auszudrücken oder Grenzen zu ziehen

Meine Darstellung der Beweggründe für Großzügigkeit begann mit den positiven Gefühlen, die wir durch unsere Geschenke und unser Geben zum Ausdruck bringen (Liebe, Dankbarkeit, Glück). Doch wie wir in diesem Kapitel gesehen haben, kann das Schenken auch dazu dienen, negative Gefühle zu vermitteln. Geschenke können in böser Absicht ausgewählt werden und ein passiv-aggressiver Akt sein. Mit unseren Geschenken können wir die Erwartungen der Beschenkten absichtlich unterlaufen, womit wir bei der Pseudogroßzügigkeit wären.

Eine Freundin (die eine hingebungsvolle Mutter für ihre drei Kinder ist) bekam zum Muttertag von ihrem Mann ein Buch mit dem Titel *The Good Wife Guide.* Die Botschaft war klar: Seiner Meinung nach vernachlässigte sie aufgrund ihrer Rolle als Mutter ihre Rolle als Ehefrau. Geschenke können eine starke Botschaft übermitteln, die nicht immer positiv sein muss.

Wenn wir noch einen Schritt weitergehen, kommunizieren wir nicht unsere negativen Gefühle, sondern lassen andere bei unserem unbewussten Versuch, die Gefühle loszuwerden, dieselbe Erfahrung machen. Wenn wir uns von unserem Partner zu wenig beachtet fühlen, schenken wir ihm etwas Unpersönliches zum Geburtstag, damit auch er sich unbeachtet fühlt.

Geld kann auch als Barriere genutzt werden, um andere auf Abstand zu halten oder ihnen mitzuteilen, dass wir nicht die Absicht haben, eine Beziehung zu vertiefen. »Als er mir sagte, dass ich ihm für die Gestaltung der Website, die er mir freundlicherweise angeboten hat, nichts bezahlen muss, habe ich trotzdem darauf bestanden«, erzählte mir Lisa. »Ich wollte nicht, dass da ein falscher Eindruck entsteht.« Auf meine Frage, was sie mit falschem Eindruck meine, antwortete sie: »Ehrlich gesagt, wollte ich nicht, dass er denkt, ich wolle mit ihm ausgehen oder dass ich ihm Freundschaft schulde. Ich wollte, dass das zwischen uns rein geschäftlich bleibt.« Mit ihrem Beharren, für den Gefallen zu bezahlen (was unter unsere Definition von Großzügigkeit fällt, weil sie die Erwartungen übertraf), konnte Lisa eine Grenze ziehen.

*

Wenn Sie nach möglichen Gründen für Ihr (gelegentliches oder ständiges) übermäßiges Schenken suchen, sollten Sie überlegen, ob Sie bei bestimmten Personen (Kindern/Freunden/Geschwistern/bestimmten Gruppen) besonders großzügig sind. Inwieweit ist Schenken etwas, das Sie tatsächlich genießen? Oder ist es eher eine Art unwiderstehlicher Drang, von dem Sie sich am liebsten befreien würden? Können Sie in Worte fassen, was Sie mit Ihrem Schenken zum Ausdruck bringen? Die Fragen helfen uns herauszufinden, woher diese Haltung kommt und was dahintersteckt.

Bei meiner Arbeit mit Menschen, die unter übermäßiger Großzügigkeit leiden, habe ich festgestellt, dass es nie nur einen Grund für den Wunsch gibt, andere zu erfreuen und ihnen etwas zu geben.

Wenn wir uns jedoch bewusst machen, welche Phantasien, Ängste und Wünsche uns dazu veranlassen, fühlen wir uns weniger ausgeliefert. Es braucht Zeit (und oft eine Therapie), um ein Denken und Verhalten zu ändern, das man sich über Jahre angewöhnt hat.

Wenn Ihre Großzügigkeit in Ihrem selbstkritischen Teil gründet, der verleugnet (oder verleugnen muss), dass Sie Bedürfnisse haben, müssen Sie sich mit Ihrem Selbstbild auseinandersetzen und vielleicht den Blick auf sich selbst ändern und versuchen, einen positiven inneren Dialog zu führen und empathischer mit sich selbst zu sein. Mit der Zeit wagen Sie dann vielleicht, zu einer Abendesseneinladung ein kleineres Geschenk mitzubringen oder der Versuchung zu widerstehen, (wieder einmal) eine Runde Getränke für alle auszugeben. Trauen Sie sich, um herauszufinden, ob Ihre Anwesenheit an sich genügt, oder zu erfahren, dass Ihre Freigiebigkeit die negativen Gefühle der anderen für Sie auch nicht verhindern kann.

Kapitel 7

Stehlen: Wiedergutmachung, Auflehnung oder Befreiung?

Im Jahr 2012 wurde der 60-jährige britische Starkoch Antony Worrall Thompson dabei erwischt, wie er bei fünf verschiedenen Gelegenheiten in einem Supermarkt Lebensmittel wie Zwiebeln, Butter und vergünstigten Krautsalat mitgehen ließ. Ein erfolgreicher Küchenchef, dem es gewiss nicht an Zwiebeln mangelt, klaut in einem Supermarkt. In einem Interview[174] erklärte er, dass er die Gründe für den Ladendiebstahl ebenso wenig verstehe wie alle anderen, aber er glaube, dass verschiedene Kindheitstraumata hinter seinen Handlungen stecken könnten.

Ich habe in diesem Buch bereits sehr unterschiedliche Verwendungsmöglichkeiten von Geld untersucht: Wir können es ausgeben, horten, verschenken, verschwenden, und jetzt befasse ich mich mit der Möglichkeit, es sich zu nehmen, selbst wenn es einem nicht gehört. Warum fühlen sich manche Menschen gezwungen, Geld oder Dinge an sich zu nehmen, die ihnen nicht gehören? Warum stiehlt ein Koch, der es sich leisten kann, Lebensmittel zu kaufen, in einem Supermarkt?

Für manche Menschen ist Stehlen eine Möglichkeit, ihr Anspruchsdenken auszudrücken (»Ich verdiene mehr, als ich habe«), für andere ist es eine Art, gegen die Autorität zu rebellieren (»Ich werde nicht das tun, was von mir erwartet wird«), und wieder andere wollen sich mit Schuldgefühlen auseinandersetzen und sich bestrafen lassen (nämlich diejenigen, die heimlich stehlen und hoffen, erwischt zu werden). Dies sind nur einige der vielen, oft unbewussten Motive, die hinter dem Stehlen stecken können und die es wert sind, einzeln untersucht zu werden, auch wenn manchmal mehrere Gründe in den Köpfen der betreffenden Person nebeneinander existieren können.

Definition und Verhaltensweisen

Für unsere Zwecke können wir Stehlen einfach definieren als »sich etwas aneignen, was einem nicht zusteht«. Dies kann sich als ein einmaliges Ereignis oder als eine zwanghafte Tendenz zum Stehlen manifestieren. Es kann sein, dass jemand in bestimmten Situationen stiehlt (zum Beispiel bei seinem Arbeitgeber, dem Partner oder den Eltern) oder dass er bei jeder sich bietenden Gelegenheit klaut, unabhängig davon, wen er beklaut oder was er sich nimmt.

Wie bei anderen Verhaltensweisen im Zusammenhang mit Geld gibt es auch hier extreme Ausprägungen. In diesem Fall spricht man von »Kleptomanie«, abgeleitet vom griechischen Wort *kleptes*, das »Dieb, Betrüger« bedeutet, und *mania*, was »Wahnsinn, Raserei« bedeutet. Kleptomanie wird im *Diagnostic and Statistical Manual of Mental Disorders (DSM-5)*[175] als »Impulskontrollstörung« eingestuft, die das Unvermögen beschreibt, dem Impuls zum Stehlen zu widerstehen. Wie bei anderen Impulskontrollstörungen gibt es den charakteristischen angstgetriebenen Drang zu handeln, gefolgt von einem »Hoch« während und kurz nach der Tat, bis schließlich Schuldgefühle und Reue einsetzen. Betroffene stehlen also, weil sie dem Drang zum Handeln nicht widerstehen können, nicht aber als eine unbewusste Art und Weise, ein Gefühl auszudrücken oder um eine Sucht zu finanzieren. Kleptomanie im engeren Sinn ist ungewöhnlich und betrifft nach Angaben der American Psychiatric Association in den USA 0,3–0,6 Prozent der Bevölkerung.[176] Nach dem *DSM-5* liegt Kleptomanie bei 4 bis 24 Prozent der identifizierten Ladendiebe vor.

Es ist auch erwähnenswert, dass wiederholtes Stehlen in manchen Fällen ein Symptom einer »antisozialen Persönlichkeitsstörung« sein kann. Menschen, die unter dieser Störung leiden, nehmen anscheinend keine Rücksicht auf Recht und Unrecht und empfinden weder Schuldgefühle noch Reue für ihre Handlungen. Im Gegensatz zu Personen, die an Kleptomanie leiden, oder zu vielen jener Menschen, die stehlen, um unbewusste Gefühle auszudrücken, sind sie nicht daran interessiert, ihr Verhalten zu ändern. Lügen, Stehlen und impulsives Verhalten sind typisch für Menschen mit einer antisozialen Persönlichkeitsstörung. In den allermeisten Fällen zeigen sich die antisozialen Verhaltensweisen bereits in jungen Jahren.

Meiner Erfahrung nach halten Menschen, die entweder schon vor dem Erwachsenenalter oder als Erwachsene gestohlen haben, dies geheim, weil sie sich dafür schämen. Unabhängig davon, ob es eine einmalige Sache oder Wiederholungstaten waren, können sie sich unbehaglich fühlen. Vielleicht empfinden sie Schuld und Scham und sind verwirrt, dass ein Mensch wie sie, der im Allgemeinen ein »guter Mensch« ist, so etwas tun konnte. Vielleicht versuchten sie auch, ihr Verhalten zu rationalisieren (»Ich hatte finanzielle Probleme«) oder zu rechtfertigen (»Meine Freunde haben mich dazu gezwungen«), aber sie haben es selbst nie ganz verstanden. In diesem Kapitel möchte ich Sie anregen, über einige der unbewussten Triebkräfte nachzudenken, die manchmal erklären können, was uns zu dieser Tat verleitet hat. Wenn wir in Therapiesitzungen mit Klienten, die zugegeben haben, gestohlen zu haben, anfangen, die Gründe für ihr Verhalten zu entschlüsseln und zu erforschen, kommt häufig eine verborgene emotionale Botschaft zum Vorschein. Oft stellt sich heraus, dass sie damit etwas über sich selbst (»Mir wurde Unrecht angetan«), über ihre Wünsche (»Ich will Gerechtigkeit in der Welt«) oder über Gefühle gegenüber anderen (»Ich beneide dich darum, dass du mehr hast als ich«) ausdrücken wollten.

Ob Sie jemandem ins Portemonnaie greifen, Steuern hinterziehen oder einen Ladendiebstahl begehen – all dies sind verschiedene Arten, auf die Sie im Grunde genommen dasselbe tun: Sie eignen sich etwas an, das Ihnen nicht gehört. Laut einer britischen YouGov-Studie aus dem Jahr 2020 hat eine von 20 Personen im Erwachsenenalter schon einmal einen Ladendiebstahl begangen. Es gibt anscheinend keine geschlechtsspezifischen Unterschiede in Bezug auf die Häufigkeit von Diebstählen, Untersuchungen zeigen aber, dass Männer eher aus »Spaß und Nervenkitzel« klauen, während Frauen häufiger als Hauptgrund angeben, dass sie sich die Ware nicht leisten können.[177]

Da dieses Buch von Geld handelt, werde ich versuchen, mich auf das Stehlen von Geld zu konzentrieren, auch wenn es in einigen der Beispiele, die ich anführe, um das Entwenden von anderen Besitztümern geht, weil ich denke, dass die Gründe, die diesen Verhaltensweisen zugrunde liegen, auch in solchen Fällen häufig zutreffen (oder sich überschneiden). Oft ist es irrelevant, *was* gestohlen wird: Was zählt, ist der Akt des Stehlens, und darin liegt der Sinn dieses Verhaltens.

»Du sollst nicht stehlen«[178]

In praktisch allen modernen Gesellschaften wird Stehlen verurteilt und ist ausdrücklich strafbar. Es wird als eine Form der Unehrlichkeit und als eine Verletzung der Eigentumsrechte betrachtet. In der Vergangenheit galt es zuweilen als zulässig, »Feinde« oder andere Mitglieder in einer Gruppe zu bestehlen, wenn damit ein Ungleichgewicht in Bezug auf Reichtum oder Macht behoben wurde oder man sich ein Mittel zum Überleben verschaffen wollte, im Allgemeinen aber wurde Stehlen nicht als positives oder wünschenswertes Verhalten angesehen. Auch heute noch gibt es gewisse Vorbehalte gegenüber einer allgemeinen Verurteilung des Stehlens: In einer YouGov-Studie[179] gab zwar die Mehrheit der Menschen an, dass Stehlen niemals hinnehmbar sei (73 Prozent), aber ein Fünftel sagte, dass es unter bestimmten Umständen wie Hunger oder Armut akzeptabel sein könnte. Jüngere Befragte sind nachsichtiger, wenn es um Ladendiebstahl geht: Zwei Fünftel der 18- bis 24-Jährigen finden es in Ordnung, im Gegensatz zu 12 Prozent der über 55-Jährigen. Und insgesamt finden die Menschen den Diebstahl in einem großen Unternehmen eher akzeptabel (16 Prozent) als den Diebstahl in einem kleinen oder unabhängigen Geschäft (1 Prozent).

Häufig weisen Länder mit höherer Korruption tendenziell auch höhere Raten von Diebstahl und Eigentumsdelikten auf, daraus lässt sich aber nicht der Schluss ziehen, dass dies ein Ergebnis des »schlechten Beispiels« sei, das die höheren Regierungsebenen in diesen Ländern geben, denn die Situation ist wesentlich vielschichtiger: Länder mit höherer Korruption leiden oft auch unter wirtschaftlicher Ungleichheit, Armut und mangelhafter Rechtsdurchsetzung, die alle Einfluss darauf haben, wie weit verbreitet das Stehlen ist. Ähnlich bedeutsam können der wirtschaftliche Entwicklungsstand des Landes, das Bildungsniveau und die Beschäftigungsmöglichkeiten sein.[180]

Selbst wenn man die Behauptung für plausibel hält, dass die zunehmend materialistische und konsumorientierte Welt, in der wir leben, eine Kultur fördert, in der man meint, dass man nie genug Geld hat, laufen wir nicht alle herum und füllen unsere Taschen mit Dingen, die uns nicht gehören. Einige von uns jedoch tun es, und dies kann so ein banales Verhalten sein wie das Einstecken der Münzen, die bei einem Freund herumliegen, aber auch bis zum Betrug reichen. Ich lade Sie also ein, sich zu fragen, was eine solche Art der Aneignung eigentlich für Sie bedeutet. Wen bestiehlt man wirklich? Welches psychologische Ziel soll mit dem Diebstahl erreicht werden?

Gründe

Beginnen wir mit den offensichtlichen Gründen: Viele Menschen stehlen aus wirtschaftlicher Not oder um Süchte zu finanzieren. Obwohl die Forschung über die Gründe für Ladendiebstähle keinen Zusammenhang zwischen wirtschaftlicher Not und Ladendiebstahl nachgewiesen hat, ist es unbestreitbar, dass Menschen in bestimmten Fällen klauen, weil sie keine andere Möglichkeit sehen, sich grundlegende Güter zu beschaffen. Forscher der University of Washington,[181] die Ladendiebe befragten, stellten fest, dass dies ein zentraler Bestandteil ihrer Erzählungen ist. In den Interviews mit bekennenden Dieben gab es viele Geschichten von Müttern, die nicht genug Geld hatten, um Säuglingsnahrung zu kaufen, und von Menschen, die vor der Wahl standen, entweder zu hungern oder zu stehlen – sie alle kamen zu dem Schluss, dass ihnen keine andere Möglichkeit blieb. Selbst in Großbritannien, einem hoch entwickelten Industrieland, leben etwa 20 Prozent der Bevölkerung in Armut,[182] und wir kommen nicht umhin, die Not, die mit echter Bedürftigkeit einhergeht, als einen Grund für Diebstahl anzuerkennen. Geldmangel ruft eine fast ursprüngliche Überlebensangst hervor, gegen die wir uns mit allen Mitteln zu wehren versuchen. Aber wie verhält es sich mit jenen Menschen, die Geld haben, nicht unter Süchten leiden und sich trotzdem zum Stehlen entschließen? Ich werde untersuchen, auf welche Weise Stehlen gewissermaßen zu einem Verteidigungs- oder Abwehrmechanismus wird, dessen wir uns bedienen, um mit schwierigen Gefühlen und Emotionen zurechtzukommen: Wir benutzen es, um unseren Gefühlen auszuweichen, um mit Schuldgefühlen, mit Machtlosigkeit, mit Wut und vielem mehr umzugehen.

Ein weiterer häufiger Grund ist die Suche nach Nervenkitzel. Die Schriftstellerin Victoria Elizabeth Schwab schrieb einmal: »Manche Menschen stehlen, um am Leben zu bleiben, und manche stehlen, um sich lebendig zu fühlen.«[183] Manche Menschen klauen aus Spaß an der Freude. Einige der dort genannten Gründe könnten also auch auf das Stehlen zutreffen, zum Beispiel der Versuch, ein inneres Gefühl der »Leblosigkeit« zu überwinden. Der Nervenkitzel könnte darin bestehen, etwas zu tun, das gegen die Regeln verstößt, aber auch darin, damit durchzukommen. Der Psychoanalytiker Manfred F. R. Kets de Vries führte bei der Erörterung der Motive für Betrug aus: »Im Allgemeinen sind es Führungskräfte mit eingeschränkter Selbstkontrolle, Nervenkitzel suchende Menschen, die sofortige Befriedigung anstreben, die eher zu riskantem oder rücksichtslosem Verhalten neigen und sich zu Wirtschaftskriminalität hinreißen lassen.«[184] Für jemanden, der sich selbst (und anderen) beweisen will, wie gewieft und clever er ist, könnte dies psychologisch lohnend sein. Es könnte sich wie ein Sieg anfühlen, dass man andere überlistet und getäuscht hat. Wenn Sie sich zum Beispiel Ihr ganzes Leben lang von Ihren Eltern herabgesetzt gefühlt haben, könnte es für Sie psychologisch von großer Bedeutung sein, wenn es Ihnen gelänge, sie zu »überlisten«: Geld aus ihrem Portemonnaie zu entwenden, könnte eine Möglichkeit sein, den Eltern zu beweisen, dass sie im Unrecht sind, und sogar über sie zu triumphieren. Vielleicht sind Sie dann sogar stolz auf Ihre Fähigkeit, andere zu täuschen und damit ungeschoren davonzukommen.

Wenn es Ihnen manchmal schon ein wenig schwergefallen ist, sich Ihr eigenes Verhalten zu erklären, beginnen Sie damit, Details zu sammeln, wie zum Beispiel: Wen bestehlen Sie? Was klauen Sie? Wann tun Sie es am ehesten? Was empfinden Sie unmittelbar vor der Tat?

Dies sind alles wichtige Hinweise, die Ihnen helfen können, Ihr Verhalten zu entschlüsseln und zu verstehen. Jemand, der ständig seine Eltern oder ein Geschwister bestiehlt, aber nie jemand anderen, sollte diese Beziehungen vielleicht genauer unter die Lupe nehmen. Wenn wir stehlen, weil wir uns zurückgewiesen oder machtlos fühlen, kann das auch ein Hinweis darauf sein, warum wir es tun.

Emotionale Regulierung

Wie beim Einkaufen/Ausgeben können wir eine *Handlung* als Mittel zur Bewältigung von *Gefühlen* einsetzen, die schwer zu benennen und/oder zu bewältigen sind. Wir stehlen, weil wir vor schwierigen, vielleicht sogar unverständlichen Gefühlen platzen, mit denen wir nicht umzugehen wissen, so dass wir sie schließlich »ausleben«. Dies verschafft uns aber nur vorübergehend und oberflächlich Erleichterung. Das Problem ist, dass wir nicht wissen, wie wir die negativen Emotionen, die uns bedrängen, in den Griff bekommen können.

Die Tatsache, dass in der Familiengeschichte von Menschen, die unter Kleptomanie leiden, hohe Raten von Gemütsstörungen und Alkoholabhängigkeit zu finden sind, deutet darauf hin, dass Menschen, die sich zum Stehlen gezwungen fühlen, dies möglicherweise tun, weil sie nicht die psychologischen Ressourcen und Fähigkeiten entwickelt haben, die erforderlich sind, um ihre Gefühle in den Griff zu bekommen.

Über das Trauma triumphieren

Es kann eine große psychologische Erleichterung sein, einen Weg zu finden, um in einer Situation, die uns an eine frühere Erfahrung erinnert, in der wir uns machtlos fühlten, Einfluss und Kontrolle zu haben. Wir haben in anderen Kapiteln bereits dargestellt, wie unser gegenwärtiges Verhalten eine Verteidigung gegen schmerzhafte Gefühle in der Gegenwart sein kann, die uns an vergangene Erfahrungen erinnern oder entsprechende Emotionen hervorrufen. Diesmal versuchen wir, etwas anderes zu tun, anstatt uns weiterhin durch unsere mangelnde Kontrolle unbeweglich zu fühlen; wir suchen nach einem Weg, über unser vergangenes Trauma zu triumphieren.

In der britischen Fernsehserie *The Split*[185] gibt es die Figur Nina Defoe, eine erfolgreiche Anwältin. Nina ist die mittlere von drei

Schwestern, von denen zwei zusammen mit ihrer Mutter in einer Anwaltskanzlei arbeiten. Der Vater hatte die Mutter verlassen, als Nina noch klein war, und sie hatte ihn seit ihrem achten Lebensjahr bis jetzt, in ihren Dreißigern, nicht mehr gesehen. Im Verlauf der Fernsehserie wird deutlich, dass viele der Gefühle, die Nina wegen der Abwesenheit ihres Vaters nicht verarbeitet konnte, die Ursache für ihre Beziehungsprobleme in der Gegenwart sein könnten.

Annabel Scholey, die Schauspielerin, die Nina Defoe spielt, sagte in einem Interview mit der BBC:[186] »Den Schwestern wurde von ihrer Mutter von klein auf eingebläut, dass sie keinen Mann brauchen. Die größte Angst in Ninas Leben ist es, von einem Mann verlassen zu werden.« Dieses frühe Verlassenwerden könnte auch der Grund für andere dysfunktionale Verhaltensweisen sein: Trotz ihrer erfolgreichen Karriere hat Nina mit starkem Alkoholkonsum und dem Zwang zu stehlen zu kämpfen (man sieht sie, wie sie Essen aus einem Café stiehlt oder mit Taschen voller gestohlener Kleidung erwischt wird, an denen noch die Etiketten kleben). In einer Szene erklärt Nina ihrem Freund, was sie beim Ladendiebstahl empfindet: »Ich nehme Sachen mit, weil ich es kann. Denn es gibt diesen Moment, in dem ich darauf warte, dass mich jemand aufhält, aber das geschieht nie. Und dann bin ich aus der Tür raus. Und es gehört mir, und niemand kann es mir wegnehmen.« In dieser knappen und ehrlichen Offenbarung schwingt eine tiefe Traurigkeit mit, wenn sie darauf wartet, dass jemand sie aufhält, gleichzeitig aber auch ein triumphaler Abgang.

Ich frage mich, ob der Ladendiebstahl für diese Figur ein Sieg über die Enttäuschung war. Es ist, als wolle sie sagen: »Ich möchte, dass jemand etwas bemerkt, aber niemand tut es, niemand sieht mich. Aber wenigstens gehe ich mit etwas weg.« Emotional gesehen geht sie von dem Gefühl, dass niemand da ist, zu dem Gefühl über, dass sie etwas besitzt, das sie festhalten kann und das ihr niemand wegnehmen wird. Nina könnte die schmerzhaften Gefühle des Verlusts (weil ihr Vater sie alleingelassen hat) und des Fehlens von Menschen (weil ihre Mutter aufgrund ihrer eigenen Trauer möglicherweise emotional nicht erreichbar ist) in eine Handlung (Stehlen) umgewandelt haben, die ihr zumindest das Gefühl gab, etwas mitnehmen zu können. Durch den Diebstahl blieb ihr zumindest etwas (eindeutig Symbolisches), an dem sie sich festhalten und mit dem sie über das Trauma triumphieren konnte.

Manchmal sind negative emotionale Erfahrungen kein Trauma, sondern lassen uns voller Ängste zurück: etwa mit der Angst, dass es wieder passieren wird, mit der Angst, dass sich die Geschichte wiederholt. Ich habe erlebt, dass dies bei Menschen der Fall ist, deren Familien erhebliche finanzielle Verluste erlitten haben, die ihre Lebensqualität beeinträchtigt haben, und die danach in der Angst leben, dass alles abermals zusammenbrechen könnte. Sie sind so sehr damit beschäftigt, sich eine solide finanzielle Position aufzubauen (und tragen vielleicht auch eine Verbitterung in sich über das, was ihnen »weggenommen« wurde), dass sie alles tun würden, um zu verhindern, dass sich die Geschichte wiederholt.

Ein solches Beispiel war der berüchtigte Bernie Madoff (der das größte Schneeballsystem der Geschichte betrieb, das zu einem Schaden von mindestens 65 Milliarden Dollar führte). Auf die Frage, warum er es getan habe, nannte er zunächst die Erfahrung, dass er als Teenager mit ansehen musste, wie sein Vater pleiteging (und wie sich dies auf den Lebensstil der Familie auswirkte). Später heiratete er eine Frau, deren Vater sehr erfolgreich war und die Madoff unbedingt beeindrucken wollte. Er war fest entschlossen, erfolgreich zu werden (im Gegensatz zu seinem Vater) und Männer wie seinen Schwiegervater für sich einzunehmen. Er sehnte sich danach, zum »Club« der Männer der Wall Street zu gehören. In seinen Worten: »Ich habe erlebt, wie mein Vater bankrottging. Ich war sehr ehrgeizig. Aber ich war immer außerhalb des Clubs, der aus der New Yorker Börse und den alten berühmten Finanzgesellschaften und Unternehmensberatungen bestand. Sie bekämpften mich, wo immer es ging.« Es gelang ihm, auf legitime Weise ein erfolgreiches Unternehmen aufzubauen, aber als er plötzlich finanzielle Verluste erlitt, stand er vor der Wahl, entweder sein Scheitern einzugestehen oder zu lügen. Angesichts der emotionalen Narbe, die das finanzielle Trauma seiner Familie bei ihm hinterlassen hatte, und seiner Entschlossenheit, sich nicht von der Angst beherrschen zu lassen, wie sein Vater zu enden, war für Madoff die Lüge die erträglichere Alternative zum Eingeständnis des Scheiterns. Auch als seine legalen Geschäfte florierten, entschied er sich weiterhin für die Lüge. Als man ihn dazu befragte, erklärte er: »Es war das Ego. Versetzen Sie sich in meine Lage. Ihre ganze Karriere lang sind Sie außerhalb des ›Clubs‹, aber dann klopfen plötzlich all die großen Banken – Deutsche Bank, Credit Suisse – an Ihre Tür und fragen: ›Können Sie das für mich erledigen?‹«[187] Es ist zwar möglich, dass Madoff an einer antisozialen Persönlichkeitsstörung litt und dass er tatsächlich der »Finanz-Soziopath« war, als den ihn viele aufgrund seines Mangels an Empathie oder Reue beschrieben haben, gleichwohl können wir diese emotionalen Erfahrungen nicht einfach abtun, denn es waren wichtige psychologische Elemente, die seine Entscheidungen beeinflusst haben: Sie rechtfertigen sie natürlich nicht, aber sie haben seine Entscheidungen geprägt. Es war besser zu stehlen, als sich seinen Ängsten vor dem Versagen zu stellen.

Wiedergutmachung

Groll: »Die Welt schuldet mir etwas«

Erfahrungen von Vernachlässigung und emotionaler Entbehrung erzeugen in uns Wut und das Gefühl, dass wir um etwas beraubt worden sind. Stehlen kann ein Ausdruck dieses Grolls sein aufgrund der Ungerechtigkeit, die wir erlitten haben, und es bietet (zumindest in der Phantasie) eine Möglichkeit, sich etwas zurückzuholen. Man stiehlt, weil man das Gefühl hat, dass die Welt »einem etwas schuldet«.

Studien haben gezeigt, dass Menschen, die sich ungerecht behandelt fühlen, selbst wenn es sich nur um Geringfügigkeiten handelt, eher dazu neigen, das Gefühl zu entwickeln, dass sie einen

Anspruch hätten, und sich egoistisch zu verhalten. In einem Experiment[188] spielten die Teilnehmer ein Computerspiel. Am Ende des Spiels hatten sie die Möglichkeit, einen Teil eines gemeinsamen Preises zu beanspruchen. Diejenigen, die aufgrund eines Programmfehlers (ein *unfairer* Grund) verloren hatten, verlangten egoistisch einen größeren Anteil am gemeinsamen Preis als diejenigen, die aus einem fairen Grund verloren hatten: Das Gefühl, im Unrecht zu sein, erzeugt eine gewisse Anspruchshaltung, die wiederum zu egoistischem Handeln führt. Stellen Sie sich vor, was passiert, wenn wir uns in einem verletzlichen Alter und auf eine sehr einschneidende Art und Weise ungerecht behandelt fühlen: nicht dadurch, dass man in einem Videospiel verliert, sondern dass einem ein Elternteil durch Tod oder Krankheit genommen wird und dass die Kindheit durch die Trennung der Eltern verlorengeht, was bedeutet, dass wir dann in die Rolle der Eltern für unsere jüngeren Geschwister schlüpfen müssen.

Der Psychoanalytiker Donald Winnicott arbeitete mit straffällig gewordenen Kindern. Insbesondere befasste er sich mit Kindern, die von ihren Eltern getrennt worden waren, um sie vor den Luftangriffen in London während des Zweiten Weltkriegs zu schützen. Für ihn gab es keinen Zweifel daran, dass ein Zusammenhang bestand zwischen der emotionalen Entbehrung, die durch die vorzeitige Trennung von den Eltern verursacht wurde, und dem Stehlen. Was ihm besonders wichtig erschien, war der Verlust. Er wies darauf hin, dass es sich nicht um ein »Vorenthalten« handelte (dass sie etwas, das psychologisch wichtig war, nicht erhalten hatten), sondern um eine »Beraubung«, was darauf hinweist, dass etwas von großem Wert vorhanden war, das diesen Kindern weggenommen wurde. In seinen Worten: »Wenn eine antisoziale Tendenz im Spiel ist, hat eine echte Beraubung stattgefunden (nicht nur eine einfache Entbehrung); das heißt, es gab einen Verlust von etwas Gutem, das bis zu einem bestimmten Punkt in der Erfahrung des Kindes positiv war und ihm dann entzogen wurde; der Entzug erstreckte sich über einen längeren Zeitraum als den, über den das

Kind die Erinnerung an die Erfahrung lebendig halten kann.«[189] Nach Winnicotts Ansicht gab es »eine frühe Phase, in der die Umwelt dem Kind einen guten Start in seine persönliche Entwicklung ermöglichte«[190], dann aber eine »umweltbedingte Verfehlung oder eine falsche Weichenstellung irgendeiner Art«, die zu einer Blockade im Reifungsprozess des Kindes führte.

Das Stehlen wird somit zu einem unbewussten Ausdruck des Wunsches, etwas »zurückzufordern«, dessen man sich beraubt fühlt. Das Stehlen könnte den Betroffenen die Illusion vermitteln, dass sie die Macht haben, etwas zurückzuerlangen, was in der Kindheit verloren ging, anstatt sich als hilfloses und machtloses Opfer einer Entziehung oder Beraubung zu fühlen. Vielleicht bekommen sie sogar das Gefühl, dass sie die Lücke, die diese Entziehung hinterlassen hat, durch die gestohlenen Gegenstände »füllen« können. Vor diesem Hintergrund lassen sich meines Erachtens die vielen Fälle verstehen, in denen der Beginn des Stehlens auf den Tod eines Elternteils folgt. Etwas Lebenswichtiges ist weg, und ein Teil von uns versucht, wenn auch nur symbolisch, es zurückzuerlangen. Es ist nicht möglich, dieses Verhalten abzustellen, wenn man den Schmerz, der mit diesem frühen Trauma verbunden ist, nicht aufgearbeitet hat. Wenn das Stehlen so stark in einen Prozess der Trauer über einen Verlust eingebettet ist, lässt sich das Bedürfnis, diesen Verlust durch Stehlen auszuleben, nur durch Akzeptieren und Verarbeiten dieses Verlustgefühls zerstreuen.

Befreiung: Umgang mit Schuldgefühlen

Der Wunsch, ertappt, bestraft und von Schuldgefühlen befreit zu werden

Freud war der Erste, der feststellte, dass sich Kriminelle bereits schuldig fühlen, *bevor* sie eine Straftat begehen, und dass es genau diese Schuldgefühle sein könnten, die sie antreiben und für die sie unbewusst Bestrafung suchen.

Er schrieb: »Es war eine Überraschung zu finden, daß eine Steigerung dieses ubw Schuldgefühls den Menschen zum Verbrecher machen kann. Aber es ist unzweifelhaft so. Es läßt sich bei vielen, besonders jugendlichen Verbrechern ein mächtiges Schuldgefühl nachweisen, welches vor der Tat bestand, also nicht deren Folge, sondern deren Motiv ist, als ob es als Erleichterung empfunden würde, dies unbewußte Schuldgefühl an etwas Reales und Aktuelles knüpfen zu können.«[191] Freud spricht von der »seelischen Erleichterung«, die das Begehen einer Tat mit sich bringt, weil es den Täter von einem »drückenden Schuldbewusstsein« befreit.[192]

Wenn wir mit einem Verlust konfrontiert werden, überwiegen oft Selbstvorwürfe und Schuldgefühle: Schuldgefühle in Bezug auf die Dinge, die wir hätten tun können, um den Verlust zu vermeiden, Schuldgefühle im Zusammenhang mit unserer Wut darüber, dass wir verlassen worden sind, Schuldgefühle in Bezug auf all die negativen Gedanken und die negativen Handlungen, die wir in Bezug auf den Verlust unternommen haben. Diese Gefühle können uns überwältigen, und weil wir nicht wissen, wie wir mit ihnen umgehen sollen, suchen wir vielleicht nach einem Weg, um die Strafe zu bekommen, die wir unserer Meinung nach dafür verdient haben. Wenn wir ertappt und bestraft werden, eingesperrt oder vielleicht auch nur getadelt werden, stellen wir uns vor (oder empfinden es vielleicht tatsächlich), dass wir von unserer Schuld erleichtert worden sind.

Die Psychoanalytikerin Deborah Hindle beschrieb den Fall zweier Jugendlicher aus unterschiedlichen Familien (ein Junge und ein Mädchen), die im Alter von 14 Jahren ihren gleichgeschlechtlichen Elternteil unter tragischen Umständen verloren, der erste durch Selbstmord, der zweite durch Krankheit. Beide Jugendlichen wurden in kriminelle Aktivitäten verwickelt, was zu ihrer Verurteilung zu Gefängnisstrafen führte. Bei der Arbeit mit diesen jungen Menschen stellte sie bei beiden ein starkes Schuldgefühl fest. Cathy fühlte sich schuldig, weil sie sich nicht von ihrer Mutter verabschiedet hatte und nicht mehr unternommen hatte, um sie zu retten, und sie hatte Albträume, in denen ihre Mutter »zurückkam«, um sie für all die schlimmen Dinge, die sie getan hatte, »zur Rechenschaft zu ziehen«. Chris' Schuldgefühle waren eher unbewusst, aber in der Therapie offenbarte er, dass er sich schuldig fühlte, weil er die Möglichkeit gehabt hatte, seinen Vater zu retten (er war die letzte Person, die vor seinem Selbstmord mit ihm sprach). Hindle sah in den wiederholten Straftaten dieser Jugendlichen eine Möglichkeit, sich selbst zu bestrafen und ihre Schuld zu bewältigen.

Chris hatte ein sehr schwieriges Verhältnis zu seinem Vater. Hindle erklärte weiter, dass Chris' Vater ein starker Trinker und gewalttätig gegenüber seiner Frau gewesen sei und Chris immer schlecht behandelt habe. Er hatte sich nach einem Streit in der Wohnung der Familie das Leben genommen. Neben den Schuldgefühlen im Zusammenhang mit dem Tod seines Vaters trug Chris also auch Schuldgefühle wegen der aggressiven Phantasien in sich, die er aufgrund der erlittenen Übergriffigkeiten gegenüber seinem Vater hegte. Hindle schreibt: »In beiden Fällen verschaffte das Gefängnis den Betreffenden eine gewisse Erleichterung – es war eine Strafe für tatsächliche wie auch für eingebildete Straftaten«,[193] das heißt, Chris empfand das Gefängnis als eine Strafe sowohl für seine Diebstähle als auch für die aggressiven Handlungen, die er seinem Vater zugefügt zu haben glaubte.

Diese Fallstudie beschreibt sehr anschaulich die Auswirkungen einer solch konfliktreichen Beziehung zu einem übergriffigen Elternteil. Neben der Wut und den Schuldgefühlen, die ein Motiv für die wiederholten Straftaten gewesen sein könnten, wäre es auch möglich, dass sich Chris mit seinem Vater identifiziert haben könnte: Auf einer gewissen Ebene könnte er geglaubt haben, dass er wie sein Vater sei und deshalb nichts Gutes verdiene und bestraft werden müsse. Chris hatte ein sehr geringes Selbstwertgefühl, und sein Selbsthass drückte sich in der Vorstellung aus, dass er nichtswürdig sei und auch nichts verdient habe. Die Straftaten waren daher eine Möglichkeit, ebenso zerstörerisch zu handeln wie sein Vater, aber zugleich auch eine Möglichkeit, jene Strafe zu erhalten, die seiner Meinung nach sowohl er als auch sein Vater verdienten. Das kriminelle Verhalten war also Ausdruck von Schuldgefühlen, die auf verschiedenen Ebenen seiner Psyche angesiedelt waren, sowohl in direktem Zusammenhang mit dem Verlust seines Vaters als auch aufgrund seiner Identifikation mit einem Elternteil, der Bestrafung verdiente.

Auch Cathys Mutter besaß einen selbstzerstörerischen Zug, mit dem sich Cathy möglicherweise identifizierte und den sie durch ihr Verhalten auslebte: Die Mutter war an den Folgen schwerer Fettleibigkeit gestorben, so dass diese beiden Jugendlichen, so Hindle, die Selbstzerstörung ihrer Eltern miterlebt hatten und sie in gewisser Weise für sich wiederholten.[194] Das Stehlen war nicht nur eine Reaktion auf Schuldgefühle, sondern auch eine Wiederholung des selbstzerstörerischen Verhaltens, das Cathy bei ihrer Mutter gesehen hatte.

Auflehnung gegen die Autorität und zur Wiederherstellung des Gerechtigkeitsgefühls

Es kann schmerzhaft sein, zu sehen, dass andere etwas haben, das wir auch gerne hätten, und wenn wir dieses Gefühl nicht einhegen und innerlich bewältigen können, ergreifen wir manchmal Maßnahmen, die uns auf irgendeiner Ebene helfen, damit zurechtzukommen. Die Person, die wir beneiden oder auf die wir eifersüchtig sind, zu bestehlen, ist eine Möglichkeit, sie zu berauben und unser inneres Unbehagen darüber, dass sie mehr hat als wir, zum Ausdruck zu bringen.

Vielleicht beneiden wir sie um ihren materiellen Besitz, vielleicht aber auch um nicht materiellen Reichtum (wie etwa mehr Liebe, bessere Beziehungen, mehr Attraktivität). Beim Stehlen geht es natürlich nicht darum, wie viel Geld oder welchen Gegenstand wir dieser Person wegnehmen, es ist vielmehr ein symbolischer Akt. Für uns zählt nur, dass wir ihr etwas wegnehmen; wir verringern ihren symbolischen Reichtum.

Neid und Eifersucht sind menschliche Emotionen, die jeder irgendwann einmal erlebt. Manchen fällt es schwerer, mit ihnen umzugehen. Psychoanalytiker führen diese Gefühle auf sehr frühe Erfahrungen zurück. Wir beneiden unsere Mutter um ihre Fähigkeit, unsere Bedürfnisse zu befriedigen, und wenn sie unsere Bedürfnisse erfolgreich und beständig stillt, können wir den Neid mit unserer Erfahrung von Liebe und Dankbarkeit verbinden.[195] Wenn wir jedoch nur sporadisch gute Erfahrungen mit unserer Mutter machen, vermischt sich der Neid mit unseren Gefühlen von Gier und führt, wie die Psychoanalytikerin Hanna Segal ausführte, zu dem Wunsch, den anderen seines »Gutseins zu berauben, aber auch gezielt auszuzehren, so dass er nichts Beneidenswertes mehr enthält«.[196]

Wenn man Neid als »Ich will, was du hast« zusammenfassen kann, so lässt sich Eifersucht mit dem Satz »Ich will, was du *mit ihnen gemeinsam* hast« zusammenfassen. Neid erfordert zwei Beteiligte, während es für Eifersucht drei Personen braucht, von denen zwei in gewisser Weise um den Dritten konkurrieren. Jemanden zu bestehlen, den wir als unseren »Konkurrenten« um die Aufmerksamkeit jener Person betrachten, die wir für uns gewinnen wollen, ist eine Möglichkeit, mit einer Eifersucht umzugehen, die uns unbeherrschbar erscheint. Der Schüler, der vor Eifersucht kocht, wenn er sieht, wie der »Liebling« des Lehrers all das Lob und die Aufmerksamkeit einheimst, könnte diesen anderen Schüler bestehlen, um seine Eifersucht zu bekämpfen.

Wenn sich Geschwister darüber beklagen (was sie häufig tun), dass etwas nicht fair sei, drücken sie damit im Wesentlichen ihren Neid auf den anderen Geschwisterteil aus, der anscheinend ein bestimmtes Privileg genießt, und verlangen, dass dieses empfundene Ungleichgewicht beseitigt wird. Der Wunsch, einen »Ausgleich« und »Gleichbehandlung« herzustellen, entspringt also einem Gedanken, den Freud folgendermaßen zusammenfasst: »Wenn man schon selbst nicht der Bevorzugte sein kann, so soll doch wenigstens keiner von allen bevorzugt werden«.[197] Wir könnten von unseren Autoritätspersonen verlangen, dass sie für Fairness sorgen, aber wenn die Ungerechtigkeit nicht behoben wird, könnten wir es selbst in die Hand nehmen, die Ressourcen »umzuverteilen«. Vielleicht stehlen wir, um dadurch inneren Frieden zu finden, dass sich die Dinge endlich gerechter anfühlen, nachdem wir dem anderen, der unserer Meinung nach ungerechterweise mehr hatte als wir, Geld weggenommen haben.

Ich habe Geschichten von Geschwistern gehört, für die der Diebstahl von Geld eine Möglichkeit darstellt, Gefühle von Neid und Eifersucht auszuleben. Was vielleicht als gemeinsames geschäftliches Vorhaben in gutem Glauben beginnt, kann damit enden, dass Geschwister tief sitzende Gefühle von Neid ausleben. Wir haben oft jahrelang mit dem (oft unbewussten) Gefühl zu kämpfen, dass unser Bruder von unseren Eltern mehr Liebe und Zuwendung erfahren hat, und so kann es geschehen, dass wir unseren Bruder betrügen oder bestehlen. Ich habe das auch in der Paardynamik erlebt: Ein Partner ist so neidisch auf die »Ressourcen« des anderen (manchmal waren diese nicht finanzieller Art, sondern zum Beispiel psychische Stärke, Selbstvertrauen oder einfach ein »normaleres« Verhalten), dass er schließlich Geld einsetzt, um seinen Gefühlen Ausdruck zu verleihen: Er macht sich mit dem Geld des Partners aus dem Staub oder hinterlässt ihm hohe Schulden, die er dann allein zurückzahlen muss. Die Annahme, dass der Partner Geld im Überfluss hat, kann auf der Realität beruhen und/oder überhöht sein durch die frühere Erfahrung, dass ein Geschwisterteil oder ein Elternteil »mehr« hatte als man selbst. Mit dieser emotionalen Narbe im Gedächtnis reagieren wir möglicherweise überempfindlich auf Neid und vergleichen oft, was wir haben, mit dem, was andere haben, und empfinden jegliches Ungleichgewicht als belastend oder empörend.

In einer US-Studie mit 153 Straftätern wurden zu Vergleichszwecken auch die Geschwister dieser Kinder untersucht. Dabei stellte sich heraus, dass »das straffällige Kind dasjenige ist, das frustriert ist und das Gefühl hat, nicht geliebt zu werden, während das nicht straffällige Kind in derselben Umgebung eine positive, liebevolle Beziehung zu den Eltern oder zu einem geeigneten Elternersatz hat.«[198]

Der Psychologe und Erziehungsexperte Carl E. Pickhardt erklärt, dass die meisten Kinder bereits im Alter von drei oder vier Jahren unterscheiden können, was »mein« und was »dein« ist, und dass diese Grenze nicht ohne Zustimmung überschritten werden darf.[199] »Mit Beginn der Adoleszenz, etwa im Alter von 9 bis 13 Jahren, ist bei den meisten jungen Menschen dieses Konzept des persönlichen Besitzes fest verankert. Doch mit dem erwachenden Wunsch, Grenzen zu überschreiten, um mehr Freiheit und Unabhängigkeit zu erlangen, entwickelt sich ein Interesse daran, überkommene Regeln und Beschränkungen zu testen, um zu sehen, ob die Verbote der Kindheit noch gelten. [...] Aus dieser Motivation heraus kann das Stehlen beginnen, das zunächst eher beiläufig erfolgt.«

Stehlen kann ein Mittel sein, um Grenzen auf die Probe zu stellen. Das Austesten von Grenzen ist bis zu einem gewissen Grad ein natürlicher Teil der Entwicklung, erklärt Donald Winnicott. Auf diese Weise findet das Kind heraus, ob die Eltern mit ihm »umgehen können«, und es verinnerlicht dadurch ein gewisses Maß an Stabilität – es bekommt das Gefühl, dass es das Ergebnis seiner Handlungen vorhersagen kann und dass es eine gewisse Kontrolle über sein Schicksal hat. Wenn diese Entwicklungsbedürfnisse zu Hause nicht befriedigt werden, kann das Kind versuchen, die Grenzen im sozialen Bereich auszutesten (durch kriminelles Verhalten wie Diebstahl), und ein Kind, das dies tut, »schaut lediglich ein bisschen weiter in die Ferne, es sucht in der Gesellschaft und nicht in seiner Familie oder in der Schule nach der Stabilität, die es braucht, um die frühen und ganz wesentlichen Phasen seines emotionalen Wachstums zu durchlaufen«.[200]

Es überrascht daher kaum, dass in der oben zitierten YouGov-Studie 23 Prozent der Befragten zugaben, als Kinder Ladendiebstähle begangen zu haben (ein viel höherer Prozentsatz als bei Erwachsenen). Eine Kombination aus noch nicht gefestigten Moralvorstellungen, dem Austesten von Grenzen und Gruppendruck schafft die Voraussetzungen für dieses Verhalten vor dem Erwachsenenalter. Insbesondere die Pubertät ist ein komplexer Lebensabschnitt, in dem wir nicht nur Grenzen austesten, sondern auch verschiedene Identitäten »ausprobieren« und uns darüber klar zu werden versuchen, welche Teile unserer Identifikation mit unseren Eltern wir über Bord werfen und welche wir beibehalten wollen. Wie wir bei Chris und Cathy gesehen haben, kann Stehlen ein Ausdruck der Identifikation mit einem Vater sein, der keine Grenzen respektiert hat (wie im Fall von Chris), oder mit einer Mutter, die durch ihre Essstörungen selbstzerstörerisch war (wie bei Cathy).

Die Adoleszenz ist auch eine Zeit, in der es uns sehr wichtig ist, was andere von uns denken. Antony Worrall Thompson schreibt in seiner Autobiografie: »In Schwierigkeiten zu geraten, erhöht immer den Status bei den anderen Jungs.«[201] Unfug zu machen, kann also attraktiv sein, weil es uns Zugang zur »coolen Bande« verschafft und uns hilft, die Bewunderung einer Gruppe zu gewinnen, der wir uns gerne anschließen möchten.

Stehlen als Unfug ist auch eine Möglichkeit, die Aufmerksamkeit der Eltern auf sich zu lenken: eine wichtige und wirksame Strategie für Jugendliche, die in Familien leben, in denen sie sich nicht gesehen und nicht anerkannt fühlen. Das Ausloten von Grenzen kann die einzige Möglichkeit sein, die Eltern dazu zu bringen, uns »wahrzunehmen«, und manchmal erscheint negative Aufmerksamkeit besser als gar keine Aufmerksamkeit.

Aber es ist eine Sache, die Grenzen durch gelegentlichen Ungehorsam auf die Probe zu stellen, und eine andere, eine ausgewachsene Rebellion gegen die Autoritäten auszurufen. In diesen Fällen stiehlt man nicht nur, um zu sehen, ob die Autorität es bemerkt, bestraft oder die Grenze wiederherstellt, sondern um eine grundlegendere Verärgerung zum Ausdruck zu bringen und eine herausfordernde Haltung einzunehmen: »Ich halte mich nicht an eure Regeln.«

Ich habe einmal einen Podcast mit dem Titel *Armchair Anonymous*[202] gehört, in dem ein junger Mann zugab, dass er immer mehr Geld aus der Kasse der Fastfood-Kette entwendet habe, bei der er angestellt war. Was war sein Grund? Er war erbost wegen einer Vorschrift, die besagte, dass unter 18-Jährige, wie er, einen niedrigeren Stundensatz erhielten als ältere Mitarbeiter, was bedeutete, dass er trotz seiner anspruchsvollen Tätigkeit und seiner Beförderung in eine Führungsposition immer noch weniger verdiente als einige der neuen älteren Mitarbeiter, die er ausbildete und die ihm unterstellt waren. Er behauptete, dass der Grund für den Diebstahl seine Wut über die Absurdität dieser Situation gewesen sei. Er gab zu, dass er sich sogar ausrechnete, wie hoch ein angemessenes Gehalt wäre, und dass seine Diebstähle oft diesem Betrag entsprachen, weil ihm dies half, sein Handeln zu rechtfertigen. Wut ist also eine normale und sogar gesunde Emotion, die auf ein gewisses Maß an Selbstwertgefühl hindeutet und darauf, dass wir wissen, was uns zusteht: Es ist bedauerlich, wenn wir keinen gesunden Weg finden, mit unserer Frustration umzugehen und stattdessen gezwungen sind, zu rebellieren und aufzubegehren. Dies verschafft uns aber nur vorübergehend Erleichterung, ist letztlich destruktiv und fordert oft einen hohen Preis.

Auf der einen Ebene rechtfertigen wir unser Handeln vielleicht damit, dass wir ein Gefühl der Gerechtigkeit wiederherstellen wollen, doch auf einer anderen Ebene sind wir uns oft bewusst, dass unser Handeln unmoralisch ist, und empfinden häufig auch Schuldgefühle und Reue nach der Tat. Manchmal sind wir uns unseres Neids und des Gefühls der Ungerechtigkeit durchaus bewusst, aber in anderen Fällen haben wir vielleicht das Gefühl, dass wir das sprichwörtliche schlechte Blatt bekommen haben, und so kann es beim Stehlen, auch wenn es nicht gegen diese anderen, die wir beneiden, gerichtet ist, letztlich immer noch darum gehen, »die Waage wieder ins Gleichgewicht zu bringen«. Ich denke an

Klienten, deren gelegentliche Diebstähle im Zusammenhang mit der Tatsache geschahen, dass sie »das Stipendiumskind« in der Privatschule waren (umgeben von wohlhabenden Klassenkameraden, die viel mehr materielle Besitztümer besaßen) oder »das einzige alleinerzogene Kind« unter Klassenkameraden aus traditionellen Familien mit zwei Eltern. In diesem Kontext etwas zu entwenden, erscheint in gewisser Weise wie die Wiederherstellung eines Gleichgewichts, in dem alle das Gleiche haben.

Als die Schauspielerin Winona Ryder 2001 wegen Ladendiebstahls in die Schlagzeilen geriet, war ich neugierig auf die Vergangenheit der Schauspielerin. Ich finde es interessant, dass Winona, deren Familie viele Angehörige im Holocaust verloren hatte, in der Angst aufwuchs, dass ihr dasselbe widerfahren könnte. Sie schlief auf dem Fußboden vor dem Zimmer ihrer Eltern, weil sie fürchtete, entführt zu werden. Dies deutet darauf hin, dass sie mit einem generationenübergreifenden Trauma zu kämpfen hatte und sich der Gefahr ausgesetzt sah, dass sich die Gräueltaten, die ihre Familie erlitten hatte, wiederholen könnten. Ihre Ängste wurden durch Mobbing-Erfahrungen in der Schule noch verstärkt, die damit endeten, dass nicht die Mobber, sondern sie selbst von der Schule verwiesen wurde. Seit ihren Zwanzigern litt sie an Depressionen und Angstzuständen. Ich vermute, dass das Aufwachsen in einer Welt, in der es möglich ist, dass man ungerecht verfolgt wird, bei ihr das Gefühl erzeugt hat, dass die Welt nicht gerecht ist, und den unbewussten Wunsch, die Wiederherstellung der Gerechtigkeit selbst in die Hand zu nehmen. Ich begebe mich natürlich auf das Gebiet der Spekulation, wenn ich mich frage, ob das generationenübergreifende Gefühl für Ungerechtigkeit, gepaart mit ihren eigenen Erfahrungen, in ihr den Wunsch geweckt haben könnte, »das Gleichgewicht selbst wiederherzustellen«, indem sie sich symbolisch zurückholte, was ihr und ihrer Familie gestohlen worden war. Was diese Beispiele gemeinsam haben, ist das Gefühl der Ungerechtigkeit, das diese Menschen empfinden und das dazu beitragen könnte, ihre Handlungen als eine Möglichkeit zur »Wiederherstellung der Gerechtigkeit« zu erklären.

Die Wut, die aus früheren Erfahrungen resultiert, in denen man sich ungerecht behandelt fühlte, kann daher die vorherrschende Emotion sein, die durch Stehlen ausgedrückt oder ausgelebt wird. Manchmal ist das Stehlen aber nicht nur ein Ausdruck von Wut, sondern ein Versuch, sie loszuwerden, sie in jemand anderen hineinzulegen (sie zu »projizieren«) und ihn fühlen zu lassen, was wir selbst fühlen. Anstatt dass ich, der Verärgerte und Wütende, mich damit abfinde, vollziehe ich eine Handlung, die unweigerlich dazu führt, dass der andere in Wut gerät, und die mir eine Art vorübergehende Erleichterung verschafft. Um beim Beispiel von Winona Ryder zu bleiben: Vielleicht war das Stehlen ein unbewusster Prozess, der es ihr ermöglichte, das Gefühl, ein Unrecht erlitten zu haben, auf die Menschen zu projizieren, die sie bestahl, anstatt es mit sich selbst auszumachen: Es wird eine Situation geschaffen, in der eine andere Person die Gefühle aushalten muss, die zu schmerzhaft sind, um sie selbst zu bewältigen. Die Psychotherapeutin Susan Dyke schreibt über die Kinder, die Winnicott untersuchte: »Solche Kinder [...] übertragen ihre Wut, ihre Demütigung und ihren Schmerz auf die Menschen in ihrer Umgebung und errichten immer größere Barrieren zwischen sich selbst und allen Beziehungen, die diese Gefühle der Verletzlichkeit und des Schmerzes, die rücksichtslos verleugnet werden müssen, reaktivieren würden.«[203] Wir verlagern die Wut auf den anderen und benutzen sie als schützende Barriere, um sicherzustellen, dass wir den Schmerz nie wieder an uns heranlassen müssen und verletzlich sein werden.

Projektion ist oft ein unbewusster psychologischer Prozess, aber Rache ist es nicht, und Stehlen kann schlicht eine Möglichkeit sein, denjenigen, die uns etwas Leidvolles angetan haben, selbst Schmerz, Sorgen und Kummer zuzufügen. Vielleicht haben wir uns entschlossen, unseren Eltern nicht das zu geben, was sie von uns erwarteten und der brave Junge/das brave Mädchen zu sein, und Straftaten zu begehen, kann in unseren Köpfen ein selbstzerstörerischer Weg sein, es ihnen heimzuzahlen.

Bemühen um Machtsicherung

Nachdem ich in diesem Kapitel bereits den Betrug angesprochen habe, der im Grunde eine Form des Diebstahls ist, bietet es sich an, eine weitere Motivation für den Diebstahl hinzuzufügen, die eher auf Wirtschaftskriminalität zutrifft als auf gelegentliche Diebstähle, nämlich machtbezogene Beweggründe.

In dem Zeitschriftenartikel »The Psychology of Fraud« (Die Psychologie des Betrugs) schreiben Grace Duffield (Psychologin bei der Australian Security Intelligence Organisation) und Dr. Peter Grabosky (stellvertretender Direktor des Australian Institute of Criminology): »Erfolgreiche Unternehmer sind oft extrem ehrgeizig [...] und davon besessen, ihre Macht und ihre Kontrollmöglichkeiten zu vergrößern. Führungskräfte haben in der Regel auch ein positives Bild von sich selbst, das bisweilen unrealistisch ist. Unabhängig davon, ob dieses Bild durch die Erfolge entstanden ist, die sie bei ihrem Aufstieg an die Spitze erzielt haben, oder ob es eine notwendige Voraussetzung für ihren Aufstieg war, entwickeln manche ein an Narzissmus grenzendes Überlegenheitsgefühl.«[204] Andere Forscher, darunter Kets de Vries[205], verweisen ergänzend darauf, dass narzisstische Persönlichkeitsmerkmale (wie zum Beispiel die Illusion von Allmacht, der Wunsch, ein grandioses Bild von sich selbst aufrechtzuerhalten, und das oft damit einhergehende Anspruchsdenken) die Betreffenden zu betrügerischen Aktivitäten verleiten können. Da Betrug gewöhnlich mit einem hohen Maß an Täuschung einhergeht, kann der Versuch, andere zu »überlisten« oder »zum Narren zu halten«, für sie ein wichtiges (und psychologisch lohnendes) Element ihres Verhaltens sein.

Anspruchsdenken und vielleicht auch das Gefühl, gegen Tadel und Kritik immun zu sein, könnten auch erklären, weshalb sich manche Jugendliche aus wohlhabenden und mächtigen Familien zu Diebstählen hinreißen lassen: Es geht nicht nur um den Nervenkitzel, sondern oft auch um das Gefühl, »über dem Gesetz zu stehen«, das sie vielleicht durch die Einstellungen in ihrer Familie oder durch Verhaltensweisen ihres sozialen Umfelds vermittelt bekommen haben.

*

Anscheinend lässt sich das Stehlen in seinen vielfältigen Erscheinungsformen durch eine Reihe verschiedener psychologischer Motive erklären, von denen ich in diesem Kapitel nur einige behandelt habe. Stehlen ist vielleicht nur eine weitere Form der Selbstsabotage, und so kann uns auch die Erklärung für den Wunsch nach Selbstzerstörung in gewisser Weise helfen, das Stehlen zu verstehen. Vielleicht ist es aber auch nur eine andere Art und Weise, in der wir nach Nervenkitzel oder Bestrafung suchen, weil wir glauben, dass wir das verdient haben.

Wie bereits erwähnt, besteht eine Möglichkeit, mit Angstgefühlen umzugehen, darin, sich selbst und der Welt zu beweisen, wie furchtlos man ist (und Stehlen ermöglicht dies). Wenn Sie mit Ihrer Abhängigkeit von anderen zu kämpfen haben, besteht eine Möglichkeit, diese Gefühle zu bewältigen, darin, dass Sie versuchen, sich auf eigene Beine zu stellen, und auch hier kann Stehlen eine Möglichkeit bieten, sich gegen eine Abhängigkeit zu wehren, die man zu leugnen versucht.

Für die Entwicklung einer stabileren emotionalen Bewusstheit ist es auch hilfreich, zu verstehen, was man mit dem Stehlen zum Ausdruck bringen möchte. Es geht aber auch darum, zu erkennen, dass Stehlen einen nicht mächtiger oder klüger macht: Es schränkt nur die eigene Freiheit ein. Wenn man eine bestimmte Verhaltensweise in den Griff bekommen will, hat man nur dann eine Chance, wenn man sich den Sehnsüchten und Ängsten stellt, die einen dazu treiben, die Hand nach dem Besitz eines anderen auszustrecken. Anstatt Mutti das Geld aus dem Portemonnaie zu klauen und einen Kreislauf negativer Interaktionen in Gang zu setzen, wäre es vielleicht konstruktiver, einen anderen Weg zu finden und beispielsweise zu sagen: »Ich bin wütend, weil du nicht für mich da warst.« Anstatt Geld aus der Kasse des Arbeitgebers zu nehmen, wäre es vielleicht hilfreicher, Gespräche darüber zu führen, wie man das Entlohnungssystem »gerechter« gestalten könnte.

Ich habe erlebt, dass Menschen ihre Sicht auf die Welt, die nach ihrer Wahrnehmung von raffgierigen und gerissenen Individuen bevölkert ist, auf ihre geschäftlichen Beziehungen übertragen haben. Wenn jeder darauf aus ist, Sie zu betrügen, Sie auszutricksen, und Sie glauben, dass die Welt kein fairer und gerechter Ort ist, wie wahrscheinlich ist es dann, dass Sie die »Regierung« als eine Art gute Eltern erleben, die Ihr Geld verantwortungsvoll, gerecht und zu Ihrem Vorteil verwendet? Wer die Erfahrung gemacht hat, dass die Eltern das andere Geschwisterkind gegenüber ihm bevorzugt haben oder dass die Lehrer ihn zu Unrecht des Schummelns beschuldigt haben (usw.), für den könnte es eine emotionsgetriebene Versuchung sein, dem Verlangen einer Autorität zuwiderzuhandeln.

Um auf die Geschichte von Antony Worrall Thompson zurückzukommen. Welches Erlebnis in seiner Vergangenheit könnte den 60-jährigen Koch bei seiner Entscheidung beeinflusst haben, in jenem Jahr um die Weihnachtszeit in einem Laden Zwiebeln zu klauen? Wenn wir einen Blick auf seine Geschichte werfen (in einer Autobiografie, die vor diesem Vorfall verfasst wurde), können wir viele der in diesem Kapitel behandelten Themen erkennen.

Antonys Eltern waren in den 1950er-Jahren als Schauspieler tätig. In den ersten 18 Monaten seines Lebens war Antonys Mutter auf einer Tournee durch Großbritannien und spielte die Hauptrolle in einem Theaterstück: »Ich wurde von Pontius zu Pilatus geschleppt, mit Hunderten von Vermietern überall im Land, die gewissermaßen als Ersatztanten fungierten.« Seine Eltern ließen sich scheiden, als Antony drei Jahre alt war, und sein Vater brach alle Verbindungen ab bis zu Antonys 25. Lebensjahr. Nach der Scheidung schickte ihn seine Mutter auf ein Internat (ja, mit drei Jahren). Es gab also zwei traumatische Verluste in einem Jahr: »Meine wichtigste Erinnerung ist das Gefühl, dass ich in höchstem Maß unerwünscht war«, schreibt Antony. Er erzählt von der schmerzhaften Sehnsucht und dem Warten auf seine Mutter, die ihn sonntags abholte, aber dabei oft erst Stunden später kam. Während andere Kinder ihre Eltern freudig begrüßten, raubte Antonys Mutter ihm oft die wenigen und kostbaren Stunden, die sie gemeinsam verbringen konnten (bis er sich im Alter von vier Jahren entschloss, allein nach Hause zu gehen, weil er hoffte, dadurch mehr Zeit mit ihr verbringen zu können). Aber auch wenn sie zusammen waren, war ihre Beziehung alles andere als harmonisch: Es gibt Berichte darüber, dass sich Antony für das Unglück seiner Mutter verantwortlich fühlte. »Ich wurde oft daran erinnert, dass ich der Grund dafür war, dass meine Mutter einsam, unglücklich und ungeliebt war.«[206]

Als wären diese Traumata nicht schon schwer genug zu überwinden gewesen, erlebte Antony mehr als einmal sexuellen Missbrauch durch Erwachsene, die sich eigentlich um ihn kümmern sollten. Zuerst durch einen der Partner seiner Mutter, dann durch einen Mitarbeiter der Schule, die er ab seinem achten Lebensjahr besuchte, dann durch eine Tagesmutter und sogar durch einen Lehrer. Gewalttätige und unmenschliche Bestrafungen durch die Schulleitung für seine Missetaten schürten die Wut und Hilflosigkeit, die Missbrauchsopfer häufig empfinden. Erst der Verlust, dann das Trauma: Er musste mit der Wut und der Hilflosigkeit fertig werden, die sexueller und körperlicher Missbrauch bei den Opfern hinterlässt. Mit seiner Wut kämpfte er sein ganzes Leben lang. Sogar nach seiner Ausbildung zum Koch endeten Jobs oft damit, dass er seinen Vorgesetzten gewaltsam angriff und ging.

Kein Wunder, dass Antony sich gegen die Autorität auflehnte: Seine Grenzen waren verletzt worden, die Strafen, die er erhielt, standen in keinem Verhältnis zu seinen »Vergehen«. In gewisser Weise waren seine Rebellionen vielleicht die einzige Möglichkeit, darüber zu triumphieren, wie verletzlich er sich während seiner gesamten Kindheit gefühlt hatte; sie könnten aber auch ein Protest gegen all die Ungerechtigkeiten gewesen sein, die er erlitten hatte, und möglicherweise auch ein unbewusster Versuch, die Schuldgefühle zu verarbeiten, die ihm von den Erwachsenen in seinem Leben (in erster Linie von seiner Mutter) eingeflößt worden waren. Er räumt ein, dass er die väterliche Strenge brauchte, die er nie kennenlernte, und vielleicht fand er, wie Winnicott andeutet, auch Wege, sie sich aus seiner Umgebung außerhalb des Familienhauses zu beschaffen, indem er unablässig Grenzen austestete und Provokationen ausübte. »Ich war vaterlos und völlig undiszipliniert«, schreibt er.

Ich weiß nicht, was ihn im Alter von 60 Jahren dazu veranlasst haben mag, im Supermarkt Grundnahrungsmittel zu stehlen. Weihnachten scheint ein bedeutsamer Zeitpunkt für den Beginn dieses Verhaltens zu sein: Was könnte in dieser Zeit des Jahres der Auslöser gewesen sein? Antony sprach davon, dass er Dinge im Wert von 4 Pfund entwendet habe, nachdem er für ein Wohltätigkeitsdinner Champagner im Wert von mehreren hundert Pfund gekauft hatte. War es ein innerer Konflikt über das Geben, wo sich doch ein Teil von ihm ein Leben lang beraubt gefühlt hatte? Ich spekuliere natürlich nur, aber es geht darum, dass unsere Handlungen immer einen Sinn haben, selbst die scheinbar unerklärlichen, und manchmal können wir mit etwas Hilfestellung diesen Sinn erkennen und die psychologischen Triebkräfte verstehen, die unsere Handlungen beeinflusst haben.

Kapitel 8

Kontrolle: Streben nach Macht oder Suche nach Nähe?

Von Eltern wird erwartet, dass sie (zumindest) für die Grundbedürfnisse ihrer Kinder sorgen, einschließlich Nahrung, Unterkunft, Kleidung, Bildung und medizinischer Versorgung, aber es gibt keine festen Regeln für das erwartete Maß an »Geben«. In ähnlicher Weise beginnen viele Paare, die sich für ein gemeinsames Leben entscheiden, mit einer oft unausgesprochenen Vereinbarung: »Was mein ist, ist dein, und was dein ist, ist mein«. Unabhängig davon, ob beide ein Einkommen haben oder nicht, besteht das Vertrauen, dass man eine Vereinbarung über die Verwaltung der Finanzen treffen kann, so dass beide Beteiligte ein gewisses Maß an finanzieller Freiheit und Autonomie verspüren. Manche Paare entscheiden sich für eine informelle Einigung, während andere einen Ehevertrag schließen, in dem die finanziellen Rechte und Pflichten der Ehepartner expressis verbis festgelegt werden. Im Idealfall sind die Eltern ausreichend großzügig und die Ehegatten finden zu einer gütlichen Teilung.

Es gibt jedoch auch Ausnahmen. So wird von manchen Paaren Geld auf manipulative und kontrollierende Weise eingesetzt. Das kann auch auf einer subtilen Ebene erfolgen. Es kann sein, dass sich kontrollierende Verhaltensweisen langsam einschleichen und dann eine Dynamik der Zwangskontrolle und des Missbrauchs entfalten.

In diesem Buch sind wir auf Verhaltensweisen in Bezug auf Geld gestoßen, die zahlreiche Aspekte des Lebens durchdringen. Auch bezüglich der Kontrolle können wir feststellen, dass es sich um ein Verhalten handelt, das in der Art und Weise, wie wir unsere Beziehungen gestalten, verankert ist, das aber auch situationsabhängig sein kann.

Ich erinnere mich lebhaft an den Fall eines Mannes, der bei seiner ersten Frau, die depressiv war und sich emotional zurückhielt, in Bezug auf Geld ein kontrollierendes Verhalten an den Tag legte, bei seiner nächsten Partnerin jedoch nicht. In seiner ersten Ehe war Geld eine Hauptursache für Streitigkeiten. Obwohl das Paar finanziell gut situiert war, erfasste der Mann sorgfältig, wie viel Geld er seiner Frau zur Verfügung stellte und wofür sie es ausgab: Er erkundigte sich häufig, wo sie gewesen sei und wofür sie das Geld ausgegeben habe. Oft prüfte er ihre Kontoauszüge und kritisierte, wie viel sie zum Beispiel für das Geburtstagsgeschenk für eine Freundin ausgegeben hatte. Es stellte sich heraus, dass der Mann Gefühle der Wut und des Grolls darüber hegte, dass seine Frau für ihn emotional so unzugänglich und unerreichbar geworden war. Deshalb war er knauserig mit dem Geld, und Geld entwickelte sich für ihn zu einem Mittel, mit dem er sein Verlangen umsetzen konnte, ihr etwas vorzuenthalten, weil er sich von ihr zurückgesetzt fühlte. Sein kontrollierendes Verhalten in Bezug auf Geld war auch ein Ausdruck eines mangelnden Vertrauens in der Beziehung: Sich zu erkundigen, wo sie das Geld ausgegeben hatte, war häufig eine kryptische Art, zu fragen, wo sie gewesen war und mit wem. Und warum erhielten andere (wie eine Freundin) großzügig Geld von ihr, während er sich ihrer Liebe und Aufmerksamkeit so beraubt fühlte? Geld wurde für ihn zum einen ein Mittel, um seine Frau zu überwachen (wem solltest du Geld geben, wenn nicht mir?), weil er ihr misstraute, und zum anderen ein Mittel der Vergeltung (ich gebe dir kein Geld, weil du mir keine Liebe gibst), weil er seine Wut anders nicht ausdrücken konnte.

Bei seiner zweiten Frau verhielt es sich jedoch genau gegenteilig. In dieser Beziehung, die von mehr Nähe und Verbundenheit geprägt war, fiel es dem Mann leichter, seinen Reichtum zu teilen. Er gab Geld für gemeinsame Urlaube aus, war großzügig mit Geschenken und hatte nicht das Bedürfnis, alle Ausgaben seiner Frau über das gemeinsame Konto zu überwachen. Seine mangelnde Knauserigkeit und sein wenig kontrollierendes Verhalten spiegeln wider, wie er sich in dieser Beziehung fühlte: Er hatte mehr Hoffnung, dass die Liebe und Zuneigung auf Gegenseitigkeit beruhen könnte. Wenn wir uns einer Person gegenüber auf ungewöhnliche Weise verhalten, stellt sich die Frage: Was an dieser Beziehungsdynamik ruft das Bedürfnis nach einem solchen Verhalten hervor?

Mit Geld kann man auf viele verschiedene Arten Kontrolle ausüben. Man denke zum Beispiel an eine Familie, in welcher der Mann berufstätig ist, die Frau aber ihre Arbeit aufgegeben hat, um sich um die kleinen Kinder zu kümmern. Die Ehepartner haben vereinbart, dass der Mann jeden Monat Geld auf das Konto seiner Frau überweist. Im Prinzip ist an dieser Vereinbarung nichts auszusetzen. Wenn der Ehemann jedoch nur einen Betrag überweist, der die grundlegendsten Bedürfnisse abdeckt, und jede andere Ausgabe, die seine Frau tätigt, hinterfragt, kritisiert oder verweigert, könnte sich die Frau in ihrer finanziellen Freiheit und Autonomie eingeschränkt fühlen.

Wie bei vielen Verhaltensweisen im Umgang mit Geld kommt es auf den Kontext, die Häufigkeit und das Ausmaß des Verhaltens an. Eine einmalige Bemerkung muss uns nicht gleich alarmieren, wohl aber, wenn sich ein Verhaltensmuster herausbildet und vor allem, wenn der andere das Gefühl bekommt, dass seine Freiheit eingeschränkt wird. Auch der Kontext spielt eine Rolle. Man stelle sich etwa vor, dass es der Ehefrau schwerfällt, vernünftig mit ihrem Geld umzugehen und ihre Ausgaben in angemessener Weise zu tätigen. In diesem Fall können wir die Abneigung des Ehemannes, sich großzügig zu zeigen, als Ausdruck seiner Angst betrachten, dass sie es mit den Ausgaben wieder »übertreibt«, oder als seine Art, seine Frau davor zu bewahren, in alte, ungute Ausgabegewohnheiten zurückzufallen, und nicht als böswillige Absicht, sie zu kontrollieren. Auch wenn Kontrolle nicht der beste Weg ist, um ihr dabei zu helfen, wieder zu einem vernünftigen Ausgabeverhalten zurückzufinden, bietet dieser Kontext eine Grundlage für ein Gespräch zwischen den Partnern, in dem die Frau zum Beispiel sagen könnte: »Du kontrollierst mich zu stark bei den Ausgaben, und das empfinde ich als unangenehm«, während er seine Befürchtung darüber äußern könnte, dass sie wieder in frühere Verhaltensweisen zurückfällt. Dies wäre vielleicht ein Ansatz, der es ermöglichen könnte, eine Lösung finden, mit der beide leben können.

Um bei diesem Beispiel zu bleiben: Was ist, wenn die Frau das Gefühl bekommt, dass sie bei den großen finanziellen Entscheidungen des Paares nicht viel zu sagen hat? Der Ehemann könnte (bewusst oder unbewusst) glauben, dass er ein Anrecht auf mehr Entscheidungsbefugnis habe, weil er derjenige ist, der »das Geld nach Hause bringt«. Aber ist das fair? Oder nimmt er ihr dadurch die Befugnisse, die ihr zustehen, weil sich das Paar darauf verständigt hat, dass sie der Familie zuliebe auf ein eigenes Einkommen verzichtet?

Der Ehemann, der zu Beginn dieses Kapitels vorgestellt wurde, ist ein Beispiel für eine Art der Kontrolle, die darauf abzielt, Wut und Misstrauen zum Ausdruck zu bringen (und vielleicht auch ein Mittel der Vergeltung ist), und das Paar, über das wir gerade gesprochen haben, ist ein Exempel für jene Art von Kontrolle, die aus einem Macht- (und Einkommens-)Ungleichgewicht resultiert, aber es gibt noch zahlreiche weitere Möglichkeiten und Gründe, warum sich in einer Beziehung eine Dynamik der finanziellen Kontrolle entwickeln kann. Bei einer auf Kontrolle ausgerichteten Dynamik kommt es häufig zu emotionaler Manipulation. Jedes Verhalten, das darauf abzielt, dass sich der andere beherrscht oder abhängig fühlt (Herabsetzung, Bedrohung, Demütigung oder Isolierung des anderen), kann ein Vorläufer oder eine Taktik sein, die zu finanzieller Kontrolle oder sogar finanziellem Missbrauch führt. Denken wir an folgende Beispiele:

- Der Freundin ein schlechtes Gewissen machen, weil sie einem nicht jeden finanziellen Wunsch erfüllt

- Einem volljährigen Kind verbieten, sich eine Arbeit zu suchen, und es so in finanzieller Abhängigkeit zu halten
- Der Partnerin oder dem Partner unverhohlen zu drohen, ihr oder ihm das Geld zu kürzen, wenn sie oder er nicht tut, was Sie sagen
- Von einem Familienangehörigen verlangen, in dessen Testament berücksichtigt zu werden als Gegenleistung für Besuche oder Unterstützung
- Wütend oder aggressiv werden, wenn die Ehefrau Geld ausgibt
- Den Partner herabsetzen, damit man die Entscheidungsgewalt in finanziellen Angelegenheiten für sich allein beanspruchen kann

All dies sind Beispiele dafür, wie jemand versucht, die Kontrolle über die Finanzen eines anderen auszuüben und ihm seine Autonomie zu entziehen. Wichtig ist jedoch, Wachsamkeit nicht mit Kontrolle zu verwechseln: Das sind zwei unterschiedliche Dinge. Wenn jemand »vorsichtig mit Geld umgeht« umgeht, ist das nicht gleichbedeutend mit »Kontrolle«. Wenn es unterschiedliche Auffassungen darüber gibt, wie das Geld ausgegeben werden »sollte«, besteht die Aufgabe eines Paares darin, Wege zu finden, diese Differenzen beizulegen, ohne dass eine der beiden Parteien eine rechthaberische Haltung einnimmt. In einer von Liebe und Verständnis geprägten Beziehung sollten beide Partner ein gewisses Gefühl der finanziellen Freiheit und Autonomie haben. Ein Beispiel: »Mein Mann weiß oft nicht, wie viel auf unserem Bankkonto ist, fliegt zur Arbeit, gibt eine Menge Geld für Abendessen und Getränke aus und zwingt mich dann, bei den Lebensmitteleinkäufen zu sparen. Bin ich deshalb eine Tyrannin, wenn ich unseren Kontostand überprüfe und ihn warne, wenn seine Ausgaben das Budget überschreiten?«[207] Das klingt so, als hätte diese Frau das Gefühl, dass ihr Partner zu viel Geld ausgibt, und sie ist wahrscheinlich zu Recht vorsichtig: Sie behält das Konto im Auge und versucht, mit ihrem Partner ein Gespräch über das Haushaltsbudget zu führen. Dies sind vernünftige Schritte, die von einer berechtigten Besorgnis ausgelöst werden.

Finanzieller und wirtschaftlicher Missbrauch

Obwohl die beiden Begriffe austauschbar verwendet werden, ist »finanzieller Missbrauch« eine Unterkategorie des »wirtschaftlichen Missbrauchs« und bezieht sich auf die Einschränkung der Fähigkeit einer Person, finanzielle Ressourcen zu erwerben, zu nutzen und zu bewahren. Ein Missbrauchstäter kann den Zugang des Opfers zu einem Bankkonto einschränken, ihm Geld entwenden, in seinem Namen Schulden anhäufen (was seiner Kreditwürdigkeit schadet), seine Ersparnisse verspielen oder ihn sogar dazu zwingen, sein Testament zu ändern. Die finanziellen Mittel einer Person werden im umfassenden Sinn kontrolliert.

»Wirtschaftlicher Missbrauch«[208] ist dagegen ein weiter gefasster Begriff, der Verhaltensweisen umfasst, die die wirtschaftliche Situation des Opfers insgesamt verschlechtern und ihm jede Möglichkeit nehmen, sie zu verbessern. Er geht über die finanzielle Kontrolle hinaus, da nicht nur das Geld, sondern auch der freie Zugang zu grundlegenden Gütern und Dienstleistungen eingeschränkt wird: Ein Partner, der sich missbräuchlich verhält, kann den Zugang zu lebenswichtigen Gütern wie Lebensmitteln, Kleidung und Hygieneartikeln einschränken und sogar den Zugang zu Verkehrsmitteln kontrollieren (zum Beispiel durch Entzug des Führerscheins oder des Reisepasses) und zur Technologie (zum Beispiel das Mobiltelefon), die dem Opfer den Kontakt mit der Außenwelt ermöglicht. Dem Opfer können Möglichkeiten verwehrt werden, seine finanzielle Situation zu verbessern, wie etwa durch Bildung, Ausbildung oder Beschäftigung.

Sowohl bei finanziellem wie auch bei wirtschaftlichem Missbrauch ist das Verhalten des Täters in der Regel mit Zwang und Täuschung sowie unangemessener Kontrolle verbunden und schränkt letztlich die Autonomie des Opfers ein.

In einer im Jahr 2020 von der Co-operative Bank and Refuge, einer britischen Wohltätigkeitsorganisation, die sich mit häuslicher

Gewalt befasst, durchgeführten Studie gaben 16 Prozent der Erwachsenen an, in einer Beziehung wirtschaftliche Gewalt erlebt zu haben. Dennoch hat nur ein Drittel der Erwachsenen jemals von wirtschaftlichem Missbrauch gehört.[209] Es gibt Hinweise darauf, dass während der Coronavirus-Pandemie die Zahl der Menschen, die unter wirtschaftlichem oder finanziellem Missbrauch litten, zugenommen hat. 1,6 Millionen Menschen, also etwa 3 Prozent der Bevölkerung Großbritanniens, haben in diesem Zeitraum zum ersten Mal wirtschaftlichen Missbrauch erlebt. Eine andere Studie, die 2020 von der britischen Wohltätigkeitsorganisation Women's Aid durchgeführt wurde, stellte fest, dass mehr als die Hälfte der 202 befragten Opfer entweder während der Pandemie zum ersten Mal von wirtschaftlichem Missbrauch betroffen waren oder dass sich dieser Missbrauch in dieser Zeit verschlimmert hat.[210] Die Lockdown-Maßnahmen boten Missbrauchstätern die Möglichkeit, mehr Kontrolle über ihre Opfer auszuüben, indem sie beispielsweise wieder bei ihnen einzogen oder ihre Aktivitäten angesichts des Lockdowns stärker überwachten. Die wirtschaftlichen Auswirkungen von Covid, das heißt die Einkommensverluste vieler Haushalte aufgrund von Entlassungen und Lohnkürzungen, führten zu zusätzlichen Stressfaktoren, die den finanziellen Missbrauch noch verstärkten.

Diese Arten des Missbrauchs gehen fast immer mit anderen Formen des Missbrauchs einher, wie zum Beispiel psychischer, körperlicher und/oder sexueller Gewalt. Untersuchungen von Adams et al. ergaben, dass 99 Prozent der Überlebenden häuslicher Gewalt in der Beziehung auch eine Form des wirtschaftlichen Missbrauchs erlebten.[211] Untersuchungen von Women's Aid[212] bestätigen, dass wirtschaftlicher Missbrauch ein Vorläufer für andere Formen des Missbrauchs sein kann. Das kontrollierende Verhalten kann damit beginnen, dass man den Zugang des anderen zu Bankkonten einschränkt, und führt dann häufig zu gewalttätigeren oder tiefgreifenderen Formen der Kontrolle. Dies ist nur eine Möglichkeit, mit der der Täter versucht, die Freiheit und Unabhängigkeit des anderen einzuschränken. Geld ist oft der Hauptgrund, warum Frauen einen übergriffigen und kontrollierenden Partner nicht verlassen, weil sie als Opfer das Gefühl haben können, dass sie vor der Wahl zwischen Armut und Missbrauch stehen. Die Frauenhilfsorganisation Women's Aid stellte in ihrer Untersuchung[213] fest, dass 52 Prozent der Missbrauchsopfer den Täter nicht verlassen konnten, weil sie kein Geld hatten. Sie fügen hinzu: »Das Vorenthalten von Geld und anderen wirtschaftlichen Ressourcen ist eine der auffälligsten Formen der Zwangskontrolle, die Frauen der materiellen Mittel beraubt, die sie für Unabhängigkeit, Widerstand und Flucht benötigen.«[214]

Während ein gewisses Machtungleichgewicht bei Paaren, wenn es um Geld geht, üblich ist (ein Partner verdient vielleicht deutlich mehr als der andere und hat tendenziell ein größeres Mitspracherecht, wenn es um die finanziellen Entscheidungen des Paares geht), sind die Machtverhältnisse bei wirtschaftlichem oder finanziellem Missbrauch massiv verzerrt. Einer der Partner hat die meiste Kontrolle und der andere fast gar keine. Und vergessen wir nicht, dass es einen Unterschied gibt zwischen Macht als Form der Einflussnahme und Kontrolle als Versuch, das Verhalten einer Person zu lenken und ihre Freiheit einzuschränken: Missbrauch schränkt die Freiheit ein und ist daher oft das Ergebnis eines Machtmissbrauchs.

Folgende Strategien werden am häufigsten angewandt, um psychologische Kontrolle über einen Menschen auszuüben: das Verharmlosen oder Leugnen des Missbrauchs, der Versuch, die Schuld auf das Opfer zu schieben, die Isolation, um äußere Einflüsse zu verhindern, die Kontrolle über alle Aspekte des Lebens der Person, mit wem sie spricht, wohin sie geht usw., emotionaler Missbrauch, wie Herabwürdigung, Demütigung und Kritik, oder Einschüchterung, Drohungen und Zwang.[215]

Wie bei jeder Form von Missbrauch fühlt sich das Opfer vollkommen hilflos und ohnmächtig. Das Opfer wird oft in dem Glauben gelassen, dass es selbst die Schuld an seiner Situation trägt (und dies ist oft auch Teil der Erzählung des Täters), was zu einem starken Gefühl der Scham und Schuld führt. In gesunden Beziehungen werden respektvolle Gespräche zwischen Gleichberechtigten geführt. Sarkasmus, Beleidigungen und herabsetzende Kommentare sind Anzeichen dafür, dass die Beziehung missbräuchlich ist. Das Opfer hat nicht nur keine Autonomie, wenn es darum geht, Zugang zu Ressourcen zu erhalten, sondern jede Bitte, die es äußert, wird abgeschmettert, und es fühlt sich unsicher, angegriffen, schuldig und verängstigt. Der missbrauchende Partner reagiert mit Gleichgültigkeit, mangelndem Einfühlungsvermögen oder Aggression. Oft werden Lügen und Manipulationen eingesetzt, um die Schuldgefühle des anderen zu verstärken. »Wenn du nicht gewesen wärst, wären wir jetzt nicht in dieser Situation.«

Finanzieller Missbrauch kann zu einer Abwärtsspirale des Missbrauchs führen, weil er das Opfer in eine Falle lockt und seine Möglichkeiten zum Ausstieg einschränkt. Ohne Ressourcen kommen die Opfer nicht weit: Die Verbindung zwischen Geld und Überleben liegt auf der Hand. Selbst wenn sie einen praktischen Ausweg finden, haben sie möglicherweise Angst, ihn zu nutzen (weil sie die vielen Drohungen im Kopf haben), und verharren in einem psychologischen Gefängnis, das ebenso schwer zu verlassen ist wie die physische, gefängnisartige Situation, der sie zu entkommen versuchen. Ein Drittel der Menschen, die wirtschaftlichen Missbrauch erleben, vertrauen sich nie jemandem an.[216] Deshalb besteht der einzige Ausweg oft in der emotionalen und praktischen Unterstützung durch jemanden, der sie physisch aus der missbräuchlichen Beziehung herausholen kann. Es handelt sich auch um eine Form des Missbrauchs, die nicht unbedingt aufhört, sobald es dem Opfer gelingt, sich physisch vom Täter zu lösen, weil es einige Zeit dauern kann, Rechtsstreitigkeiten im Zusammenhang mit dem finanziellen Missbrauch beizulegen oder gemeinsam gehaltene Vermögenswerte zu entflechten.

Gründe

Ich habe erlebt, dass Klienten, die sich in zwischenmenschlichen Beziehungen sehr kontrollierend verhalten haben, dies in unserem Gespräch unbewusst auf eher unscheinbare Weise zum Ausdruck brachten: Sie versuchten vielleicht den Raum zu kontrollieren (indem sie die Stühle im Beratungszimmer umstellten oder wenig Platz für meine Interventionen ließen); sie kontrollieren die Sitzungen, indem sie Änderungen der Sitzungsdauer verlangen oder eine Sitzung vorzeitig verlassen (um bestimmen zu können, wann die Sitzung zu Ende ist); und sie können natürlich auch versuchen, über das Geld Kontrolle auszuüben (indem sie mich daran erinnern, wie viel sie für die Sitzungen zahlen, um ihre Überlegenheit zu demonstrieren oder Forderungen zu untermauern).

Es ist leicht, jemanden zu dämonisieren oder in eine Schublade zu stecken, der sich übermäßig kontrollierend verhält. Es sind nicht immer Männer, und sie haben auch nicht immer böse Absichten. Ein Mensch kann sich kontrollierend verhalten, ohne sich dessen bewusst zu sein: Er erkennt sein Verhalten vielleicht nicht als kontrollierend oder ist sich des manipulativen Aspekts nicht bewusst. Diese Menschen könnten ihr Verhalten damit rechtfertigen, dass sie einfach nur vorsichtig sind, den anderen schützen möchten oder für alle Beteiligten »das Beste« erreichen wollen. Es ist daher wichtig, keine Vermutungen über die Absichten einer Person anzustellen, wenn es um Kontrolle geht: Hier ist vielleicht nicht böser Wille im Spiel, um den anderen zu entmachten, sondern es ist nur ein psychologischer Schutz gegen die eigenen Ängste.

Kontrolle, um Ablehnung oder Verlassenwerden zu verhindern

Opfer einer kontrollierenden Dynamik zu sein, ist zwar schrecklich, aber die kontrollierende Person hat dieses Verhalten möglicherweise als Reaktion auf ihre eigenen emotionalen Enttäuschungen entwickelt. Eine Geschichte unerfüllter emotionaler Bedürfnisse, die bei uns Angst vor Enttäuschungen erzeugt, kann dazu führen, dass wir eine Verteidigungsstrategie anwenden, bei der wir den anderen kontrollieren, um das Risiko, abermals verletzt zu werden, zu minimieren. Der Schrei »Ich bringe mich um, wenn du mich verlässt«, ist eine Form der emotionalen Erpressung, aber hinter dieser Drohung steckt vielleicht mehr als nur die böswillige Absicht, den anderen zu kontrollieren: Es könnte eine echte Angst vor dem Gedanken sein, wieder verlassen zu werden.

Den Partner zu kontrollieren und finanziell in einem Ausmaß zu unterdrücken, das seine Autonomie einschränkt, könnte so gewissermaßen die Angst dämpfen, dass der andere uns verlässt. Wir sind uns vielleicht nicht bewusst, wie manipulativ wir uns verhalten, und wir erkennen möglicherweise auch nicht, wie schädlich und kontraproduktiv die Auswirkungen sind, die wir damit verursachen, aber dieses Verhalten entspringt einer Verzweiflung, in der die Angst, dass wir uns jemals wieder so allein und verunsichert fühlen werden, alles überlagert, was wir rein verstandesmäßig über gute Kommunikation oder darüber wissen, was man in einer Beziehung sagen oder tun kann oder darf und was nicht.

Kontrolle als Machtspiel, um sich selbst nicht machtlos zu fühlen

Diese Angst ist anders bei einem Menschen, der unter missbräuchlichem Verhalten eines anderen gelitten hat. Wenn wir uns überwältigt, ausgenutzt oder betrogen gefühlt haben, kann der Aufbau von Beziehungen, die sicherstellen, dass wir wieder »obenauf« sind, eine gewisse psychologische Entlastung von der Angst bieten, dass wir uns jemals wieder hilflos und hoffnungslos fühlen werden. Das ist der Grund, warum Missbrauchstäter (gleich welcher Art) früher oft selbst Opfer von Missbrauch waren: Nachdem sie unter einem dominanten Missbrauchstäter gelitten haben, identifizieren sie sich mit ihm, um den emotionalen Schmerz zu bewältigen und ihn in gewisser Weise in den Griff zu bekommen. Sie übernehmen in künftigen Beziehungen die Rolle des Missbrauchers, um sicherzustellen, dass sie nie wieder von jemand anderem beherrscht werden. Dieses Phänomen wurde von der Psychoanalytikerin Anna Freud als »Identifizierung mit dem Angreifer« bezeichnet.[217] Einen Partner finanziell zu kontrollieren, ihn zu entmachten, verschafft uns ein Gefühl der Sicherheit, dass uns dieses Mal nicht genommen werden kann, was uns gehört, weil wir jetzt das Sagen haben.

Aber auch das Gegenteil ist der Fall. Weil sie nicht in der Lage sind, die Erfahrungen aus der Vergangenheit zu verarbeiten, sehen sich Missbrauchsopfer vielleicht gezwungen, sie unbewusst zu wiederholen, in der Hoffnung, dass es diesmal anders kommt. Missbrauchsopfer könnten unbewusst in eine missbräuchliche Beziehung nach der anderen geraten und die vertrauten Kindheitsdynamiken wiederholen (was ich als eine psychologische Abwehr erkläre, die Freud als »Wiederholungszwang« bezeichnete, auch bekannt als »Trauma-Wiederholung«).[218] Meiner Erfahrung nach neigen Menschen auch dazu, das Vertraute gegenüber dem Unbekannten zu bevorzugen. Wenn sie also einen Partner finden, der fürsorglich ist und ihre Grenzen und ihre Autonomie respektiert, fühlen sie sich unbehaglich und denken: »Das ist zu schön, um wahr zu sein« oder »Das kommt mir irgendwie komisch vor« oder »Es wird nicht halten«. Es ist verwirrend und angstauslösend, wenn wir auf eine Art und Weise behandelt werden, die das Gegenteil von dem ist, was wir gewohnt sind, und daher auch von dem, was wir erwarten. Leider bedeutet die Erwartung von Missbrauch, dass dieser dann oft auch zur Realität wird, also gewissermaßen eine sich selbst erfüllende Prophezeiung darstellt.

Kontrolle als eine Form der vergeltenden Verweigerung

Ein Beispiel dafür haben wir in der Einleitung gesehen. Anstatt uns der Wut, der Traurigkeit und der Frustration zu stellen, die wir gegenüber unserem Partner empfinden, weil wir uns nicht gehört, nicht beachtet oder missachtet gefühlt haben, lassen wir es an ihm aus, indem wir ihn finanziell kontrollieren: Wir fangen vielleicht an mit harschen Bemerkungen darüber, wofür er oder sie Geld ausgibt; wir gehen dazu über, den Betrag von unserem (oder dem gemeinsamen) Geld zu begrenzen, den er oder sie für Freizeitzwecke zur Verfügung hat, und im Lauf der Zeit können die Dinge eskalieren und das Geld ist nur noch ein Gegenstand, den wir zurückhalten oder verweigern, um gegen die bedeutsamere Verweigerung zu protestieren, die unser Partner uns entgegengebracht hat (Zurückhaltung von Zuneigung/Sex/emotionaler Verfügbarkeit).

Die Psychologie der Kontrollierten

Es ist schwer zu verstehen, warum manche Menschen in einer für sie so schädlichen Dynamik verbleiben (oder häufig in ihr enden). Wie ich bereits erwähnt habe, wiederholen sich oft frühere emotionale Erfahrungen, vor denen sie sich möglicherweise retten wollen – in der Hoffnung, dass es dieses Mal anders kommt.

Der Psychoanalytiker Bernhard Berliner[219] beschrieb den Prozess, durch den sich ein Kind mit dem hasserfüllten und ablehnenden Elternteil identifiziert und dies gegen sich selbst richtet, was bedeutet, dass ein Teil von uns gemein und niederträchtig werden kann und den masochistischen Teil von uns bestraft.

Das Leiden wird somit zum Preis, den man zahlen muss, um sich geliebt zu fühlen. Erfahrungen mit aggressiver oder emotional missbräuchlicher Erziehung könnten die Überzeugung gefördert haben, dass Liebe und Leid unweigerlich miteinander verbunden sind. Wenn wir in unserem Kopf eine Vorstellung von Liebe und Leiden haben, könnte das Leiden die Art und Weise sein, wie wir die Liebe erhalten. Wir tun dies natürlich nicht bewusst, wir suchen es nicht wissentlich, aber wir landen dort, zum Teil, weil es uns vertraut ist, zum Teil, weil wir das Gefühl haben, nichts Besseres zu verdienen, und zum Teil auch in der Hoffnung, dass es dieses Mal besser laufen könnte.

Wenn unser Partner uns die Schuld für alles gibt, was in der Beziehung falsch läuft, fügt er sich in eine Schablone ein, die bereits in unseren Köpfen verankert ist: ein Narrativ der Selbstbeschuldigung, des Verdienens von Bestrafung, des geringen Selbstwerts. Wir haben uns mit dem Gedanken abgefunden, dass wir mehr geben, als wir bekommen. Die Kontrolle oder der finanzielle Missbrauch sind schwer infrage zu stellen und anzugreifen, und manchen Opfern ist das so vertraut, dass sie nicht einmal erkennen, dass an der Dynamik, in der sie sich befinden, etwas nicht in Ordnung ist.

Laut *Psychodynamic Diagnostic Manual* können manche Menschen »ihre Bedürfnisse den Bedürfnissen anderer unterordnen und betrachten Leiden als Voraussetzung für die Aufrechterhaltung einer Beziehung. Diese Beziehung kann als dringend notwendig erlebt werden; die Angst, die Bindung zu verlieren, überlagert die Sorge des Patienten um seine eigene Sicherheit und sein eigenes Wohlergehen.« Mit anderen Worten: Eine missbräuchliche Beziehung kann dem Patienten als sicherer erscheinen als gar keine Beziehung. Der Psychoanalytiker Léon Wurmser drückte es so aus: »Peinige mich, aber lass mich nicht im Stich.«[220] Der Missbraucher und der missbrauchte Mensch haben also beide das gleiche Verlangen nach Bindung und Liebe, doch der eine wehrt sich dagegen, indem er den geliebten Menschen kontrolliert, und der andere, indem er seine Bedürfnisse aufgibt und sich dem anderen unterwirft.

Fallbeispiele

Jonah, einer meiner Klienten, arbeitete als Teilzeitlehrer und hatte Schwierigkeiten, seinen finanziellen Verpflichtungen nachzukommen (zum Beispiel seine Rechnungen und die Miete zu bezahlen). Er erzählte mir: »Lieber würde ich rausgeschmissen werden, als meinen Vater um Geld zu bitten.« Jonahs Beziehung zu seinem Vater war komplex. Es gab eindeutig Enttäuschungen und Wut, die die Beziehung prägten. Jonah hatte das Gefühl, dass sein Vater egoistisch und wenig einfühlsam gegenüber seiner Mutter war, die jahrelang mit einer postpartalen Depression kämpfte. Der Hauptgrund dafür, dass Jonah das Geld seines Vaters, das ihm mehrmals angeboten wurde, ablehnte, war nicht Wut oder Stolz, sondern die Tatsache, dass sein Vater Geld immer auf manipulative und kontrollierende Weise eingesetzt hatte. Sein Vater versuchte, Jonah durch reichliche Geschenke dazu zu bewegen, mehr Zeit mit ihm zu verbringen, was Jonah als Kontrolle empfand. Jonah erklärte: »Wenn ich ein Geschenk oder Geld von ihm annahm, wurde es mir auf die eine oder andere Weise ins Gesicht zurückgeschleudert. Er wird tausendmal wiederholen, wie gut und großzügig er ist, und er will, dass ich ihm beipflichte und ihm danke. Er wird auf jeden Fall eine Gegenleistung verlangen, zum Beispiel dass ich mit ihm ausgehe, ihn zum Essen treffe und dergleichen.« Es erschien nie wie eine großzügige Handlung, sondern wie eine indirekte Bitte um einen Austausch. Jonah erklärte, dass sein Vater jede Begegnung nutze, um über sich selbst zu sprechen, seine eigenen Ansichten oder Bedürfnisse durchzusetzen oder mit seinen Leistungen zu prahlen, ohne Interesse für seinen Sohn zu zeigen oder Verständnis für ihn aufzubringen. Für Jonah waren die finanziellen Zuwendungen eine schmerzhafte Erinnerung an alles, was ihm vorenthalten wurde, an all die unerfüllten emotionalen Bedürfnisse, an seine Sehnsucht nach einem Vater, der sich ernsthaft für ihn interessierte. Seine Geschenke wurden daher abgelehnt oder ihm übel genommen. Jonah sagte: »Das ist NICHT das, was ich von ihm will. Ich will seine Liebe. Ich möchte, dass er sich dafür interessiert, was in meinem Leben vor sich geht. Ich will nicht sein Geld!« Jonah hatte das Gefühl, dass Geld für seinen Vater ein Mittel zur Kontrolle und ein Ersatz für emotionale Zuwendung war, nach der sich Jonah sehnte.

Es ist schwer zu sagen, was Jonahs Vater dazu veranlasste, sich in Bezug auf Geld so kontrollierend zu verhalten. Vielleicht wollte er damit unbewusst eine erwünschte Reaktion seiner Kinder (Dankbarkeit, Wertschätzung) erzwingen, die ihn darin bestärken sollte, dass er ein guter Vater war. Es könnte auch ein Versuch gewesen sein, eine Verbindung zu ihnen herzustellen, ohne sich bewusst zu sein, wie manipulativ seine Art war, ihre Aufmerksamkeit zu suchen. Vielleicht war es aber auch eine Wiederholung der Art und Weise, wie seine eigenen Eltern positive Aufmerksamkeit von ihren Kindern erhielten. Es schien offensichtlich, dass sein Vater nicht daran glaubte, dass Jonah eine Beziehung zu ihm aufbauen wollte, es sei denn, er wurde erpresst oder manipuliert. Vielleicht war sein Kontrollverhalten ein Schutz davor, dass ihm etwas Wichtiges verweigert wurde: Wenn er Geld anbot und erst dann um Dankbarkeit, Treffen oder Bestätigung bat, verringerte er die Wahrscheinlichkeit, dass ihm dies verweigert wurde.

Eine Dynamik der finanziellen Kontrolle ist also nicht nur in romantischen Beziehungen anzutreffen, und sie kann subtil sein und nur gelegentlich zum Tragen kommen (wenn zum Beispiel ein Freund darauf besteht, dass wir alle die Rechnung zu gleichen Teilen bezahlen, und einem nur wenig Spielraum bei der Auswahl lässt), sie kann auch weniger subtil sein, wie im Fall von Jonah, oder sie kann eine Erscheinungsform von wirtschaftlichem Missbrauch darstellen wie der, den ich Ihnen im Folgenden vorstelle.

Im Jahr 2022 beteiligte ich mich an einem Podcast mit dem Titel *Grano* (ein italienisches Slangwort für Geld), der von Mia Ceran moderiert wurde.[221] In dieser Folge über wirtschaftlichen Missbrauch meldete sich eine Zuhörerin, die die Geschichte des Missbrauchs in ihrer Kindheit erzählen wollte. Zu Beginn der Diskussion, als wir uns mit den Definitionen von Kontrolle und Missbrauch befassten, sprach ich von einem Machtungleichgewicht, und hier stellt sich natürlich die Frage, wie wirtschaftlicher Missbrauch zwischen einem Elternteil und einem Kind zu definieren ist, wenn die finanzielle Beziehung von Natur aus so unausgewogen ist. Das Kind ist finanziell von den Eltern abhängig, so dass nicht, wie bei Paaren, von einer gleichberechtigten Machtverteilung ausgegangen werden kann. Aber wie ich bereits ausführte, geht es nicht nur um ein Ungleichgewicht, sondern auch darum, wie die Macht eingesetzt wird und welche Auswirkungen sie auf den anderen hat. Dies ist unbestreitbar ein Beispiel für Missbrauch, und es zeigt anschaulich die psychologischen Auswirkungen dieser Form von Kontrolle, in diesem Fall durch die eigenen Eltern.

Paola erzählt:

»Ich konnte ab Anfang zwanzig selbstständig einkaufen, als ich meinen ersten Job hatte. Davor war Geld für mich unerreichbar gewesen. Was ich brauchte, war an das Portemonnaie meiner Eltern gebunden. Ich durfte keine Konzerte oder Partys besuchen oder mit meinen Freunden in den Urlaub fahren. Ich konnte keine öffentlichen Verkehrsmittel benutzen, keine Schuhe oder Kleidung selbstständig kaufen. Deodorant war eine Zumutung (meine Eltern sagten mir, ich solle duschen, wenn ich rieche), und die einzigen Damenbinden, die ich benutzen durfte, waren die sehr dicken. Auch die dünnen Binden waren eine Zumutung.

Ich stand unter der strengen Kontrolle meiner Eltern. [...] Nach Abschluss der Schule wollten meine Eltern, dass ich eine angesehene Privatuniversität besuche (da dies das Ansehen der Familie erhöhen würde), aber obwohl ich eigentlich schon dorthin wollte, lehnte ich das Angebot ab. Die Annahme des Angebots hätte mich in ein weiteres Abhängigkeitsverhältnis zu meiner Familie gebracht, in dem ich zwar hätte studieren dürfen, aber zu ihren Bedingungen und unter ihrer strengen finanziellen Aufsicht [...], und mit der Auflage, dass ich Bestnoten abliefere. Daraufhin wurde ich von manchen Angehörigen geschnitten, verbal und auch körperlich angegriffen und daran gehindert, ein normales Leben zu führen. Stattdessen bewarb ich mich mehrmals für einen Studiengang, der mir nach dem Abschluss einen Arbeitsplatz garantieren würde, und obwohl ich eigentlich mit einer Ablehnung rechnete, wurde ich aufgrund meiner Leistungen angenommen. Dann stand ich vor der Herausforderung, wie ich zum Hochschulort und wieder nach Hause kommen sollte. [...] Ich glaubte nicht, dass ich mit den öffentlichen Verkehrsmitteln zurechtkommen würde. [...] Ich war zu nichts fähig, so fühlte ich mich jedenfalls: Ich war ein unfähiger Mensch. Alles machte mir Angst, ich sah jedes Hindernis als unüberwindbar an.

Schließlich bewilligten mir meine Eltern ein sehr kleines Stipendium. Es reichte für die Grundbedürfnisse, mehr nicht. [...] Durch sorgfältigen Umgang mit dem Geld konnte ich genug ansammeln, um mir eine Kinokarte zu leisten. Mein Freund hatte jahrelang darauf bestanden, Eintrittskarten und dergleichen für mich zu bezahlen, aber ich wollte meine Freiheit nicht von jemand anderem abhängig machen. Ich sagte immer zu ihm: ›An dem Tag, an dem ich es mir leisten kann, werde ich zu dir ziehen.‹

Nachdem ich meinen ersten Job bekommen hatte, beschloss ich, ein eigenes Bankkonto zu eröffnen. Da wurde ich mit Beleidigungen überschüttet: Ich sei eine schlechte Tochter, eine undankbare, egoistische Schlampe. Wie konnte ich nur so etwas tun? Meine Familie brauchte das Geld, und ich hatte mir erlaubt, es zu behalten, als ob es mir gehörte? Ich konnte mich nicht gegen sie wehren, weil ich nicht fest davon überzeugt war, dass ich richtig und vernünftig handelte. Ich wurde beherrscht und glaubte, im Unrecht zu sein. Ich verglich mich zwar mit anderen (und bedenken Sie, dass dies vor dem Aufkommen des Internets war), konnte mich aber nicht als Opfer wirtschaftlicher Gewalt betrachten. Natürlich war mir klar, dass ich nicht wie die anderen war, dass ich nicht die gleichen Möglichkeiten hatte, aber ich dachte immer, dass das Leben in einer Familie, die nicht reich ist, eben so sei.«

Paola wurde der Zugang zu grundlegenden Produkten verwehrt; ihre berechtigten Wünsche wurden heruntergespielt und abgelehnt; in der Kommunikation mit ihren Eltern fühlte sie sich angegriffen, kritisiert und nicht ernst genommen; ihr Verhalten hinterließ in ihr ein Gefühl von Machtlosigkeit und Schuld. Anstatt ihrem Kind zu helfen, sich zu einer autonomen und selbstbewussten Person zu entwickeln, vermittelten ihre Eltern ihr das Gefühl, »ein unfähiges menschliches Wesen« zu sein und in der Falle zu sitzen.

Diese Erfahrungen bildeten die Grundlage dafür, dass Paola in ihren Beziehungen als Erwachsene immer Angst vor Abhängigkeit hatte: Sie ließ sich von ihrem Freund keine Kinokarte kaufen. Bei Paola rief dieses unschuldige Angebot die Angst hervor, in eine beängstigende Kontrolldynamik zu geraten, die sie um jeden Preis vermeiden wollte. Eine rote Fahne tauchte in ihrem Kopf auf, um sie davor zu schützen, abermals verletzt zu werden: Sie wollte nicht in ein Gefängnis der Kontrolle zurückkehren. In derartigen Momenten, wenn gegenwärtige Beziehungen Ängste aus der Vergangenheit heraufbeschwören, ist es nicht leicht, einen Realitätscheck durchzuführen. Zu akzeptieren, dass eine Kinokarte sie nicht zu einem Leben unter der Knute der Kontrolle verdammt, scheint ein zu großes Risiko zu sein … doch langsam, manchmal mit Hilfe einer Therapie, manchmal durch Verstärkung positiver Erfahrungen und Beziehungen, gelingt es manchen Menschen, wieder Vertrauen in Beziehungen aufzubauen, ihre Abwehrmechanismen zurückzufahren und sich in Zukunft gesündere, erfüllendere Beziehungserfahrungen zu erlauben.

Wie wirkten sich diese Erfahrungen auf Paolas künftige Beziehung zu Geld aus? Als Erwachsene trug Paola auf Geld bezogene Ängste mit sich herum, die sie auf ihrem Weg zur finanziellen Unabhängigkeit behinderten. Im weiteren Verlauf des Podcasts sprach sie von einer Schwierigkeit, »großzügig« auszugeben. Natürlich ist dies zum Teil auf die realen wirtschaftlichen Schwierigkeiten zurückzuführen, mit denen sie zu kämpfen hatte. Aber es war mehr als das. Menschen, die wie Paola mit narzisstischen Eltern aufwachsen, werden zweier wesentlicher Elemente einer gesunden psychologischen Trennung und eines gesunden Wachstums beraubt: des Raumes, in dem ihre Bedürfnisse und Wünsche ausgedrückt und in ausreichendem Maße erfüllt werden können, und echter Empathie. Ein narzisstischer Elternteil reduziert alles auf seine eigenen Bedürfnisse und Gefühle. Dies hinterlässt bei der betreffenden Person das Gefühl, dass sie dies auch verdient habe. Die Botschaft, die ihr zu Hause vermittelt wurde, lautete: »Deine Wünsche sind lächerlich, du verdienst es nicht«. Es ist daher nicht verwunderlich, dass dies in ihr einen Konflikt auslöste, als sie heranwuchs: Der erwachsene Teil von ihr wusste, dass sie es sich leisten konnte, sich mehr zu gönnen, weil es nun ihr Geld war, ihre eigene Wahl, aber ein anderer Teil, der kindliche Teil von ihr, glaubte immer noch, dass sie es nicht verdiente, dass ihre Wünsche »unverschämt« seien. Sie sagte: »Weil man nicht die Überzeugung hat, dass man im Recht ist und vernünftig handelt.«

Ausstieg aus der Dynamik von Kontrolle und Missbrauch

Der Ausstieg aus einer missbräuchlichen Beziehung ist nicht einfach. Paolas Entschlossenheit, eine Wiederholung der Vergangenheit zu verhindern, und dass sie den Mut und die Kraft aufbrachte, dies zu ermöglichen, sind bewundernswert. Viele Missbrauchsopfer fühlen sich für den Rest ihres Lebens festgefahren, unfähig, ihre Situation zu ändern. Es ist schwer, sich selbst davon zu überzeugen, dass die Zukunft anders sein wird als die Vergangenheit, aber diese Möglichkeit zuzulassen, ist der Schlüssel zur Veränderung. Auch wenn die Vergangenheit der »Normalzustand« war, muss es nicht so bleiben. Paola erzählt, wie verwirrend es war, als sie aufwuchs und feststellte, dass andere eine ganz andere Erfahrung in ihrer Kindheit und Jugend machten. Was sie als »normal« ansah, war überhaupt nicht üblich. Sie sagt: »Man fragt sich, wo die Wahrheit liegt, die richtige Art zu leben, die richtige Art, Beziehungen zu führen.« Paola musste einen Weg finden, um neu zu definieren, was für sie »normal« war.

Wie kann man aus dem Kreislauf der Wiederholung ausbrechen? Dazu muss man zunächst die Realität akzeptieren, was nicht einfach ist. Ein Missbrauchsopfer erzählt: »Wenn man gerade dabei ist, spielt man es irgendwie herunter und denkt: ›Ach, so schlimm wird es nicht sein‹ […] Ich glaube, ich hatte es akzeptiert. Ich dachte nur: Das ist es. Das ist mein Leben, und ich konnte nicht erkennen, wie es besser werden sollte.« Es gibt die Verleugnung, aber auch die langsame und allmähliche Eskalation der Ereignisse, die die Verleugnung unterstützt.

Zweitens muss man die Kraft aufbringen, um Hilfe zu bitten (von einem Freund, einem Familienmitglied, einer Fachkraft oder auch einer Beratungsstelle). Hilfe ist vor allem dann wichtig, wenn das Opfer jegliche finanzielle Unabhängigkeit eingebüßt hat, was es logistisch unmöglich macht, die Beziehung zu verlassen. In Beziehungen, die von finanziellem Missbrauch geprägt sind, kommt es häufig auch zu psychologischem Missbrauch, der die Isolierung des Opfers von nahestehenden Personen einschließt, wodurch Hilfe unerreichbar erscheint. Jede Situation ist anders, aber oft ist das Ausmaß der Ohnmacht (psychologisch, aber auch finanziell) so groß, dass man nur mit der Unterstützung einer nahestehenden Person aus einer solchen Situation herauskommen kann.

In manchen Fällen ist es möglich, heimlich etwas Geld auf die Seite zu bringen, um aus der missbräuchlichen Beziehung auszubrechen – natürlich ist dies ein Geldgeheimnis mit mehr Vor- als Nachteilen.

Nach dem Ausstieg muss man sich, wie wir bei Paola gesehen haben, nicht nur bemühen, die traumatische Erfahrung zu verarbeiten, sondern auch dafür sorgen, dass man psychologisch robust genug ist, um in Zukunft eine gesunde Beziehung zu führen: weder eine Beziehung ganz zu vermeiden noch abermals in eine ähnliche Dynamik zu geraten.

*

Dieses Kapitel hat gezeigt, wie wir Geld als Waffe zur Kontrolle einsetzen können, und obgleich eklatante Fälle von finanziellem Missbrauch sehr selten sind (wenn auch häufiger, als wir vielleicht meinen), gibt es viele subtile Wege, über die wir durch Geld eine kontrollierende Dynamik auslösen können. Wenn Sie sich in diesem Kapitel wiedererkannt haben, möchte ich Sie bitten, sich die Frage zu stellen, was Ihren Wunsch, den anderen zu kontrollieren, antreiben könnte. Hat er seine Wurzeln in Erinnerungen und Erfahrungen, in denen Geld als Hebel eingesetzt wurde, um gewünschte Reaktionen auszulösen? Oder reagieren Sie auf Gefühle, die in Ihrer gegenwärtigen Beziehung hervorgerufen werden und die Sie auf keine andere Weise bewältigen können? Ist die Kontrolle Ihres Partners ein Mittel, um Sie vor der Angst zu schützen, verlassen zu werden, zurückgewiesen zu werden oder nicht das zu bekommen, wonach Sie sich sehnen? Vor allem aber: Können Sie es zulassen, die schädlichen Auswirkungen der Kontrolle zu erkennen und einen anderen Weg zu finden, mit den Ängsten und Sehnsüchten umzugehen, die Sie zu bewältigen versuchen?

Wenn Sie Opfer von finanziellem Missbrauch sind, können Sie Hilfe suchen: In Deutschland ist eine erste Anlaufstelle das Familienportal des Bundesministeriums für Familie, Senioren, Frauen und Jugend unter: https://familienportal.de/familienportal/lebenslagen/krise-und-konflikt/krisetelefone-anlaufstellen

Kapitel 9

Geldgeheimnisse

Der Schweizer Arzt und Schriftsteller Paul Tournier, der in seiner Arbeit Medizin, Psychotherapie und Seelsorge verband, schrieb einmal: »Nichts macht uns so einsam wie unsere Geheimnisse.«[222] Dem kann ich nur zustimmen. Obwohl Geheimnisse viel verbreiteter sind, als viele erwarten würden (oder zugeben möchten), können sie unserer psychischen Gesundheit schaden. Geldgeheimnisse sind da keine Ausnahme, sowohl was ihre Häufigkeit angeht als auch in Bezug darauf, wie isoliert man sich durch sie fühlen kann und wie sehr sie Beziehungen belasten können.

Es gibt alle möglichen Arten von Geldgeheimnissen: vom Verschweigen von Einkäufen und Süchten bis hin zum Verleihen von Geld ohne Zustimmung, dem Verschweigen von Einkommensquellen, Schulden oder Konten. Man kann sich vorstellen, wie eng finanzielle Untreue mit sexueller Untreue zusammenhängt, zum Beispiel indem man für Sex bezahlt oder einen außerehelichen Partner zum Essen einlädt, mit ihm Urlaub macht, ihm Geschenke macht und dergleichen. Die Forschung über Geldgeheimnisse ist nicht sehr umfangreich, aber es gibt einige Erhebungen und Umfragen, die uns eine grobe Vorstellung von der Häufigkeit und der Art der Geldgeheimnisse vermitteln können, die die Menschen hegen.

Laut einer Umfrage der National Endowment for Financial Education (NEFE), einer US-amerikanischen Organisation, die sich mit finanzieller Bildung befasst, haben von den befragten Erwachsenen, die ihre Finanzen zusammengelegt haben, etwa zwei von fünf (43 Prozent) schon einmal eine Form von finanziellem Betrug begangen, wobei die meisten ihrem Partner etwas verheimlicht haben (in der Regel Bargeld oder Einkäufe) oder falsche Angaben über ihre Finanzen gemacht haben, sei es über Schulden, Einkommen oder anderes. Ähnlich verhält es sich in Großbritannien, wo zwei von fünf Personen in einer Beziehung finanzielle Untreue zugeben, wie eine Studie von Aviva aus dem Jahr 2023 zeigt.[223]

Was sind die häufigsten Geldgeheimnisse? Laut einer britischen Umfrage aus dem Jahr 2021 handelt es sich dabei um versteckte Kreditkarten (37 Prozent), Privatkredite (23 Prozent) und geheime Sparkonten (21 Prozent). In der Aviva-Umfrage[224] gaben 38 Prozent der Teilnehmer zu, Ersparnisse zu haben (im Durchschnitt etwa umgerechnet 1900 Euro), die sie vor ihrem Partner geheim halten. Zu den häufigsten Lügen, die in der NEFE-Studie festgestellt wurden, gehörten das Verschweigen von Einkäufen und falsche Angaben über den Preis, der für eine Anschaffung bezahlt wurde.

Trotz dieser hohen Zahlen versucht man oft zu leugnen, wie verbreitet Geldgeheimnisse sind: In einer Erhebung wurde gefragt, ob die Befragten Geldgeheimnisse haben, aber auch, ob sie ihren Ehepartner verdächtigen, ihnen in Bezug auf Geld Informationen vorzuenthalten. Während 45 Prozent zugaben, derzeit eine finanzielle Aktivität vor ihrem Partner geheim zu halten, vermuteten nur 23 Prozent dieser Teilnehmer, dass ihr Partner dies tat.[225]

Ich hatte einmal eine Klientin, nennen wir sie Elly, die darüber nachdachte, wie sie ein finanzielles Geheimnis vor ihrem Mann verbergen könnte. Elly und Liam waren seit über 15 Jahren zusammen. Ihre Beziehung war gefestigt und durch Liebe, Einfühlungsvermögen und Verständnis gekennzeichnet, aber im Laufe der Jahre, als die Bemühungen um Kommunikation allmählich nachließen, und unter dem Druck der äußeren Herausforderungen (Karriere und drei Kinder), begannen Probleme aufzutauchen.

Liam konnte durch seine wiederholten Dienstreisen seinen familiären Verpflichtungen nicht mehr wie gewohnt nachkommen. Deshalb begann Elly, ihn als egoistisch zu betrachten. Sie ärgerte sich über seine Abwesenheit und über seine unausgesprochene

Annahme, dass *sie* die beruflichen Opfer bringen würde, die nötig waren, damit die Kinder wenigstens einen Elternteil um sich hatten, sowie über die mangelnde Aufteilung der häuslichen Pflichten. Das Gezänk weitete sich zu größeren Auseinandersetzungen aus, die so weit gingen, dass die beiden tagelang nicht miteinander sprachen. In dieser Phase der Beziehung begann sich Elly (die bis zu diesem Zeitpunkt Liam gegenüber zu 100 Prozent aufrichtig und loyal war) mit folgenden Gedanken zu beschäftigen:

- »Vielleicht ist er doch nicht der Mann, für den ich ihn gehalten habe« (Enttäuschung).
- »Vielleicht verdient er mein bedingungsloses Vertrauen nicht. Wie weit wird sein Egoismus gehen?« (Misstrauen, Angst).
- »Glaubt er, dass ich so verzweifelt bin, dass ich für immer bei ihm bleibe, egal wie ungerecht die Dinge sind?« (Wut).
- »Warum sieht er nicht, wie unglücklich ich bin?« (Traurigkeit).

Dieser Strudel von Gefühlen und Gedanken war schwer zu bewältigen. Das Paar kommunizierte nicht mehr konstruktiv miteinander, was dazu führte, dass Elly sich einsam, wütend und ungehört fühlte. Ihr Bild von Liam hatte sich verändert. In ihren Augen war er zunehmend egoistischer geworden, sie traute ihm auch noch andere Dinge zu, und sie fragte sich, ob er sie betrüge.

In diesem Zustand begann Elly über finanzielle Untreue nachzudenken: »Ich habe das Erbe meiner Großtante auf ein neues Konto eingezahlt. Für schwierige Zeiten ... Ich habe Liam nichts davon erzählt, ich meine, wenn er mal zu Hause wäre, hätte ich es vielleicht erwähnt ... aber ich weiß ja auch nicht, was *er* vorhat ... und man weiß ja nie ... Das ist die Geburtsstunde eines Geheimnisses.«

In diesen Grübeleien sehen wir Ellys Verwirrung: Den Ehepartner nicht über dieses Geld zu informieren, war ihre Vergeltung (er war nicht der Einzige, der etwas vor ihr verbarg und in der Beziehung »egoistisch« war); es war auch eine Sicherheitsdecke für »schwierigere Zeiten« (stand dahinter die Angst vor einer Trennung?); das Geheimnis (und das Geld) gaben ihr auch das Gefühl, in einer Dynamik, in der sie sich nicht gewürdigt und wertgeschätzt fühlte, mehr Macht zu haben.

Ich habe erlebt, wie Menschen lange über den Grad und das Tempo der Offenlegung ihrer finanziellen Verhältnisse in der Beziehung debattierten. Ist es besser, ihm die ganze Wahrheit auf einmal zu sagen? Oder sollte ich eine Strategie der stückweisen Offenlegung verfolgen und noch eine Weile warten, bis ich den heikelsten Aspekt meiner finanziellen Realität enthülle? Finanzielle Enthüllungen können uns mit Angst und Schrecken erfüllen. Wird sie mich verlassen, wenn ich ihr von meinen Schulden erzähle? Werden meine Eltern mich für einen Versager halten, wenn ich zugebe, dass ich meinen Job verloren habe? Werden wir uns wieder streiten, wenn ich ihr sage, dass ich wieder gespielt habe? Wird er sich nur für mein Geld interessieren, wenn ich ihm erzähle, wie wohlhabend ich bin?

Wenn wir erforschen, warum wir in Bezug auf Geld lügen, werden wir Gründe entdecken, die sehr persönlich sind und mit unseren eigenen früheren Erfahrungen oder unserer Selbsteinschätzung zu tun haben, und andere, die mehr damit zusammenhängen, wie wir Beziehungen strukturieren und insbesondere mit dem emotionalen Gepäck, das wir in eine Beziehung mitbringen (was ich ausführlicher in Kapitel 10 – Paare und Geld – behandeln werde). Dabei kann es sich um Unsicherheiten handeln, wenn wir ein Verhalten im Umgang mit Geld offenlegen, von dem wir befürchten, dass der andere es missbilligt, aber auch um nicht finanzielle Ängste vor der Vertiefung einer Beziehung oder dem Verlust von Autonomie.

Bevor wir uns eingehender mit diesen Fragen beschäftigen, sollten wir definieren, was ein »Geldgeheimnis« eigentlich ist. Das *Oxford English Dictionary* definiert ein »Geheimnis« als »etwas, das geheim gehalten wird oder dazu bestimmt ist, von anderen nicht erkannt oder gesehen zu werden«. Nach dieser Definition ist jede Information über unsere Finanzen, die wir anderen absichtlich vorenthalten (durch Lügen oder Auslassungen), ein Geheimnis. Das Schlüsselwort ist »absichtlich«, was zum einen bedeutet, dass wir davon wissen, und zweitens, dass wir die Möglichkeit haben, es offenzulegen, uns aber dafür entscheiden, dies nicht zu tun.

Das einzige Problem mit dieser Definition ist, dass sie uns nicht hilft, zwischen Privatsphäre und Geheimhaltung zu unterscheiden. Interessanterweise definiert dasselbe Wörterbuch die Privatsphäre als »das Recht einer Person, ihre persönlichen Angelegenheiten und Beziehungen geheim zu halten«. Wenn wir also »Geldgeheimnisse« definieren, können wir nicht alle Geheimnisse verurteilen, weil einige von ihnen in den Bereich unserer Privatsphäre fallen.

In einer von NEFE in den USA durchgeführten Umfrage aus dem Jahr 2021 unter mehr als 2000 Erwachsenen[226] waren 38 Prozent der Befragten der Meinung, dass einige Finanzbereiche privat bleiben sollten. Ich plädiere nicht dafür, dass Paare jede einzelne Ausgabe, die sie tätigen, offenlegen sollten, oder dass Kinder (insbesondere erwachsene Kinder) ihren Eltern, von denen sie finanziell unabhängig sind, unbedingt ihre finanziellen Verhältnisse offenbaren müssen. Es geht vor allem um die Erwartungen: Wurde zwischen den beiden Beteiligten darüber gesprochen, was privat bleiben soll und was nicht? Haben wir zum Beispiel mit unserem Partner vereinbart, dass jedem von uns monatlich X Euro für sein persönliches Vergnügen zur Verfügung stehen, ohne dass wir über jede Ausgabe Rechenschaft ablegen müssen? Die Festlegung von Grenzen in Bezug auf die Privatsphäre kann einer Paarbeziehung helfen, zwischen diesen beiden Aspekten zu unterscheiden, um zu vermeiden, dass sich einer der Partner betrogen oder hintergangen fühlt.

Auch der Begriff »finanzielle Untreue« hat seine Grenzen. »Finanzielle Untreue« wurde definiert als »ein auf die Finanzen bezogenes Verhalten, von dem man annimmt, dass es vom Partner missbilligt wird, und das man ihm absichtlich nicht mitteilt«. Wie Garbinsky et al. erklären, handelt es sich dabei sowohl um eine Handlung als auch um das absichtliche Verschweigen der Handlung in der Annahme, dass sie missbilligt werden würde.[227] Diese

Unterscheidung ist zwar hilfreich, lässt aber Geheimnisse außer Acht, die aus anderen Gründen (nicht nur wegen der erwarteten Missbilligung) nicht offengelegt werden: Elly ist das perfekte Beispiel dafür. Sie entschied sich zwar, die Informationen zurückzuhalten (Absicht), aber nicht, weil sie annahm, dass ihr Mann es missbilligen würde, dass sie ein Erbe erhalten hatte. Vielmehr war es eine Mischung aus Wut, Groll und Misstrauen, die sie daran hinderte, ehrlich zu sein.

Und natürlich spreche ich hier auch über Geldgeheimnisse im weiteren Sinne, denn viele Geldgeheimnisse werden nicht nur vor unseren Liebespartnern, sondern auch vor anderen Menschen geheim gehalten. Zum Beispiel erzählen wir unseren Eltern, die uns immer noch finanziell unterstützen, nicht, dass wir 3000 Euro von dem Geld, das sie uns gegeben haben, über eine Glücksspiel-App verloren haben. Dies ist eindeutig ein finanzielles Geheimnis, das wir absichtlich für uns behalten, weil wir mit Missbilligung rechnen.

Nachfolgend ein Beispiel für ein Geldgeheimnis, das aus anderen Gründen als der erwarteten Missbilligung geheim gehalten wird. Eine Frau, die ich Rose nenne, fragte mich kürzlich: »Bin ich eine Lügnerin, wenn ich meiner besten Freundin nicht sage, dass mein Verlobter und ich uns die neue Wohnung nur leisten können, weil meine Eltern uns das Geld für die Anzahlung gegeben haben?« Sie denkt über ein Geheimnis nach und verstößt gegen das, was man unter engen Freunden an Transparenz erwarten kann. Das Verschweigen der Information vor ihrer Freundin ist durchaus beabsichtigt (sie hat nicht einfach vergessen, es ihrer Freundin mitzuteilen, sie hat die Information absichtlich zurückgehalten). Es gibt jedoch keine Erwartung der Missbilligung: Rose kann sich nicht vorstellen, dass ihre Freundin es jemals missbilligen würde, wenn ihre Eltern großzügig sind und sie unterstützen. Warum ist es dann so schwierig, die Tatsache, dass sie die Hilfe ihrer Eltern in Anspruch genommen hat, offenzulegen? Was soll dadurch vermieden werden, und was kostet es die Beziehung, wenn diese Information später ans Licht kommt?

Ein Grund für die Geheimhaltung ist, dass sie ihre Freundin mit dem Kauf einer Wohnung beeindrucken wollte, ohne ihr alles zu erzählen. Das könnte dazu geführt haben, dass sie sich wie eine »Schwindlerin« fühlte, weil sie diese Version der Realität aufrechterhielt. Oder sie könnte die Informationen zurückgehalten haben, weil ihre Freundin sich seit Monaten darüber beklagt hatte, wie wenig hilfreich ihre eigenen Eltern in finanzieller Hinsicht waren, als sie sie um einen Kredit für eine Wohnungsrenovierung bat. Vielleicht wollte sie ihre Freundin schützen, indem sie sie nicht dem schmerzlichen Kontrast zwischen ihren eigenen Eltern, die sie unterstützten und großzügig waren, und den Eltern ihrer Freundin, bei denen es anscheinend anders aussah, aussetzte. Vielleicht ging es auch darum, den Neid ihrer Freundin zu vermeiden. Ob es nun der Wunsch nach Bewunderung und Lob war oder der Wunsch, eine Freundin zu schützen, es ging jedenfalls nicht darum, Missbilligung zu vermeiden.

Es mag durchaus legitime Gründe dafür geben, manchmal etwas zu verschweigen oder zu lügen, aber wir stehen nicht vor Gericht, und es geht auch nicht darum, uns selbst oder jemand anderen davon zu überzeugen, dass wir Gründe hatten, zu lügen oder nicht alles zu erzählen. Hilfreicher ist es, zu erkennen, welche Emotionen den Wunsch nach Geheimhaltung antreiben könnten, damit wir besser einschätzen können, ob ein Geheimnis tatsächlich der beste Weg ist, mit ihnen umzugehen. Eine realistische Einschätzung der Auswirkungen von Geheimniskrämerei kann uns helfen zu beurteilen, ob die Waage um der Erhaltung der Beziehung willen zugunsten der Ehrlichkeit ausschlagen sollte.

Sozialer Kontext

Unaufrichtigkeit gilt gewöhnlich nicht als Tugend. In den meisten Kulturen und Gesellschaften wird sie verurteilt und (je nach Art der Lüge) sogar rechtlich geahndet. Auch die meisten Religionen prangern Lüge, Betrug und mangelnde Offenheit an. Im Christentum zum Beispiel sind Betrug und Lüge Sünden. In der Bibel heißt es: »Darum, was ihr in der Finsternis sagt, das wird man im Licht hören; und was ihr ins Ohr flüstert in der Kammer, das wird man auf den Dächern predigen.« (Lukas 12:3).[228] Der Prophet Mohammed sagte: »Lüge führt zu Ungerechtigkeit und bösem Tun, und Ungerechtigkeit führt ins Höllenfeuer. Und ein Mensch kann so lange Lügen erzählen, bis er vor Allah als Lügner dasteht« (*Sahih al-Bukhari*). Die buddhistischen Lehren verurteilen die Lüge in ähnlicher Weise, weil sie gegen das verstößt, was sie als »rechte Rede« bezeichnen, die ein entscheidendes Element zur Erreichung von Frieden im Menschen, aber auch in der Gesellschaft ist.

Die Gesellschaft verurteilt Geheimniskrämerei, Unehrlichkeit und Täuschung. Menschen, die als geheimnisvoll wahrgenommen werden, müssen mit sozialer Missbilligung oder Rufschädigung rechnen. Es gibt Gesetze und Vorschriften, die Transparenz und Offenlegung von Informationen verlangen. Aber auch wenn die Gesellschaft Geheimnisse verurteilt, sind sie weit verbreitet. Wenn man speziell an Finanzgeheimnisse denkt, gibt es mehrere gesellschaftliche Trends, die dazu beigetragen haben könnten, dass wir unsere finanzielle Realität verbergen wollen und dazu auch in der Lage sind.

Ein Trend, der die Geheimhaltung ermöglicht haben könnte, ist der Übergang von physischen zu elektronischen Formen des Geldverkehrs. Wir müssen nicht länger Briefe von der Bank an unsere Privatadresse schicken lassen und riskieren, dass unser Partner von dem geheimen Konto erfährt, das wir ihm vorenthalten haben. Ein geheimes Brokerkonto, das uns ein zusätzliches Einkommen verschafft, kann direkt über das Mobiltelefon verwaltet werden. Wir brauchen keine Fahrten zur Bank mehr zu rechtfertigen, wenn die meisten Transaktionen online erledigt werden können. Dies gilt auch für die Eltern-Kind-Dynamik: Da die neue Generation von Jugendlichen oft technikaffiner ist als ihre Eltern, gibt es viel Spielraum für geheime finanzielle Aktivitäten, die sich der elterlichen Kontrolle entziehen.

Die sozialen Medien könnten uns dazu verleiten, dass wir ein falsches Bild davon bekommen, wie häufig Probleme mit den Finanzen auftreten. Wenn wir Plattformen, auf denen berufliche Erfolge präsentiert werden, zu viel Bedeutung beimessen (wo verständlicherweise mehr Menschen mit ihrer letzten Beförderung prahlen als über Entlassungen oder Schuldenprobleme sprechen), könnten wir das Gefühl bekommen, dass wir die Einzigen sind, die finanziell nicht erfolgreich sind. Es könnte uns dann vielleicht schwerer fallen, mit einem Partner oder einem Freund über finanzielle Schwierigkeiten zu sprechen, wenn wir eine verzerrte Vorstellung von der Häufigkeit dieser Problematik haben.

Gründe

Geheimnisse (und die damit oft verbundenen Lügen) beschädigen die Grundlage einer jeden Beziehung – das Vertrauen. Warum also tun Menschen so etwas?

Einige Forscher betrachten finanzielle Untreue als einen normativen Konflikt,[229] nämlich als einen Konflikt zwischen unseren eigenen finanziellen Präferenzen/Zielen/Wünschen und denen des Partners. Daraus ergibt sich eine Situation, in der wir die Wahl haben, entweder im Einklang mit den Präferenzen unseres Partners oder im Gegensatz zu diesen zu handeln, und wenn wir uns für Letzteres entscheiden, können wir uns entweder dazu bekennen oder lügen. Ich tue mich schwer mit einer solch rationalen Sichtweise finanzieller Untreue, denn meiner Erfahrung nach sind sich die Menschen auch nicht immer über die Ansichten ihres Partners im Klaren – es gibt oft zahlreiche Annahmen und Projektionen, das heißt, wir stellen uns vor, dass unser Partner sehr kritisch sein wird, weil wir uns selbst gegenüber sehr kritisch sind, was unser Verhalten betrifft –, zudem ist das Zurückhalten oder Verbergen von Informationen nicht immer eine bewusste Entscheidung (manchmal besteht auch die Absicht, zu »beichten«, was aber aus Angst immer wieder aufgeschoben wird).

Ich will damit nicht sagen, dass es nicht in unserer Hand liegt, ob wir lügen oder die Wahrheit verschweigen, aber Geldgeheimnisse werden oft von viel irrationaleren und emotionaleren psychologischen Prozessen motiviert. Es gibt Geldgeheimnisse, mit denen wir unsere eigenen persönlichen Ängste und Unsicherheiten verbergen wollen: Es könnte die Angst vor dem Verlassenwerden sein, die uns dazu bringt, einen Notgroschen zu verstecken, den wir nicht preisgeben wollen; es könnte auch eine erwartete Missbilligung sein; es könnte der Neid auf den beruflichen Erfolg unseres Partners sein, der uns dazu veranlasst, zu viel Geld auszugeben und uns durch schöne Dinge zu »bereichern«, obwohl wir uns im Vergleich zu unserem erfolgreichen Partner sehr unbedeutend fühlen; oder eine Mischung aus komplexen Gefühlen, wie wir es bei Elly im obigen Beispiel gesehen haben. Geldgeheimnisse, bei denen es beispielsweise darum geht, anderen zu helfen (zum Beispiel Kinder finanziell zu unterstützen oder einem nahen Verwandten ein Darlehen zu gewähren), werden vielleicht nicht preisgegeben, weil wir uns schämen, unserem Partner zu zeigen, wie leicht wir uns überreden lassen und wie schwer es uns fällt, »Nein« zu sagen (zu Aspekten von uns selbst, mit denen wir in verschiedenen Lebensbereichen zu kämpfen haben und die in der Vergangenheit von unserem Partner kritisiert worden sein könnten).

Viele sind es gewohnt, Geheimnisse zu haben. Geheimnisse waren früher oft auch ein Merkmal des Familienlebens: Kinder, die von den Affären ihrer Eltern wussten, aber es wurde nicht darüber gesprochen. Familien, in denen zu vieles hinter verschlossenen Türen besprochen wurde, so dass die Kinder das Gefühl bekamen, dass man nur über wenige Dinge offen reden könne. In einer Familie, in der Wahrheiten verheimlicht werden und Geheimnisse vielleicht sogar damit gerechtfertigt werden, dass man den anderen »nicht verletzen« will, wird das Verschweigen der Wahrheit zu einer passablen Bewältigungsstrategie für schwierige Gefühle.

Emma wuchs bei einer manisch-depressiven Mutter auf, die mit ihrer Alkoholsucht kämpfte und sich in wechselnde Beziehungen stürzte, nachdem ihr Mann sie verlassen hatte (als Emma erst elf Jahre alt war). Sie war mit dem Gefühl aufgewachsen, dass ihr Vater sie im Stich gelassen hatte, und diese Gefühle der Ablehnung wurden noch verstärkt, als er ins Ausland zog und den Kontakt zu ihr abbrach. Die Mutter brachte Emma, die eine Schule in einem wohlhabenden Vorort mit vielen »guten und intakten Familien« besuchte, immer wieder in Verlegenheit: Sie holte sie in manischen Zuständen von der Schule ab, machte in betrunkenem Zustand peinliche Bemerkungen vor Emmas Freunden und so weiter. Diese schwierige Kindheit hinterließ bei Emma eine Sehnsucht nach mehr Zuwendung, das Gefühl, dass ihr mehr geschuldet wurde, als sie bekommen hatte, sowie ein tiefes Gefühl der Scham über ihre Familiengeschichte und Ängste vor ihren eigenen psychischen Problemen. Ihre Lügen begannen schon in der Schule: Sie erfand oft Ausreden für die Abwesenheit ihres Vaters: »Er ist beruflich unterwegs«, erzählte sie ihren Freundinnen, wenn diese sie fragten, warum ihr Vater nie zu den Aufführungen oder Vorträgen kam. Lügen wurden schnell zu einem Bewältigungsinstrument, mit dem sie vermeiden konnte, mit ihrer eigenen Traurigkeit, Enttäuschung und Wut in Berührung zu kommen, und das ihr auch half, einer Beurteilung und dem daraus resultierenden Schamgefühl zu entgehen. Die Scham war nahe an der Oberfläche: Emma fühlte sich nie gut genug und fragte sich oft, ob ihr Vater sie verlassen hatte, weil sie nicht das war, was er wollte – er wollte immer einen Jungen, so hatte sie Großvater sagen hören. All diese komplexen und tief sitzenden Gefühle bildeten die Grundlage für die Klärung der Frage, warum sie jetzt, im Alter von 35 Jahren, zwanghaft Geld ausgab und ihrem Partner die Information vorenthielt, dass sie hohe Kreditkartenschulden hatte. Emma, die erst seit kurzem verheiratet ist, kam zur Therapie, um zu verstehen, warum sie ihre Beziehung mit einem so großen Geheimnis zu sabotieren schien.

Natürlich gab es nicht die eine Erklärung, die für alles herangezogen werden konnte, aber wie beim Schälen einer Zwiebel gab es mehrere Schichten von Gefühlen, die der Erkenntnis im Wege standen. Als Kind war Lügen für sie eine nützliche Verteidigungsstrategie gewesen. Aber war es für ihre jetzige Beziehung hilfreich? Wovor hatte sie wirklich Angst, wenn ihr Partner es herausfinden würde? Was versuchte sie vor ihm zu verbergen? Es war diese Scham, die Scham über ihre nicht vollkommene Vergangenheit, die nicht perfekte Familie, die Scham über ihre Mutter und Emmas eigene Angst, eines Tages aufzuwachen und herauszufinden, dass auch sie psychisch krank war. Diese Ängste waren das eigentliche Geheimnis, aber solange es die Form von versteckten Schulden annahm, konnte es verborgen werden, konnte es ihr das Gefühl geben, dass sie die Kontrolle darüber hatte, was aufgedeckt wurde und was im Verborgenen bleiben sollte.

Ihre übermäßigen Ausgaben (hauptsächlich für Kosmetika, Kleidung und Accessoires) konnten dazu dienen, einige ihrer schmerzhaften Gefühle zu lindern, die Leere, die eine suchtkranke Mutter in ihrem Kind hinterlassen kann. Aber es ging auch um eine gewünschte Veränderung: Wenn sie nur entsprechend aussähe, hätte sie das Gefühl, dazuzugehören (sie sehnte sich danach, dazuzugehören, damals in der Schule und auch jetzt, bei ihrem Mann und seinem sozialen Umfeld). Der Teil von ihr, der sich nicht zugehörig fühlte, konnte verborgen bleiben, solange sie sich »entsprechend kleidete«. Im Laufe der Therapie arbeitete Emma an diesem Schamgefühl, bis sie es schließlich schaffte, mit dem übermäßigen Geldausgeben aufzuhören und ein vernünftigeres Ausgabeverhalten anzunehmen. Sie machte zwar nicht »reinen Tisch«, aber sie zahlte ihre Schulden allmählich zurück, um nicht länger ein Geheimnis bewahren zu müssen. Ihre Ausgaben und ihre Geheimniskrämerei (ihre Abwehrmechanismen) verloren ihre psychologische Kraft, weil sie sich nicht mehr gegen das tief sitzende Schamgefühl wehren musste.

Emmas Geschichte vereint viele der Themen, die ich bereits angesprochen habe und noch ansprechen werde, und zeigt uns, wie wenig hilfreich es ist, wenn wir versuchen, eine Antwort zu finden, eine Erfahrung zu benennen, die alles erklärt. Sie zeigt auch, warum vergangene Erfahrungen und Gefühle unsere Geldentscheidungen in der Gegenwart beeinflussen können.

Schutz gegen Schuld, Scham und Angst vor Verurteilung

Wir alle machen Fehler, haben vielleicht schlechte Angewohnheiten oder frönen Lastern und legen Verhaltensweisen an den Tag, auf die wir nicht stolz sind. Es gibt Aspekte von uns und unserem Verhalten, die wir gerne vor der Welt verbergen würden. Beim Verhalten gegenüber Geld entscheiden wir uns manchmal für diesen Weg: Wir verstecken die *x-te* Einkaufstüte vor unserer kontrollierenden und kritisierenden Mutter; wir schreddern die Kreditkartenabrechnung, um unsere Kaufexzesse vor unserem Partner zu verbergen; wir erfinden eine Geschichte darüber, wo wir waren, anstatt zuzugeben, dass wir wieder einmal gezockt haben. Geheimnisse können eine Verteidigung gegen unsere Schuldgefühle sein: zum einen, weil wir unser »Vergehen« nicht öffentlich zugeben müssen, und zum anderen, weil unsere Lügen, unser Verstecken Teil unserer Verleugnung sein könnten. Wie meine Klienten manchmal sagen: »Wenn ich es laut ausspreche, fühlt es sich realer an.« Nun, es ist durchaus real, auch wenn das Verstecken der Beweise Ihnen nur vorübergehend und nur zum Teil hilft, so zu tun, als wäre es nicht so.

Scham ist schwieriger zu bewältigen als Schuldgefühle (und, wie ich bereits erläutert habe, schädlicher für unsere psychische Gesundheit). Vielleicht schämen wir uns dafür, dass wir »süchtig« sind; vielleicht schämen wir uns dafür, dass wir ein »Lügner« sind, weil wir das Gefühl haben, dass unsere Unehrlichkeit einen Aspekt von uns preisgibt, der uns ausmacht; vielleicht schämen wir uns dafür, ein »Versager« zu sein, und ziehen deshalb immer noch täglich unseren Anzug an und tun so, als würden wir zur Arbeit gehen, weil wir uns nicht trauen, unseren Eltern zu sagen, dass wir gefeuert wurden. Bei Bernie Madoff begann seine Unehrlichkeit nach einem finanziellen Verlust: Er konnte die Schande des Versagens nicht ertragen, also log er, um die Illusion des Erfolgs aufrechtzuerhalten.

Ein Klient kam einmal zu seiner ersten Sitzung und wirkte sehr beunruhigt: »Ich habe ein Problem von zwei Millionen Pfund«, erklärte er. Ich nahm an, dass dieser Mann, der so verzweifelt aussah, einen enormen Schuldenberg angehäuft hatte. Waren es übermäßige Ausgaben? Waren es Fehlinvestitionen? Ich hörte zu, als er seine Geschichte erzählte. Robert war in einer Mittelschichtfamilie aufgewachsen, hatte einen festen Job als Software-Ingenieur, in dem er seit zwölf Jahren arbeitete, eine Frau, die er in der Schule kennengelernt hatte, und zwei heranwachsende Kinder. Robert war ein Mann der Routine. Er hatte sein ganzes Leben lang in derselben Stadt gelebt, verbrachte seine Donnerstage immer mit demselben Freundeskreis und praktizierte konsequent die 50/30/20-Regel (50 Prozent des Einkommens nach Steuern für die Lebenshaltung verwenden, 30 Prozent für Wünsche und 20 Prozent als Rücklagen). Vor einem Jahr, als er 48 Jahre alt war, wurde ein Unternehmen, an dem er mehr als zwei Jahrzehnte lang eine Minderheitsbeteiligung besessen hatte, von einem großen multinationalen Unternehmen aufgekauft, und er wurde plötzlich sehr wohlhabend. Die zwei Millionen Pfund waren nicht Schulden, sondern Erlöse aus dem Verkauf des Unternehmens, und die Tatsache, dass er nun rund 2,4 Millionen Euro besaß, hatte ihn zutiefst verunsichert. Nun könnten Sie denken: »Das ist doch eher ein Luxusproblem«, und natürlich ist es besser als das, was ich vermutet hatte. Aber meine Aufgabe war es, Robert dabei zu helfen zu verstehen, was ihn so beunruhigte.

»Ich habe niemandem davon erzählt, abgesehen von meiner Familie natürlich, und es wird immer schwieriger, es zu verbergen. Meine Frau drängt darauf, dass wir in ein größeres Haus umziehen sollen. Aber ich will nicht, dass sich etwas ändert. Ich will nicht, dass sich meine Freunde mir gegenüber anders verhalten. Wir haben beschlossen, mit den Kindern über Weihnachten nach New York zu fliegen (wir waren noch nie in den USA) ... aber als wir zurückkamen, konnte ich es einfach nicht ertragen, Leuten zu begegnen, die mir Fragen über den Urlaub stellten ... Ich wollte nicht so klingen, als ob ich angeben wolle. Ich weiß, dass meine Freunde alle ihren Urlaub vor Ort verbringen, was wir auch immer getan haben. Werden sie mich jetzt für einen Angeber halten, der kein Interesse mehr daran hat, mit ihnen Campingausflüge zu machen? Das wird einen Keil zwischen uns treiben, ich weiß es ... Ich habe auch Angst davor, was mit den Kindern passieren wird; ich will nicht, dass sie verzogen und verdorben werden.«

Das Beispiel von Robert zeigt, dass Geld sehr komplexe Gefühle und Ängste auslösen kann. Für ihn brachte das Geld ein Leben ins Wanken, mit dem er eigentlich zufrieden war. Es zog viele Risiken nach sich: das Risiko, den Neid von Freunden zu wecken, das Risiko, sich von seinem Freundeskreis zu entfremden, Konflikte mit der Ehefrau über die Verwendung des Geldes, Befürchtungen, es könnte die Kinder »verderben«. In späteren Sitzungen erzählte Robert, dass sein Vater, ein Selfmademan, seinen Kindern eingetrichtert habe, hart zu arbeiten und stolz auf die Früchte ihrer eigenen Arbeit zu sein. Dass ihm das Geld mit dieser Leichtigkeit und ohne sein Zutun zugefallen war, gab ihm das Gefühl, es nicht verdient zu haben. Wie konnte er dieses Gefühl der Scham ablegen? Wie konnte er mit seinen Ängsten und Sorgen darüber umgehen, was das Geld mit seinem Leben und seinen Beziehungen anstellen könnte?

In unserer Arbeit ging es zunächst darum, die Gefühle anzusprechen und zu benennen, damit er diesen Reichtum nicht mehr als etwas betrachtete, das ihm »widerfahren« war, sondern als etwas, das er beherrschen und verändern konnte. Zwar hatte er keinen Einfluss auf den Neid der Leute, aber er konnte kontrollieren, *wie* er über Urlaub sprach. Auch wenn er seine neue finanzielle Realität nicht vor allen verheimlichen wollte, konnte er die Art und Weise, wie sie den Kindern präsentiert wurde, steuern und über Maßnahmen nachdenken, die ihnen helfen würden, sich durch den neuen Wohlstand der Familie nicht »verwöhnt« oder

»verzogen« zu fühlen. Er musste sich mit seinen Gefühlen auseinandersetzen und seine Sichtweise des Geldes als etwas »Schlechtes«, als Problem, ändern und stattdessen die Chancen sehen, die es mit sich brachte. Der Wunsch seiner Frau nach einem größeren Haus wurde von Robert, der all diese Ängste in sich trug, zunächst mit einem harten »Nein« beantwortet, aber mit der Zeit, wenn er die Ängste im Zusammenhang mit der neu gewonnenen finanziellen Freiheit überwunden hatte, würden gemeinsame Entscheidungen über ein ausgewogenes Verhältnis von Genießen, Sparen und Investieren möglich werden. Das Geld zu verstecken, war keine optimale Lösung, weder in emotionaler noch in rationaler Hinsicht.

Wie wir gesehen haben, kann die Scham über den Reichtum durch eine Reihe von psychologischen Abwehrmechanismen bewältigt werden: Manche Menschen sabotieren ihren Erfolg unbewusst, während andere ihn einfach geheim halten – ihr Reichtum wird zu ihrem »schmutzigen kleinen Geheimnis«, weil sie sich als Hochstapler fühlen, der etwas besitzt, das er nicht verdient, oder weil sie, wie Robert, alle möglichen Ängste haben, es bekannt zu machen. Wir können sehen, warum es destruktiv ist, sich durch Selbstsabotage zu verteidigen, aber auch die Geheimhaltung ist schädlich. Wir fangen vielleicht an, soziale Interaktionen zu vermeiden, weil es so anstrengend ist, »unauthentisch« zu sein, und lügen, um die Wahrheit zu verbergen. Es stellt sich die Frage: Lohnt es sich, einen so hohen Preis für ein Geheimnis zu zahlen? Nun, wenn Sie wie Robert von Ängsten geplagt sind, könnte es sich durchaus lohnen, denn die Vorstellung, wie es mit Aufrichtigkeit wäre, ist noch schlimmer. Aber wenn man sich mit den Ängsten auseinandersetzt und die tatsächlichen Auswirkungen der Geheimhaltung bedenkt, könnte sich das Gleichgewicht verschieben: Es könnte unattraktiv erscheinen, zu lügen.

Es gibt eine Art von Scham, die heimtückischer ist, sich stärker in unseren Köpfen festsetzt und nichts mit Geld zu tun hat. Wir schämen uns vielleicht für Teile von uns selbst und machen uns Sorgen, dass wir irgendwie fehlerhaft oder unakzeptabel seien. Eine Sucht zu verbergen, kann zum Beispiel auch damit zu tun haben, dass wir unsere Depressionen, unsere »dunklen Gedanken« verstecken wollen: Die Sucht hilft uns nur, diese zu verbergen. Vielleicht verbergen wir diese Aspekte von uns vor den Menschen, die uns wichtig sind, nicht aus Böswilligkeit, sondern weil wir von ihnen akzeptiert werden wollen, anstatt sie zu verschrecken und zu riskieren, ihre Liebe zu verlieren. Vielleicht versuchen wir sogar, sie zu schützen, indem wir sie nicht mit unseren »schmutzigen Geheimnissen« konfrontieren.

Wut durch eine passiv-aggressive Handlung ausdrücken

Meiner Erfahrung nach neigen die Menschen dazu, Angst vor ihrer Wut zu haben. Wut wird oft als ein unzulässiges Gefühl angesehen oder als ein Gefühl, das sich nur schwer in einer vernünftigen Weise ausdrücken lässt. Ich habe erlebt, dass Menschen kreative Wege gefunden haben, um zu vermeiden, dass sie ihre Wut auch nur beim Namen nennen, als ob es eine Schande wäre, zuzugeben, wie wütend sie in einer bestimmten Situation waren (»vielleicht nicht wütend, eher frustriert«; »Wütend? Nein, eher verärgert«). Wut wird oft auch mit Aggression verwechselt, und leider sind diese beiden Gemütszustände in manchen Familien untrennbar miteinander verbunden, so dass Wut eher unterdrückt als zum Ausdruck gebracht wird. Wie oft frage ich: »Haben Sie ihr gesagt, wie wütend Sie sich gefühlt haben?« und höre als Antwort: »Nun, ich wollte keinen großen Streit anfangen.« Als ob man Wut nur auf explosive, schädliche und verletzende Weise zum Ausdruck bringen könnte.

Wohl niemand würde sich gerne als passiv-aggressiv einschätzen. Oft aber sind Geldgeheimnisse genau das. Ich habe dies bei unterschiedlichen Ansichten über Geld erlebt, die unseren Wunsch, die Dinge »auf unsere Art« zu regeln, ins Wanken bringen. Nehmen wir zwei Eltern, die uneins sind, ob sie ihrem 19-jährigen Sohn beim Kauf eines Autos unter die Arme greifen sollen:

Sarah: »Ich denke, wir sollten Philip beim Autokauf helfen und ihm vielleicht anbieten, die Hälfte zu bezahlen.«

Joseph, Philips Vater, ist von dieser Idee nicht angetan.

Joseph: »Er ist jetzt erwachsen und selbst für seine finanziellen Entscheidungen verantwortlich; es soll versuchen, die Sache selbst auf die Reihe zu kriegen.«

Natürlich steht es Sarah frei, ihrem Sohn Geld zu geben. Aber nachdem sie Joseph gefragt und erfahren hat, dass er dies ablehnt, wäre es passiv-aggressiv, dies zu tun. Sie ist verärgert, dass Joseph anderer Meinung ist, und dem Sohn das Geld heimlich zu geben, wäre ein Zeichen ihres Protestes.

Ich werde oft gefragt, was man tun soll, wenn, wie im Fall von Joseph und Sarah, unterschiedliche Ansichten über Geld aufeinanderstoßen. In den meisten Fällen prüfen die Leute »die Lage« und geben beim ersten Anzeichen von Widerstand seitens des Partners auf. Wie wäre es mit einer eingehenderen Diskussion darüber, warum Sarah Philip helfen möchte? Joseph könnte Sarah dabei helfen, zu erkennen, dass es ihr schwerfällt, ihrem Sohn die Autonomie und Unabhängigkeit zuzugestehen, die er braucht, um die Fähigkeiten und das Selbstvertrauen zu entwickeln, die er als Erwachsener benötigt, um seine Finanzen selbst zu verwalten. Oder Joseph könnte erkennen, dass er manchmal eine sehr rigide und wenig unterstützende Haltung gegenüber seinem Sohn an den Tag legt, um ihn »abzuhärten« (ähnlich wie er selbst erzogen wurde). Und schließlich könnte sich aus der Diskussion und dem Verständnis für sich selbst und den anderen eine Lösung ergeben, indem eine der beiden Parteien ihre Meinung ändert oder das Paar einen Kompromiss über die Höhe ihres Beitrags findet.

Angst vor Konflikten

Es ist eine Tatsache, dass Geld eine der häufigsten Ursachen für Konflikte in Beziehungen ist. Es ist also kein Wunder, dass wir, wenn wir vermuten, dass unser Partner unseren Umgang mit Geld missbilligt, mit Informationen darüber hinter dem Berg halten, um Streit zu vermeiden. Je nachdem, um welches »Geheimnis« es sich handelt, kann es natürlich sein, dass man damit zwar einen kleinen kurzfristigen Konflikt vermeidet, aber ein längeres Nachspiel riskiert (wobei der Vertrauensbruch eine noch größere Konfliktursache sein kann als das Verhalten selbst).

Unsere Angst vor Konflikten und Streitigkeiten kann in der Realität begründet sein, wenn wir schon häufig Auseinandersetzungen über Geldfragen hatten, sie könnte auch in der Erfahrung wurzeln, dass wir als Kind miterlebt haben, wie unsere Eltern endlos über Geld gestritten haben. Es gibt mehrere mögliche Erklärungen, warum die jüngeren Generationen (die sogenannte »Gen Z« und die Millennials) in Geldangelegenheiten wesentlich verschwiegener sind. Laut einer Umfrage von Bankrate.com unter 2500 Erwachsenen in den Vereinigten Staaten, die in einer Beziehung lebten, gaben 64 Prozent der Generation Z und 54 Prozent der Millennials finanzielle Untreue zu, verglichen mit 29 Prozent der Generation X und der Baby Boomer.[230] Eine Erklärung dafür ist, dass diese jüngeren Generationen mit größerer Wahrscheinlichkeit geschiedene Eltern hatten, ein Prozess, der die Kinder viel eher mit den unangenehmen Seiten von Geldstreitigkeiten konfrontiert, ihr Gefühl für die Dauerhaftigkeit einer Beziehung beeinflusst und bei ihnen möglicherweise den Wunsch nach finanzieller Autonomie weckt. Da die jüngeren Generationen heute erst später im Leben heiraten, haben sie sich möglicherweise noch nicht mit den Problemen im Umgang mit Geld auseinandergesetzt, die sich im Laufe der Zeit zwangsläufig ergeben, so dass Scham oder erwartete Missbilligung in ihrem Bewusstsein präsenter sind und sie von einer »rückhaltlosen Offenlegung« abhalten.

Furcht vor Nähe oder Intimität

Geldgeheimnisse können also ein Schutz vor der Angst sein, ausgenutzt oder übervorteilt zu werden. So wie getrennte Bankkonten für manche nur ein Ausdruck ihrer Angst vor Nähe und einer engeren Verbindung mit dem anderen sind, können Geheimnisse uns auch psychologisch ein Gefühl der Erleichterung vermitteln, dass wir dem anderen nicht »alles« gegeben haben. Es ist eine symbolische Art, sich zurückzuhalten und die emotionale Distanz zu regulieren.

Wenn wir uns von einem Elternteil emotional erdrückt oder von seinen Bedürfnissen und Wünschen überfordert gefühlt haben, sehnen wir uns vielleicht nach Beziehungen, die diese Eigenschaften nicht aufweisen: Wir schätzen unsere Grenzen und unsere Unabhängigkeit. Ein Gefühl der Angst kann entstehen, wenn wir »zu viel Nähe« spüren, und aus Angst, in diesen psychisch erstickenden Zustand zu geraten, fungiert das »Geheimnis« als Grenze, als Barriere in unserem Kopf, die uns versichert, dass wir immer noch getrennt, autonom und frei sind.

Es gibt ein altes Sprichwort: »Lügen haben kurze Beine«. Die Wahrheit holt uns oft ein, und der Schaden kann irreparabel sein. Mich hat es sehr überrascht, dass nur etwa 10 Prozent der Opfer von finanzieller Untreue dies durch ein Geständnis der anderen Seite herausfinden (laut einer Umfrage des *US News & World Report* aus dem Jahr 2023).[231] Die übrigen Fälle werden auf andere Weise aufgedeckt … man entdeckt einen großen Kauf auf dem gemeinsamen Kontoauszug, man findet einen Kontoauszug für ein Konto, das man nicht kennt, man bemerkt, dass der Partner geheimniskrämerisch mit seinem Telefon umgeht, oder vielleicht rutscht auch versehentlich einmal ein Kommentar heraus.

Geheimnisse isolieren uns, und das widerspricht unserer Natur als Menschen, es widerspricht unserem Bedürfnis, sich mit anderen zu verbinden und verstanden zu werden. Michael Slepian, außerordentlicher Professor für Führung und Ethik an der

Columbia Business School, der sich mit der Psychologie von Geheimnissen befasst, sagt, dass Geheimnisse »unser menschliches Bedürfnis nach Beziehung, Zugehörigkeit und Bekanntheit« beeinträchtigen.[232] Er beschreibt den inneren Konflikt, den dies in uns auslöst und der ein Grund für tiefes Unbehagen ist: »Das Bedürfnis einer Person, sich mit anderen zu verbinden, kollidiert direkt mit ihrem Wunsch, ihr Geheimnis für sich zu behalten.«[233]

Wir lernen etwas über uns selbst, indem wir mit anderen reden. Indem wir mit anderen sprechen und uns über unsere Sorgen und Bedenken austauschen, versuchen wir, unserem Handeln einen Sinn zu geben, es zu verstehen und es mit anderen Augen zu sehen. Einem vertrauten Menschen eine beschämende Angewohnheit oder ein finanzielles Problem anzuvertrauen, ist auch eine Möglichkeit, Erleichterung zu erfahren und zu spüren, dass uns eine »Last von den Schultern genommen wird«. Wenn wir Geheimnisse haben, können wir weder lernen noch Erleichterung verspüren.

Wenn wir so weit gegangen sind, dass wir Lügen erzählen, um ein Geheimnis zu verbergen, müssen wir wahrscheinlich mit Schuldgefühlen umgehen. Auf einer gewissen Ebene wissen wir, dass wir die Beziehung verletzen (auch wenn die Lüge dazu dient, unseren Partner zu »schützen«, wissen wir, dass das Verschweigen, wenn es entdeckt wird, nicht gut ankommt).

Scham ist die schädlichste Nebenwirkung vieler Geheimnisse. Wir haben gesehen, dass Scham ein Grund dafür sein kann, etwas vor unserem Partner zu verbergen (es ist das eigentliche Geheimnis, für das wir uns schämen). Scham kann aber auch eine Folge davon sein, dass wir ein Geheimnis vor jemandem verbergen, der uns wichtig ist (Scham darüber, ein »Lügner« zu sein). Die Kluft zwischen der Person, die wir gerne wären, und der Person, die wir sind, vergrößert sich in unseren Köpfen durch die Geheimhaltung. Slepian fand heraus, dass je häufiger man über sein Geheimnis nachdenkt, desto schädlicher es für das Wohlbefinden ist.[234] In ihren Forschungen entdeckten Slepian und seine Kollegen auch, dass Geheimnisse, die mit Scham verbunden sind, schädlicher für unsere psychische Gesundheit sind als solche, die mit Schuldgefühlen zusammenhängen.[235]

Geheimnisse verursachen auch ein Gefühl psychischen Unbehagens, weil sie oft als unauthentisch empfunden werden. Je unauthentischer sich die Menschen aufgrund ihrer Geheimniskrämerei fühlten, desto geringer war ihr Wohlbefinden.[236] Wie ich kürzlich in einem Interview mit *Women's Health*[237] erörterte, kann man in der Welt der sozialen Medien, in der wir leben, viel Energie darauf verwenden, »den Schein zu wahren« oder sogar eine »öffentliche Persona« aufzubauen, die eher dem entspricht, was man gerne wäre, als dem, was man tatsächlich empfindet (oder was man tatsächlich hat oder sich leisten kann). Das verbraucht viel geistige Energie und wirkt unauthentisch. In diesem Zusammenhang sollten wir nicht nur die Auswirkungen von großen Geheimnissen und Lügen betrachten. Nehmen wir das Beispiel der Freundin, die sich eine Wohnung gekauft hat: Sie *wusste*, dass ihre Eltern ihr geholfen haben, die Wohnung zu bezahlen, aber sie hat die lobenden Worte, die sie erhalten hat, sich selbst zugeschrieben. Das Bild, das sie in die Welt projizierte, stimmte nicht mit der Realität überein und wurde zu einem belastenden inneren Konflikt, den sie zu bewältigen hatte.

Transparenz kann anderen genauso helfen wie uns selbst: In einer Welt, in der die Menschen oft mit Photoshop die beste Version von sich selbst auswählen, um sie in den sozialen Medien zu präsentieren, kann es sehr befreiend sein, zu hören, dass andere Menschen Schwächen haben, vor allem, wenn wir uns mit ihnen identifizieren können. Es ist verlockend, sich durch die Bilder zu scrollen und zu dem Schluss zu kommen, dass »jeder erfolgreich ist«, »jeder etwas schafft«. Wenn man aber hört, dass auch andere Abkürzungen nehmen (und zum Beispiel das Geld ihrer Eltern für eine Anzahlung verwenden) oder Einschränkungen haben (zum Beispiel »knapp bei Kasse sind«), kann dies durchaus befreiend sein und uns helfen, uns weniger einsam zu fühlen, wenn wir selbst jemals finanzielle Probleme hatten oder nicht erreicht haben, was wir wollten.

Ist finanzielle Transparenz immer empfehlenswert? Ich habe Umfragen gelesen, in denen unterschiedliche Statistiken darüber zitiert wurden, wie ehrlich oder unehrlich Eltern gegenüber ihren Kindern in Bezug auf die Finanzen sind. Ich bin mir nicht sicher, ob eine vollständige Offenlegung in einer Eltern-Kind-Beziehung angemessen ist, und sie garantiert auch nicht, dass daraus ein Erwachsener entsteht, der keine Geheimnisse im Zusammenhang Geld hat (ganz im Gegenteil – ich habe erlebt, dass Menschen, die mit so vielen Fakten und Ängsten in Bezug auf Finanzen aufgewachsen sind, als Reaktion darauf den gegenteiligen Ansatz in Bezug auf den Umgang Geld gewählt haben: Sie haben sich verschlossen und verleugnet, es verdrängt oder vermieden, über Geld zu sprechen). Ich würde Transparenz unter Erwachsenen empfehlen, aber natürlich ist eine vollständige Offenlegung der finanziellen Verhältnisse beim ersten Kennenlernen vielleicht eher unpassend (auch wenn die Leute angefangen haben, ihre Kreditwürdigkeit auf Dating-Apps zu veröffentlichen).[238] Was ich befürworten kann, sind Geldgespräche zwischen Partnern, aus denen sich ein gemeinsames Verständnis der Grenzen von Privatsphäre und Geheimhaltung entwickelt. Vielleicht fällt auch Ihnen ein Szenario ein, in dem Transparenz nicht die beste Strategie ist. Meine Erfahrung als Therapeutin hat mich jedoch gelehrt, dass Geheimnisse belastend sind und Schaden anrichten, wenn sie ans Licht kommen.

Kapitel 10

Paare und Geld

Die am längsten laufende Studie zum Thema Glück, die von der Harvard Medical School durchgeführt wurde, hat ergeben, dass der wichtigste Faktor für Lebensglück nicht (wie erwartet) finanzieller und beruflicher Erfolg ist, sondern vielmehr eine gute Beziehungsqualität: eine Beziehung, in der wir uns mit dem anderen verbunden fühlen, in der wir ihm gegenüber warmherzig sind und das Gefühl haben, auf ihn zählen zu können. Die Studie begann 1938 mit der Beobachtung des Lebens von 268 Männern (und wurde seitdem auf ihre Familien ausgeweitet) und hat regelmäßig und umfassend alle Aspekte ihres Lebens (berufliche Karriere, Gesundheit, Wohlstand, Beziehungen, Familie und so weiter) gemessen. Einige der Probanden wurden erfolgreiche Geschäftsleute, Ärzte oder Anwälte, andere endeten mit Schizophrenie oder Süchten, aber der wichtigste Faktor, der darüber entschied, ob sie im Leben glücklich waren, das waren enge Beziehungen.

Was wir uns unter einer Beziehung vorstellen und unsere Erwartungen und Verhaltensweisen, wenn wir in einer Beziehung sind, werden durch zwei wichtige Erfahrungen geprägt: die Erfahrung der Beziehung zu unseren Eltern (wie ich bereits in den vorangegangenen Kapiteln erörtert habe) und die Erfahrung, wie wir die Beziehung unserer Eltern zueinander wahrnehmen.

Das Beispiel unserer Eltern ist ein Bezugspunkt: Für die meisten Menschen wird es zu einem Modell, das sie bewusst oder unbewusst, zumindest teilweise, nachahmen (weil wir uns zu Vertrautem hingezogen fühlen und dazu neigen, es zu wiederholen).

Manche schaffen es, mit viel Anstrengung und Entschlossenheit, nicht den Weg ihrer Eltern zu gehen und eine andere Dynamik in ihren Beziehungen aufzubauen. Unabhängig von unseren konkreten Lebensumständen sind wir uns der unzähligen Erwartungen, Hoffnungen und Ängste, die wir aufgrund unserer Erfahrungen mit dem elterlichen Paar hegen, nicht vollständig bewusst.

Die Paarbeziehung stellt eine große Herausforderung dar: Unser eigenes komplexes Geflecht von Einflüssen, die unseren Umgang mit Beziehungen prägen, kollidiert mit den Einflüssen unseres Liebespartners. Unser Partner bringt seine eigenen Erfahrungen mit dem Geliebtwerden (Sehnsüchte, Ängste, Wünsche und Bindungsstil) mit, sein eigenes verinnerlichtes elterliches Paar und als Erwachsener seine eigenen Ansichten darüber, wie ein Paar funktionieren sollte. Es ist nicht leicht, diese Unterschiede auszuhalten und damit zurechtzukommen.

Geldkonflikte gibt es in Beziehungen jeglicher Art: in Liebesbeziehungen, in Freundschaften und in Geschäftspartnerschaften, und zwar aus zwei Gründen:

1. Geld ist ein Teil des Lebens, also kommt es häufig vor, dass unsere unterschiedlichen Ansichten über Geld aufeinanderprallen und Konflikte auslösen.
2. Geld kann ein Symbol sein, an dem wir emotionale Probleme aufhängen, die eigentlich nichts mit Geld zu tun haben, sondern andere Aspekte der Beziehung betreffen.

In diesem Kapitel möchte ich mich auf Paare konzentrieren, die vor der Herausforderung stehen, ihre finanziellen Welten zusammenzuführen, während sich ihre Beziehung weiterentwickelt.

Vor kurzem hörte ich einem Paar zu, das sich über seinen Urlaub unterhielt:

Jason: Wir können nicht noch mal so viel Geld für unseren Urlaub ausgeben wie in diesem Jahr.

Vera: Und warum?

Jason: Das ist einfach zu viel! Ich habe alles zusammengezählt, wir haben 3000 Pfund für den Urlaub ausgegeben! Das ist verrückt!

Vera: Wieso denn? Wir können es uns doch leisten.

Jason: Ich weiß ... Aber trotzdem ... es erscheint mir einfach nicht richtig ...

Das ist kein ungewöhnliches Gespräch für ein Paar, das sich eines steigenden Einkommens erfreut und sich entscheiden muss, was es mit den zusätzlichen Mitteln machen will. Sollen sie mehr Geld für ihren Lebensstil ausgeben? Oder sollen sie es für andere finanzielle Ziele verwenden, zum Beispiel um ihre Rücklagen zu vergrößern, in ihre Altersvorsorge zu investieren, eine erste Immobilie oder ein Auto zu kaufen? Wenn sie »auf der Welle reiten«, ohne darüber nachzudenken, ob die Erhöhung der Ausgaben für den Lebensstil mit ihren Werten und ihren finanziellen Zielen übereinstimmt, könnten sie am Ende unglücklich über ihre Entscheidungen sein und diese bereuen. Und was ist zu tun, wenn der Partner eine andere Auffassung darüber hat, was am besten ist?

Was Jason als überhöhte Urlaubsausgaben ansah, war für Vera eine rationale Entscheidung, die im Einklang stand mit ihrer gewachsenen Kaufkraft. Aber es gibt vieles, was wir nicht wissen und wovon auch der Partner nicht ausgehen sollte. Stehen diese erhöhten Konsumausgaben im Widerspruch zu Jasons Wertvorstellungen darüber, wofür Geld eigentlich da ist und wofür es ausgegeben werden sollte? Oder ist er der Meinung, dass durch diese Ausgaben andere finanzielle Ziele gefährdet werden, die das Paar als vorrangig erachtet? Fühlt er sich schuldig, weil er sich einen Urlaub gönnt, den sich seine Verwandten oder Freunde nicht leisten können? Oder ist er mit dem Gedanken aufgewachsen, dass Geld nicht für teure Urlaube verschwendet, sondern lieber gespart oder investiert werden sollte? Es könnte mehrere Gründe dafür geben, warum es ihm »nicht richtig« erscheint, und es wäre für Jason von Vorteil, diese zu ergründen und zu benennen, damit Vera seinen Standpunkt besser verstehen kann.

Wie verhält es sich mit Veras Nonchalance in dieser Sache? Wir könnten annehmen, dass sie rational handelt und sich damit wohlfühlt, dass so viel Geld für den Urlaub ausgegeben wird, aber das ist vielleicht nicht der Fall. Hat sie die Auswirkungen dieser Inflation des Lebensstils bedacht? Hat sie die finanziellen Gegebenheiten und Prioritäten des Paares in ihre Überlegungen einbezogen und ist zu dem Schluss gekommen, dass 3000 Pfund durchaus ein angemessener Betrag für einen Urlaub sind? Vielleicht drängen sie eigene unbewusste Kräfte, mehr auszugeben – vielleicht der Wunsch, ihre Freunde oder die Familie zu beeindrucken, oder die Befürchtung, dass der finanzielle Überfluss nicht von Dauer sein wird, so dass man ihn genießen sollte, solange er noch da ist. Lohnend wäre es auch, die Beziehungsdynamik dieses Paares zu untersuchen: Ist Jason in die Rolle des Buchhalters/der »Stimme der Vernunft« gedrängt worden, während Vera sich aus der Beschäftigung mit den Finanzen zurückgezogen hat?

Beim Umgang mit Gelddifferenzen in einer Beziehung lohnt es sich, einen Schritt zurückzutreten und Folgendes zu bedenken:

- Welches emotionale »Gepäck« bringt jeder von uns in die Beziehung mit, wenn es um Geld und Dinge darüber hinaus geht?
- Wie können Sie die Einstellung Ihres Partners zu Geld besser verstehen und mit den unvermeidlichen Differenzen umgehen?
- Geht es bei Ihren Geldkonflikten tatsächlich um Geld, oder ist Geld nur die Sprache, mit der Sie Ihre Gefühle in der Beziehung ausdrücken?

Paare streiten häufig über Geld

Geldstreitigkeiten sind weit verbreitet. Je nachdem, welche Untersuchungen man liest, sind sie entweder die Hauptursache oder eine der Hauptquellen für Ehekonflikte. Eine Umfrage der Starling Bank in Großbritannien ergab, dass für drei von zehn der befragten

Paare Geld den Hauptauslöser für Streitigkeiten innerhalb ihrer Paarbeziehung darstellt.[239] In einer britischen Studie aus dem Jahr 2023,die von Aviva, einem Anbieter von Vermögens- und Altersvorsorgelösungen, durchgeführt wurde, gab ein Viertel der Befragten in einer Beziehung zu, dass sie mindestens einmal in der Woche über Geld streiten.[240] In den USA wurde in der National Survey of Marital Strength aus dem Jahr 2000, an der mehr als 21000 Ehepaare teilnahmen, festgestellt, dass selbst bei glücklichen Paaren Geld ein Thema ist, über das mehr als über jedes andere gestritten wird.[241]

Einstellungen und Verhaltensweisen in Bezug auf Geld

Paare reiben sich oft an ihren unterschiedlichen Ansichten darüber, was Geld ist, was es darstellt und wofür es verwendet werden sollte. Jeder hat seine eigene Meinung darüber, wie viele Schulden akzeptabel sind, welche Wohnungsgröße angemessen ist, wie viel man für das Hochzeitsgeschenk eines Freundes ausgeben sollte, ob es eine gute Idee ist, Freunden Geld zu leihen und dergleichen. Zu einem normalen Leben gehören zahllose Entscheidungen, die auf der Grundlage dieser inneren Einstellungen getroffen werden, und es ist selten, dass wir in allen Punkten mit unserem Partner übereinstimmen. Wenn es große Unterschiede in den Überzeugungen, Werten und Verhaltensweisen gibt, sind Konflikte erwartungsgemäß wahrscheinlicher. Wenn es schon schwierig ist, unser eigenes finanzielles emotionales Bewusstsein zu verbessern, ist es eine zusätzliche Herausforderung, zu verstehen, was das Geldverhalten eines anderen Menschen bestimmt.

Was das Ganze noch komplizierter macht, ist die Tatsache, dass unsere Unmäßigkeit beim Geldausgeben oder unsere Knauserigkeit oder unsere Risikobereitschaft manchmal im Widerspruch zu dem stehen, was wir eigentlich glauben und schätzen: Vielleicht sind wir aufgrund eines finanziellen Traumas risikoscheuer, als uns lieb ist, oder wir protzen aufgrund unseres narzisstischen Wesens, oder wir gehen nicht gerne auswärts essen, weil Ausgaben bei uns Schuldgefühle auslösen und so weiter. Wie wir in diesem Buch gesehen haben, stoßen wir sogar dann an Grenzen, wenn wir uns entschieden haben, wie wir mit Geld umgehen wollen. Selbst wenn unsere Werte und Einstellungen zu Geld mit denen unseres Partners im Wesentlichen übereinstimmen, kann unser irrationales Verhalten zu Reibungen führen.

Wie finanzielle Entscheidungen getroffen werden

Sollen wir unsere Bankkonten zusammenlegen oder getrennt halten? Wer hat das letzte Wort? Ist es in Ordnung, wenn ein Partner die gesamte Verantwortung an den anderen abgibt? Was ist das richtige Gleichgewicht zwischen der Freiheit eines Partners, impulsiv zu handeln, und der Notwendigkeit, den anderen zu konsultieren? Wo ziehen wir die Grenze zwischen Privatsphäre und Geheimhaltung, wenn es um unser Geldverhalten geht?

In der US National Survey of Marital Strength wurden Paare nach ihren größten Stolpersteinen in Bezug auf die Finanzen befragt: Die Hälfte der Paare hatte das Gefühl, dass ihr Partner versuche, die Finanzen zu kontrollieren. Dies deutet darauf hin, dass es für Paare oft schwierig ist, Modelle zu finden, die jedem Partner genügend Autonomie und Mitspracherecht bei finanziellen Entscheidungen einräumen, und diese Schwierigkeit hat sich durch die Zunahme von Familien mit zwei Einkommen noch verschärft. Die Dynamik zweier berufstätiger Partner wirft zahlreiche Fragen hinsichtlich Macht und Freiheit auf, auf die ich später in diesem Kapitel zurückkommen werde.

Die Paare müssen unterschiedliche Auffassungen von Transparenz und Privatsphäre, von Fairness und Gleichheit, von Vertrauen und Intimität unter einen Hut bringen. Dabei geht es nicht nur um Geld, sondern um ein breites Spektrum von Überzeugungen und vielleicht auch Unsicherheiten, die sich in unterschiedlichen Aspekten der Beziehung widerspiegeln können (in der Erziehung, dem Sex und dergleichen). Der Partner, der Gesprächen über Geld aus dem Weg geht, vermeidet vielleicht jedes Konfliktthema und delegiert auch viele andere Aufgaben an den anderen; der Partner, der seine Finanzen geheim hält, ist vielleicht generell zurückhaltend; der Partner, der auf Gleichberechtigung besteht, möchte vielleicht, dass sich dies sowohl in den Finanzen als auch in den elterlichen oder häuslichen Pflichten widerspiegelt.

Dieselbe Untersuchung ergab auch, dass 89 Prozent der glücklich verheirateten Paare in Geldfragen übereinstimmen, während es bei den unglücklich verheirateten Paaren nur 41 Prozent sind, was meiner Meinung nach nicht daran liegt, dass die Erwartungen, Ängste und Wünsche in Bezug auf Geld perfekt übereinstimmen, sondern vielmehr daran, dass sie einen Weg gefunden haben, mit den unvermeidlichen Differenzen bezüglich Geld so umzugehen, dass es nicht zu großen Auseinandersetzungen und schädlichen Konflikten kommt. Tatsächlich nannten die »glücklichen Paare« in dieser Studie eine gute Kommunikation und Kreativität bei der Lösung von Meinungsverschiedenheiten als Stärken ihrer Beziehung: Diese sind wahrscheinlich ausschlaggebend für ihr Gefühl, dass sie sich in Geldfragen »einig sind«.

Warum ist Geld ein so heißes Thema für Paare?

Meiner Meinung nach gibt es vier Hauptgründe, warum Geld ein schwieriges Thema für Paare ist:

1. Geld ist immer noch ein Tabuthema, und Paare schieben Gespräche über Geld häufig auf, bis sie in einen Konflikt geraten.

2. Wir wünschen uns, dass es keine Differenzen gibt, und können nicht gut mit ihnen umzugehen.
3. Viele moderne Paare erleben eine finanzielle Dynamik, auf die sie nicht vorbereitet sind.
4. Bei »Geldstreitigkeiten« geht es oft gar nicht um Geld, und das Paar streitet unter dem Deckmantel eines Gesprächs über Finanzen in Wirklichkeit über andere, sehr emotionale Themen.

In den folgenden Abschnitten gehe ich auf diese Themen näher ein.

1. Geld ist immer noch ein Tabuthema

Zunächst einmal ist Geld nach wie vor ein verpöntes, tabubelastetes Thema, und die Menschen geben eher ihre Ansichten über Religion, Politik oder Sex preis, als dass sie über Finanzen sprechen. Laut einer Studie von Fidelity würden 29 Prozent der weiblichen Bevölkerung eher Details aus ihrer Dating-Geschichte mitteilen, als über den Zustand ihrer Finanzen zu sprechen.[242]

Für viele ist Geld ein Gesprächsthema, das stressig, langweilig oder einfach »unromantisch« ist. Wenn Paare die entspannten Tagträume der Anfangsphase ihrer Beziehung genießen und über zukünftige Reiseziele, Essensvorlieben oder sexuelle Stellungen sprechen, sind sie weniger geneigt, ein Thema anzuschneiden, das gleichermaßen banal wie auch potenziell emotional und mit Scham und Angst behaftet erscheint. Dennoch schleicht sich das Geld schon meist bei den ersten Verabredungen ein, wenn die beiden Beteiligten vor der Entscheidung stehen, wer was bezahlt, wie viel sie für den Wein ausgeben oder ob sie ein Taxi oder öffentliche Verkehrsmittel für die Fahrt zum nächsten Lokal nehmen sollen.

Vielleicht ist Geld auch deshalb noch ein Tabu, weil es uns an finanziellem emotionalem Bewusstsein mangelt. Vielleicht sind die Finanzen einfach ein Lebensbereich, über den wir uns noch keine großen Gedanken gemacht haben und über den wir selbst noch im Dunkeln tappen. Oder vielleicht haben wir gehört, wie sich ein

Bekannter darüber mokiert hat, dass wir uns gerade einen neuen Mantel gekauft haben, oder unsere Mutter, die zu Besuch ist, hat gemeint, dass wir beim Lebensmitteleinkauf zu geizig seien, oder ein Freund hat sich darüber ausgelassen, wie leichtsinnig es von uns war, 1000 Euro in Bitcoin zu investieren. Vielleicht auch haben wir nicht analysiert und uns nicht damit auseinandergesetzt, wie wir unsere finanziellen Entscheidungen treffen, und so meiden wir dieses Thema lieber und denken nicht darüber nach.

Das Thema auszublenden, birgt aber auch Gefahren. So wie es für uns durchaus aufschlussreich sein kann, dass unser neuer Partner eine Ex-Frau hat, sich mit Intimität schwertut oder ein Hamsterer ist, so wäre es vielleicht auch interessant, dass er fünfstellige Kreditkartenschulden hat oder dass er dem Glücksspiel verfallen ist. So zu tun, als seien die Finanzen unwichtig, ist gleichermaßen naiv wie kurzsichtig, denn Geld gehört einfach zum Leben.

Es ist wichtig, einen geeigneten Zeitpunkt zu finden, um mit dem Partner über die unterschiedlichen Themen rund um die Finanzen zu sprechen: Ich plädiere nicht dafür, schon beim ersten Date nach der Kreditwürdigkeit des Partners zu fragen, aber wenn wir warten, bis wir verlobt sind, um ihm von unserer Kaufsucht zu erzählen, könnte das dem Vertrauensbildungsprozess, der mit einer sich vertiefenden Beziehung einhergeht, abträglich sein.

2. Wir wünschten, es gäbe keine Differenzen, und können nicht gut mit ihnen umgehen

Es ist ein schmerzhafter Prozess, herauszufinden, dass unser Partner nicht völlig mit unseren eigenen Überzeugungen und Werten oder vielleicht mit den Erwartungen, die wir an einen Partner hatten, übereinstimmt. Meiner Erfahrung nach gehört es zu den schwierigsten Aufgaben in einer Beziehung, zu lernen, Unterschiede zu tolerieren und zwischen ihnen zu vermitteln.

Wieso macht er sich keine Sorgen um die Zukunft unserer Finanzen? Wie kann es ihr schwerfallen, sich am Geld zu erfreuen;

ist Geld denn nicht dazu da, um es zu genießen? Warum geht er bei seinen Investitionen so viele Risiken ein? Warum meidet sie das Thema; sollten wir finanziell nicht am gleichen Strang ziehen? Diese Unterschiede überraschen uns oft, obwohl wir eigentlich gehofft hatten, jemanden zu finden, der in allen Fragen mit uns einer Meinung ist. Es entstehen Zweifel an unserer Wahl, und manche tappen in die Falle des Bestätigungsfehlers, indem sie Beweise dafür suchen, dass alle anderen Paare glücklich und harmonisch zusammenleben.

Nehmen wir Aaron und Stella. Stella war schon immer nachsichtiger als Aaron, wenn es um die Ausgaben ging. In ihrer Beziehung haben Stella und Aaron versucht, Stellas Wunsch, sich »am Geld zu erfreuen«, mit Aarons Genügsamkeit in Einklang zu bringen, aber zugleich ist Stella innerlich hin- und hergerissen zwischen jenem Teil von ihr, der ihre neue finanzielle Freiheit genießen möchte, und einem anderen Teil, der sich schuldig fühlt, wenn sie Geld ausgibt, weil sie in einer Familie aufgewachsen ist, in der Sparsamkeit viel galt. Aaron, der sich mit seiner Sparsamkeit sichtlich wohlfühlt, steht vor dem Konflikt zwischen einem Teil von ihm, der stolz auf seine finanzielle Umsicht ist, und einem anderen Teil, der Angst hat, es zu weit zu treiben und ein Geizhals zu werden wie sein Vater. Sie sehen, wie schwierig es ist, unterschiedliche Einstellungen zum Thema Geld miteinander in Einklang zu bringen, wenn unsere eigenen Ansichten durch Ambivalenzen, Ängste oder psychologische Konflikte belastet sein könnten.

Was in Beziehungen manchmal zu den Schwierigkeiten beiträgt, ist die »Polarisierung«. Wenn die Unterschiede nicht verstanden und bewältigt werden, können sich die beiden Partner mit der Zeit immer mehr in ihren gegensätzlichen Standpunkten verschanzen. Stella hatte den Wunsch, mehr Geld auszugeben, und testete ihre Fähigkeit, dies ungezwungener zu tun, jetzt, weil sie es sich leisten konnte (trotz ihrer inneren Stimme, die ihr sagte, dass Sparsamkeit eine gute Sache ist und Exzesse Verschwendung sind). Nach wiederholten Auseinandersetzungen mit Aaron wurde aus ihrer

Ansicht »Wir könnten mehr ausgeben« jedoch »Wir sollten mehr ausgeben«. Was als Vorschlag begann, verfestigte sich zu einem sturen Standpunkt, wonach sie im Recht und er schlicht im Unrecht sei und »zu sparsam«. Hätten die beiden erfolgreicher kommuniziert, als sich ihre unterschiedlichen Verhaltensweisen und Wünsche manifestierten, hätten sie die vorhandenen Gemeinsamkeiten fruchtbar erkunden können, zum Beispiel die Tatsache, dass sie beide in Familien aufgewachsen sind, in denen Sparsamkeit eine Tugend war. Beide wollten das Geld, das sie hatten, mehr genießen, und beide kämpften mit Schuldgefühlen, wenn es ums Geldausgeben ging (auch wenn Stella ihre Schuldgefühle verdrängte, während Aarons Schuldgefühle ihn in seiner Ansicht bestärkten, dass Geldausgeben »falsch« sei).

Aber diese verpasste Gelegenheit und die anhaltenden Auseinandersetzungen über Geldentscheidungen führten dazu, dass sich Aarons Ansicht verfestigte, dass »Geldausgeben schlecht« sei: Der geringe Spielraum für Veränderungen, der sich in seinem Kopf entwickelt hatte, als sich ihre finanzielle Situation verbesserte, verschwand wieder, während er sich mit Material für den nächsten Streit mit Stella dafür rüstete, warum Sparsamkeit das Beste sei. Durch die Polarisierung verschieben sich Zweck und Dynamik des Dialogs: Anstatt sich mit dem Partner zusammenzusetzen und nach einem für beide Seiten akzeptablen Kompromiss zu suchen, sitzen wir ihm gegenüber und versuchen, »recht zu haben«. Anstatt zuzuhören, streiten wir. Anstatt das Problem zu lösen, konkurrieren wir. Es ist sehr schwierig, von dieser Dynamik wegzukommen. Wer legt zuerst seine Rüstung ab, macht sich angreifbar und wagt es, einen neuen Standpunkt einzunehmen?

So kann der Partner mit mäßiger Risikobereitschaft in Konflikten mit einem impulsiven und risikofreudigen anderen Teil allmählich risikoscheu werden. Die Person, die im Allgemeinen etwas ängstlich ist und das Thema Finanzen meidet, könnte schließlich alle Verantwortung an ihren Partner delegieren, der dann beginnt, sich zu allen Entscheidungen berechtigt zu fühlen und alle finanziellen Angelegenheiten selbst in die Hand zu nehmen. In diesen Beispielen erkennen Sie die tragische verpasste Gelegenheit: Ein Paar, das sich hätte ergänzen können, ist nun inkompatibel geworden.

Inkompatibilität ist ein heikles Konzept. Auf dem Papier passt ein Paar nicht mehr zusammen, wenn seine Unterschiede eine gesunde und funktionierende Beziehung erschweren. Meiner Erfahrung nach entscheiden Menschen jedoch oft voreilig, dass sie nicht mehr zusammenpassen, ohne wirklich versucht zu haben, den anderen zu verstehen, in die Schuhe des anderen zu schlüpfen und die Welt aus seiner Perspektive zu betrachten, mit neuen Wegen zu experimentieren, die aus der eigenen Komfortzone herausführen.

Wenn es um Differenzen im Umgang mit Geld geht, kann es hilfreich sein, die Sichtweise des Partners zu berücksichtigen, um die Vorteile seiner Sparsamkeit oder seiner Fähigkeit, sich an dem zu erfreuen, was man mit Geld kaufen kann, zu erkennen; Risikobereitschaft und Risikoscheu haben gleichermaßen Vorteile. Das bedeutet, dass unterschiedliche Ansichten eines Paares zum Thema Geld entweder ein Hindernis oder eine großartige Gelegenheit sein können, einen komplementären Ansatz für das Finanzmanagement als Paar zu entwickeln.

Zwei Menschen, die zusammen sein wollen, können fantasievolle Wege finden, um einen Kompromiss auszuhandeln, aber das ist nicht unbedingt immer einfach. Die meisten Menschen, die mit Meinungsverschiedenheiten konfrontiert werden, schmollen entweder und geben auf, oder sie beharren darauf, dass der andere sich ändert, und geben dann auf. Die Menschen fühlen sich nicht imstande, Konflikte zu bewältigen und die schwierigen Gespräche zu führen, die nötig sind, um einen Ausweg zu finden.

3. Viele moderne Paare erleben eine finanzielle Dynamik, auf die sie nicht vorbereitet sind

Laut Michael Aitken, dem Vorsitzenden von Magus Wealth, einem britischen Finanzplanungs- und -beratungsunternehmen, ist es nicht ungewöhnlich, dass nur der männliche Partner an einem Termin zur Finanzplanung teilnehmen will, der von einem Paar gewünscht wird. »Ich bestehe dann aber darauf, dass beide Partner bei dem Treffen dabei sind«, erklärte er mir.

Traditionell war in einer Ehe der Mann für die finanziellen Angelegenheiten zuständig, während sich die Frau in der Regel auf die Kindererziehung und die Haushaltsführung konzentrierte. Das durchschnittliche moderne Paar ist ganz anders: zum einen, weil ein Paar nicht mehr zwangsläufig aus einem Mann und einer Frau besteht, zum anderen aber auch, weil im Zuge gesellschaftlicher Veränderungen Doppelverdiener-Haushalte zur Norm wurden, was bedeutet, dass die Aufgabenverteilung in den Bereichen Finanzen, Haushalt und Kinderbetreuung ebenfalls diesen Veränderungen angepasst werden muss.

In den letzten Jahrzehnten ist die Zahl der erwerbstätigen Frauen und Mütter erheblich gestiegen, was zum Teil auf die Infragestellung der Geschlechterrollen, den Wunsch der Frauen nach einer erfüllenden Karriere und den Anstieg der Lebenshaltungskosten zurückzuführen ist, aber auch auf größere Karrierechancen für Frauen und flexible Arbeitszeitregelungen. In den USA waren 1968 noch in 35 Prozent der Haushalte die Männer die alleinigen Ernährer, während dieser Anteil 2018 nur noch 18 Prozent betrug.[243] In den OECD-Ländern gehen bei der Mehrheit der Paare beide Partner einer bezahlten Arbeit nach, wie aus den Statistiken hervorgeht (diese Paare werden gemeinhin als »Doppelverdiener«-Paare bezeichnet).[244] Zwar gibt es Unterschiede zwischen den Ländern, was die Aufteilung zwischen Vollzeit- und Teilzeitarbeit angeht, doch bleibt die Tatsache bestehen, dass heute viel mehr Frauen arbeiten und Geld verdienen und mehr Mütter erwerbstätig sind als je zuvor.

Diese neue Einkommensstruktur führt zu unterschiedlichsten Konflikten. Wenn beide Ehepartner eine Mutter hatten, die zu Hause blieb und ein Haushaltsgeld für Lebensmittel und andere Dinge bekam, während der Vater das Geld heimbrachte und sich um die meisten finanziellen Verpflichtungen (Rechnungen, Kredite, Investitionen usw.) kümmerte, könnte es beiden Partnern möglicherweise schwerfallen, ihre Erwartungen aneinander in der neuen und anderen Realität, in der beide ein Einkommen erzielen, anzupassen. Diese Veränderungen stürzen manche Menschen in ein Dilemma, wenn sie versuchen, eine Beziehung unter vielleicht ganz anderen Umständen aufzubauen als dem Modell, mit dem sie aufgewachsen sind: Sie können keinen Plan entwickeln für ein Paar, das die Verantwortung für den Haushalt aufteilt, die Verpflichtungen für die Kinderbetreuung aushandelt oder die Verantwortung für den Beitrag zum gemeinsamen Einkommen des Paares teilt.

Sind wir dann beide gleichberechtigt an der finanziellen Entscheidungsfindung beteiligt? Sollten wir auch gleichberechtigt sein, wenn einer nur Teilzeit und der andere Vollzeit arbeitet? Was ist, wenn einer von uns wesentlich mehr Geld verdient als der andere? Wie teilen wir die Verantwortung für Rechnungen/Schulden und dergleichen auf? Wie gehen wir mit Schulden um, die ein Partner in die Beziehung mitbringt? Können beziehungsweise wollen wir jetzt, da wir beide für unseren Lebensunterhalt aufkommen können, ein größeres Maß an Autonomie bei den Finanzen zulassen, oder sollten wir weiterhin nach dem Motto verfahren: »Was dir gehört, gehört auch mir«? Wenn wir beide eine erfolgreiche Vollzeitkarriere verfolgen, wie entscheiden wir dann, wer die beruflichen Opfer bringt, um die Verantwortung für die Kinderbetreuung zu übernehmen? Diese (und viele weitere) Entscheidungen sind schwierig zu treffen, vor allem, wenn die Partner unterschiedliche Ansichten haben.

Die Umkehrung der Rollen kann noch schwieriger sein: Es ist noch immer die Norm, dass Männer in Doppelverdiener-Haushalten den Großteil des Einkommens beisteuern, aber auch dies verändert sich. Die Zahl der heterosexuellen Paare, in denen die Frau mehr verdient als der Mann, nimmt zu (28 Prozent im Jahr 2017 gegenüber 12 Prozent im Jahr 1990).[245] Mit dieser Dynamik tun sich viele Paare deshalb so schwer, weil sie für beide ungewohnt ist. Während oberflächlich betrachtet beide Parteien »gut« damit zurechtkommen, zeigt das emotionale Unbehagen, das durch die Dissonanz zwischen dem Paar, das wir verinnerlicht haben, und unserer tatsächlichen Situation hervorgerufen wird, im Laufe der Zeit Auswirkungen. Ich habe männliche Klienten erlebt, die mit ihrer besser verdienenden Partnerin sexuelle Probleme bekamen und sich durch diese Dynamik gewissermaßen entmannt fühlten. Sie konnten sich nicht mehr als »potenten« Mann sehen, zum Teil weil die finanzielle Dynamik so stark im Gegensatz zu ihrer inneren Vorstellung von einem »Mann« als Versorger stand. Und natürlich wurde diese Botschaft nicht nur durch die eigene Familienerfahrung vermittelt, sondern es ist eine gesamtgesellschaftliche Erwartung, dass Männer wirtschaftlich erfolgreich sein »sollten«.

Claer Barrett, die Moderatorin des Podcasts *Financial Times Money Clinic*, schreibt in ihrem Buch *What They Don't Teach You about Money* von ihrer Erfahrung, mit einem Mann verheiratet gewesen zu sein, der sich sehr schwertat mit der Tatsache, dass sie die Hauptverdienerin war. In ihrer nächsten Ehe machte sie ganz andere Erfahrungen, und sie sagte, dass dies zum Teil daran lag, dass ihr zweiter Mann bei einer alleinerziehenden Mutter aufgewachsen war, die ihren Lebensunterhalt selbst bestritt. Für ihn bedeutete die Übernahme der Rolle des Hauptverdieners durch eine Frau keinen inneren Konflikt.

Wie gut eine neue und ungewohnte Dynamik zu bewältigen ist, hängt von vielen Faktoren ab, wie zum Beispiel vom Wunsch des Paares, zusammen zu sein, davon, inwieweit beide Partner miteinander konkurrieren, davon, ob das Gehaltsungleichgewicht vom anderen Partner akzeptiert wird, oder, wie Turkel hinzufügt, von dem Ausmaß, in dem der Mann sein Selbstwertgefühl aus dem

Geld ableitet, und dem Ausmaß, in dem andere Vermögenswerte, die er möglicherweise in die Ehe eingebracht hat, das Ungleichgewicht ausgleichen.[246] Wenn sie gefrustet ist, dass er so wenig verdient oder sie dies als mangelnden Ehrgeiz interpretiert, wird es wahrscheinlich eher zu einem Streitthema und einer ständigen Quelle der Irritation werden.

In manchen Fällen können erfolgreiche Frauen, die sich bewusst oder unbewusst wünschen, dass ihr Mann ihnen »ebenbürtig« ist (oder vielleicht sogar so erfolgreich wie ihre eigenen Väter), feststellen, dass der Erfolg ihres Mannes in anderen Bereichen (auch wenn er finanziell nicht gleichwertig ist) ihnen das Gefühl der Gleichheit vermittelt, das sie gesucht haben: Sie können immer noch stolz auf ihn sein und sich in einer Dynamik entspannen, die ihnen nicht völlig fremd erscheint. In anderen Fällen ist der Wunsch nach Gleichberechtigung vielleicht gar nicht vorhanden, und wenn eine Frau, die sich nicht nach einem »erfolgreichen« Mann sehnt, auf einen Mann trifft, der kein Geld braucht, um seinen Wert oder seine Männlichkeit zu bestätigen, funktioniert das recht gut.

Auch wenn sich die finanziellen Gegebenheiten ändern, ist es anscheinend schwer, Geschlechterstereotype loszulassen und an die neue Realität anzupassen. Untersuchungen zeigen, dass die Mehrheit der Paare zwar große finanzielle Entscheidungen gemeinsam trifft, dass aber in den meisten Fällen immer noch die Frauen das Haushaltsbudget und die Männer die Investitionen des Paares verwalten.

Jedes Paar ist anders: Manchmal sind es die Frauen, die nicht das Selbstvertrauen entwickelt haben, dass sie es sich zutrauen, Investitionen zu verwalten, und daher diese Verantwortung gerne an ihre Männer abgeben, während in anderen Fällen der Mann sich die Verantwortung für die Verwaltung von Investitionen aneignet, weil es sowohl ihrer beider Erwartungen entspricht als auch ihm größere Kompetenz für die Verwaltung von Investitionen zugebilligt wird. Kurz gesagt, beide Parteien können dahingehend zusammenwirken, dass die Dinge »vertraut« bleiben.

Wenn wir all dies mit der Idee des finanziellen Wohlergehens in Verbindung bringen, müssen wir uns letztlich die Frage stellen: Entscheiden wir uns bewusst für den Status quo oder landen wir aufgrund einer ganzen Reihe unbewusster Ängste, Stereotype und Zwänge immer wieder dort? Wenn wir sämtliche Investitionsentscheidungen an unseren Partner delegieren, liegt das daran, dass wir glauben, dass er besser darin ist und mehr Bildung/Informationen zu diesem Thema besitzt, und dass wir sehr daran interessiert sind, dass er diese Verantwortung übernimmt? Oder hängt es damit zusammen, dass unser Partner erwartet, die Verantwortung zu tragen, während wir befürchten, dass wir uns damit schwertun könnten und uns damit abgefunden haben, in der Beziehung machtlos zu sein?

Es ist wichtig zu verstehen, *auf welche Weise* wir zu einem bestimmten Status quo gelangt sind und ob wir das Gefühl haben, dass wir ein Mitspracherecht dabei hatten. Das Gefühl, in einer »gleichberechtigten Beziehung« zu leben (das heißt in einer Beziehung, in der sich beide Parteien »gleichberechtigt« fühlen), das ist anscheinend der Schlüssel zu einer glücklichen Ehe. In der National Survey of Marital Strength wurde festgestellt, dass die meisten (81 Prozent) der Paare, bei denen beide Ehepartner die Beziehung als gleichberechtigt empfanden, glücklich verheiratet waren, während die meisten (82 Prozent) jener Paare, bei denen beide die Beziehung als eher traditionell empfanden, überwiegend unglücklich waren. Das bedeutet nicht, dass wir Investitionsentscheidungen 50:50 teilen müssen, sondern dass wir auf einer gewissen Ebene das Gefühl haben, dass die Aufteilung, für die wir uns als Paar entschieden haben, eine ist, bei der beide ein gleiches Mitspracherecht hatten.

Auch wenn es sich bei den von mir oben zitierten Statistiken um Mehrheiten und Durchschnittswerte handelt und sie in ihrer kulturellen Repräsentativität begrenzt sind, möchte ich Sie auffordern, darüber nachzudenken, wie Ihre verinnerlichten Erwartungen an die Geschlechterrollen in Bezug auf Geld sowohl von der Gesellschaft, in der Sie leben, als auch von dem Elternpaar, mit dem Sie aufgewachsen sind, beeinflusst wurden. Beides wird Ihre Gefühle und Ihre Erwartungen an die Beziehungsdynamik in der Gegenwart geprägt haben. Wer hatte die finanzielle Entscheidungsbefugnis? Wer verdiente mehr Geld? Wer kümmerte sich um das Haus und die Kinder? Wer verwaltete die Investitionen der Familie?

4. Bei Geldstreitigkeiten geht es oft gar nicht um Geld

Bei Streitigkeiten über Geld geht es selten nur um Geld. Oft geht es um viel mehr, und es ist entscheidend für die Lösung des Konflikts, herauszufinden, was hinter dem Streit stecken könnte. Wofür steht das Geld? Wird es benutzt, um Probleme zu anzusprechen, die zu einer umfassenderen Beziehung gehören?

Clara und Thomas waren seit kurzem ein Paar. Während Thomas (40 Jahre) in seiner Vergangenheit bereits mehrere längere Beziehungen gehabt hatte, war dies bei Clara (37 Jahre) nicht der Fall. Sie war in einer dysfunktionalen Familie aufgewachsen, in der beide Elternteile außereheliche Affären hatten. Ihr Vater hatte sie verlassen, als sie noch ein Teenager war. Clara vermied Beziehungen. Selbst zur Therapie ging sie nur widerwillig (man muss in gewissem Maße daran glauben, dass aus einer Beziehung etwas Gutes entstehen kann, um zur Therapie zu gehen, und Clara war ein sehr ambivalenter Charakter). Aber sie hatte Thomas kennengelernt, und bei ihm war es anscheinend etwas anders. Sie wollte es versuchen, hatte aber Angst, die Sache zu »vermasseln«. Einige der anfänglichen Auseinandersetzungen des Paares hatten mit Geld zu tun, und es ist ein gutes Beispiel dafür, wie Geld als Medium benutzt wird, um etwas zu kommunizieren, das schwer in Worte zu fassen ist.

Die Beziehung entwickelte sich langsam und eher widerwillig. Zu ihrem einjährigen Jubiläum schenkte Thomas Clara ein teures Paar Ohrringe. Clara kam in die Therapie und begann, mir von ihnen zu erzählen. Sie hatte den Satz kaum beendet, als ihr die Tränen in die Augen schossen. »Ich fühle mich so schuldig. Ich weiß nicht, warum. ... Ich schaute die Ringe an und fühlte mich elend.« Als sie einen Monat später von einer Dienstreise zurückkehrte, fand sie am Flughafen ein vorgebuchtes (und bezahltes) Taxi vor, das sie nach Hause bringen sollte. Sie war so wütend auf ihn. Es fiel ihr schwer, zu erklären, warum sie diese Geste so durcheinanderbrachte. Es zeichnete sich ein Muster ab: Jede Art von Zuwendung von Thomas hatte die gleiche Wirkung: Sie fühlte sich unwohl, war wütend und bekam Schuldgefühle. Ihre Auseinandersetzungen darüber, wie viel er für die Ohrringe oder den Taxiservice ausgegeben hatte, hätte man als Streit über Ausgabengewohnheiten oder Werte missverstehen können, aber darum ging es überhaupt nicht. Thomas hatte Mühe, sie zu verstehen; er wollte doch nur nett sein, warum also wurden seine Gesten nicht gewürdigt? Vernebelten ihre Gefühle ihre Sicht auf diese freundlichen Taten, als die sie gemeint waren?

Der Grund, warum Clara diese großzügigen Gesten von Thomas als so unangenehm empfand, lag in ihrer Angst, dass sie in eine Beziehung nicht das einbringen konnte, was erforderlich war. Dies war zum Teil der Tatsache geschuldet, dass sich Clara (zumindest zeitweise) der Liebe nicht würdig fühlte. Sie lebte in der Angst, eines Tages herauszufinden, dass sie »beziehungsunfähig« war und dass ihre Vergangenheit sie auf irreparable Weise geschädigt hatte. Thomas' Fähigkeit, zu geben, zu gefallen, zu lieben, machte sie wütend, weil es in ihren Augen unterstrich, wie gut er war und wie »schlecht« sie sich fühlte: Ein Teil von ihr wünschte sich, er wäre weniger großzügig, damit sie sich nicht mit ihrem Gefühl der Unzulänglichkeit auseinandersetzen würde müssen.

Dies ist ein Beispiel für einen Geldkonflikt, bei dem es um Beziehungsunsicherheiten geht. Das nächste Beispiel betrifft ein Paar (eine Frau und eine Transgender-Frau), das sich vordergründig aufgrund der unterschiedlichen beruflichen Situation der beiden über die Aufteilung der Haushaltspflichten stritt, doch der zugrundeliegende Konflikt war umfassender: Es ging um Macht und Ansprüche.

In einer Folge der BBC-Serie *Couple Therapy*,[247] in der echte Paare einen Paartherapeuten konsultieren, sprechen Sarah und Lauren mit Dr. Orna Guralnik. Sarah bringt gegenüber der Therapeutin ihre Frustration über Laurens Forderung nach körperlicher Nähe im Bett zum Ausdruck, die Sarah als erdrückend empfindet. Doch aus einer Klage über Laurens Ansprüche im Bereich der Zuneigung wird schnell ein Gespräch über eine umfassendere Beziehungsdynamik. Sarah sagt: »Sie will, was sie will, und es ist ihr scheißegal, wo ich bin oder was ich will … Ich meine, das ist ein Hinweis auf ein größeres Problem … So läuft vieles in unserer Beziehung […] Es gab schon in der Vergangenheit diese Art von Anspruchshaltung, die der Kern unserer Probleme war.«

Und diese Beziehungsdynamik, so stellte sich heraus, spielte sich auch auf dem Gebiet des Geldes ab. Lauren war die Ernährerin in der Beziehung, und Sarah (die nicht vollzeitbeschäftigt war) hatte das Gefühl, dass von ihr erwartet wurde, dass sie die Hausarbeit machte, aber interessanterweise ging es dabei nicht darum, dass Sarah mehr freie Zeit hatte.

Sarah: Eine Frage: Wenn wir beide gleich viel arbeiten, wer ist dann für den Hausputz zuständig […]?

Lauren: Idealerweise sollten wir die Arbeit unter uns aufteilen […]

Therapeutin: Und darf ich fragen, und ich weiß, dass es keine politisch korrekte Frage ist, aber … spielt es eine Rolle, wie viel Geld jede verdient?

Lauren: Ich glaube … [lange Pause]. Mein Bauchgefühl sagt mir, ja …

Lauren ist der Meinung, dass ihr höherer Verdienst sie dazu berechtigt, weniger Hausarbeit zu machen, womit Sarah nicht einverstanden ist. Aber wenn wir die Erzählung über das Geld einmal beiseitelassen, scheint es bei diesem Paar eine allgemeine Frustration über Laurens ausgeprägteres Anspruchsdenken zu geben, auch emotional. Man kann erkennen, dass zwei Gesprächsebenen existieren: Auf der einen geht es um reale Überzeugungen über Geld und Macht, auf der anderen aber auch um den weiter gefassten Wunsch beziehungsweise die Erwartung, dass ihre Bedürfnisse erfüllt werden und Vorrang haben vor denen ihrer Partnerin. Wie die Paartherapeutin zu Recht feststellt, hat Lauren das Paradigma Geld = Macht nicht erfunden. Es ist daher kein Zufall, dass Geld das Objekt der Wahl ist, das Lauren symbolisch benutzt, um ihre Anspruchshaltung zum Ausdruck zu bringen.

Mit Hilfe ihrer Therapeutin können sie den »Subtext« eines Streits entschlüsseln, bei dem es vordergründig um den Platz im Bett oder die Aufteilung der Hausarbeit geht, und ihn als eine Erzählung über Machtdynamik verstehen. Das Geld war nur ein Bereich, in dem dieses Paar wegen unausgesprochener Annahmen darüber, wessen Bedürfnisse Vorrang haben, aneinandergeraten ist: Beziehungsdynamiken können allgegenwärtig sein, und Geld ist nur ein Aspekt der Beziehung, in der diese Dynamiken ausgelebt werden. Das Verständnis sowohl des Geldkonflikts (wie auch der unterschiedlichen Ansichten darüber, was bei einer unausgewogenen Einkommensverteilung fair ist), aber auch des Konflikts über emotionale Bedürfnisse kann diesem Paar helfen, seine Beziehung zu festigen.

Es gibt viele Beispiele für »Geldstreitigkeiten«, bei denen es nicht wirklich um Geld geht, oder bei denen Geld nur ein Bereich ist, in dem sich eine allgemeinere Dynamik manifestiert. Wenn ein Paar darauf besteht, jede Rechnung zu teilen, kann darin die Ambivalenz des Paares bezüglich einer Vertiefung der Beziehung zum Ausdruck kommen. Ein Paar, das unterwürfige und dominante Machtspiele betreibt, kann diese nicht nur im Bereich der Finanzen ausleben, sondern auch im Schlafzimmer. Ein Paar mit Vertrauensproblemen kann Geldgeheimnisse haben oder getrennte Konten führen. Natürlich steckt nicht hinter jedem Geldkonflikt ein Beziehungsproblem: Manchmal sind wir schlicht nicht einer Meinung.

Warum ist es so wichtig, dass man Geldkonflikte entschlossen angeht?

Geldkonflikte sind schädlich für Beziehungen. Wenn ein Paar immer wieder denselben Streit ausficht, kann es den Glauben daran verlieren, dass es imstande ist, harmonisch zusammenzuleben, Differenzen beizulegen und mehr gute als schlechte Momente miteinander zu erleben. Wut, Respektlosigkeit und Geheimnisse im Zusammenhang mit Geld treiben einen Keil zwischen das Paar und verursachen Risse in der Liebe und im gegenseitigen Vertrauen, die beide vielleicht als irreparabel empfinden. Aus verschiedenen Gründen erscheint es mir wichtig, Geldkonflikte möglichst konstruktiv anzugehen. Erstens, weil Paare, die sich immer wieder über Geld streiten, sich mit größerer Wahrscheinlichkeit irgendwann scheiden lassen. Laut einer deutschen Studie mit mehr als 5300 Ehepaaren[248] ist bei Paaren, die sich in finanziellen Fragen nicht einig sind, die Wahrscheinlichkeit, dass sie sich scheiden lassen, doppelt so hoch wie bei Paaren, die finanziell an einem Strang ziehen. Unterschiedliche Risikopräferenzen (jeglicher Art, in Bezug auf die Karriere, den Sport, das Autofahren usw.) waren der wichtigste Indikator dafür, dass es auf lange Sicht zu einer Trennung des Paares kommen würde, aber insbesondere Risikodifferenzen *im finanziellen Bereich* waren der deutlichste Hinweis auf eine künftige Scheidung. Den Autoren der Studie zufolge werden Menschen, die unterschiedliche Spar- und Investitionsentscheidungen treffen, mit geringerer Wahrscheinlichkeit gemeinsam ein Haus erwerben oder ein Haus renovieren, wenn sie eines gekauft haben.

Meiner Erfahrung nach sind Geldstreitigkeiten oft nur ein Symptom für Schwierigkeiten eines Paares hinsichtlich seiner Kommunikation und seiner Fähigkeit, Meinungsverschiedenheiten beizulegen und Konflikte zu bewältigen, weshalb es sich positiv auf andere Bereiche der Beziehung auswirken kann, wenn man einen konstruktiven Weg findet, unterschiedliche Einstellungen im Umgang mit Geld zur Sprache zu bringen.

Der zweite Grund, warum man Geldprobleme ansprechen sollte, besteht darin, dass dies dazu beitragen kann, andere grundlegende Probleme in der Beziehung aufzudecken, die sich möglicherweise in Bezug auf Geld ausdrücken. Es ist einfacher, sich über konkrete Dinge, in diesem Fall über Geld, zu streiten, als die emotionale Frustration und die Unzufriedenheit, die angesprochen werden müssen, in Worte zu fassen. Es ist vielleicht einfacher zu sagen: »Du gibst mir nicht genug Geld«, als zu sagen: »Du zeigst mir nicht genug Anerkennung.« Es fällt leichter zu sagen: »Du gibst zu viel aus, wenn du am Abend ausgehst«, als zu sagen: »Ich wünschte, du würdest mehr in unsere Beziehung investieren«, oder zu sagen: »Ich denke, wir sollten unsere Finanzen getrennt halten«, als zu sagen: »Ich habe das Gefühl, dass ich dir nicht vertrauen kann«.

Und schließlich, und das ist das Wichtigste, kann die Beilegung von Differenzen über Geld ein guter Präzedenzfall für das Paar sein: Es kann ein Modell dafür werden, wie andere Differenzen und Streitpunkte (die nichts mit Geld zu tun haben) angesprochen und gelöst werden können.

Wie man Differenzen über Geld beilegen kann

Nachfolgend möchte ich Ihnen zehn Tipps geben, wie Sie gegensätzliche Einstellungen in Bezug auf den Umgang mit Geld besser angehen und möglicherweise auch Konflikte vermeiden können:

1. Meiden Sie das Thema nicht.
2. Ändern Sie Ihre Wahrnehmung von Konflikten.
3. Betrachten Sie das Paar gewissermaßen als einen »Dritten«.
4. Seien Sie kreativ und flexibel, wenn es um »Kompromisse« geht.
5. Seien Sie neugierig.
6. Betrachten Sie gerade die beiden Dimensionen, die Sie eher meiden wollen.

7. Erkennen Sie Ihre Rolle in dieser Dynamik
8. Wählen Sie den richtigen Zeitpunkt für Geldgespräche
9. Achten Sie auf Ihren Ton
10. Formulieren Sie Ihre Botschaft sorgfältig

1. Meiden Sie das Thema nicht

Viele Paare geben sich gar nicht erst die Chance, in die Phase der Konfliktlösung einzutreten, weil ihre Strategie das Vermeiden ist. Über etwas nicht zu sprechen, macht es nicht ungeschehen. Geld gehört zum Leben dazu, und je bewusster wir damit umgehen, desto eher bekommen wir das Gefühl, dass wir unsere Finanzen unter Kontrolle haben. Wenn wir Geldgesprächen mit unserem Partner aus dem Weg gehen, weil sie »unangenehm« oder »schwierig« sind, bleiben wir in einer Sackgasse stecken.

In der National Survey of Marital Strength[249] wurde festgestellt, dass die große Mehrheit der Menschen sich wünscht, dass ihr Partner mehr Bereitschaft zeigen würde, seine Gefühle mitzuteilen und Probleme zur Sprache zu bringen. Sie geben zu, dass es ihnen schwerfällt, ihre Bedürfnisse zu artikulieren, und dass sie sich von ihrem Partner nicht verstanden fühlen. Ehepartner in glücklichen Ehen fühlen sich deutlich häufiger von ihren Partnern verstanden, und es fällt ihnen viel leichter, ihre wahren Gefühle auszudrücken, als Paaren, die eher unglücklich sind. Das Verständnis der unterschiedlichen Einstellung zum Geld, die der andere hat, aber auch der allgemeinen Beziehungsdynamik kann dazu beitragen, dass zwei Menschen von ihrem Konflikt zum Ausgleich und zur Aussöhnung gelangen.

2. Ändern Sie Ihre Wahrnehmung von Konflikten

Die meisten Menschen betrachten Konflikte als etwas Negatives. »Ich will keinen Streit anfangen.« Vor allem, wenn Konflikte in Ihrer Familie bisweilen erbittert sein können: Beleidigungen, Geschrei, Respektlosigkeit und Schmerz. Doch das muss nicht sein: Paare können stärker werden, wenn sie sich ihren Differenzen stellen, wenn dies mit Respekt und ohne Wertung geschieht. Es kommt darauf an, wie man über die Dinge spricht. Ein Konflikt bedeutet, dass die unterschiedlichen Sichtweisen der Partner aufeinanderprallen, aber kann man dies nicht auch als Chance sehen, etwas über und von seinem Partner zu lernen?

In einem Kurs über Verhandlungstechniken an der Wharton Business School machten wir einmal, wie ich mich erinnere, eine Übung[250], die für die meisten der intelligenten Studenten, die versuchten, das bestmögliche Ergebnis zu erzielen, eine große Herausforderung darstellte. Die Aufgabe lautete: einen Deal aushandeln. Wir wurden in Vierergruppen aufgeteilt, wobei jeweils zwei Personen in Team A und zwei in Team B waren.

Team A vertrat einen Biologen einer Pharmafirma, die Methoden zur Bekämpfung feindlicher biologischer Kriegsführung erforscht. Aufgrund eines Transportunfalls waren Chemikalien ausgetreten, die das Leben vieler Menschen gefährdeten, und der synthetische Dampf, den die Forscher entwickelt hatten, konnte diesen Schaden neutralisieren. Der Dampf wurde aus einer Chemikalie hergestellt, die aus der Schale von Ugli-Orangen gewonnen wurde (eine sehr seltene Frucht, von der nur eine begrenzte Anzahl produziert wird). Was Team A benötigte (3000 Orangen), war in den Händen von Herrn Cardoza, der jedoch auch von Team B, einem konkurrierenden Pharmaunternehmen, angesprochen wurde. Team B benötigte die Ugli-Orangen für die Entwicklung eines Medikaments zur Bekämpfung von Rudosen, einer Krankheit, die Föten befällt und zu Blindheit führt. Team A und Team B trafen sich, um ein Geschäft auszuhandeln und das Risiko zu vermeiden, dass eines der beiden Teams ein Geschäft mit Herrn Cardoza abschloss und das andere am Ende mit leeren Händen dastand. Die Teams erhielten Informationen über die Produktionsprozesse, die zulässige Gebotsmenge, das potenzielle menschliche Risiko, wenn sie keine Einigung erzielten, und dergleichen.

Wir hatten 30 Minuten Zeit, um das bestmögliche Angebot für unser Unternehmen auszuhandeln. Das Gemurmel der Verhandlungen erfüllte den Raum, und bald hörte man unterschiedlichste Gesprächsfetzen: »Meine Sache ist zeitkritischer als Ihre«; »Unser Produkt wird langfristig mehr Menschenleben retten«; »Teilen wir es gleichmäßig auf, das wäre fair«; Angebote und Gegenangebote, hitzige Diskussionen und gelegentliche Schläge auf den Tisch. Als die Zeit abgelaufen war, gab jede Gruppe den erzielten Kompromiss bekannt. Die meisten Teams landeten irgendwo in der Mitte und teilten die Orangen gleichmäßig oder annähernd gleichmäßig auf. Bis auf ein Team. Sie gingen jeweils mit 3000 Orangen nach Hause. Wie das?

Sie hatten sich gegenseitig zugehört. Anstatt sich darüber zu streiten, wessen Sache wertvoller und wichtiger war und wer mehr Geld bot, hatten sie mit Interesse die Bedürfnisse des anderen zur Kenntnis genommen. Es stellte sich heraus, dass Team A die Schale der Orange brauchte, um den Dampf zu erzeugen, während Team B den Saft der Orange benötigte, um das Medikament herzustellen, so dass beide aus den 3000 Orangen das herausholen konnten, was sie wollten.

Dieses Beispiel zeigt, wie leicht wir Unterschiede missverstehen und sie in ein Nullsummenspiel verwandeln können, bei dem einer gewinnt und der andere verliert. Um die in der Übung gestellte Aufgabe zu lösen, mussten die Teilnehmer fragen: »Wie können wir beide bekommen, was wir brauchen?«, anstatt sich wie bei einem Tauziehen zu verhalten.

3. Betrachten Sie das Paar gewissermaßen als einen »Dritten«

Bei der Hochzeit eines Freundes zitierte der Priester das folgende orientalische Sprichwort: »Jedes Problem hat drei Lösungen: meine, deine und die richtige.« Meines Erachtens beschreibt dieses Sprichwort sehr passend die Herausforderung, mit der viele Paare konfrontiert sind, wenn sie einen Konflikt lösen wollen: Wie kann man eine Lösung finden, die nicht auf dem Satz »Was ich will« oder »Was du willst« beruht, sondern auf dem Satz »Was würde für das Paar am besten sein?«. In der Psychotherapie sprechen wir von dem »ehelichen Dreieck«, wie es der Psychotherapeut Stanley Ruszczynski nennt, das er als die Fähigkeit eines Paares beschreibt, »über die eigenen Bedürfnisse, die Bedürfnisse des anderen und die Bedürfnisse der Beziehung nachzudenken. Häufig und oft unvermeidlich stehen diese verschiedenen Bedürfnisse in Konflikt und erfordern eine Reflexion, einen möglichen Verzicht und eine erträgliche, wenn auch ambivalente Lösung.«[251]

Im Falle der Ugli-Orange kann sich eine Situation, die leicht in einen Konflikt ausarten könnte, in eine Win-Win-Situation verwandeln, wenn beide Seiten auf der gleichen Seite des Tisches sitzen und nach einer für beide Seiten vorteilhaften Lösung suchen. Es geht nicht darum, wer recht hat, sondern darum, was die beste Lösung für das finanzielle Wohlergehen des Paares ist.

4. Seien Sie kreativ und flexibel, wenn es um »Kompromisse« geht

Wenn wir Verhandlungen mit einer kreativen Denkweise angehen, können wir innovative Wege finden, um Differenzen beizulegen. Partner, die in Bezug auf ihre Risikobereitschaft unterschiedlicher Meinung sind, könnten sich auf ein Portfolio einigen, das ausschließlich in Anlagen mit mittlerem Risiko investiert ist. Oder sie haben jeweils einen Topf, in den sie entsprechend ihrer Risikobereitschaft investieren. Oder sie können einen Höchstbetrag festlegen, der in risikoreiche Anlagen investiert wird (und so das Risiko begrenzen). Wenn Sie sich mit Ihrem Partner endlos darüber streiten, ob Sie in diesem Sommer 1000 oder 2000 Euro für Ihren achttägigen Aufenthalt in Kroatien ausgeben sollen, könnte die Antwort lauten, stattdessen ein Haus für 1500 Euro zu suchen, oder auch, dieses Jahr zu campen und nächstes Jahr einen Luxusaufenthalt zu buchen. Viele Menschen gehen an solche Themen mit einem

Schwarz-Weiß-Denken heran, das nur binäre Lösungen zulässt. Sie werden feststellen, dass bessere Lösungen gefunden werden, wenn zwei Köpfe mit einer kreativen Denkweise aufeinandertreffen.

5. Seien Sie neugierig

Der antike Philosoph Zenon von Kition[252] sagte: »Wir haben zwei Ohren und einen Mund, damit wir doppelt so viel zuhören können, wie wir sprechen.« Die Fähigkeit des Zuhörens mag bisweilen nur mäßig ausgebildet sein, vor allem, wenn man wütend ist und sich angegriffen fühlt. Deshalb ist es nie eine gute Idee, eine Meinungsverschiedenheit im Eifer des Gefechts zu lösen.

Um zu verstehen, was zwischen uns und unserem Partner vorgeht, müssen wir zuhören, und zwar auf eine nicht wertende Art und Weise, sonst fühlt sich unser Partner entmutigt, seine Gefühle zu offenbaren und sich uns gegenüber verletzlich zu machen.

Gehen Sie an das Gespräch mit dem Wunsch heran, sowohl sich selbst als auch Ihren Partner zu verstehen. Wenn Sie beispielsweise eine Beziehung mit einem Verschwender führen, wie oft sind Ihre Kommentare zu diesem Thema eher Beschwerden und Vorwürfe als echte Versuche, herauszufinden, was hinter diesem Verhalten steckt? »Du warst schon wieder einkaufen?«, »Warum hörst du nicht einfach auf, unser Geld zum Fenster hinauszuwerfen?« »Brauchst du wirklich noch ein Paar Schuhe?«, »Bei diesem Spartempo werden wir nie genug für die Anzahlung haben.«

Wenn Sie nur versuchen, den anderen davon zu überzeugen, dass Sie recht haben und er im Unrecht ist, werden Sie in eine Pattsituation geraten. Bei Gesprächen über Geldangelegenheiten geht es nicht nur darum, sich etwas von der Seele zu reden und dem anderen zu sagen, er solle sich ändern. Wenn Sie Ihrem Partner zuhören, können Sie ihm vielleicht eher helfen, ein Verhalten einzuschränken, mit dem er zu kämpfen hat, aber er könnte auch etwas Hilfreiches über Ihre Einstellung zum Geld zu sagen haben, das Ihnen hilft, sich selbst besser zu verstehen.

6. Betrachten Sie gerade die beiden Dimensionen, die Sie eher meiden möchten

Wenn Sie über Ihre eigene Einstellung zu Geld und die Ihres Partners nachdenken, müssen Sie vier Dimensionen berücksichtigen. Zweifellos haben sowohl Ihre als auch die Einstellung Ihres Partners zu Geld Vor- und Nachteile (auch wenn diese zunächst nicht offensichtlich sind). In der Regel konzentriert man sich darauf, was an der eigenen Einstellung gut und was an der des Partners falsch ist. Um einen Kompromiss zu finden, ist es jedoch wichtig, die beiden Dimensionen zu berücksichtigen, an die man normalerweise nicht denkt. Sie müssen sich fragen: Was sind die Nachteile Ihrer Einstellung zu Geld? Und was sind die Vorteile der anderen?

Um es mit einer Geldmetapher zu sagen; jede Münze hat zwei Seiten. Wenn Sie sich mit den Nachteilen Ihrer eigenen Einstellung auseinandersetzen, wird Ihnen das helfen, sie zu verbessern. Gut, Sie achten auf jeden Pfennig, aber vielleicht sind Sie neidisch darauf, wie großzügig Ihr Partner sein kann. Ja, Sie sind stolz darauf, wie wenig Zeit Sie damit verbringen, sich um Geld zu »sorgen«, aber Sie erkennen auch, dass Sie das Thema manchmal ein wenig zu sehr meiden und dadurch Gelegenheiten verpassen (im Gegensatz zu Ihrem Partner, der sich ständig um seine Finanzen kümmert). Sie sind stolz auf Ihre vorsichtige Herangehensweise, aber Ihr Partner hat im letzten Jahr die doppelte Rendite erzielt, indem er risikoreichere Anlagen tätigte.

Erst wenn wir uns die Gegensätze in unserer Haltung zum Geld eingestehen und die Vorteile der Einstellung unseres Partners anerkennen, können wir beginnen, eine Grundlage zu schaffen, auf der sich Verständnis und Kompromisse entwickeln können. Dies gilt übrigens für alle Konflikte, nicht nur für Geldkonflikte.

7. Erkennen Sie Ihre Rolle in dieser Dynamik

Wir haben uns bereits mit einigen der unbewussten Prozesse befasst, die manchmal dafür verantwortlich sind, wie wir die Beziehungsdynamik gestalten. Wir können nicht die ganze Schuld auf den Partner abwälzen und hoffen, dass sich eine Dynamik ändert, wenn wir uns nicht der Tatsache stellen, dass wir mitverantwortlich dafür sind: Es braucht immer zwei Menschen, um eine Dynamik in Gang zu setzen. Haben wir im Lauf der Zeit die Kontrolle abgegeben, anstatt für uns selbst einzustehen? Haben wir die Zügel über unsere Finanzen aus der Hand gegeben, weil es uns zu viel Angst machte, sie selbst zu halten? In Beziehungen können unbewusste Kräfte in uns und unseren Partnern eine Sogwirkung entfalten, die uns wie Figuren in einem Theaterstück in eine bestimmte Rolle drängen. Welche Rolle haben wir eingenommen? Haben wir das freiwillig getan? Wenn Jason erkennt, dass seine Rolle als »Stimme der Vernunft«, wenn es um die Finanzen in der Beziehung geht, Veras laxe Einstellung gegenüber Geld erst ermöglicht hat, kann es für ihn hilfreich sein, darüber nachzudenken, Vera einen Teil dieser Verantwortung zurückzugeben.

Es ist leicht, zum Partner zu sagen: »Warum kannst du dich nicht etwas mehr um unsere Finanzen kümmern?«, aber wenn wir dann die Dynamik aufrechterhalten, indem wir alles selbst in die Hand nehmen, wie können wir es dann dem anderen ermöglichen, wieder selber aktiv zu werden?

Wir haben uns mit der Polarisierung befasst und damit, wie sie dazu führen kann, dass unser Partner ein Verhalten an den Tag legt, das uns nicht gefällt oder mit dem wir nicht einverstanden sind. Können wir der Tatsache ins Auge sehen, dass es vielleicht unser langsames Abrücken von der »Mitte« ist, das unseren Partner dazu gebracht hat, in die entgegengesetzte Richtung zu rutschen? Je mehr wir die Rolle des »Verantwortlichen« einnehmen, desto »unverantwortlicher« handelt der andere?

8. Wählen Sie den richtigen Zeitpunkt für Geldgespräche

Sie würden sich wundern, wie viele Menschen schwierige Gespräche damit beginnen, dass sie zum denkbar ungünstigsten Zeitpunkt mit etwas Unüberlegtem herausplatzen. Wenn Ihr Partner gerade zur Tür hinausgeht, um zur Arbeit zu fahren, oder wenn er erschöpft ist und kurz vor dem Einschlafen steht, ist das natürlich nicht der beste Zeitpunkt, um ein heikles Thema zur Sprache zu bringen. Die Ausrede, die ich oft höre, lautet: »Aber ich habe sonst keine Zeit«, und das ist einfach nicht wahr. Denken Sie daran, dass Sie hoffen, gehört und verstanden zu werden, und nicht, dass Sie »etwas erledigt bekommen«, also müssen Sie die Voraussetzungen dafür schaffen, dass dies auch mit größtmöglicher Wahrscheinlichkeit geschieht.

9. Achten Sie auf Ihren Tonfall

Wie Sie etwas sagen, ist genauso wichtig wie das, *was* Sie sagen. Der Tonfall macht den Unterschied, und das sollten Sie bei Ihrer Kommunikation beachten, vor allem, wenn es sich um ein heikles Thema handelt. Negative Gefühle wie Wut oder Frustration anzuerkennen, ohne zu schreien, ist viel effektiver, als den anderen von vornherein in die Defensive zu drängen.

10. Formulieren Sie Ihre Botschaft sorgfältig

Ein Grundprinzip der Kommunikation besagt, dass man viel eher eine positive Antwort erhält, wenn man seinen Standpunkt in der ersten Person darlegt, als wenn man seine Ausführungen mit einer Anschuldigung in der zweiten Person beginnt (was den Zuhörer nur verärgern würde). Nehmen wir an, Sie wollen Ihren Partner auf seine übermäßigen Ausgaben bei Abenden mit Freunden ansprechen. Wenn Sie mit »Mich macht es wütend, wenn« beginnen, weiß Ihr Partner sofort, welche Gefühle seine Handlungen bei Ihnen hervorrufen, und kann nicht dagegen angehen. Das ist etwas anderes, als wenn Sie das Gespräch beginnen mit: »Du bist ein Idiot, weil ….«

Nach der »Ich-Aussage« sprechen Sie eine Tatsache an (nicht eine Meinung oder ein Urteil). Also: »Ich bin wütend, wenn du 250 Euro für einen Abend mit deinen Freunden ausgibst« ist besser als »Ich bin wütend, wenn du dich wie ein verwöhntes und unverantwortliches Kind verhältst.« Auch hier wird Ihr Partner eine klare Vorstellung davon bekommen, was er getan hat und wie Sie sich dabei gefühlt haben, anstatt sich angegriffen und verletzt zu fühlen.

*

Zum Zeitpunkt der Entstehung dieses Buches (2023) befindet sich das Vereinigte Königreich in einer »Lebenshaltungskrise«, wie es in den Medien genannt wird. Wirtschaftskrisen sind ein offenkundiger externer Stressfaktor, der Geldkonflikte bei Paaren anheizen kann: Ungewissheit, unsichere Arbeitsplätze und steigende Kosten können alle möglichen Ängste bei den Menschen hervorrufen und Gespräche über Geld noch stressiger machen. Sie können auch zu schwierigen Kompromissen und zu Entscheidungen führen, zu denen das Paar unterschiedliche Ansichten hat. Welche Kosten sollen gesenkt werden? Wie kann mehr gespart werden? Wie kann man stärker betroffenen Familien helfen? Für Familien aus der Mittelschicht könnte dies zu Kompromissen führen, die sie vorher nie in Erwägung ziehen mussten, während für Familien aus der Arbeiterschaft manche Entscheidungen noch schwieriger werden könnten, weil sie die Wahl zwischen Grundbedürfnissen bedeuten. In der oben zitierten Aviva-Studie führt ein Drittel der Befragten die Zunahme von Geldkonflikten auf die Krise der Lebenshaltungskosten zurück.[253] Rechnungen und Schulden sind die Hauptursachen für Konflikte zwischen Paaren, die natürlich noch belastender werden, wenn die schwierige Wirtschaftslage die privaten Finanzen bedroht.

Unabhängig davon, ob es sich um externe Stressfaktoren oder um Differenzen handelt, die schon immer vorhanden waren, ist es eine große Herausforderung, in einer Beziehung über Geld zu sprechen und mit unterschiedlichen Auffassungen umzugehen. Wenn wir nicht auch die Sicht des »Dritten«, der Beziehung, berücksichtigen, werden wir wahrscheinlich keine praktikablen Lösungen finden. Es lässt sich nicht leugnen, dass Geld ein emotionales Thema sein kann, das mit Unsicherheiten, Ängsten und Wünschen verbunden ist. Das bedeutet, dass jeder Mensch andere Erfahrungen macht, und der Versuch, die Erfahrungen zweier Menschen zusammenzuführen, mit der daraus resultierenden Komplexität, bedeutet, dass es nicht die *eine* Lösung gibt, die für jedes Paar die richtige ist. Aber die beste Frage, die sich ein Paar stellen kann, ist: »Was ist das Beste für *uns*?«

Kapitel 11

Geld und andere Beziehungen: Freundschaften, Familien und Berufsleben

Frustrierte Eltern, deren Kind sie ständig als Geldautomat benutzt; ein verdutzter Unternehmer, dessen Geschäftspartner die finanzielle Misere seiner Firma anscheinend nicht wahrhaben will; ein besorgter Bruder, der befürchtet, dass sein Bruder ihm die Kosten für einen gemeinsamen Urlaub niemals zurückzahlen wird.

Es lohnt sich, genauer hinzuschauen, wie wir mit Geld umgehen, wenn wir mit jemandem finanzielle Beziehungen unterhalten, denn vielleicht lassen sich wichtige Hinweise entdecken oder irrationale Verhaltensweisen, denen wir auf den Grund gehen können. Geld kann in diesen Beziehungen zu einem »heißen Thema« werden, wenn wir unsere unterschiedlichen Auffassungen von Geld miteinander in Einklang zu bringen versuchen, oder wenn wir unbewusst versuchen, Gefühle im Zusammenhang mit der Beziehung auszudrücken. Wenn wir uns bewusst machen, welche Bedeutung Geld in diesen Beziehungen hat und wie sich unsere unterschiedlichen Einstellungen auf die Beziehungen auswirken, können wir besser damit umgehen und hitzige Gespräche entschärfen.

Eltern und Kinder

Der Kampf um die Trennung

Geld kann in einer Eltern-Kind-Beziehung eine Vielzahl von Bedeutungen verkörpern. In diesem Buch haben wir uns mit einigen Beispielen beschäftigt: Wir haben gesehen, wie Eltern Geld als Mittel einsetzen können, um ihre Kinder zu kontrollieren (wie etwa bei Paola – im Kapitel über finanzielle Kontrolle); wir haben Kinder betrachtet, deren finanzielle Selbstsabotage ein Ausdruck ihrer Ängste vor einer Trennung von den Eltern war (wie bei der jungen Frau, die zu viel Geld ausgab, um nicht finanziell unabhängig zu werden – im Kapitel über Selbstsabotage); wir haben gesehen, wie Eltern Geld einsetzen können, um ihre Besorgnis auszudrücken und einem Kind, das sie als verletzlich wahrnehmen, Unterstützung anzubieten (wie bei Mutter Sarah, die ihrem Sohn Philip beim Kauf eines Autos helfen wollte – in Kapitel 9).

Es ist die Aufgabe der Eltern, ihre Kinder mit den Ressourcen auszustatten, die sie brauchen, um sich in der Welt zurechtzufinden und ohne ihre Unterstützung zurechtzukommen. Dies ist ein langsamer emotionaler Prozess. Die finanzielle Beziehung zwischen Eltern und Kindern (zumindest in den westlichen Gesellschaften) spiegelt im Allgemeinen den Prozess der Trennung wider. Kinder werden von der finanziellen Abhängigkeit von ihren Eltern allmählich in die Lage versetzt, sich das nötige Rüstzeug anzueignen, um finanziell auf eigenen Beinen stehen zu können. In diesem Prozess leisten die Eltern vielleicht noch immer ein gewisses Maß an Unterstützung, um den Kindern zu helfen, über die Runden zu kommen, bis sie sich selbst versorgen können. Dieser schrittweise Ansatz zielt darauf ab, die Kinder zu unterstützen und sie gleichzeitig sanft auf den Weg der Unabhängigkeit zu führen.

Vielen Familien gelingt es, diese schrittweise finanzielle Trennung erfolgreich durchzuführen. Manchmal verläuft der Prozess jedoch nicht ganz so reibungslos. Junge Erwachsene, die widerborstig sind und die Aufnahme einer Arbeit hinausschieben; Eltern, die frustriert und verärgert sind über die anhaltende Abhängigkeit ihrer Kinder oder deren wiederholte Bitten um finanzielle Hilfe; Eltern, die ihre Kindern festhalten möchten und daher weiterhin großzügig Geld geben, ohne sich der Nachteile bewusst zu sein, die dies mit sich bringt. Die Weigerung der Eltern, sie weiter mit Geld zu unterstützen, wird von den Kindern als Lieblosigkeit missverstanden und nicht als Ausdruck des Wunsches der Eltern, sie zu motivieren, sich auf eigene Beine zu stellen. Geld spielt eine entscheidende Rolle im Prozess der Trennung und des Unabhängigwerdens, in dem eine zugleich konkrete und symbolische Herausforderung zu bewältigen ist. Dies führt oft zu Konflikten und Frustrationen und kann ein Ausdruck des emotionalen Kampfes des Kindes oder der Eltern mit der Trennung sein.

In einer Folge des BBC-Podcasts[254] *The Money Clinic* erkunden eine Mutter und ihr Sohn ihren Geldkonflikt mit einer Beziehungsberaterin. Fiona kritisiert die Einstellung des 20-jährigen James zum Geld, die dieser aber nicht zu ändern vermag. »Ich kann einfach schlecht mit Geld umgehen«, sagt der junge Mann und erklärt, dass er sich nicht sonderlich einschränke bei seinen Ausgaben und seine Mutter oft um Geld bitte, wenn er sein Budget überschritten hat. Bei Ausgaben, die er nicht gerne tätigt (zum Beispiel für Benzin), verhält er sich passiv und hofft, dass seine Mutter eingreift (was sie auch tut, indem sie das Auto auftankt). Fiona nennt Beispiele, in denen sie James davor bewahrt hat, wegen nicht bezahlter Bußgelder eine Vorstrafe zu riskieren. Sie bringt ihre Frustration zum Ausdruck: Ihr Sohn verharre anscheinend in diesem Verhalten, weil »es für ihn keine Konsequenzen hat, weil ich es bezahle. Er verlässt sich darauf, dass ich die Dinge in Ordnung bringe.«

Im Gespräch mit dem Therapeuten muss Fiona jedoch feststellen, dass es emotionale Barrieren gibt, die sie daran hindern, ihren Sohn zur Veränderung seines Verhaltens zu bewegen. Zuerst werden ihre Schuldgefühle in Bezug auf James aufgedeckt. Fiona räumt ein, dass die Familie es sich nicht leisten konnte, ihm die Designerkleidung zu kaufen, die er sich wünschte (und die seine

Freunde hatten), als er noch jünger war. Sie räumt ein, dass James darunter gelitten hat, aber er tat sich auch schwer, die Scheidung seiner Eltern zu verkraften, als er fünf Jahre alt war. Sie erkennt, dass ihr Wunsch, James finanziell zu unterstützen, zumindest zum Teil ihren Schuldgefühlen wegen dieser früheren Entbehrungen geschuldet ist.

Es hilft ihr auch zu verstehen, dass James, als er nach der Scheidung zu Hause durch schwieriges und herausforderndes Verhalten auffiel, als »ungezogen« abgestempelt wurde. Interessanterweise hat James eine Zwillingsschwester, die eine ganz andere Einstellung zu Geld hat. Das ist ein gutes Beispiel, weil es uns zeigt, dass wir in der Familie ganz unterschiedliche Rollen einnehmen können, auch wenn wir zur selben Zeit von derselben Person erzogen wurden. Eine Familie kann als Ganzes mitschuldig sein, wenn es darum geht, uns in eine bestimmte Rolle zu drängen und dort zu halten (»der ungezogene Junge«), während James von sich sagt, er sei »wie Papa«, was ebenfalls darauf hindeutet, dass eine Identifikation mit dem Vater hinter dem Verhalten von James stehen könnte. Mutter und Tochter lachen oft über James' Unfug, und die Freunde der Familie warten auf die nächste Geschichte darüber, in welche Schwierigkeiten James sich wieder einmal gebracht hat. Fiona räumt ein, dass »wir vielleicht alle dafür mitverantwortlich sind, dass wir es nicht mit dem nötigen Ernst behandeln«. James verbirgt seine finanziellen Schwierigkeiten oft immer noch, bis sie an die Oberfläche kommen, »wie bei einem ungezogenen Kleinkind«, erklärt Fiona und fragt sich, inwieweit er mit seinem Verhalten ihre Aufmerksamkeit sucht, wie er es damals tat.

Schließlich sprechen sie über Fionas Gefühle angesichts der bevorstehenden Trennung. Da James sich darauf vorbereitet, aus dem Haus der Familie auszuziehen, könnten Fionas Ängste, nicht mehr gebraucht zu werden oder den regelmäßigen Kontakt zu ihrem Sohn zu verlieren, ihren Wunsch schüren, mit ihm in Verbindung zu bleiben, wenn auch in der Rolle des finanziellen Retters. »Solange er darauf hoffen kann, gerettet zu werden, hätte er einen Grund, zurückzukommen«, sagt sie. Diese Mutter befindet sich also in einem inneren Konflikt. Einerseits möchte sie, dass ihr Sohn finanziell unabhängig ist, andererseits könnte sie dies als bedrohlich empfinden, weil sie hofft, auf emotionaler Ebene weiter mit ihm »verbunden« zu bleiben.

Am Ende des Podcasts sagt Fiona: »Ich [merke], dass unsere Beziehung wieder so ähnlich ist wie damals, als er sechs oder sieben war.« Dies ist ein weiteres Beispiel für eine Beziehung, in der wir vorschnell die Schuld demjenigen zuschieben, der »etwas falsch macht«, ohne zu erkennen, welche Rolle wir dabei spielen, diese Dynamik aufrechtzuerhalten oder sogar noch anzuheizen. Es wäre zu kurz gegriffen, James' Verhalten in Bezug auf Geld außerhalb der Beziehungen zu betrachten, in denen es sich abspielt. Es ist nicht nur das Problem, dass James zu viel Geld ausgibt, es ist der Kampf zwischen Mutter und Sprössling, sich zu trennen. Auf beiden Seiten gibt es Emotionen, die mit der Beziehung verbunden sind, die verstanden werden müssen, bevor sich das Verhalten im Umgang mit Geld ändern kann, und beide haben eine Rolle zu spielen, damit diese Änderung möglich wird. Es scheint, als könnte Fiona eine Rolle bei der Veränderung von James' Verhalten übernehmen: Sie muss sich von ihrem Bild von ihm als »bösem Jungen« lösen, das ihn in dieser Rolle festhält; sie muss auch ihre Schuldgefühle im Zusammenhang mit der Vergangenheit in den Griff bekommen, damit sie ihnen nicht nachgibt, indem sie ihn immer wieder rettet, anstatt ihm zu helfen, selbstständiger und verantwortungsbewusster zu werden; und schließlich muss sie anerkennen, dass sie einen Verlust verkraften würde müssen, wenn sie den Jungen zur Autonomie befähigen würde (das »Gefühl, gebraucht zu werden«, das sie in gewisser Weise davon abhielt, ihm bei der Veränderung zu helfen). James hingegen muss sich bewusst werden, wie er seinen Wunsch nach Autonomie (der sich in seinem Auszug ausdrückt) konterkariert, indem er sich ständig von seiner Mutter abhängig macht. Für ihn ist es ein emotionaler Prozess, in dem er seinen Wunsch, weiterhin betreut zu werden, anzuerkennen lernen muss, den er zum Teil auf gesündere Weise zum Ausdruck bringen und zum Teil aber auch allmählich loslassen kann, damit er sein Selbstbewusstsein stärken und sich unabhängig fühlen kann.

Eltern vergessen manchmal, dass Kinder finanzielle Unabhängigkeit erst lernen müssen. Diese Fähigkeiten werden uns nicht in die Wiege gelegt. Selbst in wohlhabenden Familien, in denen das Thema keine Priorität hat, weil Geld gewissermaßen eine unbegrenzte Ressource zu sein scheint, ist man vor Problemen im Zusammenhang mit der finanziellen Trennung nicht gefeit. Manchmal kann der Zugang zu unbegrenzter finanzieller Freiheit ohne die angemessene emotionale Unterstützung, die mit der schrittweisen Annäherung an finanzielle Unabhängigkeit einhergeht, dazu führen, dass sich die Kinder unsicher fühlen, ob sie in der Lage sind, mit ihrer finanziellen Verantwortung umzugehen, wenn sie älter werden. Es kann vorkommen, dass Kinder zu früh mit großen finanziellen Verpflichtungen belastet werden (wie etwa der Führung eines Unternehmens), was ein Zeichen der Großzügigkeit der Eltern oder Ausdruck ihres Wunsches sein könnte, das Potenzial ihres Kindes zu stärken oder anzuerkennen, was jedoch von den Kindern als eine Überforderung empfunden werden kann und mit Erwartungen verbunden ist, denen sich die erwachsenen Kinder nicht gewachsen fühlen. Für diese Eltern stellt sich die Frage: Wie kann ich die emotionale Robustheit meines Kindes fördern, damit es zu einem selbstbewussten und kompetenten Erwachsenen in Bezug auf den Umgang mit Finanzen heranwächst? Die emotionale Robustheit ist meines Erachtens ebenso wichtig wie ein Wirtschaftsstudium und Managementerfahrung (wozu solche Kinder in der Regel leichteren Zugang finden). Ich habe erlebt, dass viele erwachsene Kinder aus wohlhabenden Familien vor der Aussicht, eine »wichtige Rolle« zu übernehmen, zurückschrecken, weil sie dadurch von einem passiven Empfänger, dem gewissermaßen »alles« geboten wird, zu einer großen Verantwortung übergehen müssen, ohne dass sie allmählich dazu befähigt werden. Das wird erwartungsgemäß oft als schlicht überwältigend empfunden.

Schwierigkeiten beim Geben und Nehmen

Manchmal sind Eltern großzügig und gebend, aber wenn sie mit einer Ablehnung des Empfangens konfrontiert werden, kann dies leicht falsch interpretiert werden. In Familienunternehmen wird oft erwartet, dass die Kinder irgendwann die Führung übernehmen, und wenn die Kinder sich für einen eigenen Karriereweg außerhalb des Unternehmens entscheiden, werden sie manchmal als undankbar angesehen. Für Eltern ist es schwierig, ihren Wunsch nach Kontinuität des Familienunternehmens so zu steuern, dass er nicht als Fessel empfunden wird, die die Freiheit des Kindes einschränkt. Diese Haltung kann es den Eltern erschweren, sich anzuhören, was ihnen die Kinder sagen wollen, und darüber nachzudenken, was das Beste für ihre Kinder ist. Sind wir nicht großartige Eltern, fragen sie mich, wenn wir ihnen einen sicheren Karriereweg auf dem Silbertablett anbieten und sie davor bewahren, ihr Geld in der Schauspielschule zu vergeuden, nur um ein Jahrzehnt lang erfolglos vorzusprechen, bis sie dann irgendwann zurückkommen und uns nach einem Job fragen? Nun, »anbieten« ist das Schlüsselwort. »Erwarten«, »fordern«, »drängen« – das fühlt sich wie eine Fessel an und führt meiner Erfahrung nach dazu, dass die Eltern genau das Gegenteil von dem erreichen, was sie eigentlich wollen.

Es gibt auch Eltern, die ihren Kindern den finanziellen Geldhahn zudrehen. Manchmal, weil die Kinder die Erwartungen nicht erfüllen. Ein anderes Mal, weil sie ihnen »eine Lektion erteilen« wollen. Manche wurden selbst auf diese Weise erzogen. Rechtfertigt das nun ihr Verhalten, oder entwertet es die Gefühle des Kindes, das frustriert ist oder sich verraten fühlt? Nein, aber die Herstellung dieser Verbindung kann den Eltern wie auch dem Kind helfen zu verstehen, dass sich etwas wiederholt in der Familie. Wird diese Wiederholung als etwas Gutes empfunden? Oder sollten die Eltern vielleicht darüber nachdenken, ob sie ihren Kindern nicht eine andere Erfahrung ermöglichen sollten als die, die sie selbst gemacht haben? Manchmal ist es tatsächlich so, dass eine finanzielle Trennung dringend nötig ist, aber der Schlüssel liegt darin, dass man darüber nachgedacht hat und nach reiflicher Überlegung zu diesem Schluss gekommen ist, anstatt aus Wut zu handeln, Rache zu nehmen oder die Geschichte blind zu wiederholen.

Dies sind nur Beispiele. Es gibt natürlich auch Eltern, die ihren Kindern die Freiheit lassen, ihren eigenen Weg zu gehen und ihre eigenen Entscheidungen zu treffen. Sie investieren in die finanzielle Bildung ihrer Kinder, und in sehr wohlhabenden Familien stellen sie manchmal sogar Teams von Experten, Mentoren und Therapeuten ein, die ihre Kinder bei der Übernahme größerer finanzieller Verantwortung unterstützen. Und es gibt Kinder, die dieses Angebot nicht ablehnen, sondern es annehmen und mit dem Wunsch aufwachsen, eines Tages so zu sein wie die bewunderten erfolgreichen Eltern und bereitwillig mehr Verantwortung übernehmen.

Schwierigkeiten in Bezug auf Geben und Nehmen bei Eltern wie bei Kindern können eine Reaktion auf vergangene schmerzhafte Dynamiken sein. Beispiele dafür sind Kinder, die ihre Eltern bestehlen (indem sie ihnen etwa gelegentlich Geldscheine entwenden oder ihre Kreditkarten für unerlaubte Einkäufe missbrauchen), weil sie sich von ihnen emotional beraubt fühlen. Oder Eltern, die ihre Kinder nicht aus Not bestehlen, sondern aus Bosheit, Neid oder einem Gefühl des Anspruchs (der Gedanke könnte lauten: »Warum darfst du so viel haben, während ich es in deinem Alter nicht hatte?«): Manchmal vermischt sich der Groll dieser Eltern gegenüber ihren eigenen Eltern mit dem Neid darauf, dass ihre Kinder im Überfluss leben (und das nicht nur in finanzieller Hinsicht: Sie erhalten Möglichkeiten, Unterstützung und Anleitung in einer Weise, zu der die Eltern in ihrer eigenen Jugend keinen Zugang hatten), und dies führt schließlich zu solchen Verhaltensweisen.

Wir haben Kinder gesehen, die durch Schulden belastet waren aufgrund schlechter Entscheidungen der Eltern (oder einer schlechten Verwaltung der Finanzen). Natürlich sind dies schwierige Umstände, mit denen man emotional umgehen muss, aber wenn sie im Kontext einer bereits angespannten Beziehung auftreten, werden die Schulden zu einem Symbol für viel mehr als finanzielles Versagen: Sie werden zu einer Manifestation all dessen, was die Eltern nicht gegeben haben, nicht getan haben oder besser machen hätten können. In diesen Fällen kann die schlechte Verwaltung der Schulden oder die allgemeine Verschlechterung der Beziehung mehr bedeuten als nur Verärgerung über die *finanziellen* Entscheidungen der Eltern. Haben die Schulden eine symbolische Bedeutung erlangt und sind mit all den negativen Auswirkungen belastet, die nun mit ihnen verbunden sind? Worüber sind wir wirklich wütend? Können wir trennen, was mit der Beziehung zusammenhängt, so dass wir den Umgang mit den Schulden von einem rationaleren Standpunkt aus betrachten und handhaben können?

Ein anderes Beispiel für die Geister der Vergangenheit, die im Verhältnis zwischen Eltern und Kindern wieder wachgerufen werden können, sind die Fälle, in denen Eltern versuchen, ihre Abwesenheit durch großzügige Geschenke zu kompensieren: Sie geben mehr, als richtig oder angemessen erscheint, aber sie werden anscheinend durch einen unwiderstehlichen Drang dazu getrieben, weil es eher aus einem Gefühl der Schuld und der Wiedergutmachung erfolgt als aus einer rationalen Entscheidung darüber, was für sie und ihre Kinder am besten ist. Ihre Kinder lehnen dann möglicherweise diese Geschenke ab oder beginnen vielleicht sogar, Geld zu verabscheuen, weil es zu einem Symbol für den emotionalen Mangel wird (Geld hat noch nie einen Ausgleich geschaffen). In ihrem Bestreben, diese Eltern, die nur finanziell zu geben wussten, »wegzustoßen«, nehmen die Kinder manchmal eine verächtliche Haltung gegenüber Geld (und finanziellem Erfolg) ein, was allerdings oft nach hinten losgeht. Ja, es erlaubt ihnen, zu rebellieren und die Eltern zu verärgern, und es kann ihnen sogar ein inneres Gefühl des Triumphs vermitteln, dass sie nicht »so geworden sind wie sie«, aber es schließt andere wichtige Elemente aus, die sie bei ihren Entscheidungen im Leben in Betracht ziehen sollten. Haben wir uns für etwas entschieden, weil es unseren Wünschen, Vorlieben und Talenten entsprach? Oder haben wir uns im Gegensatz zu unseren Eltern definiert und etwas gewählt, von dem wir wissen, dass unsere Eltern es nicht mögen und missbilligen werden? Dann werden wir vielleicht neben dem Triumph bald auch Unzufriedenheit und Frustration verspüren, weil wir uns durch unsere Entscheidungen viele Chancen und Möglichkeiten verbaut haben. Würden sie vielleicht, wenn sie sich der Frustration stellen, zugeben, dass die Eltern recht hatten? Zugeben, dass Geld doch wichtig war?

Unterstützung für unsere Eltern im Alter

Wenn die Kinder erwachsen werden und die Eltern altern, stellt sich in vielen Familien die Frage nach der finanziellen Unterstützung der Eltern im Ruhestand oder bei Krankheit. Die sogenannte »Sandwich-Generation«, das heißt Erwachsene im mittleren Alter, die sowohl ihre eigenen Kinder als auch ihre alternden Eltern versorgen und finanziell unterstützen müssen, kann unter großem finanziellen (und emotionalen) Druck stehen. Eine Umfrage des Pew Research Center in den USA ergab, dass angesichts der längeren Lebenserwartung der Menschen und der Schwierigkeiten junger Erwachsener, finanzielle Unabhängigkeit zu erlangen, fast ein Viertel der Erwachsenen heute einen Elternteil im Alter von 65 Jahren oder älter sowie mindestens ein Kind unter 18 Jahren betreut (oder ein erwachsenes Kind finanziell unterstützt).[255] Aber auch schon vor der Pensionierung könnten Eltern manchmal ihre erfolgreichen erwachsenen Kinder um Geld bitten (sei es als Darlehen oder als Akt der Großzügigkeit).

Wie eine Familie diese Grenzen aushandelt, was erwartet wird, was mit Freude gegeben und mit Dankbarkeit entgegengenommen wird oder was widerwillig gegeben und undankbar entgegengenommen wird, hängt von der Qualität und der Entwicklung dieser Beziehungen im Laufe der Zeit ab. Ich habe gesehen, wie erwachsene Kinder sich bemühen, Reichtum zu erlangen, den sie mit ihren Eltern teilen wollen, entweder um Dankbarkeit zu zeigen oder um einem Elternteil zu helfen, den sie als Opfer einer missbräuchlichen Beziehung sahen, oder weil sie erlebt haben, dass dies generationenübergreifend geschieht. Andere wiederum arbeiten unermüdlich daran, sich aus einem toxischen familiären Umfeld zu befreien, und weigern sich am Ende entweder, die alternden Eltern zu unterstützen, wälzen es auf andere Geschwister ab oder zahlen mit Widerwillen und Groll.

Es ist immer eine emotionale Entscheidung, wenn Kinder einen Elternteil finanziell unterstützen, aber die Frage ist: Haben die Kinder diese Emotionen verstanden und sich auch mit ihrer Bedeutung auseinandergesetzt? Oder kommen wir einfach unbewusst einer Bitte nach oder lehnen sie ab, ohne uns der Komplexität der Entscheidung bewusst zu sein? Unseren Eltern Geld zu geben, weil wir uns wieder einmal auf eine Weise in Schuldgefühlen verstricken, die uns schmerzt und die wir ihnen übelnehmen, ist etwas ganz anderes als zu geben, weil wir dankbar sind und uns von unseren Eltern immer unterstützt gefühlt haben. Ihre Bitte abzulehnen, weil wir wütend auf unsere eigennützigen und ausbeuterischen Eltern sind, ist verständlich, aber haben Sie auch alle Aspekte dieser Entscheidung bedacht? Werden Sie sich erleichtert fühlen, wenn Sie »Nein« sagen, und stolz darauf sein, dass Sie erfolgreich eine Grenze gezogen haben, oder werden Sie von Schuldgefühlen gepeinigt werden? Die Antwort könnte »beides« lauten, aber wenn Sie sich die Möglichkeit geben, alle mit einer solchen Entscheidung verbundenen Emotionen abzuwägen, sind Sie in der Lage, besser damit umzugehen. Nach vielen Sitzungen, in denen sie das Für und Wider abwog, ihrer notorisch manipulativen Mutter (die das Geld zum Fenster hinauswarf) 4000 Dollar für ein neues Auto zu geben, kam eine Klientin zu dem Entschluss: Ich weiß, dass es richtig war, eine Grenze zu ziehen. Wenn ich mich schuldig fühle, dann deshalb, weil ich mich immer so gefühlt habe, wenn ich ihren Wünschen nicht nachgekommen bin. Aber ich bin jetzt erwachsen und kann meine eigenen Entscheidungen treffen, und dieses Mal ist es das Beste, Nein zu sagen.

Ich kann nicht alle Szenarien aufzählen, wie Geld in einer Beziehung zwischen Kindern und Eltern aus emotionaler Sicht gehandhabt werden kann. Ich lade Sie jedoch ein, die gleiche Neugier und Tiefe aufzubringen, um zu verstehen, wie Geld in Ihrer Beziehung zu Ihren eigenen Eltern oder Kindern eingesetzt oder missbraucht werden könnte.

Die versteckte Botschaft in Ihrem Erbe

Es ist wichtig, darüber nachzudenken, welche Botschaft Sie durch Ihre Nachlassregelung unbeabsichtigt an Ihre Familie (oder die Welt) senden, und sich zu fragen, ob Ihre Botschaft so verstanden wird, wie sie gemeint ist. Was wollen wir, dass die Welt über uns denkt (unsere Großzügigkeit in unserer Kirchengemeinde loben, uns als einflussreich an unserer Universität in Erinnerung behalten, uns als fair betrachten und dergleichen)? Was möchten wir nach unserem Tod bewirken (Familienmitgliedern helfen, einen Beitrag zu einem guten Zweck leisten und dergleichen)? Diese Fragen sind weit mehr als logistische Angelegenheiten: Sie sind Ausdruck von Gefühlen und Bedeutung und können Formen der Kommunikation sein.

Bewusst oder unbewusst beschäftigen wir uns mit zunehmendem Alter mit dem Gedanken des Vermächtnisses: Was werden wir zurücklassen? Welche Auswirkungen wird es haben? Natürlich muss ein Vermächtnis nicht unbedingt mit Finanzen zu tun haben, aber für viele Menschen ist Geld ein wichtiger Bestandteil davon. Ein Nachlassplanungsprozess, der mit finanziellem emotionalem Bewusstsein durchgeführt wird, kann eine positive Erfahrung sein: Er ermöglicht es uns, uns angesichts der Unvorhersehbarkeit unseres Schicksals auf das zu konzentrieren, was wir beherrschen können, und ein Gefühl der Handlungsfähigkeit zu entwickeln, wenn wir Entscheidungen treffen, die Auswirkungen auf das Leben anderer Menschen oder auf Dinge haben, die uns am Herzen liegen.

Dennoch führen nicht viele Menschen diese Gespräche. Das überrascht mich nicht sonderlich: Als ob Geld nicht schon ein Tabu wäre, stellen Sie sich einmal ein Gespräch vor, bei dem es um Geld UND Tod geht. Unbehagen, Scham und Ängste sind oft mit beiden Themen verbunden. Der Gedanke an unsere Sterblichkeit ist schon beunruhigend genug, aber unseren Ehepartner oder unsere Kinder einzuladen, darüber nachzudenken, könnte unserem Wunsch zuwiderlaufen, ihnen Schmerz zu ersparen. Als potenzielle Empfänger einer Erbschaft müssen wir zusätzlich befürchten, als unsensibel oder – noch schlimmer – als gierig angesehen zu werden, wenn wir das Thema ansprechen, selbst wenn unsere Absichten positiv sind. Die Familienkultur in Bezug auf Geld kann die Schwierigkeiten noch verstärken: Auf der einen Seite gibt es Familien, in denen überhaupt nicht über Geld gesprochen wird, und auf der anderen Seite Familien, in denen Geld in der Vergangenheit eine regelmäßige Quelle von Konflikten gewesen sein kann, so dass man sich nicht traut, ein Gespräch über dieses Thema zu beginnen.

Das Vermeiden des Themas hat viele Formen: Viele Menschen »verschieben« es und finden nie die Zeit, sich mit dem Thema Nachlass auseinanderzusetzen. Sie machen Witze und wechseln das Thema, wenn es zur Sprache kommt, oder treffen überstürzte Entscheidungen, um das Unbehagen zu vermeiden, das sie bei diesem Thema empfinden. Laut einer von Caring.com in den USA durchgeführten Studie »Wills and Estate Planning 2023«[256] hat nur einer von drei Amerikanern eine Nachlassregelung. Etwa ein Drittel der Befragten gibt an, dass sie sich nicht mit diesem Thema beschäftigen, weil sie nicht genug Vermögen haben, um es jemandem zu hinterlassen, während andere als Gründe nennen, dass sie nicht wissen, wie man einen solchen Plan erstellt (15 Prozent) oder dass ihnen die Kosten dafür zu hoch seien (14 Prozent). Die letztgenannte Statistik weist auf einige falsche Vorstellungen über die Nachlassplanung hin: Viele glauben, dass sie keinen »Nachlass« haben (und wissen nicht, dass jeder Besitz und sogar ihre Lebensversicherung oder ihr Bankkonto als »Nachlass« zählen), während andere glauben, dass es sich um einen langwierigen und teuren Prozess handelt (und nicht wissen, dass es inzwischen Online-Tools gibt, die das Verfahren wesentlich vereinfachen).[257]

Die meisten von uns haben schon erlebt, wie sehr man sich wieder als Kind fühlen kann, wenn man wieder mit der Familie zusammenkommt, und wie schnell wir alle in die alte Dynamik verfallen, fast so, als ob keine Zeit vergangen wäre. Meiner Erfahrung nach können auch Familiendiskussionen über die Nachlassregelung alte Dynamiken wieder aufleben lassen, weil sie schnell von erwachsenen und rationalen Gesprächen über finanzielle Vermögenswerte in einen lebhaften Austausch darüber übergehen, wie »typisch« dies oder jenes für den anderen sei, wie »egoistisch« der andere sein könne, wie »unsensibel« seine Entscheidungen seien. Geschwisterrivalitäten erwachen wieder, unsichere Bindungen werden auf die Probe gestellt, Gefühle der Ablehnung und des Verrats werden erneut durchlebt und aufgegriffen. Selbst in weniger leidenschaftlichen Gesprächen kann man zwischen den Zeilen der Geldgeschichten Botschaften über Enttäuschung, Bevorzugung, Respekt, Neid, Angst und dergleichen aufspüren. Nicht alle Familien finden diese Gespräche besonders tragisch oder schwierig, viele aber schon, und wenn das der Fall ist, stellt sich die Frage: Worüber wird wirklich gesprochen? Da jeder Mensch dem Thema Geld eine andere Bedeutung beimisst und andere Entscheidungen trifft, ist es hilfreich, die eigenen Überlegungen zur Nachlassplanung zu verbalisieren und mit der Familie zu teilen, um die Angehörigen nicht mit Annahmen und Ungewissheiten zurückzulassen. Ich habe zahllose Stunden damit verbracht, Menschen zu unterstützen, die auf sich allein gestellt waren, als sie den Sinn der Entscheidungen ihrer Eltern oder ihres Ehepartners zu entschlüsseln versuchten. Wenn die Dinge nicht im Voraus besprochen werden, bleiben den Erben nur Zweifel und Annahmen über die Entscheidungen oder Wünsche des Verstorbenen. Wenn zum Beispiel die Gründe für eine ungleiche Aufteilung unter den Kindern nicht erklärt werden, bleiben die Kinder mit ihren eigenen

Vorstellungen darüber zurück, warum die Eltern diese Entscheidung getroffen haben, und diese Vorstellungen sind oft von unseren Ängsten geprägt. Was vielleicht als wohlwollende Maßnahme gedacht war, um einem Kind in finanzieller Not zu helfen, kann von den Geschwistern als Bevorzugung dieses Kindes interpretiert werden. Unklare Testamente können dazu führen, dass man ein Leben lang mit Unwissenheit, einem Gefühl von Ungerechtigkeit, Enttäuschung und sogar Verrat leben muss, ohne die Möglichkeit zu haben, Fragen zu stellen.

Stellen Sie sich vor, die Eltern sterben und hinterlassen den Kindern ein überraschend großes Erbe, ohne dass diese bis zu diesem Zeitpunkt das Ausmaß des elterlichen Vermögens kannten. Auch wenn die Eltern dies als »angenehme Überraschung« für die Kinder gedacht haben, könnten diese sich in gewisser Weise betrogen fühlen: Hätte man ihnen die Informationen nicht früher anvertrauen dürfen? Was ist mit den Opfern oder abgelehnten Bitten in der Vergangenheit: Was war der wahre Grund, wenn ihre Bitten oder Wünsche aus finanziellen Gründen durchaus hätten erfüllt werden können?

Wenn Sie erwägen, das Thema gegenüber Ihren Eltern oder Ihrem Ehepartner zur Sprache zu bringen, ist es wichtig, dass Sie sich über die Gründe für das Ansprechen des Themas im Klaren sind. Ist die Absicht positiv und konstruktiv (zum Beispiel um sicherzustellen, dass ihre Wünsche angemessen erfüllt werden), oder geht es um die eigene Neugierde oder die Gewissheit, dass man fair behandelt oder anerkannt wird?

Francesco Baccaglini, ein Vermögensverwalter, der Familien bei der Nachlassplanung hilft, erzählte mir in einem Gespräch, dass Eltern, wenn sie darüber nachdenken, wie sie ihr Vermögen an die nächste Generation weitergeben sollen, das Thema oft unter dem Aspekt der Steuerersparnis angehen, anstatt die Vor- und Nachteile der Weitergabe ihres Vermögens in Form von Pauschalbeträgen an eine Generation zu bedenken, die möglicherweise nicht darauf vorbereitet ist, es zu verwalten. In anderen Fällen, sagte er, ist es der Wunsch, die Art und Weise der Weitergabe und Verteilung des Vermögens zu kontrollieren, der Überlegungen über die effizientesten Instrumente für die Weitergabe des Erbes überlagert und verzerrt. Dies seien aber wichtige Überlegungen, die man anstellen sollte. Es wäre naiv, die Bedeutung von Werten, Ängsten und Wünschen in diesem Prozess zu unterschätzen: Emotionale Barrieren in Bezug auf Vertrauen und Kontrollverzicht beeinflussen oft die Entscheidungen seiner Kunden.

Aber selbst wenn gut durchdachte Nachlassreglungen erstellt und kommuniziert wurden, kann nach dem Tod eines geliebten Menschen Uneinigkeit in der Familie auftreten. Meiner Erfahrung nach ist finanzielle Gier nur ein zweitrangiger Grund für solche Streitigkeiten. Während der Trauerphase, die Wut, Betrübnis und ein Gefühl der Leere hervorruft, die der Verstorbene hinterlassen hat, benutzen wir Streitigkeiten über Geld und Besitz vielleicht als Mittel, um einige dieser schwierigen Gefühle loszuwerden: Es ist leichter, auf unseren Bruder wütend zu sein, weil er Papas Auto haben will, als sich die Wut auf Papa einzugestehen; es ist leichter, sich von unserer Schwester beraubt zu fühlen, die das Sommerhaus verkaufen will, als anzuerkennen, wie sehr wir uns von unserer gerade verstorbenen Mutter unserer Kindheit beraubt fühlten; es ist vermutlich leichter zu sagen: »Es ist nicht fair, dass du mehr Geld bekommst«, als zu fragen: »Warum hat sie dich mehr geliebt?« Weil die Menschen unglaublich schwierige Emotionen im Zusammenhang mit dem Verlust eines geliebten Menschen verarbeiten müssen, kann die Wut, die sie vielleicht empfinden (was ein natürlicher Teil des Trauerprozesses ist), auf die Menschen in ihrer Umgebung projiziert werden. Wie können wir das verhindern? Nun, wir sind alle Menschen, und vielleicht ist es in Ordnung, dass wir uns nach dem Verlust eines geliebten Menschen emotional und irrational verhalten. Das Bewusstsein, dass dies möglich und vielleicht sogar wahrscheinlich ist, kann uns dabei helfen, den Streit um die Vase oder den Kühlschrankmagneten oder den Erlös aus dem Verkauf der Besitztümer zu beenden und darüber nachzudenken, was uns so sehr aufregt und ob es wirklich vernünftig ist, sich auf dieses oder jenes Objekt zu fixieren, wenn der Schmerz und die Wut eigentlich woanders liegen.

Geschwister

Als Erwachsene haben wir mit unseren Geschwistern vielleicht auf unterschiedliche Weise mit Geld zu tun: vielleicht durch eine gemeinsame Verwaltung von Vermögenswerten oder die Beteiligung an einem Familienunternehmen, oder auch im Alltag (gemeinsame Ausgaben, Kleinkredite usw.). Geldkonflikte unter Geschwistern können die Ursache für Zerwürfnisse und Entfremdung sein. Sie können so heftig werden, dass sie die Beziehung zerstören. Und warum? Nun, obwohl in der psychoanalytischen Literatur über Geschwisterbeziehungen wahrscheinlich genauso wenig gesprochen wird wie über Geld, kann das Verhältnis zu unseren Brüdern und Schwestern zu den leidenschaftlichsten Beziehungen gehören, die wir im Laufe unseres Lebens haben. In der Bibel ist der erste Mord in der Menschheitsgeschichte ein Brudermord: Abel, der Sohn von Adam und Eva, wird von seinem eigenen älteren Bruder Kain aus Eifersucht und Wut darüber getötet, dass Gott Abels Opfergabe gegenüber seiner eigenen bevorzugt hatte.

Geschwister sind oft schon sehr früh in unserem Leben da (wenn auch nicht von Anfang an) und haben einen tiefgreifenden Einfluss auf unsere Erwartungen und unsere Ängste in Beziehungen. Sie können unsere Erfahrungen mit Konkurrenz, Macht und Loyalität, mit Liebe und Unterstützung, mit Unterschieden, Fairness, Gleichheit und dergleichen beeinflussen, und da Geld bei einigen dieser Themen eine wichtige Rolle spielen kann, kann es zu einem Werkzeug werden, mit dem wir unsere Einstellung zu diesen Themen zum Ausdruck bringen.

Unsere Fähigkeit zu teilen wird nicht nur auf die Probe gestellt, wenn wir lernen, die Mutter mit dem Vater zu teilen, sondern sie wird auch sehr anschaulich im Verhältnis zu unseren Geschwistern getestet (indem wir unsere Eltern mit ihnen teilen, unser Spielzeug mit ihnen teilen und dergleichen). Es besteht kein Zweifel, dass die Rivalität zwischen Geschwistern um die elterliche Aufmerksamkeit den Kern der meisten Geschwisterbeziehungen ausmacht und dass dadurch intensive Gefühle wie Eifersucht und Neid hervorgerufen werden können. Über den mörderischen Inhalt mancher Kinderträume und die Intensität der Geschwisterrivalität schrieb Freud: »Empfindungen von Feindseligkeit gegen die Geschwister müssen im Kindesalter noch weit häufiger gewesen sein, als sie der stumpfen Beobachtung Erwachsener auffallen.«[258]

Wenn wir das Gefühl haben, dass die Geschwister mehr Aufmerksamkeit von unseren Eltern bekommen, kann dies in uns einen Grundstock an Eifersucht erzeugen, der sich in der heutigen Zeit schnell durch ein entsprechendes Verhalten manifestieren kann. Wir können wütend werden auf unsere Eltern und uns von ihnen betrogen fühlen, wenn es Anzeichen für Ungerechtigkeiten im Umgang mit den Finanzen gibt, oder wir protestieren aufgebracht bei unseren Eltern, wenn die Geschwister zum Beispiel ein teureres Geburtstagsgeschenk erhalten. Kleine Ärgernisse können zu großen Symbolen für vergangene Ungerechtigkeiten werden. Aber wir können diese Dynamik auch in anderen Zusammenhängen fortsetzen, zum Beispiel am Arbeitsplatz, wo die Beziehungen zu Gleichaltrigen und Vorgesetzten von unserem Bedürfnis beeinflusst werden, uns »gleich behandelt« zu fühlen: Wir könnten erbost reagieren, wenn wir sehen, dass Kollegen mehr Lob oder Geld erhalten als wir.

In Familien, in denen die Eltern den Wettbewerb vorleben (indem sie in ihrem Geschäft oder auch mit ihren Ehepartnern konkurrieren) oder ihn anheizen (viele Eltern fördern willentlich oder unwillentlich den Wettbewerb unter Geschwistern), könnten sich Kinder manchmal schwertun, bei der Durchführung von gemeinsamen Unternehmungen vernünftig zu handeln: Sie konzentrieren sich dann mehr darauf, sich gegen ihre Geschwister durchzusetzen, deren Neid zu wecken, die Eltern zu beeindrucken (sei es leibhaftig, symbolisch repräsentiert durch einen Chef oder auch nur den Elternteil, dem sie zeigen wollen, dass sie die Besten sind), anstatt sich um geschäftliche Prioritäten zu kümmern. Vielleicht streben sie in ihrer Karriere nach finanziellem Erfolg, weil es letztlich nur darum geht, ihre Geschwister zu »schlagen« und die Bewunderung und Anerkennung der Eltern zu erlangen.

Nie sind Neid, Eifersucht und Konkurrenzgefühle deutlicher zu spüren als nach dem Tod eines Elternteils, wenn sich die Kinder um das Erbe streiten. Dem Geld wird fälschlicherweise die Macht zugesprochen, das Gefühl von Wertschätzung und Liebe zu vermitteln, und so kämpfen die Geschwister erbittert darum (nur um dann festzustellen, dass das Erbe, wenn man es erhalten hat, diesbezüglich hinter den Erwartungen zurückbleibt). Je nachdem, wie sehr wir uns in unserer Jugend der elterlichen Anerkennung beraubt gefühlt haben, hoffen wir vielleicht insgeheim, dass die finanziellen Regelungen unserer Eltern uns endlich die Anerkennung verschaffen würden, nach der wir uns immer gesehnt haben. Wenn Sie in den Medien die Berichte über die in großen Familienunternehmen üblichen Nachfolgeregelungen verfolgen, bekommen Sie ein Gefühl für den emotionalen und symbolischen Charakter dieser Entscheidungen. Die Jobs, die Aktien oder die Vorstandssitze, um die Geschwister kämpfen, stehen für Anerkennung und elterliche Unterstützung und den Triumph über die Geschwister. Geschäftliche Verhandlungen unter Geschwistern können Gefühle der Gier hervorrufen, die gewissermaßen von ursprünglicher Gewalt sein können, selbst wenn genügend finanzielles Vermögen für alle vorhanden ist, eben weil es nicht primär um das Geld geht. In gewisser Weise hoffen wir, dass Geld die emotionalen Ungerechtigkeiten und Entbehrungen der Vergangenheit ausgleichen kann.

Vielleicht haben wir Angst, dass unsere Geschwister von unseren Eltern die Eigenschaften übernehmen, die uns am meisten irritieren (was durchaus möglich ist). »Sie handelt genauso unverantwortlich wie Papa«, könnten wir beim ersten Anzeichen von Unachtsamkeit ausrufen. Es ist schwierig, diese Ängste in den Griff zu bekommen und zu verhindern, dass sie sich auf den Umgang mit den Finanzen unserer Geschwister auswirken: Wir zögern vielleicht, ihnen Geld zu leihen, wenn sie wie unser Vater etwas chaotisch mit ihren Finanzen umgegangen sind; wir geben vielleicht wenig für ihre Geschenke aus, weil wir erwarten, dass sie genauso geizig sind wie unsere Mutter; wir sind vielleicht gleich beunruhigt, wenn sie einmal einen »Casino-Abend« vorschlagen, weil unser Vater ein Problem mit Spielsucht hatte. Wir müssen uns darüber im Klaren sein, dass die Geschwister uns zwar in einigen ihrer Einstellungen und Verhaltensweisen an unsere Eltern erinnern, dies aber nicht bedeutet, dass sie deren Verhaltensweisen (wie übermäßiges Geldausgeben, Geiz, Vermeiden von Gesprächen über Geld und dergleichen) auch übernehmen; ihnen eine Rolle zuzuschreiben, die ihnen nicht ganz entspricht, kann schädlich für das Verhältnis zu ihnen sein. Bei Geschwistern sind wir in unseren Reaktionen selten so maßvoll wie bei anderen Menschen in unserem Leben: Manchmal übertreiben wir ungefiltert und oft auf verletzende Weise.

Unsere Annahmen, dass sie wie unsere Eltern schlecht sparen können, Gespräche über Geld meiden und zu viel ausgeben, könnten sich zu einer sich selbst erfüllenden Prophezeiung entwickeln. Sie verhindern auch, dass wir sie besser verstehen und eine realistischere Beziehung zu ihnen aufbauen können. Wir haben gesehen, wie Etikettierungen und Rollenzuweisungen in Familien ein echtes Hindernis für Veränderungen darstellen können (wie beim obigen Beispiel von Fiona und James). Wenn wir über unseren Bruder ständig sagen, er sei »genauso geizig wie Papa«, könnte das den anderen nur davon überzeugen, dass es wahr ist, anstatt ihm etwas zurückzugeben und ihm die Chance zu eröffnen, etwas zu lernen. Wenn man es auf einfühlsame Weise sagt, kann man die Neugierde des anderen auf sein Verhalten wecken und sogar seinen Wunsch fördern, beim nächsten Mal etwas anders zu machen. Stellen Sie sich vor, Sie sagen etwas wie: »Ich war ein bisschen enttäuscht von deinem Geschenk. Es hat mir das Gefühl gegeben, dass ich für dich unwichtig bin«, und fügen Sie vielleicht auch noch hinzu: »Es hat mich daran erinnert, wie wir uns gefühlt haben, als Papa uns Socken zum Geburtstag geschenkt hat.« Sie ziehen einen Vergleich zu Papa, aber Sie wollen damit dem anderen helfen, darüber nachzudenken, wie Sie sich durch sein Verhalten gefühlt haben, und ihm helfen, sich darauf zu beziehen. Es ist kein Angriff und schon gar nicht eine verletzende Aussage, wie etwa die, dass er ein ebenso hoffnungsloser Fall sei wie Papa. Auch wenn Sie nicht kontrollieren können, wie andere auf Sie reagieren (sie könnten Sie ignorieren oder es als Angriff betrachten), haben Sie die Wahl, welches Feedback Sie ihnen geben, und wenn Sie dies auf eine rücksichtsvolle Weise tun, kann es möglicherweise hilfreich sein (für die anderen, aber auch für die Beziehung insgesamt).

Gräben zwischen Geschwistern oder Dynamiken der Bevorzugung und Ausgrenzung können sich generationenübergreifend wiederholen. Ein Elternteil, der sich von seinem eigenen Vater weniger geliebt fühlte, könnte unabsichtlich einem seiner Kinder mehr (Liebe/Anerkennung/Geld) zukommen lassen. Eine Mutter, die mit ansehen musste, wie Tanten und Onkel den Kontakt abbrachen, nachdem sie sich wegen des Testaments der Großmutter gestritten hatten, könnte es als so belastend empfinden, an ihr eigenes Testament zu denken, dass sie es aufschiebt und ihre eigenen Kinder in einer ungeklärten Situation zurücklässt, die in der Nachfolge-Generation zu Geldkonflikten führt. Wir müssen uns bewusst machen, dass sich solche Fälle über Generationen hinweg erstrecken können, damit wir uns fragen können: Lassen wir ungewollt zu, dass sich eine unerwünschte Geschichte wiederholt? Tragen wir dazu bei, dass wieder dieselben Konflikte und Spannungen entstehen, die wir in der Generation unserer Eltern erlebt haben?

Das Jüngste von mehreren Geschwistern zu sein, beeinflusst die eigene Entwicklung. Das Aufwachsen in einem Haushalt, in dem jeder von den anderen das oberste Regal erreichen kann, sportlich begabter ist und bereits das Einmaleins beherrscht, hat unweigerlich Auswirkungen. Einiges davon kann positiv sein: Das jüngste

Geschwister hat vielleicht gelernt, geduldig zu sein, zu teilen, um Ressourcen und Aufmerksamkeit zu kämpfen, aber es kann auch Unsicherheiten in sich tragen, die dann in der Erwachsenenwelt zum Tragen kommen. Ältere Geschwister hingegen, die die Erfahrung machen mussten, sich möglicherweise von einem jüngeren Geschwister »entthront« zu fühlen, könnten Eifersucht als Auslöser empfinden: Sie könnten nach Situationen Ausschau halten, die sie als »unfair« empfinden. Wenn die frühe Erfahrung, die ungeteilte Aufmerksamkeit der Mutter zu verlieren, dazu geführt hat, dass etwas, das heute für sie da ist, morgen nicht mehr verfügbar sein könnte, könnten sie ängstlich und gierig werden. Dies sind jedoch grobe Verallgemeinerungen, die nur eine von unzähligen Dimensionen und Erfahrungen erfassen, die einen Menschen prägen. Es wäre falsch, daraus gleich Schlüsse zu ziehen: Darum geht es hier nicht. Es geht darum, die Nuancen bestimmter Dynamiken zu verstehen, die zwischen uns und unseren Geschwistern im Spiel sein können: Vielleicht ist die Tatsache, dass wir sie nie gewinnen lassen, der Grund, warum sie uns beim Weihnachtsessen so stolz ihr hohes Gehalt »vor die Nase halten«.

Wenn es also um Geldangelegenheiten mit Ihren Geschwistern geht, sollten Sie, bevor Sie handeln, einen Schritt zurücktreten und über die Beziehung als Ganzes nachdenken, um zu verhindern, dass Sie Entscheidungen treffen, die von Emotionen und alten Dynamiken getrieben werden: War es schon immer so, dass Sie sich von Ihrer Schwester, Ihrem Bruder herumgeschubst und ausgenutzt gefühlt haben? Dann könnte es wichtig sein, dass Sie im finanziellen Bereich Maßnahmen ergreifen, die dafür keinen Raum lassen (zum Beispiel Klauseln in einem Vertrag oder klare Regeln darüber, wer für die Karte, das Einpacken und das Geschenk, das Sie gemeinsam für Ihren Vater kaufen, aufkommt). Gibt es eine Vorgeschichte im Verhältnis zu Ihrem Geschwisterteil, die Sie in eine »privilegierte« Position gebracht hat (vielleicht haben Sie das »große Zimmer« bekommen, Sie haben die »private Erziehung« erhalten und Ihr Bruder oder Ihre Schwester fühlte sich ungehört und unbeachtet)? Dann sollten Sie vielleicht darauf achten, dass Sie sich nicht mitschuldig machen, dass sich diese Dynamik in der Gegenwart fortsetzt und zum Beispiel nicht darauf drängen, dass Sie das größere Büro/Hotelzimmer/den größeren Anteil am Unternehmen bekommen. Vielleicht sollten Sie sich auch bewusster machen, dass sich Ihr Geschwisterteil möglicherweise zurückgesetzt fühlt, wenn Sie über finanzielle Angelegenheiten verhandeln. Lassen Sie Ihren Bruder, Ihre Schwester zuerst zu Wort kommen, wenn am Telefon das Renovierungsbudget für die gemeinsame Immobilie festgelegt werden soll? Oder drängen Sie sich mit Ihrer Meinung auf? Was auch immer der Hintergrund ist, bei Geldkonflikten geht es selten um Geld allein, sondern in erster Linie auch um die Rollen, in die wir uns selbst und andere stecken, und was diese Rollen in uns hervorbringen. Wenn Sie sich dessen bewusst sind, können Sie vielleicht einen präziseren und differenzierteren Ansatz im Umgang mit Geld wählen.

Geschäftliche Partnerschaften und Berufsleben

Unsere Fähigkeit, einen Auftrag an Land zu ziehen, das Gefühl, dass wir ein höheres Gehalt verdienen und dieses auch zu verlangen, oder unser Verhalten bei Verhandlungen mit einem Geschäftspartner werden von den emotionalen Relikten vergangener Erfahrungen beeinflusst. Sogar unsere Berufswahl könnte von unserem Wunsch nach Geld oder der Ablehnung desselben beeinflusst worden sein. Wir haben gesehen, dass Menschen mit vielversprechendem Potenzial selbst ihre Karriere sabotieren oder es versäumen, eine angemessene Bezahlung zu fordern, während andere große Anstrengungen unternehmen, um ihre finanziellen Ziele zu erreichen, nur um sich dann betrogen zu fühlen und unfähig, stolz auf ihre Leistungen zu sein. Wir bringen uns selbst und unsere emotionale Vorstellung davon, wie die Welt funktioniert, wie Menschen mit uns interagieren und auf uns und andere reagieren, auch in unser Berufsleben ein. Wenn es um finanzielle Transaktionen geht, kann Geld zu einem Magneten für Bedeutungen und Dynamiken werden, die uns nicht vollständig bewusst sind.

Wenn Sie im Umgang mit Ihrem Geschäftspartner das Gefühl bekommen, dass die Art und Weise, wie in der Firma die Finanzen gehandhabt werden, für Sie nicht zufriedenstellend ist, versuchen Sie zu verstehen, was hinter Ihrem Verhalten steckt: Hat Ihr Partner vielleicht die leicht herablassende Art Ihres Vaters, so dass Sie sich ihm gegenüber ungewollt als »minderwertig« einstufen und unverlangte Zugeständnisse in Verhandlungen machen? Oder stellen Sie fest, dass Sie etwas lax damit umgehen, was als »Geschäftsausgabe« gilt, weil Sie von Ihrem Geschäftspartner ausgenutzt werden? Vielleicht sorgen Sie sich aufgrund dieser »Polarisierung« zunehmend darum, ob Sie genügend Geld erhalten, und spüren, dass die völlige Missachtung der Bedeutung dieses Aspekts durch Ihren Geschäftspartner Sie dazu zwingt, etwas dagegen zu unternehmen? Ich könnte unzählige Beispiele aufzählen.

Die Geschwisterdynamik ist eines der vielen »Gespenster der Vergangenheit«, die unsere Beziehungen am Arbeitsplatz und in geschäftlichen Partnerschaften beeinträchtigen. Wir stellen vielleicht fest, dass unser Partner ähnlich handelt oder wir auf sein Verhalten ähnlich reagieren, wie wir es bei unserer herrischen älteren Schwester oder unserem privilegierten jüngeren Bruder getan haben. Vielleicht sind wir uns der Tatsache gar nicht bewusst, dass die gegenwärtigen Interaktionen in unseren Köpfen eine vertraute Dynamik aus der Vergangenheit wieder wachrufen. Wenn wir jedoch (in der Therapiesitzung) zu erforschen beginnen, warum unser Partner uns »auf die Nerven geht« oder uns »so ärgert« oder warum wir oft überreagieren oder seine Handlungen falsch interpretieren, liegt das oft daran, dass wir die Situation mit einer Brille betrachten, die 20 oder 30 Jahre alt ist. Es ist möglich, dass unser Partner zum Beispiel manchmal herrisch ist oder durchsetzungsfähiger und hartnäckiger als wir, wenn er seine Meinung äußert, aber schlüpfen wir dann in die Rolle des jüngeren Geschwisters, dem das Spielzeug weggenommen wurde oder das von seinem älteren Bruder zum Schweigen gebracht wurde, oder können wir den Platz des Erwachsenen einnehmen, an dem wir uns befinden, und angemessen auf ihn reagieren? Können wir das, was zur Vergangenheit gehört, von der gegenwärtigen Situation trennen?

Wenn Sie mit Freunden ein Unternehmen gründen, fühlen diese sich vielleicht unsicher, was Sie einzubringen haben: Sie erleben vielleicht, dass andere immer fähiger sind als Sie, oder Sie befürchten, dass Sie aus bestimmten Situationen herausgedrängt oder unterschätzt werden. Geld wird oft eingesetzt, um diese Ängste und Unsicherheiten zu kompensieren: Sie könnten eine geringere Bezahlung akzeptieren, zu viel Eigenkapital einbringen oder vielleicht ihr eigenes Geld in die Rettung des Unternehmens pumpen, in der Hoffnung, ernst genommen und von den anderen geschätzt zu werden.

Die Erfahrung, von Geschwistern gemobbt zu werden, kann das Selbstvertrauen und das Vertrauen darauf, dass andere (zum Beispiel Kollegen) einen unterstützen und nicht übertrieben kritisch oder aggressiv sind, tiefgreifend prägen. Wenn die Eltern diese Dynamik nicht erkannt oder sich dazu passiv verhalten haben, könnte dies dazu führen, dass wir ständig auf der Suche nach anderen sind, die sich für uns einsetzen, oder dass wir uns mit der Tatsache abfinden, dass es niemand tut. Wie kann sich das auf unsere Beziehung zum Geld auswirken? Nun, ich habe Menschen getroffen, die mit einer niedergeschlagenen Haltung durchs Leben gehen: Wenn wir häufiger erlebt haben, das wir das Kind waren, das die wenigsten Bonbons am Ende einer Piñata bekommen hat und nicht unseren gerechten Anteil, dann gehen wir vielleicht mit einer zögerlichen, zurückhaltenden Einstellung durchs Leben (was sich auch in unserem Umgang mit Geld niederschlägt), in der Erwartung, dass wir abermals gegenüber den Größeren und Stärkeren den Kürzeren ziehen werden. So fällt es schwer, bei der Arbeit um eine Provision zu konkurrieren; es fällt schwer, ins Büro des Chefs zu gehen und eine Angleichung des Gehalts an das der Kollegen zu fordern. Ihre Entscheidung, ein eigenes Unternehmen zu gründen, könnte zum Teil auch auf mangelndes Vertrauen in Organisationen zurückzuführen sein: Der Eintritt in ein Unternehmen könnte mit der Angst behaftet sein, Teil einer weiteren »schlechten Familie« zu werden, die einen nicht schützt und sich nicht um einen kümmert.

Sie könnten sich hartnäckig weigern, in einem Start-up-Unternehmen mit jemandem zusammenzuarbeiten, selbst wenn dies für den Erfolg des Unternehmens von Vorteil wäre, weil der Gedanke des Teilens unangenehme Ängste hervorruft: Es ist besser, man versucht, selbstständig zu sein, als zu riskieren, mit einem Partner in Wettbewerb treten zu müssen oder vielleicht gar von ihm hintergangen zu werden.

Oder Sie treten in ein Unternehmen ein in der heimlichen Hoffnung, dass diese Pseudo-Familie fairer sein wird, aber Sie gehen mit hochgestellten Antennen hinein und achten argwöhnisch auf jedes Warnzeichen, dass Sie übergangen werden könnten. Wenn wir uns jedoch in einer Gehaltsverhandlung wiederfinden und nicht in der Lage sind, die richtigen Worte zu finden, könnte es hilfreich sein, wenn wir verstehen, was uns daran hindert. Wenn wir es auf einen Mangel an Vertrauen zurückführen, dass wir unseren gerechten Anteil bekommen, weil dies auch zu Hause nie der Fall war, können wir eine wichtige Frage stellen: Ist dies eine Realität in unserer gegenwärtigen Situation oder handelt es sich nur um Ängste, die aus der Vergangenheit stammen?

Die Bandbreite der Verhaltensweisen am Arbeitsplatz, die durch die Geschwisterdynamik ausgelöst worden sein könnten, die eine Prägung, eine Sehnsucht, eine Angst in uns hinterlassen hat, ist sehr groß. Ich habe einen Zwillingsbruder erlebt, der aufgrund seiner Erfahrung der Ausgrenzung und der Sehnsucht, sich mit jemandem zu »verbinden«, entschlossen darum kämpfte, dass seine Ehefrau einen Platz am Vorstandstisch des Familienunternehmens bekam, zum

Teil, weil sie über wertvolle Fähigkeiten verfügte, die sie einbringen konnte, aber vor allem, so schien es, wegen seiner Sehnsucht, einen »Zwilling« auf seiner Seite des Tisches zu haben und dem Gefühl, dass zwei gegen einen stehen, ein Ende setzen zu können.

Die Geschwisterdynamik ist nur ein Beispiel für eine Verbindung vergangener Erfahrungen, die sich zu einem inneren Drehbuch darüber verdichten, wie wir in der Welt behandelt werden. Sie können unser Verhalten in verschiedenen Lebensbereichen anleiten, auch in Beziehungen am Arbeitsplatz (in Bezug auf Gehaltsverhandlungen, Vorstandssitze, Boni und dergleichen). Wenn Sie also verunsichert sind durch die Art und Weise, wie Sie finanzielle Angelegenheiten bei der Arbeit handhaben, versuchen Sie, sich zu fragen, wie Sie sich in diesen Situationen fühlen. Woran erinnert Sie das? Wann haben Sie sich im Leben schon einmal so gefühlt?

Wenn Kollegen um eine Provision oder einen Bonus wetteifern, als ob ihr Leben davon abhinge, sollte man sich fragen, wofür der Bonus in ihren Augen steht. Vielleicht ist der erbitterte Wettstreit nur das Ergebnis zweier konkurrierender Persönlichkeiten, die sich gegenseitig hochschaukeln, aber seine Intensität könnte darauf hindeuten, dass er in ihren Köpfen eine symbolische Bedeutung gewonnen hat: Vielleicht versuchten sie, sich gegen den Geist eines Geschwisters durchzusetzen? Es könnte aber auch ein Versuch sein, die Anerkennung eines Geisterelternteils zu gewinnen. Es könnte auch darum gehen, sich selbst zu beweisen, dass sie etwas erreichen können, nachdem sie schon so oft gehört haben, dass sie nicht gut genug seien. Vielleicht gibt es mehr als eine Antwort, aber wir können die Dinge nur dann ins rechte Licht rücken, wenn wir verstehen, worum es den Beteiligten *wirklich* geht.

Freundschaften

Umfragen zeigen, dass beispielsweise jeder fünfte Amerikaner eine Freundschaft wegen eines Geldstreits verloren hat.[259] Haben Sie sich schon einmal dabei ertappt, dass Sie es einem Freund übelgenommen haben, dass er das teuerste Gericht auf der Speisekarte bestellt und dann erwartet hat, dass die Rechnung zu gleichen Teilen aufgeteilt wird? Oder dass Sie ihm Geld leihen, das er nie zurückzahlt? Oder haben Sie sich einmal bereiterklärt, gemeinsam ein Geschenk zu kaufen, aber der andere hat Ihnen seinen Anteil nie gezahlt? In Freundschaften kommt Geld unweigerlich zur Sprache, und meistens, so hofft man, läuft der Umgang mit Geld reibungslos ab. Wenn das aber nicht der Fall ist, kann dies die Harmonie der Beziehung beeinträchtigen (oder Ausdruck einer unter der Oberfläche schwelenden Disharmonie sein).

Risse in Freundschaften, die mit Geld zu tun haben, sind in der Regel vermeidbar, wenn man die Dinge offen anspricht, aber das geschieht oft nicht, weil Geld ein unangenehmes Thema ist und die meisten Menschen Konfrontationen und Konflikte scheuen. Das Gefühl, in einer Dynamik gefangen zu sein, die uns verunsichert, kann jedoch in einer erbitterten Konfrontation enden, die der Beziehung irreparablen Schaden zufügt, wenn sich die Gefühle (wie Frustration, Wut und Groll) aufstauen, bis sie sich unkontrolliert Bahn brechen.

Wie bereits an anderer Stelle in diesem Buch erwähnt, ist es von entscheidender Bedeutung, die eigene Rolle in einer Gelddynamik zu verstehen, mit der man unglücklich ist, bevor man versucht, sie anzugehen. Es ist leicht, die Schuld auf den anderen zu schieben, der nicht bezahlt, der ständig erwartet, dass Sie ihn zum Essen einladen, der davon ausgeht, dass die Rechnung gleichmäßig aufgeteilt wird (obwohl er immer das Teuerste auf der Speisekarte bestellt). Was haben Sie getan, um dieses Verhalten zu ermöglichen? Was hat Sie in der Vergangenheit davon abgehalten, Ihre Meinung zu äußern? Was macht es bei diesem speziellen Freund schwierig, solche Dinge anzusprechen? Was an Ihren Erwartungen an Beziehungen oder an Ihrem Selbstverständnis hat Sie daran gehindert, etwas zu sagen?

Niemand fühlt sich gerne ausgenutzt, aber manchmal sind das die Gefühle, die durch eine Dynamik hervorgerufen werden, die man vielleicht mit ermöglicht hat, weil man fürsorglich und großzügig ist und sich gerne um andere kümmert. Ihr Wunsch, zu gefallen und zu geben, hat dazu geführt, dass Sie Ihre Grenzen in Bezug auf das Geben lockern. Es könnte damit beginnen, dass Sie sagen: »Es macht mir nichts aus, einem Freund zu helfen«, aber wenn die Hilfe nicht durch Dankbarkeit quittiert wird, könnten sich Ihre Gefühle verändern. Es ist leicht, die Schuld auf den nun privilegierten Freund zu schieben, aber es ist wichtig, Ihre eigene Rolle in dieser Dynamik zu erkennen, denn das kann Ihnen helfen, auch die andere Seite zu verstehen. Ihr Freund kann nicht wissen, was in Ihnen vorgeht und wann Sie begonnen haben, sich über das Geben zu ärgern, wenn Sie nie negative Gefühle über sein Verhalten oder seine Reaktionen geäußert haben.

Unsere Ansichten, Befürchtungen und Erwartungen an andere kommen in Freundschaften sehr stark zum Vorschein. Die Ansammlung von Millionen von Lebenserfahrungen in Bezug auf Austausch und Großzügigkeit prägt die innere Entwicklung unserer Erwartungen an andere: Vielleicht zahlen wir dieses Mal für einen Imbiss, weil wir darauf vertrauen, dass unser Freund oder unsere Freundin dies das nächste Mal übernimmt, denn in den meisten unserer Erfahrungen sind die Beziehungen ausgeglichen. Wenn unsere Erfahrungen uns hingegen sagen, dass Menschen dazu neigen, ausbeuterisch und egoistisch zu sein, könnten wir eher Angst verspüren und zögern, die Rechnung zu bezahlen.

Wenn wir durch ein stark wettbewerbsorientiertes Umfeld geprägt sind (zu Hause und dann auch in der Schule), könnte es für uns eine große Herausforderung darstellen, unseren Freunden gegenüber zuzugeben, dass wir es uns nicht leisten können, an der teuren Gruppenreise teilzunehmen, die sie planen, oder dass wir den Beitrag für das Gruppengeschenk für zu teuer halten: Würden wir uns dann in unserem inneren Theater, in dem jeder ständig um Größe konkurriert, als Verlierer fühlen? Dieselbe emotionale Prägung könnte uns unbewusst dazu veranlassen, uns eine Gruppe von Freunden zu wählen, in der wir uns finanziell durchsetzen können und uns nie »minderwertig« fühlen.

»Brokefishing«, ein neuer Begriff in den Medien, ist ein gutes Beispiel für die komplexe Dynamik, in die Freunde geraten können. Der Begriff bedeutet, dass man anderen vorgaukelt, man stecke in finanziellen Schwierigkeiten (obwohl dies in Wirklichkeit nicht der Fall ist), um sich von ihnen Geld zu borgen oder Dinge bezahlen zu lassen. Dies kann sich darin äußern, dass jemand immer andere bittet, seinen Teil der Rechnung zu übernehmen, das Geld aber nie zurückzahlt, oder dass er sich Geld leiht (vorgeblich für lebenswichtige Dinge) und es dann für Luxusgüter ausgibt. »Brokefishing« kann dazu führen, dass die anderen sich hintergangen fühlen, wütend sind und die Freundschaft aufkündigen wollen. Dabei kann es sich um ein einmaliges Ereignis oder um ein wiederkehrendes Verhaltensmuster handeln.

Warum bittet man einen Freund um Geld, obwohl man selbst eigentlich genug hat? Wie ich kürzlich in einem Beitrag für *Women's Health* erörtert habe,[260] liegt ein möglicher Grund darin, dass man sich umsorgt und aufgehoben fühlt, wenn man jemanden bittet, etwas für einen selbst zu tun. Manche Menschen streben ihr Leben lang danach, vielleicht weil sie in ihrer Kindheit zu wenig Fürsorge erfahren haben. Für manche könnte es aber auch ein Weg sein, zu vermeiden, etwas aufgeben zu müssen: Wenn sie zum Beispiel auf eine Reise oder ein Luxusobjekt sparen wollen, müssen sie vielleicht Opfer bringen. Anstatt sich dieser Tatsache zu stellen und ehrlich zu sich selbst (und ihren Freunden) zu sein, geben sie vor, dass sie nicht genug Geld haben. Vielleicht sind sie selbst sogar überzeugt, dass sie nicht »genug« haben, obwohl sie sich in Wirklichkeit eigentlich alles leisten können, was sie sich wünschen. Sie wollen einfach nichts hergeben.

Verschiedene Kindheitserfahrungen, die dazu führen, dass man sich im Leben »zu kurz gekommen« fühlt, könnten auch erklären, warum es beim »Brokefishing« für einige um das Streben nach »Gerechtigkeit« geht (wie beim Stehlen): eine Möglichkeit, dem Neid und dem Gefühl zu begegnen, dass andere »mehr haben als man selbst«, ein Wunsch, die Dinge »fair« zu gestalten. Der Person, der sich dieses Mittels bedient, ist durchaus klar, dass sie andere täuscht, aber das wird (bewusst/unbewusst) gerechtfertigt (»Es ist nicht so schlimm, denn unsere Freunde haben ja mehr als wir«). So entsteht ein gewisses Triumphgefühl, wenn es dem Betreffenden gelingt, etwas von dem zu bekommen, was der andere hat (in diesem Fall in Form von Geld).

Es könnte auch eine Möglichkeit sein, Gefühle auf andere zu projizieren, die man für sich selbst nicht bewältigen konnte.

Unbewusst handeln diese Menschen so, dass sich der andere manipuliert und betrogen fühlt, was daran liegen könnte, dass sie sich selbst in der Vergangenheit manipuliert und betrogen gefühlt haben und nun diese Gefühle unbewusst auf andere übertragen, anstatt sie in sich selbst zu verarbeiten. Das ist ein klassischer psychologischer Abwehrmechanismus, eine Projektion und ein Weg, sich schmerzhafter Gefühle zu entledigen.

Wie ich meinen Klienten immer sage, braucht es zwei Menschen, um eine Dynamik zu erzeugen. Was passiert also mit der Person, die anderen Geld gibt und ihre Aktivitäten subventioniert? Es lohnt sich, beide Seiten dieser Dynamik zu betrachten, vor allem, wenn es sich nicht nur um eine einmalige Situation, sondern um ein Muster handelt (was häufig der Fall ist). Es würde jemandem schwerfallen, ein zweites Mal »Brokefishing« zu betreiben, wenn er auf einen selbstbewussten und durchsetzungsfähigen Freund trifft, der schon einmal von ihm angegangen wurde und daraufhin »Nein« gesagt hat. Aber diese Leute finden einen »Komplizen« in Menschen, die zum Beispiel mit chronischen Schuldgefühlen zu kämpfen haben und auf der Suche nach Wiedergutmachung durchs Leben gehen. Für sie ist es zu schwer, einem Freund, der sie um Geld bittet, »Nein« zu sagen, und ein »Ja« gibt ihnen die Hoffnung, dass sie sich irgendwie »rehabilitiert« haben. Der »Komplize« könnte aber auch jemand sein, der durch diese Dynamik unbewusste Phantasien von der Rettung anderer auslebt.

Bevor Sie einen Freund zur Rede stellen, der ständig »Brokefishing« betreibt, sollten Sie sich daher fragen: Ist dies der Preis, den Sie glauben zahlen zu müssen, um die Freundschaft zu erhalten? Für welche »Sünde« wollen Sie sich ständig rehabilitieren? Ist das der Teil von Ihnen, der immer versucht, es anderen recht zu machen (und woher stammt dieser Teil von Ihnen)? Wen möchten Sie eigentlich gerne retten? Oder geht es Ihnen darum, Konflikte um jeden Preis zu vermeiden (es ist einfacher, Ja zu sagen, als sich einem möglichen Konflikt zu stellen)?

Was immer auch der Grund sein mag, anstatt ein positives emotionales Ergebnis zu erzielen, fühlen Sie sich am Ende betrogen und belogen. Oft kommt man zu dem Schluss, dass der Freund oder die Freundin etwas Bösartiges und Vorsätzliches getan hat. Enttäuschung, Traurigkeit, Schock, Wut. Dies sind sehr schmerzhafte Gefühle, mit denen man umgehen muss, und eine normale Reaktion auf diese Situation.

Ein weiteres wichtiges Thema, das in Freundschaften angesprochen werden sollte, sind Unterschiede. In Freundschaften wird unsere Fähigkeit, mit Unterschieden umzugehen, auf die Probe gestellt. In einer Gruppe von Freunden mit unterschiedlichen Auffassungen über Geld, unterschiedlichen finanziellen Verhältnissen und unterschiedlichen Wertvorstellungen darüber, wofür das Geld ausgegeben werden sollte, kann es leicht zu Meinungsverschiedenheiten kommen. Dann stehen wir vor mehreren Entscheidungen: Stehen wir ein für das, woran wir glauben, und sagen allen, dass wir uns auch ein anständiges Hotel aussuchen könnten, anstatt wieder zu zelten? Wenden wir zaghaft ein, dass wir 30 Euro für einen Gruppenbeitrag für ein Kindergeschenk zu hoch finden? Oder sagen wir nichts und machen mit, weil es ausnahmsweise einmal in Ordnung ist, wenn wir das tun, was alle anderen wollen?

Wie wir uns entscheiden, wird von einer Vielzahl sehr persönlicher Faktoren beeinflusst, die unseren Weg zu dieser Entscheidung geprägt haben, zum Beispiel: Wie sicher fühlen wir uns in Gruppen (und speziell in dieser Gruppe)? Was passiert, wenn wir unsere Meinung deutlich zum Ausdruck bringen? Wie gut können wir Kompromisse mit anderen eingehen? Oder akzeptieren, dass andere die Dinge anders sehen als wir? Und vieles mehr.

Sophie bekannte gegenüber einer Journalistin, wie frustrierend es war, mit ihrem ersten Gehalt in New York City zu leben und zu versuchen, finanziell unabhängig zu sein, während ihre Freunde noch von ihren Eltern finanziell unterstützt wurden. Ihr Gehaltsscheck reichte kaum für die Grundausgaben, aber ihre Freunde bestanden darauf, Pläne zu machen, bei denen sie mehr Geld in schicken Restaurants ausgeben musste, als sie sich leisten konnte. Sie erzählte: »Ich begann Einladungen abzulehnen. Aus der Sicht meiner Freunde gab ich mir nicht viel Mühe mit der Freundschaft. Aus meiner Sicht war ihnen ihr Bedürfnis, auszugehen, wichtiger, als Zeit mit mir zu verbringen. Das führte schließlich zu Auseinandersetzungen, aber dabei ging es weniger um das Geld als um die Tatsache, dass wir die Perspektive des anderen nicht verstehen konnten. [...]«[261] Anscheinend hatten Sophies Freunde Schwierigkeiten, sich an ihre veränderten Lebensumstände anzupassen, und zwar zum einen, weil sich ihre eigene finanzielle Realität nicht verändert hatte, zum anderen aber auch, weil sie sich noch nie in einer Situation befunden hatten, in der das Geld so knapp war, dass sie Abstriche von ihrem gewohnten Lebensstil machen mussten. Sophie erzählte, dass die Freundschaft diese Dynamik aus mehreren Gründen überstand: Sie war klar und ehrlich zu den anderen und erklärte ihnen, warum sie nicht an ihren Ausflügen teilnahm (»Ich habe diese Woche nur 30 Dollar zur Verfügung«), ohne sich dafür zu entschuldigen; die Lebensumstände ihrer Freunde änderten sich dann ebenfalls, und als sie begannen, sich selbst um ihre finanzielle Unabhängigkeit zu bemühen, konnten sie den Wunsch nachvollziehen, die Ausgaben zu reduzieren und sich gelegentlich für die Option »daheim bleiben und kochen« zu entscheiden; aber auch, weil Sophie offen über Alternativen sprach, die es den Freunden ermöglichen würden, sich zu treffen, ohne das Budget zu sprengen. Nicht alle diese Geschichten enden so, vor allem wegen der Scham, die oft vorhanden ist, wenn wir zugeben müssen, dass wir nicht so viel finanziellen Spielraum haben wie andere, was zu einer unklaren Kommunikation führt: zu Lügen, ausweichenden Antworten oder allmählichem Rückzug.

*

In diesem Kapitel habe ich Sie eingeladen, über die Gelddynamik in Ihren unterschiedlichen Beziehungen nachzudenken. Wir können Geld zum Ausdruck positiver Gedanken und Gefühle machen: »Ich schätze dich«, »Ich möchte dir mein Vermögen hinterlassen«, »Ich möchte dir zahlen, was du verdienst«. Es kann aber auch zu einem Symbol für negative Botschaften werden: »Sie haben ihn mehr geliebt: Schau nur, wie viel mehr Geld er bekommen hat«, »Er stellt genauso viele Ansprüche wie Papa: Wie kann er mehr Anteile am Unternehmen erwarten?«, »Sie zahlen mir nicht, was ich wert bin: Sie sind egoistisch, wie alle, die ich kenne«. Wie interpretieren wir Geldbotschaften? Welche unterschiedlichen Verhaltensweisen in Bezug auf Geld zeigen sich in unseren verschiedenen Beziehungen, und was denken wir, was in diesen Beziehungen die Ursache dafür ist? Wenn wir das, was durch Geld vermittelt wird, in Worte fassen wollten, wie würde es lauten? Wenn wir das Wort »Geld« aus dem Streit, den wir gerade hatten, herausnehmen würden, worum ginge es dann in dem Streit wirklich?

Erforschen Sie, ob sich Muster in Ihrem Verhalten erkennen lassen. Überlegen Sie, ob Sie sich in mehr als einer Beziehung (zum Beispiel im Beruf und in Freundschaften) Sorgen machen, dass die anderen Sie auf die eine oder andere Weise ausnutzen (dass etwa alle Ihre Arbeitskollegen ein besseres Gehalt oder höhere Prämien bekommen oder dass Ihre Freunde Sie ausnutzen)? Oder vielleicht sind Sie in unterschiedlichen Situationen (im Zusammenhang mit Ihren Geschwistern und Mitbewohnern) für die Finanzen verantwortlich und müssen feststellen, dass man Ihnen die Schuld gibt, wenn etwas schiefläuft? Wie auch immer das Szenario aussieht, wenn Sie erkennen, dass sich eine Dynamik in mehr als einem Lebensbereich wiederholt, sollten Sie sich fragen, was Sie dazu beitragen, damit sie sich entfalten kann.

Ich habe Sie auch dazu eingeladen, sich darüber Gedanken zu machen, woran es liegen könnte, wenn Ihnen eine bestimmte finanzielle Entscheidung Unbehagen bereitet. Wenn Sie sich in einer Situation befinden, in der Sie sich nicht wohlfühlen, in der es einen äußeren Konflikt gibt (etwa wenn Sie sich mit jemandem über Geldangelegenheiten streiten) oder einen inneren Konflikt (zum Beispiel wenn Sie bei finanziellen Interaktionen mit jemandem Unbehagen verspüren), lohnt es sich, einen Schritt zurückzutreten und das Gesamtbild zu betrachten. Und dann einfache Fragen zu stellen wie: Wie fühle ich mich in dieser Situation?

Fühle ich mich im Umgang mit dieser Person generell so? In diesem Fall manifestiert sich etwas von unserer Dynamik mit dieser Person auch in Geld. Fragen Sie sich: Ist das irgendwie »typisch« für Ihre Gefühle im Umgang mit dieser Person im Allgemeinen? Wenn sich diese Person zum Beispiel selbst immer gern als hilfloses Opfer darstellt und Sie gezwungen sind, ihr mehr zu geben (mehr Unterstützung, mehr Aufmerksamkeit, mehr Geld). Wollen Sie sich weiterhin auf diese Dynamik von Opfer und Retter einlassen (und mitschuldig sein)? Oder wollen Sie vielleicht versuchen, eine andere Rolle in dieser Beziehung einzunehmen (und nicht die, in die Sie am Ende »hineingezwungen« werden)? Sie könnten die neue Dynamik mit jeder Interaktion beginnen, auch bei Geldangelegenheiten. Sie könnten zum Beispiel etwas sagen wie: »Ich frage mich, ob wir nicht vielleicht darüber nachdenken könnten, warum du mich so oft um Geld bittest?« Vielleicht hat der andere keine Antwort, vielleicht erfindet er Ausreden, aber das ist nicht wichtig.

Wenn Sie die Dynamik verändern wollen, dann erreichen Sie mit einer freundlichen und offenen Art vielerlei: Sie halten dem anderen gewissermaßen einen Spiegel vor, damit er sich mit ihrem Verhalten auseinandersetzen kann; Sie sagen ihm, dass Sie wollen, dass diese Dynamik zur Sprache kommt; Sie bringen Ihre Neugier zum Ausdruck (und hören sich die Antwort an, die der andere gibt); und schließlich haben Sie hoffentlich auch seine Neugier geweckt. Aber Sie können die Menschen nicht zwingen, sich zu ändern: Sie können nur Ihre Hälfte der Dynamik verändern, und indem Sie etwas anderes sagen, anstatt wieder einmal die zehn Euro zu überreichen, ändert sich bereits etwas. Sie haben keinen Einfluss darauf, ob die Person wütend wird, sich zurückgewiesen fühlt, Sie nie wieder fragt oder doch immer wieder fragt, aber Sie haben die Wahl, was Sie sagen und wann und wie Sie es sagen (wie wir im vorherigen Kapitel über Geldgespräche gesehen haben).

Wenn Sie einen Konflikt oder eine Gelddynamik als unangenehm empfinden, sollten Sie sich auch die Frage stellen: Hatte ich in der Vergangenheit auch schon beim Umgang *mit anderen Leuten* ähnliche Gefühle? In diesem Fall könnte die Person, die vor Ihnen steht, Reaktionen auslösen, die durch Relikte aus der Vergangenheit belastet sind. Fragen Sie sich: Reagiere ich übertrieben? Bin ich vielleicht paranoid? Reagiere ich tatsächlich auf die Person, die vor mir steht, oder fühle ich mich an meinen Vater erinnert, weil sich diese Person einer Sprache bedient, durch die ich mich schnell manipuliert fühle, so dass ich in ihrer Gegenwart unverhältnismäßig reagiere, weil ich befürchte, dass ich mich am Ende wieder genauso fühle wie in der Vergangenheit? Die Herausforderung besteht hier darin, das, was zur Realität dieses Gesprächs gehört, von dem zu trennen, was im Grunde genommen die Befürchtung ist, dass sich die Geschichte wiederholen könnte. Die Warnsignale, die in Ihrem Kopf auftauchen, wenn Sie den manipulativen Ton/das manipulative Wort aufgreifen, haben einen Grund: Sie sollen Sie davor schützen, sich abermals verletzt zu fühlen. Wir müssen jedoch die rationalen Anteile in uns aktivieren (manchmal durch bewusste Anstrengung), um die Realität zu überprüfen.

Sie kennen sicher die Redewendungen »Familie und Geld sind wie Öl und Wasser, sie passen nicht zusammen« oder »Bevor Sie sich Geld von einem Freund leihen, überlegen Sie, was Sie am dringendsten brauchen«. Nun, oft können wir finanzielle Transaktionen mit Freunden und Familie nicht vermeiden. Der Grund, warum diese Aktivitäten oft unschön enden, liegt darin, dass wir es zulassen, dass alle Emotionen, die diese Beziehungen prägen, über Geld ausgelebt werden, und natürlich ist Geld, so symbolisch es auch sein mag, auch etwas sehr Reales und hat reale Konsequenzen, die sich auf unser finanzielles Wohlergehen auswirken können. Geld soll ein Medium für den Austausch von Waren und Dienstleistungen sein. Doch was am Ende ausgetauscht wird, das geht weit darüber hinaus.

Kapitel 12

Die eigene Einstellung zum Geld verstehen und verändern

Als Psychotherapeutin wende ich nicht auf alle Menschen den gleichen Rahmen an. Ich konzentriere mich darauf, den Einzelnen in seiner Komplexität so gut wie möglich zu verstehen und ihm dabei zu helfen, seine Gefühle zu erkennen, zu benennen und zu verstehen, damit er das Verhalten, das er ansprechen möchte, ändern kann. Der Weg dorthin ist nicht strukturiert und auch nicht linear, denn so funktioniert der menschliche Verstand nicht.

Ich werde nicht versuchen, 100 Jahre psychoanalytischer Literatur in einem Kapitel unter der Überschrift »Wie man sich ändert« zusammenzufassen, aber ich hoffe, Ihnen zumindest die richtige Richtung zu weisen, indem ich Ihnen Leitprinzipien anbiete, die Ihnen helfen können, die Reise der Selbsterforschung zu beginnen, um die »Festgefahrenheit«, die Sie in Bezug auf Ihre Beziehung zu Geld empfinden könnten, zu verstehen und möglicherweise zu überwinden.

Es gibt drei Schlüsselprinzipien, die ich gerne erkunden möchte:

1. Gehen Sie mit einer neugierigen, nicht kritischen Einstellung an die Selbsterforschung heran.
2. Sammeln Sie Informationen mit Ernsthaftigkeit und Kreativität.
3. Überprüfen und erweitern Sie Ihre Wahlmöglichkeiten.

1. Gehen Sie mit einer neugierigen, nicht kritischen Einstellung an die Selbsterforschung heran

Es ist wichtig, den Prozess der Selbsterkundung als eine Chance zu sehen, sich selbst besser zu verstehen, anstatt sich für alles zu verurteilen, was man in Bezug auf Geld nicht richtig macht. Kritisierende Pauschalaussagen wie »Ich bin einfach schrecklich im Umgang mit Geld« oder »Ich kann nicht sparen« werden Sie nicht weiterbringen. Wenn Ihr »innerer Kritiker« aktiv ist und belastende, selbstabwertende Gedanken äußert, werden Sie den Prozess eher als Niederlage empfinden, und er wird zu nichts führen. Seien Sie, wenn Sie mit sich selbst sprechen, so freundlich, wie Sie es auch gegenüber jemand anderem sein würden.

Sie sollten neugierig bleiben, damit Sie sich die richtigen Fragen stellen. Ich erinnere mich an eine Klientin, die mit übermäßigen Geldausgaben kämpfte und sich fragte: »Was würde ich tun, wenn ich am Wochenende nicht einkaufen gehen würde?« Ich schwieg eine Weile. Sie begann zu weinen. Sie hatte sich überwunden, die schwierigste und wichtigste Frage zu stellen, die uns zu erkennen half, dass die Kaufsucht dazu diente, die schmerzhafte Lücke zu füllen, die durch die Einsamkeit entstand.

Ein anderer Klient, ein Investmentbanker, der unermüdlich daran arbeitete, immer mehr Reichtum anzuhäufen, erzählte mir, dass »alles gut« sei, weil dies Teil seines Plans sei, früh in Rente zu gehen. »Und doch sind Sie hier«, erwiderte ich (und deutete an, dass er sich wohl nicht deshalb in Therapie begeben habe, weil »alles gut« sei). Darauf erwiderte er: »Nun, ein Teil von mir fragt sich schon, ob ich wirklich glücklich sein werde, wenn ich dieses ganze Geld für den Ruhestand habe.« Aha. Das war die Frage, die er sich lange nicht zu stellen gewagt hatte. Als er sie nun doch formulierte, konnten wir anfangen, auf behutsame Weise über die Entscheidungen nachzudenken, die er in der Gegenwart traf, und über die Ängste, die er bezüglich der Zukunft hegte.

Einige Fragen für den Anfang:

- Welches Kapitel hat bei Ihnen die stärkste Resonanz ausgelöst?
- Mit welchem Beispiel konnten Sie sich am ehesten identifizieren?
- Hat eine der Ängste oder einer der Wünsche, die in diesem Buch erwähnt werden, einen bestimmten Gedanken, ein bestimmtes Gefühl bei Ihnen ausgelöst?
- Hat eine der Charakterskizzen Sie beim Lesen auf unerklärliche Weise berührt?

2. Sammeln Sie Informationen mit Ernsthaftigkeit und Kreativität

Wenn man bedenkt, wie wenig die meisten Menschen über ihre Einstellung zum Geld nachdenken, kann schon ein wenig Selbsterforschung recht weit führen. Als Therapeutin kann ich meine Klienten dabei unterstützen, sich die richtigen Fragen zu stellen, aber bevor ich damit anfange, sammle ich Fakten. Das heißt, ich sammle die »bekannten« Fakten, bevor ich versuche, den Klienten dabei zu helfen, ihr »ungedachtes Wissen« zu ergründen, nämlich das, was wir auf einer unbewussten Ebene wissen.

Das Ziel dieses Buches ist es, den Menschen zu helfen, die ersten Schritte zum Verständnis ihrer Einstellungen zum Geld und ihres Verhaltens zu machen, um die verborgenen Kräfte, die sie antreiben, aufzudecken (oder ins Bewusstsein zu heben). Indem wir die verschlüsselten Botschaften dechiffrieren, die durch Geld vermittelt werden, können wir anfangen, über flexiblere (oder weniger schädliche) Wege der Kommunikation mit anderen oder neue Wege der Bewältigung der emotionalen Herausforderungen nachzudenken, die sich hinter unserem Umgang mit Geld verbergen. Um uns dem »Unbekannten« zu nähern, können wir mit dem beginnen, was wir über uns selbst und unser Verhalten wissen, indem wir Informationen sammeln, die relevant sind und unsere Reise der Selbsterforschung anleiten können.

Fakten und Muster

Fakten sind wichtig: Wenn jemand zu mir käme und mir sagte: »Ich habe Angst, dass mir das Geld ausgeht«, würde ich seine Gefühle ernstnehmen, aber auch Informationen über seine konkrete Situation einholen (ich habe diesen Satz schon von Menschen mit 1000 Dollar auf dem Konto gehört, aber auch schon von Menschen, die eine Million hatten). Wenn die Angst einen realen Hintergrund hat (Sie haben tatsächlich nur noch 1000 Dollar oder Euro auf dem Konto), dann sollten wir uns fragen, ob Ihre finanzielle Realität schon immer so aussah und was in der jüngsten Vergangenheit ihre Gefühle noch verstärkt hat. Wir könnten uns fragen, ob diese Situation das Ergebnis eines Kreislaufs der Selbstsabotage ist, den es besser zu verstehen gilt. Wenn die Angst eher irrational ist (wie im Fall des Millionärs), dann stellt sich die Frage, worum es bei der Angst *wirklich* geht.

Wenn Sie zum Beispiel wegen Ihrer übermäßigen Ausgaben besorgt sind, sollten Sie vielleicht anfangen, Fakten zusammenzutragen:

- Wann geben Sie das Geld sorglos aus? Abends bevor Sie ins Bett gehen, morgens oder tagsüber?
- Bestimmen Sie Ihre Gefühle in den verschiedenen Phasen des Prozesses. Was fühlen Sie unmittelbar vor dem Geldausgeben? Wie fühlen Sie sich nach dem Kauf? Oder wenn der bestellte Artikel geliefert wird? Was ist, wenn Sie das Kleid anprobieren? Für manche Menschen liegt das Vergnügen im Moment des Kaufs (der Adrenalinschub, die beruhigende Wirkung des Einkaufens), für andere hingegen geht es um das Objekt, den Gegenstand, den sie sich geleistet haben, den sie wertschätzen und den sie vielleicht auch anderen vorführen möchten.

- Geben Sie manchmal gekaufte Artikel zurück? Wie wählen Sie aus, was Sie behalten und was Sie zurückschicken? Wie ist das Verhältnis normalerweise? Wie fühlen Sie sich dabei?
- Wofür geben Sie übermäßig viel Geld aus? Gibt es ein Muster bezüglich der Art der Dinge, die Sie kaufen? Sind es Kosmetika und Schönheitsoperationen? Oder sind es irgendwelche Gadgets? Oder Lebensmittel? Woher könnte das Verlangen nach diesen bestimmten Dingen kommen?
- Gibt es Situationen, in denen Ihre Ausgaben aus dem Ruder laufen? Sind das soziale Situationen? Oder Situationen, in denen Sie sich besonders ängstlich fühlen? Wenn ja, wovor haben Sie anscheinend Angst?
- Geben Sie das Geld für sich selbst oder für andere aus? Wenn ja, für wen? Gibt es dabei ein Muster?

Wenn es nicht ein bestimmtes Verhalten gegenüber dem Geld ist, mit dem Sie zu kämpfen haben, sondern eher ein Gefühl – zum Beispiel eine lähmende Angst, die dazu führt, dass Sie Ihre Finanzen tatsächlich vernachlässigen, dann sollten Sie Fakten sammeln wie:

- Wann haben Sie angefangen, sich so zu fühlen? Hat sich in letzter Zeit etwas verändert, das die Angst auslöst?
- Wie oft verspüren Sie diese Angst (täglich/wöchentlich)? Wie intensiv ist sie (ist sie eher ein leicht zu verdrängender negativer Gedanke oder ein Zustand der Panik)?
- Zu welchen Tages-/Monats-/Jahreszeiten empfinden Sie die Angst am stärksten? (Sind es die Abende, wenn Sie an die Zukunft denken? Ist es in der Mitte des Monats, wenn der Zahltag immer noch in weiter Ferne zu liegen scheint? Ist es zu der Zeit im Jahr, wenn Sie Ihre Steuererklärung machen müssen?)
- Wo in Ihrem Körper spüren Sie die Angst? (So können Sie das aufkommende Gefühl schneller erkennen, wenn es das nächste Mal auftaucht, denn Ihr Körper gibt Ihnen einen Hinweis darauf, was in Ihrem Kopf vorgeht.) Erleben Sie dieses Gefühl auch

in anderen Bereichen des Lebens? (Wenn Sie an eine Prüfung oder eine Präsentation bei der Arbeit denken zum Beispiel.)

- Hat sich diese Angst im Rahmen einer Beziehung verändert? (Zum Beispiel sind Sie ängstlicher geworden, seit Sie mit Ihrer Freundin zusammengezogen sind oder seit Sie sich um ein Kind bemühen?)

Ausweitung der Untersuchung: Offene Fragen und Diagnose-Tools

Versuchen Sie, einige offene Fragen zu formulieren, zunächst in Bezug auf Ihre Beziehung zu Geld und dann speziell zu dem Problem, das Sie zu lösen versuchen. Lassen Sie Bilder, Erinnerungen, Träume und Gedanken in Ihren Geist fließen, während Sie an dieses Thema denken. Nehmen Sie sie zur Kenntnis und behalten Sie sie im Hinterkopf, während Sie versuchen, sich über sich selbst klar zu werden.

Einige der offenen Fragen oder Erinnerungen, die Sie vielleicht wachrufen möchten, könnten sein:

- Geld bedeutet für mich ...
- Wenn ich an Geld denke, stelle ich mir vor ... Ich fühle ...
- Die ersten Worte, die mir im Zusammenhang mit Geld einfallen, sind ...
- Die erste Erinnerung an Geld, an die ich mich erinnern kann, ist ...
- Denken Sie an Ihre frühen Erfahrungen im Zusammenhang mit Geld und überlegen Sie, wie diese Ihre jetzige Einstellung geprägt haben könnten. Wurde zu Hause darüber gesprochen? War es eine Ursache von Konflikten? Wurden Ihre Wünsche schnell erfüllt? Wurde Geld bedingungslos ausgehändigt oder war es an eine bestimmte Leistung gebunden? Haben Sie ein Taschengeld bekommen, und wenn ja, wie haben Sie sich dabei gefühlt? Was haben Sie damit gemacht?

Offene Fragen zu den Gefühlen oder Verhaltensweisen im Zusammenhang mit Geld, die Sie ansprechen wollen, können ebenfalls hilfreich sein. Beziehen Sie sich auf das Beispiel mit den zu hohen Ausgaben:

- Wenn ich kein Geld ausgeben würde, wenn ich den Drang dazu verspüre, würde ich mich ...
- Was ich an meiner Einstellung zum Geld am meisten liebe, ist ...
- Was mir an meiner Einstellung zum Geld am wenigsten gefällt, ist ...
- Ich beneide Menschen, die mit ihrem Geld umgehen können ...
- In meiner Familie wurde übermäßiges Geldausgeben als ... angesehen.

In Bezug auf die Angst um Geld könnten dies sein:

- Meine größte Angst im Umgang mit Geld ist, dass ...
- Als ich aufwuchs, war Geld in meiner Familie eine Quelle von ...
- Die beängstigendste Erfahrung im Zusammenhang mit Geld, die ich gemacht (oder miterlebt) habe, ist ...

Was auch immer Ihr Problem mit Geld ist (zu viel/zu wenig ausgeben, zu viel/zu wenig Risiko eingehen), versuchen Sie, Fragen zu formulieren, die den Rahmen erweitern oder Ihr Denken weiterführen. Zu sagen: »Ich bitte nicht um eine Gehaltserhöhung, weil ich schüchtern bin und mir das unangenehm ist«, ist vielleicht nur die halbe Wahrheit und wird Ihnen nicht helfen, die emotionalen Blockaden zu überwinden, die Gehaltsgespräche zu einer solchen Hürde für Ihr finanzielles Wohlergehen machen. Erlauben Sie sich zu fragen: »Was hält mich sonst noch davon ab, nach einer Gehaltserhöhung zu fragen? Was könnte schlimmstenfalls passieren? Wie würde ich mich dabei fühlen? Warum würde ich mich so fühlen? Wann habe ich mich sonst schon so gefühlt?« Das könnte es Ihnen ermöglichen, sich einzugestehen: »Ich bitte nicht um eine Gehaltserhöhung, weil ich Angst vor einer Ablehnung habe. Ich glaube, es liegt daran, dass in meiner Familie früher immer alle meine Bitten abgelehnt wurden, meine Schwester hat ihren Willen bekommen, aber ich eigentlich nie.« Fragen können Ihnen helfen zu erkennen, dass Sie in der Gegenwart mit einer Reihe von Erwartungen arbeiten, die in der Vergangenheit geformt wurden und die im Kontext Ihrer Tätigkeit vielleicht nicht relevant sind. Die Angst mag im Hier und Jetzt spürbar und präsent sein, aber als Erwachsener können Sie erkennen, dass es vielleicht relevantere Informationen gibt, die Sie einholen sollten, bevor Sie um eine Gehaltserhöhung bitten, als Ihre Entscheidung auf veraltete und kontextfremde Erwartungen zu gründen.

Widerstand gegen Veränderungen aufdecken

Wenn Sie den Wunsch haben, Ihre Einstellung zu Geld zu ändern, ist es hilfreich, sich bewusst zu machen, dass die derzeitige Einstellung beziehungsweise das derzeitige Verhalten oft aus einem bestimmten Grund besteht und ein psychologisches Ziel erfüllt. Denken Sie an alles, was Sie durch dieses Verhalten gewinnen, in direkter und indirekter Weise. Durch Ihr Symptom (in diesem Fall könnte das »Symptom« Ihr übermäßiges Geldausgeben, Ihr Horten oder Ihre finanzielle Risikobereitschaft sein) gewinnen Sie Erleichterung von den Gefühlen, die Sie dazu getrieben haben (Einsamkeit, Neid, Ärger).

- Suchen Sie nach den Motiven für Ihr Verhalten. Was ist Ihrer Meinung nach der Vorteil an Ihrem derzeitigen Verhalten gegenüber Geld? Wenn Sie beispielsweise mit Geld knausern, schützt Sie das vielleicht vor der Angst, dass Ihnen das Geld ausgeht. Wenn Sie alle finanziellen Entscheidungen an Ihren Partner abtreten, ersparen Sie sich dadurch vielleicht die Sorge um das Geld. Wenn Sie spielen, »entfliehen« Sie vielleicht der realen Welt und betäuben schmerzhafte Gefühle.

- Diese Frage lässt sich auch auf andere Art stellen: Welche Vorteile müssen Sie aufgeben, um Ihr jetziges Verhalten zu ändern? Wenn Sie zum Beispiel aufhören, übermäßig großzügige Geschenke zu geben, könnte das bedeuten, dass Sie den »Wow-Faktor« einbüßen, den Sie bei anderen hervorrufen. Der Verzicht auf das Einkaufen könnte dazu führen, dass Sie und Ihre Tochter am Wochenende keine gemeinsamen Aktivitäten mehr unternehmen können. Wenn Sie das Glücksspiel aufgeben, müssen Sie sich dem Schmerz Ihrer Einsamkeit stellen.

Wenn Sie sowohl das Motiv für Ihr Verhalten als auch die potenziellen Opfer, die Sie für eine Veränderung bringen müssen (die Vorteile, auf die Sie verzichten müssen), ermitteln, können Sie besser verstehen, warum Sie feststecken und sich teilweise gegen Veränderungen sträuben. Es fällt Ihnen zum Beispiel schwer, den einzigen Plan (Einkaufen) aufzugeben, den Sie am Wochenende gemeinsam mit Ihrer Tochter im Teenager-Alter durchführen können. Aber wenn Sie herausfinden, dass dies der wahre Grund ist, warum Sie sich so schwertun, diesen Plan aufzugeben, wie wäre es dann, nach einem Ersatzplan zu suchen? Könnte das den Widerstand gegen eine Verhaltensänderung, die Sie anstreben, verringern?

Widerstand gegen Veränderungen resultiert häufig aus Ängsten, und in diesem Fall lohnt es sich, die Realität zu überprüfen und zu erforschen, welche Gefühle der Vergangenheit angehören und welche in der Gegenwart noch relevant sind:

- Wie realistisch ist es, dass mir das Geld ausgeht, jetzt, da ich einen vernünftigen Finanzplan aufgestellt habe, über beträchtliche Ersparnisse verfüge und vorsichtig mit dem Budget umgehe?
- Wie wahrscheinlich ist es, dass ich ausgelacht und verspottet werde, wenn ich um eine Gehaltserhöhung bitte?
- Glaube ich wirklich, dass meine Freunde beleidigt sein werden,

wenn ich ihnen erkläre, warum ich nicht an der teuren Reise teilnehmen kann, die sie organisiert haben?

Vielleicht stellen Sie fest, dass einige der Ergebnisse, die Sie erwarten, unrealistisch sind (und dass Sie zu Schwarzmalerei neigen). Sie könnten auch über die Möglichkeiten nachdenken, die sich Ihnen bieten: Wenn Sie von Ihrem Arbeitgeber lächerlich gemacht werden, ist das dann noch ein guter Arbeitsplatz? Wenn Ihre Freunde kritisch und nachtragend sind, wenn Sie erklären, dass Sie nicht so viel zum gemeinsamen Gruppengeschenk beitragen können, ist es dann nicht hilfreich, diesen Aspekt von ihnen zur Kenntnis zu nehmen, auch wenn es schmerzhaft ist?

Ich bin mir darüber im Klaren, dass Ängste nicht einfach verschwinden, wenn man erkennt, wie irrational sie sind: Ein Teil von Ihnen wusste bereits, dass sie irrational sind. In der Therapie müssen wir oft die Erinnerungen, die mit den Ängsten verbunden sind, aufsuchen und uns durch einige der Gefühle hindurcharbeiten, bevor die Angst ihren Griff um die Gegenwart lockern kann. Sich unserer Neigung zur Schwarzmalerei bewusst zu werden (sich immer gleich die schlimmsten Szenarien auszumalen), kann jedoch ein hilfreicher Anfang sein, um unsere Ängste zu bewältigen.

In anderen Fällen kommt der Widerstand aus der Ambivalenz: Ein Teil von uns will oder fühlt etwas und ein anderer will das Gegenteil. Wir sind gleichermaßen stolz und frustriert darüber, wie sparsam wir sind. Unser Glücksspiel beruhigt und verunsichert uns zugleich. Wir sind sowohl beruhigt durch unsere Risikovermeidung als auch neidisch auf Risikofreudige. Ambivalenz ist eine Folge der Komplexität unseres Geistes und kann zu einem Zustand der Unsicherheit oder Unentschlossenheit führen, zu einem Gefühl des »Feststeckens«.

Anerkennen der Kosten

Sie haben vielleicht ein vages Gefühl, dass das, was Sie tun, nicht optimal ist, aber haben Sie wirklich über die (finanziellen und psychologischen) Folgen nachgedacht? Denken Sie an die Auswirkungen Ihres derzeitigen Geldverhaltens auf folgende Bereiche:

- Ihre Finanzen: Wie viel Geld geben Sie zum Beispiel für Einkäufe, Glücksspiele oder Ausgehen aus? (Sie werden überrascht sein, wie viele Menschen die Kosten ihres Verhaltens leugnen, indem sie diese grundlegenden Berechnungen vermeiden). Denken Sie an die »Opportunitätskosten« – was hätten Sie sparen/gewinnen können, wenn Sie sich anders verhalten hätten? Wenn Sie in den letzten fünf Jahren jeden Monat X Euro gespart hätten, hätten Sie insgesamt X Euro gespart; wenn Sie mindestens die Hälfte der Zeit selbst gekocht statt auswärts gegessen hätten, hätten Sie X Euro gespart; es geht hier nicht darum, sich selbst zu verurteilen, sondern zu erkennen, dass die Entscheidungen, die man trifft, reale finanzielle Auswirkungen haben.
- Ihr finanzielles Wohlbefinden: Das Vermeiden des Themas Finanzen könnte Ihr finanzielles Wohlbefinden beeinträchtigen, weil Sie sich ängstlich fühlen (anstatt die Kontrolle über Ihre Finanzen zu haben und zuversichtlich zu sein); Ihre Neigung, Geld zu horten, könnte Sie daran hindern, das Geld, das Sie haben, zu genießen.
- Ihre eigenen Gefühle über sich selbst (»Wenn ich so mit Geld umgehe, fühle ich mich ...«): Seien Sie ehrlich in Bezug auf die Scham/Schuld/Angst, mit der Sie aufgrund Ihrer derzeitigen Entscheidungen umgehen müssen. Das könnte ein hoher Preis sein, den Sie zahlen müssen, um mit den Gefühlen klarzukommen, die Sie eigentlich vermeiden wollen.
- Die Gefühle der Menschen Ihnen gegenüber: Die Beziehungen zu anderen könnten unter Ihrer derzeitigen Einstellung zum Geld leiden.

3. Überprüfen und erweitern Sie Ihre Wahlmöglichkeiten

Wenn Menschen das Gefühl bekommen, dass sie keinen Ausweg haben, liegt das oft daran, dass sie die Möglichkeiten, die sich ihnen bieten, nicht sehen können (oder sich weigern, sie zu sehen). Manchmal verwerfen wir Optionen, bevor wir sie überhaupt in Betracht gezogen haben, weil uns die damit verbundenen Kompromisse nicht gefallen. Wenn Sie feststellen, dass Sie »keine Wahl« haben, denken Sie nach. Was haben Sie nicht bedacht? Worüber haben Sie nicht nachgedacht?

Eine Möglichkeit, sich mehr Wahlmöglichkeiten zu eröffnen, besteht darin, das Problem neu zu formulieren. Anstatt »Ich bin ein Schwächling, wenn es ums Geldausgeben geht« zu sagen: »Ich gebe immer mehr aus, als ich möchte, wenn ich mit meinen Kindern einkaufen gehe«, ist ein besserer Ausgangspunkt, weil es die Verhaltensweisen/Situationen kennzeichnet, die Sie angehen wollen. So können Sie über verschiedene Möglichkeiten nachdenken, wie zum Beispiel mit einem vorher festgelegten Budget auszugehen oder weniger häufig auszugehen, nur Bargeld mitzunehmen oder einfach »Nein« zu sagen, wenn Ihre Kinder Sie drängen, ihnen noch etwas zu kaufen. Jede dieser Optionen bringt Nachteile mit sich, die Sie in Kauf nehmen müssen (Sie müssen vielleicht ihre Enttäuschung ertragen; Sie lassen sich vielleicht zu einem Wutanfall treiben oder fühlen sich wie die strenge Mutter, die Sie eigentlich nicht sein wollen; Sie müssen sich vielleicht mit Gefühlen von Unzulänglichkeit auseinandersetzen, oder Sie könnten gefrustet sein, weil Sie nur Bargeld mitgenommen haben). Diese Umdeutung kann Sie auch auf die Gefühle aufmerksam machen, die Ihr Verhalten steuern. Wenn Sie vor allem dann zu viel Geld ausgeben, wenn Sie mit Ihren Kindern zusammen sind, könnte das mit Ihrem Wunsch zu tun haben, eine großzügige Mutter zu sein, oder mit Ihrer Angst, durch sie eine Enttäuschung zu erleben, die Sie aufgrund Ihrer eigenen früheren Erfahrungen nur allzu gut kennen.

Eine andere Möglichkeit, die Bandbreite Ihrer Wahlmöglichkeiten zu erweitern, besteht darin, den Fokus von einer persönlichen Schwäche auf eine Fähigkeit zu verlagern, an der Sie arbeiten können. Anstatt zu sagen: »Ich kann einfach nur schlecht sparen«, könnten Sie sagen: »Ich würde gerne lernen, wie man effektiver spart«. Bei der ersten Aussage fehlen Ihnen vielleicht die Ideen, bei der zweiten wird daraus schnell »Wie kann ich lernen, effektiver zu sparen?«, woraus sich in einem Brainstorming einige konkrete Möglichkeiten ergeben können (fragen Sie einen Freund, wie er es macht, melden Sie sich zu einem Webinar über Finanzwissen an, laden Sie eine App/ein Tool herunter, das Ihnen hilft).

Erschließen Sie sich Optionen, die Sie bisher nicht in Betracht gezogen haben, weil sie Ihnen »zu schwierig« erschienen. Statt »Ich kann nicht anders, als großzügig zu sein«, sollten Sie zum Beispiel an einen Kompromiss denken: »Wenn ich mit einem kleinen Geschenk anstelle meines üblichen großen Geschenks oder gar keinem Geschenk auftauchen würde, würde ich mich schämen/schuldig/unzulänglich fühlen.« Unabhängig von der Antwort betrachten wir jetzt den primären Gewinn Ihrer Großzügigkeit (Scham/Schuld/Unzulänglichkeit) und helfen Ihnen dabei, zu erkennen, dass Sie zwar das Gefühl haben, festzustecken und »nicht anders zu können«, dass Sie aber dennoch eine Wahl treffen. Es ist eine Wahl, die einem psychologischen Zweck dient, indem sie Sie vor diesen schmerzhaften Gefühlen schützt, aber wenn Sie sie (als eine Entscheidung) anerkennen, gibt sie Ihnen die Freiheit, sich die beiden wichtigen Fragen zu stellen:

1. Kann ich nicht einen anderen Weg finden, mit den Gefühlen umzugehen, die ich durch meine Abwehr vermeide?
2. Ist der Preis es wert, den ich für diese Verteidigung zahle? (Übermäßige Großzügigkeit hat nicht nur einen finanziellen, sondern auch einen emotionalen Preis, weil Schuldgefühle und Reue manchmal auf die großzügige Handlung folgen.) Allein die Neuformulierung des Themas kann hilfreich sein.

Das Gefühl, eine Wahl zu haben, ist besser, als sich damit abzufinden, dass etwas unvermeidlich und unveränderlich ist. Aber es ist nicht leicht, Entscheidungen zu treffen. Dazu müssen wir mannigfaltige Hindernisse überwinden. Zunächst einmal muss man sich von der Vorstellung verabschieden, dass es eine »richtige« Wahl gibt, denn es gibt immer nur Optionen und Kompromisse. Zweitens müssen Sie bereit sein, den Verlust dessen hinzunehmen, was Sie durch die Entscheidung aufgeben: Wenn Sie sich dafür entscheiden, zu Hause zu bleiben, um Geld zu sparen, müssen Sie auf den Spaß verzichten, den Sie mit Ihren Freunden hätten haben können; wenn Sie sich dafür entscheiden, endlich Geld für einen Mantel auszugeben, müssen Sie auf das Geld verzichten. Und all diese »Verluste« werden Gefühle in Ihnen hervorrufen, die Sie aushalten und bewältigen müssen (und nicht versuchen, sie an anderer Stelle auszuleben).

Akzeptieren oder Verändern

C. G. Jung schrieb: »Ich bin nicht das, was mir passiert ist – ich bin das, was ich entscheide zu werden.« Das ist eine starke Aussage, die uns daran erinnert, dass wir, so schmerzhaft unsere vergangenen Erfahrungen auch gewesen sein mögen, immer noch die Möglichkeit haben, unsere zukünftigen Entscheidungen zu treffen. Wenn die Selbsterforschung Sie zu schmerzvollen Ereignissen in Ihrer Vergangenheit zurückgeführt hat, die erklären, warum Sie so sehr an Dingen festhalten, warum Sie so sehr um Fairness kämpfen, warum Sie sich so ängstlich und unsicher in Bezug auf Finanzen fühlen, dann ist es ein wichtiger Teil des Prozesses, sich bewusst zu machen, dass Sie in der Gegenwart die Wahl haben, was Sie tun und wie Sie handeln. Sie können entscheiden, dass Sie Ihre Einsamkeit nicht dadurch bekämpfen, dass Sie abends gedankenlos online einkaufen. Sie können Sicherheitsmaßnahmen ergreifen, um zu verhindern, dass Sie ähnliche finanzielle Verluste erleiden, wie sie Ihre Eltern vielleicht verkraften mussten. Sie können sich entschließen, eine anonyme Glücksspiel-Hotline anzurufen, anstatt sich in ein Online-Casino zu begeben. Die Vergangenheit muss sich nicht wiederholen.

Allerdings räume ich ein, dass Veränderungen nicht einfach sind. Es braucht Zeit (und manchmal Jahre der Therapie), um sie zu bewerkstelligen. Manchmal aber ist das, was am meisten gebraucht wird und was am wirkungsvollsten ist, nicht Veränderung, sondern Akzeptanz. Zu akzeptieren, wer wir sind und was wir schätzen, ist sehr befreiend, weil es unsere Entscheidungen lenken und uns helfen kann, innere Konflikte zu vermeiden. Wenn Sie zum Beispiel akzeptieren, dass es einen materialistisch eingestellten Teil in Ihnen gibt, der die schönen Dinge genießen möchte, die Sie als Kind oder als Jugendlicher nicht haben konnten, finden Sie vielleicht einen Weg, wie Sie sich diesen Genuss in Maßen gönnen können.

Akzeptieren bedeutet nicht, dass Sie resignieren: Es geht darum, an einen Punkt zu gelangen, an dem Sie Ihre »Schwachstellen« erkennen können, aber auch die Möglichkeit haben, daran zu arbeiten – sofern Sie dies möchten. Es ist etwas ganz anderes, unbewusst Verhaltensweisen zu wiederholen, die wir bei unseren Eltern sehen, als zu akzeptieren, dass es unseren Eltern zum Beispiel schwerfiel, ihr Geld zu genießen, und dass dies etwas ist, das wir an ihnen nicht mehr ändern können, an dem wir aber bei uns selbst arbeiten können. Wenn Sie versuchen, Ihre Einstellung und Ihr Verhalten zu Geld auf das zurückzuführen, was Sie in Ihrer Familie oder Ihrem früheren Umfeld gelernt haben, besteht ein Teil des Prozesses darin, die Eltern/Erzieher/Lehrer zu akzeptieren, die Sie beeinflusst haben. Der Versuch, ihre Sichtweise zu verstehen (und was *sie selbst* vielleicht aufgrund ihrer eigenen Erfahrungen wiederholen), ist hilfreich bei diesem Prozess. Sie haben ihre Entscheidungen getroffen, aber diese müssen nicht die Ihren sein. Sie müssen mit der Stimme desjenigen, den Sie verinnerlicht haben, nicht einverstanden sein, Sie können sich selbst die Chance geben (auch wenn dies

Angst auslösen mag), etwas anderes auszuprobieren, und Sie können selbst definieren, was Erfolg und Selbstwert für Sie bedeuten.

*

Es klingt alles so einfach, was in diesem Buch niedergeschrieben ist. Graben Sie tiefer, erforschen Sie die Vergangenheit, wägen Sie die Dinge, die Vor- und die Nachteile sorgfältig ab. Ich möchte betonen: All dies ist nicht einfach. Unser Verstand ist nach wie vor ein großes Rätsel, und da man uns Menschen nicht in einem Labor studieren kann, in dem man Variablen nach Belieben verändert, gibt es keine Formeln, mit deren Hilfe wir das Warum und Wie beantworten können.

Vielleicht wussten Sie von Anfang an, welchen Aspekt Ihres Verhältnisses zum Geld Sie angehen wollten, und jetzt verstehen Sie hoffentlich besser, warum Sie so lange in diesem Verhalten feststeckten.

Vielleicht gehören Sie aber auch zu den vielen Menschen, die sich in Sachen Geld einfach verloren fühlen, denen ein »innerer Kompass« fehlt, ein Gefühl dafür, was sie mit ihrem Geld eigentlich tun »sollten«, und die in der Hoffnung zur Therapie kommen, dass ich es ihnen sage. Ich erkläre ihnen zwar nicht, was sie tun sollen, aber ich kann ihnen helfen, ihren »inneren Kompass« zu finden, der auf ihren Werten, Überzeugungen, Hoffnungen und Bestrebungen beruht. Sie können diesen Prozess auch selbst in Gang setzen, indem Sie herausfinden, welche Gefühle, Ängste und Wünsche Sie mit Geld verbinden. Sie können sich innerer Konflikte bewusst werden, wie etwa jener Teile von Ihnen, die gegensätzliche Dinge wollen oder die sich gegenseitig in die Quere kommen. Sie können über Wahlmöglichkeiten und Kompromisse nachdenken und darüber, wie Sie sich dabei fühlen. All diese Einsichten führen zu einem finanziellen emotionalen Bewusstsein und befähigen Sie dazu, bewusstere und besser fundierte Entscheidungen in Bezug auf Ihre Finanzen zu treffen.

Kapitel 13

Eine Botschaft zum Schluss

In diesem Buch ging es um den Einzelnen, darum, Ihnen dabei zu helfen, darüber nachzudenken, wie Ihre einzigartigen Erfahrungen und Ihre innere Welt Ihre Gefühle und Ihr Verhalten im Umgang mit Geld prägen. Ich hoffe, dass sich Ihr finanzielles emotionales Bewusstsein erweitert und vertieft hat, so dass Sie bewusster an das Thema herangehen und Ihre finanziellen Entscheidungen besser kontrollieren können. Dies wird Ihr finanzielles Wohlergehen verbessern. Durch die von mir verwendete Brille haben Sie vielleicht mehr Klarheit darüber gewonnen, aus welchen Gründen Sie Ihre finanziellen Entscheidungen treffen und warum Sie sich manchmal festgefahren fühlen und nicht in der Lage sind, schlechte finanzielle Gewohnheiten zu ändern. Vielleicht haben Sie erkannt, welche inneren Konflikte Sie lähmen und hinter Ihrer Untätigkeit stecken, oder Sie haben herausgefunden, dass es Ängste und Wünsche gibt, die nichts mit Geld zu tun haben, die Sie aber bisweilen durch Geld ausleben. Vielleicht sind jetzt die versteckten Botschaften, die Sie anderen durch Ihre finanziellen Konflikte übermitteln wollen, leichter zu entschlüsseln.

Ich hoffe, dass das Buch Ihnen geholfen hat, Ihre Beziehung zum Geld zu verstehen, und dass ich Sie neugierig gemacht habe auf die Bedeutung, die es in Ihrem Kopf hat. Wir leben in einer Welt, in der wir der Präsenz des Geldes im realen Leben nicht entkommen können, und deshalb kann die Beschäftigung mit der Präsenz des Geldes in unseren Köpfen unsere finanziellen Entscheidungen beeinflussen.

Wir können nicht leugnen, dass Geld in unserer Gesellschaft oft gleichsam zu einem Fetisch wird und dass ihm Kräfte zugeschrieben werden, die über seinen Tauschwert hinausgehen. Aber wir können Abstand nehmen von der Phantasie, was Geld uns alles bringen könnte, und mehr darüber nachdenken, was wir mit Geld in unserem Leben erreichen wollen.

Geld ist mit vielen Bedeutungen beladen, aber wofür es konkret steht, ist von Mensch zu Mensch verschieden, ebenso wie die Parameter, mittels derer wir festlegen, was genug und nicht genug ist, was riskant und nicht riskant ist, was übertrieben und was sparsam ist. Da es keine einheitlichen Vorstellungen gibt, bleiben wir im Unklaren darüber, was andere von unserer Geldsituation und unserem Umgang mit Geld halten, und so erscheint es uns gefährlich, das Thema anzusprechen: Wir möchten uns nicht einem Urteil aussetzen. Wenn wir befürchten, dass andere dies als Zeichen von Erfolg, von Leistung oder Wert ansehen, schämen wir uns vielleicht, unser niedriges Gehalt, einen kürzlich erlittenen Verlust oder Schulden zu offenbaren. Wenn wir befürchten, dass andere das Anhäufen von Geld als Zeichen von Gier betrachten, vermeiden wir vielleicht ein Gespräch darüber, wie hoch unser Bonus in der Firma in diesem Jahr war. Vielleicht haben wir nicht nur Angst, als gierig angesehen zu werden, sondern fürchten auch, dass andere neidisch werden oder uns auszunutzen versuchen könnten (werden sie erwarten, dass wir zahlen, nachdem sie jetzt wissen, dass wir mehr verdienen?). Die größte Hürde, die uns daran hindert, über Geld zu sprechen, ist die Unsicherheit, dass wir nicht wissen, was der andere denkt und wie viel er auf dem Bankkonto hat.

Der richtige Umgang mit Geld ist keine angeborene Fähigkeit. Stellen Sie sich vor, wie unsere Essgewohnheiten aussehen würden, wenn wir nie etwas erfahren hätten über gesunde Ernährung und über Tischmanieren. Man muss uns die Grundlagen beibringen und auch die komplizierteren Lektionen: Wenn wir mit unseren Gefühlen nicht angemessen umgehen, besteht die Gefahr, dass wir essen oder Geld ausgeben, um uns selbst zu beruhigen, oder dass wir unsere Aufsässigkeit ausleben, indem wir das Essen wegschieben oder zu viele finanzielle Risiken eingehen. Aus diesem Grund ist finanzielle Bildung von entscheidender Bedeutung, die aber auch ein finanzielles emotionales Bewusstsein einschließt, denn wir treffen unsere Entscheidungen nicht (zumindest nicht immer) nach rationaler Überlegung.

In diesem Buch habe ich nicht alle Komplikationen beim Umgang mit Geld behandelt, und ich konnte auch nicht alle möglichen Erklärungen für die, die ich behandelt habe, anführen. Das wäre auch unsinnig: Was die Psychotherapie so unglaublich interessant (und herausfordernd!) macht, ist die Komplexität des menschlichen Geistes und die Vielfalt unserer Erfahrungen.

Wenn Sie glauben, durch die Lektüre dieses Buches die eine Erfahrung entdeckt zu haben, die alles erklärt, oder den einen Grund für Ihr Verhalten, dann ziehen Sie möglicherweise voreilige Schlüsse. Wir werden im Laufe der Zeit von einer Vielzahl von Faktoren und Erfahrungen geprägt, von denen einige vielleicht in unserem Bewusstsein sind, viele aber nicht. Wenn Sie sich der Einflüsse, die Ihre Gefühle, Gedanken und Verhaltensweisen im Zusammenhang mit Geld geprägt haben, bewusster werden und sie in der Gesamtschau betrachten, werden Sie mehr über sich selbst erfahren, auch nachdem Sie dieses Buch weggelegt haben.

Therapeuten sind darin geschult, gemeinsam mit ihren Klienten schwierige Bereiche ihres Innenlebens aufzusuchen und ihnen dabei zu helfen, sich schwer zu verkraftenden Wahrheiten zu stellen und schmerzhafte Erinnerungen zu verarbeiten. Aber selbst nach zehn Jahren Studium hat man dazu noch keinen »Fahrplan«, denn das zu erforschende Terrain ist bei jedem Menschen anders. Das bedeutet auch, dass wir selbst mit einem Therapeuten vielleicht nie zu Wahrheiten vordringen, die tief in uns vergraben sind. Ein Freund hat mir einmal gesagt, dass man als Therapeut vielleicht nur das erkennen kann, was man durch das Schlüsselloch sehen kann, weil das manchmal alles ist, was der Klient zu sehen erlaubt oder zu dem er sich selbst erlaubt, Zugang zu haben.

Seien Sie also nicht beunruhigt, wenn Sie feststellen, dass Sie die Fragen durchgegangen sind, alle Informationen gesammelt haben, die Sie finden konnten, und dann dastehen wie mit einem Puzzle aus 1000 Teilen, die auf dem Tisch verstreut sind, und sich am Kopf kratzen. Was bedeutet das alles? Wie passt das alles zusammen? Deshalb sagen wir ja auch, dass zwei Köpfe besser sind als einer. Mit einem Partner, einem guten Freund oder einem Elternteil darüber zu sprechen, kann uns helfen, die Dinge in unserem Kopf zu ordnen. Sie können uns helfen, die Teile zusammenzufügen. Manchmal tauchen Muster und Verbindungen auf oder sogar eine Erzählung, die darstellt, wie man »da gelandet« ist, und zwar auf schlüssige Weise. Ergebnisse sind nicht garantiert, wenn es um Selbsterkenntnis geht, aber wir werden nicht mehr über uns selbst erfahren, wenn wir nicht zumindest versuchen, uns selbst zu erforschen.

Geld aus dem Schatten ins helle Licht zu holen und unsere Beziehung zu ihm zu erforschen und zu analysieren, kann hilfreich sein, um realistische Erwartungen darüber zu entwickeln, was man mit Geld kaufen und was es ermöglichen kann. Das kann uns helfen, das Geld, das wir haben, mehr zu genießen und in der Gegenwart und für die Zukunft Entscheidungen zu treffen, die mit unseren Werten übereinstimmen und auf die wir Einfluss haben.

Unabhängig davon, ob Sie sich entschlossen haben, Ihre Beziehung zu Geld selbst oder im Rahmen einer Therapie zu analysieren, sollten Sie sich das Potenzial vor Augen führen, das Geld über seinen Nutzwert hinaus bietet. Dieses Buch ist reich an Beispielen dafür, wie Geld manchmal missbraucht wird und wie es zu einem Hindernis auf unserem Weg der Selbstverwirklichung werden und unserer psychischen Gesundheit und unseren Beziehungen im Weg stehen kann. Es lässt sich nicht leugnen, dass Armut und Verschuldung viele Menschen der Möglichkeit berauben, diese Vorteile zu nutzen. Aber diejenigen, die über Geld in einem Maß verfügen, das über das hinausgeht, was zur Deckung des Lebensbedarfs erforderlich ist, können es als lebensverbesserndes Instrument nutzen: Es kann die Erfüllung von Zielen, Vergnügen und den Ausdruck unserer Werte und Überzeugungen ermöglichen. Es kann ein Medium sein, durch das wir positive Gefühle wie Dankbarkeit und Liebe zum Ausdruck bringen. Geld kann Freiheit und Wahlmöglichkeiten bieten. Wir können es nutzen, um unser Leben und das Leben anderer zu verbessern.

Es ist nicht leicht, Geld in einer solch positiven Weise einzusetzen. Vielleicht wissen wir nicht, wie wir das Geld, das wir haben, verwenden sollen, oder wir kämpfen mit Gefühlen, die mit dem Geld zusammenhängen, das wir nicht haben oder gern haben würden. Viele Menschen, die zu mir kommen, haben Angst, »oberflächlich« oder »materialistisch« zu erscheinen, weil sie über Geld nachdenken. Die Fragen, die sie sich stellen, sind jedoch tiefgründig und wichtig: Es sind Fragen über ihre Sehnsüchte, ihre Sorgen, ihre Beziehungen und letztlich über ihr Streben nach Liebe und Glück. Das Hinterfragen unserer Entscheidungen ist ein wichtiger Teil unseres inneren Wachstums. Sich bewusst zu machen, was unsere Entscheidungen antreibt, ist ein Zeichen von Reife. Der Umgang mit unseren Gefühlen ist grundlegend für unser finanzielles Wohlergehen.

Wenn Ihnen Geld im Kopf herumgeht, fragen Sie sich als Allererstes: Wofür steht es eigentlich?

Dank

Vor allen anderen möchte ich meinen Klienten danken, die eine ständige Quelle der Inspiration und des Lernens sind. Ohne ihren Mut gäbe es dieses Buch nicht.

Ich möchte auch meiner Therapeutin danken, die mir geholfen hat, meinen inneren Kompass zu finden und ihm zu folgen. Ihre konstante und einfühlsame Unterstützung hat mir über die Jahre hinweg geholfen, innere und äußere Stürme zu überstehen. Und meinem fachlichen Berater, dessen erstaunliche Intuition und Erfahrung mich zutiefst bereichert haben. Ich danke ihnen für ihre Bereitschaft, die vielen Seiten des ersten Manuskriptentwurfs zu lesen, und für ihr wichtiges Feedback.

Ich möchte auch allen danken, die mich auf meinem Weg bei WPF begleitet haben, wo die Grundlagen für meine Praxis gelegt wurden, insbesondere Stephen C.

Ich bin auch all jenen zu Dank verpflichtet, die sich die Zeit genommen haben, einzelne Kapitel des Buches zu lesen: Connie, Eric, Sami, Simone und vor allem James, der das gesamte Manuskript durchgesehen und mir sehr hilfreiches Feedback gegeben hat, das auf die rücksichtsvollste Art und Weise formuliert wurde.

Danke auch an meine Freundinnen, deren Liebe ich bei diesem Abenteuer auf vielfältige Weise gespürt habe. Sara, die kühner träumt, als ich es je könnte. Bree, die mich unterstützt hat und mir ihr Büro zu Hause zur Verfügung gestellt hat. Ciara, deren köstlicher Nachmittagstee das Buch und vieles mehr rettete, als es schwierig wurde. Eva, die immer an mich denkt und alle wichtigen

Artikel mit mir teilt. Yaprak für unsere Montagsgespräche. Und La Banda dafür, dass sie sich immer wieder meldet.

Auch meiner Lektorin Madiya Altaf von Bonnier kann ich nicht genug danken: Ohne sie wäre dieses Buch ein viel zu dicker Wälzer geworden. Ich bewundere sie für ihre Fähigkeit, Struktur und Klarheit zu schaffen. Und meinem Agenten Jason, der mich während des gesamten Prozesses unterstützt und immer wieder motiviert hat.

Meiner Familie danke ich für ihre rückhaltlose Unterstützung.

Und zu guter Letzt gilt mein Dank meinem größten Schatz: Alexandros, Matilde und Ale.

Quellen

Alle Onlinequellen zuletzt aufgerufen am 24.10.2024.

1 Freud, Sigmund (1913/1958), *Zur Einleitung der Behandlung. Weitere Ratschläge zur Technik der Psychoanalyse I*, in: *Gesammelte Werke. Chronologisch geordnet*, hg. von Anna Freud u. a., London: Imago, 1940–1952, Bd. 8, S. Fischer Verlage Frankfurt, 1942, S. 464.

2 Pressemitteilung (2019), »Religion, sex and politics? The M-Word is Britains biggest taboo«, *YouGov-Umfrage im Auftrag von Lloyds*.

3 Loudenback, Tanza (2021), »A survey of 2,000 Americans found they're more likely to talk about politics and relationships with their friends than money«, *Business Insider*, www.businessinsider.com/data-americans-dont-talk-about-money-with-friends-2021-6?r=US&IR=T

4 Hillman, James (1982), »A contribution to soul and money«, Lockhart et al., *Soul and Money*, Dallas, TX: Spring Publications.

5 »Religion, sex and politics? The M-Word is Britains biggest taboo«, *YouGov-Umfrage im Auftrag von Lloyds*.

6 Studie, Money and Pensions Service (2020), »Shame, Burden, and Upbringing: Why 29 Million Uk Adults Don't Feel Comfortable Talking About Money Despite Feeling Worried About It«, *MaPS*.

7 Untersuchung über globales finanzielles Wohlbefinden von Nudge (2023), www.nudge-global.com/resources/news-blog/financial-wellbeing/global-financial-wellbeing-research-2023/

8 Richardson T., Elliott P. und Roberts R. (2013), »The relationship between personal unsecured debt and mental and physical health: a systematic review and meta-analysis«, *Clinical Psychology Review*, 33(8), 1148–62. https://doi.org/10.1016/j.cpr.2013.08.009

9 Associated Press AOL Health Poll März–April (2008), »Credit Card / Debt Stress Study«, *Associated Press*, http://surveys.associatedpress.com/data/SRBI/AP-AOL%20Health%20Poll%20Topline%20040808_FINAL_debt%20stress.pdf

10 Cebr-Bericht für Aegon (2021), »Financial wellbeing and productivity in

the workplace«, *Cebr*, https://cebr.com/wp-content/uploads/2022/03/Financial-Wellbeing-report-v1.2-1.pdf
11 Diener, E., Horwitz, J., Emmons, R. A. (1985), »Happiness of the very wealthy«, *Social Indicators Research*, 16(3), 263–274.
12 Siehe zum Beispiel Killingsworth, Matthew (2021), »Experienced well-being rises with income, even above $75,000 per year«, in Timothy D. Wilson (Hg.), *Proceedings of the National Academy of Science*, 118 (4). www.pnas.org/doi/10.1073/pnas.2016976118
13 Hasler, Andrea, Lusardi, Annamaria, und Valdes, Olivia (2021), »Financial Anxiety and Stress among U.S. Households«, *Global financial Literary Excellence Center with Investor Education Foundation*, https://gflec.org/wp-content/uploads/2021/04/Anxiety-and-Stress-Report-GFLEC-FINRA-FINAL.pdf?x85507)
14 Klapper, Leora, Lusardi, Annamaria, und van Oudheusden, Peter (2015), »Financial Literacy Around the World«, *Global Financial Literary Excellence Center*, https://gflec.org/wp-content/uploads/2015/11/331Finlit_Report_FINAL-5.11.16.pdf. Siehe auch: Thompson, Andrew (2022), »How can government and business improve the UK's financial litercy?«, *Confederation of British Industry*, www.cbi.org.uk/articles/how-can-government-and-business-improve-the-uk-s-financial-literacy/
15 Laut einer Umfrage von Greenlight Financial Technology, zitiert in Oliveros, Feli (2021), »3 in 4 Teens Lack Knowledge and Confidence in Personal Finance«, *Value Penguin*, www.valuepenguin.com/news/teenager-finance-knowledge-2021
16 Bhutoria, A., Jerrim, J., und Vignoles, A. (2018), »The financial skills of adults across the world. New estimates from PIAAC«, https://johnjerrim.com/piaac/
17 Die Umfrage unter 4000 britischen Erwachsenen wurde von Opinium im Auftrag des Centre for Social Justice, einer Denkfabrik, durchgeführt, zitiert in Barrett, Claer (2022), »Half of UK adults need ›urgent help‹ managing their money«, *Financial Times*, www.ft.com/content/b54d48e8-e82a-4734-bb3d-d548aa19d2d0
18 OnePoll-Umfrage unter 2000 amerikanischen Eltern mit Kindern zwischen acht und 14 Jahren. Zitiert in Melore, Chris (2021), »Are you financially literate? Most parents wish they knew more about money growing up«, *StudyFinds*, https://studyfinds.org/financially-literate-most-parents-wish-they-knew-more-about-money-childhood/
19 LIBF (2022), »Young Person's Money Index 2021–2022«, *London Institute of Banking and Finance*, www.lfbf.org.uk/wp-content/uploads/2024/07/2021-22-young-persons-money-index-final.pdf
20 OnePoll-Umfrage unter 2000 amerikanischen Eltern mit Kindern zwischen acht und 14 Jahren. Zitiert in Melore, Chris (2021), »Are you financially literate? Most parents wish they knew more about money

growing up«, *StudyFinds*, https://studyfinds.org/financially-literate-most-parents-wish-they-knew-more-about-money-childhood/

21 MaPS (2022), »Beat the blues by focusing on financial wellbeing«, *Money & Pensions Services*, https://moneyandpensionsservice.org.uk/2022/01/17/beat-the-blues-by-focusing-on-financial-wellbeing/#:~:text=The%20Financial%20Wellbeing%20Survey%20is%20a%20national%20representative, Money%20and%20Pensions%20Service%20 %28MaPS%29 %20 by%20Critical%20Research

22 Lusardi, Annamaria, (2019), »Financial literacy and the need for financial education: evidence and implications«, *Swiss Journal of Economics and Statistics*, Vol. 155. https://sjes.springeropen.com/articles/10.1186/s41937-019-0027-5

23 Hasler, Andrea, Lusardi, Lusardi, und Valdes, Olivia (2021), »Financial Anxiety and Stress among U.S. Households«, *Global Financial Literary Excellence Center*, https://gflec.org/wp-content/uploads/2021/04/Highlights-Page-Financial-Anxiety-and-Stress.pdf?x67582

24 Cline, Austin, (2018), »What Does the American Flag Symbolize?« *ThoughtCo.*, www.thoughtco.com/the-american-flag-assymbol-249987

25 Winnicott, D. W. (1951), »Transitional objects and transitional phenomena«, in *Playing and Reality*, London: Tavistock, 1971.

26 Murdin, L. (2021), *How Money Talks*, London: Routledge, S. 171.

27 Fonagy, P. & Target, M. (1997), »Attachment and reflective function: Their role in self-organization«, *Development and Psychopathology*, 9(4), 679–700.

28 Podcast *This Jungian Life*, Folge 126 »The Money Complex: Incarnating our Dreams« von Deborah C. Stewart.

29 Podcast *This Jungian Life*.

30 Ainsworth, M. D. (1973), »The development of infant mother attachment«, in B. M. Caldwell, & H. N. Ricciuti (Hg.), *Review of Child Development Research*, Bd. 3, Chicago, IL: University of Chicago Press, und Bowlby, J. (1969), »Attachment and Loss«, *The American Journal of Psychiatry*, 97, 1158–1174.

31 Holmes, Jeremy (2001), *The Search for the Secure Base: Attachment Theory and Psychotherapy*, London: Routledge, S. 121.

32 Mikulincer und Shaver (2003) zitiert nach David J. Wallin, *Bindung und Veränderung in der psychotherapeutischen Beziehung*, Lichtenau 2016, S. 96.

33 Freud, Sigmund (1894), »Die Abwehr-Neuropsychosen«, in *Gesammelte Werke. Chronologisch geordnet*, hg. von Anna Freud u. a., London: Imago, 1940–1952, Bd. 1, S. 59–74.

34 Dodes, L. (2019), »A general psychoanalytic theory of addiction«, in *Beyond the Primal Addiction*, London: Routledge, S. 5.

35 Ebenda.

36 Turkel, A. (1988), »Money as a Mirror of Marriage«, *Journal of the American Academy of Psychoanalysis and Dynamic Psychiatry*, 16(4), 525–535, S. 529. https://doi.org/10.1521/jaap.1.1988.16.4.525

37 Hines, Sophie (2022), »Who Needs 103 Dresses?«, *Daily Mail*, www.dailymail.co.uk/femail/article-11239255/SOPHIE-HINES-reveals-radical-stepstook-love-shopping-spun-control.html

38 Torre, Pablo S., »How (and why) athletes go broke«, *Vault*, https://vault.si.com/vault/2009/03/23/how-and-why-athletes-go-broke

39 Scott Hankins, Mark Hoekstra, Paige Marta Skiba (2011), »The Ticket to Easy Street? The Financial Consequences of Winning the Lottery«, *The Review of Economics and Statistics*, 93(3), 961–969. https://direct.mit.edu/rest/article-abstract/93/3/961/57969/The-Ticket-to-Easy-Street-The-Financial?redirectedFrom=fulltext

40 Thaler, R. H. (1999), »Mental accounting matters«, *Journal of Behavioral Decision Making*, 12, 183–206. https://doi.org/10.1002/(SICI)1099-0771(199909)12:3<183::AID-BDM318>3.0.CO;2-F

41 Weinstein, Aviv, et al., (2015), »Compulsive Buying«, *Journal of Drug and Alcohol Abuse*, 36(5), 248–253. www.researchgate.net/publication/305723027_Compulsive_buying

42 AOK (2021), »Exzessives Shoppen: Wenn Konsum zur Sucht wird«, www.aok.de/pk/magazin/koerper-psyche/sucht/kaufsucht-wenn-konsum-zur-krankheit-wird/. Siehe auch Lucia A. Reisch, Michael Neuner, Gerhard Raab (2004), »Zur Entstehung und Verbreitung der »Kaufsucht« in Deutschland«, Bundeszentrale für politische Bildung. www.bpb.de/shop/zeitschriften/apuz/28577/zur-entstehung-und-verbreitung-der-kaufsucht-in-deutschland/

43 Christenson, G. A., et al., »Compulsive buying: descriptive characteristics and psychiatric comorbidity«, *Journal of Clinical Psychiatry*, 1994, 55, 5–11, zitiert in einer Stanford-Studie: Koran, Lorrin M., et al., (2006), »Estimated Prevalence of Compulsive Buying Behavior in the United States«, *American Journal of Psychiatry*, https://ajp.psychiatryonline.org/doi/full/10.1176/ajp.2006.163.10.1806

44 The Priory Group Media Centre, »Why we shop and how to stop«, www.priorygroup.com/media-centre/time-to-checkout-your-addiction-why-we-shop-and-shop-and-how-to-stop

45 Knutson, Brian, et al. (2007), »Neural predictors of purchases«, *Neuron* 53, 147–156. https://stanford.edu/group/spanlab/Publications/bk07n.pdf

46 Raghubir, Priya, und Srivastava, Joydeep (2008), »Monopoly Money: The Effect of Payment Coupling and Form on Spending Behavior«, *Journal of Experimental Psychology*, Bd. 14, Nr. 3, 213–225. www.apa.org/pubs/journals/releases/xap143213.pdf

47 Devaney, Tim (2018), »Nearly 40 % of millennials overspend to keep up with friends«, *Intuit Credit Karma*, www.creditkarma.com/insights/i/fomo-spending-affects-one-in-four-millennials#methodology

48 Orr, Peter (1962) und Ted Hughes (1963), »Sylvia Plath on Her Early Influences and Why She Became a Writer«, *The Narrative Art*. YouTube-Video: www.youtube.com/watch?v=gbNcRhxfF-A

49 Plath, Sylvia (1963), *Die Glasglocke*, übers. von Reinhard Kaiser, Frankfurt am Main: Suhrkamp, 2009, S. 67.

50 Sylvia Plath, *Das Herz steht nicht still. Späte Gedichte 1960–1930,* hg. und übers. von Judith Zander, Berlin: Suhrkamp 2022, S. 89.

51 Krueger, David W. (1991), »Money Meanings and Madness: A Psychoanalytic Perspective«, *Psychoanalytic Review*, Sommer, 78(2), 209–224. https://pep-web.org/search/document/PSAR.078.0209A

52 »Arabs in Mykonos buy 200 bottles of champagne but do not drink it«, *Greek City Times*, https://greekcitytimes.com/2022/06/28/mykonos-arab-champagne/

53 Scopelliti, Irene (2016), »Why Do People Brag?«, *TEDx Talks*, YouTube-Video. www.youtube.com/watch?v=pNTyl_nUOVo

54 Spurling, Laurence (2009), *An Introduction to Psychodynamic Counselling,* London: Palgrave, S.153.

55 Buchanan, Daisy (2021), »The pile of unworn dresses that buried my anguish: She spent £400 a month and once bought five ballgowns. Now, in a brutally honest testimony, this author describes the shopping addiction that masked a profound sadness«, *Daily Mail*, www.dailymail.co.uk/femail/article-10042265/Author-describes-shopping-addiction-masked-profoundsadness.html

56 Podcast: *This Jungian Life*.

57 Black, Donald (2007), »A review of compulsive buying disorder«, *World Psychiatry*, 6(1), 14–18. www.researchgate.net/publication/6464997_A_review_of_compulsive_buying_disorder

58 Barrett, Claer (2022), »›The dopamine is so high‹: the psychology of shopping addiction«, *Financial Times*, www.ft.com/content/56232a20-acbc-4ab3-a056-970099b4451e

59 Faber, Ronald (1996), »In the mood to buy: Differences in the mood states experienced by compulsive buyers and other consumers«, *Psychology and Marketing*, www.academia.edu/es/57885314/In_the_mood_to_buy_Differences_in_the_mood_states_experienced_by_compulsive_buyers_and_other_consumers

60 Ebenda.

61 Weinstein, Aviv (2015), »Compulsive Buying«, *ResearchGate*, www.researchgate.net/publication/305723027_Compulsive_buying

62 Harman, Jasmine (2019), »›I'm Married to Shopping‹ Obsessive Compulsive Shoppers«, *Only Human*, YouTube-Video: www.youtube.com/watch?v=OXf3tBnyxDo

63 Black, D. W., Repertinger, S., Gaffney, G. R., Gabel, J. (1998), »Family history and psychiatric comorbidity in persons with compulsive buying: preliminary findings«, *The American Journal of Psychiatry*, 155(7), 960–963. https://doi.org/10.1176/ajp.155.7.960

64 Grosz, Stephen (2013), *The Examined Life*, London: Random House.

65 Merriam Webster Dictionary, »Greed«, *Merriam-Webster*, www.merriam-webster.com/dictionary/greed

66 Newport, Frank (2018), »Partisan Divide on Benefit of Having Rich People Expands«, *Gallup*, https://news.gallup.com/poll/235439/partisandivide-benefit-having-rich-people-expands.aspx. Siehe auch: Umfrage des Marktforschungsinstituts GfK von 2017, zitiert nach *Wirtschaftswoche*, 9. Mai 2017, www.wiwo.de/erfolg/trends/reichtum-die-deutschen-waern-so-gerne-millionaer/19758556.html

67 Seuntjens, T. G., Zeelenberg, M., Breugelmans, S. M., und van de Ven, N. (2015), »Defining greed«, *British Journal of Psychology*, 106(3), 505–525. https://doi.org/10.1111/bjop.12100

68 *Kluge – Etymologisches Wörterbuch der deutschen Sprache,* bearb. von Elmar Seebold, 25. Aufl., Berlin: De Gruyter, 2011.

69 Kouchaki, Maryam, et al. (2013), »Seeing green: Mere exposure to money triggers a business decision frame and unethical outcomes«, *Organizational Behavior and Human Decision Processes*, Bd. 121, Heft 1, 53–61.

70 Kouchaki, Maryam, et al. (2013), »Dirty Money: Mere Exposure to Money Motivates to Think Business, Cheat and Lie«, *Edmond & Lily Safra Center for Ethics*, Harvard University.

71 Kiff, Paul (2013), »The science of greed«, *TEDxMarin*. YouTube-Video: www.youtube.com/watch?v=OtU_nXV0i4E

72 *The Economist* (2020), »How generous are America's rich?«, *The Economist*, www.economist.com/graphic-detail/2020/05/06/how-generous-are-americas-rich

73 Emerson, Ralph Waldo (1860), *Lebensführung,* übers. von Heinrich Conrad, Jena: Diederichs, 1903, S. 93.

74 *Kluge – Etymologisches Wörterbuch der deutschen Sprache,* bearb. von Elmar Seebold, 25. Aufl., Berlin: De Gruyter, 2011.

75 Robertson (2001) und Saad (2007), zitiert in Seuntjens, T. G., Zeelenberg, M., Breugelmans, S. M., und van de Ven, N. (2015), »Defining greed«, *British Journal of Psychology,* 106(3), 505–525. https://doi.org/10.1111/bjop.12100.

76 Für Beispiele und Quellen siehe Breugelmans, Seger, Zeelenberg, Marcel, und Seuntjens, Terri (2014), »Defining Greed«, *The British Psychological Society*, 106(3), www.academia.edu/14429789/Defining_greed

77 Kets de Vries, Manfred (2019), »Is Greed Destroying Your Soul?«, *INSEAD Knowledge*, https://knowledge.insead.edu/leadership-organisations/greed-destroying-your-soul#comment-23906

78 Ebenda.

79 Phillips, Adam (2006), *Wunschlos glücklich? Über seelische Gesundheit und den alltäglichen Wahnsinn*, übers. von Florian Langegger, Göttingen: Vandenhoeck & Ruprecht, 2008, S. 136.

80 Seuntjens, T. G., Zeelenberg, M., Breugelmans, S. M., und van de Ven, N. (2015), »Defining greed«, *British Journal of Psychology*, 106(3), 505–525. https://doi.org/10.1111/bjop.12100

81 Fenichel, O. (1938), »The Drive to Amass Wealth«, *The Psychoanalytic Quarterly*, 7, 69–95. https://doi.org/10.1080/21674086.1938.11925342

82 Ebenda.

83 Klein, M. (1959), »Our adult world and its roots in infancy«, *Human Relations*, 12(4), 291–303. https://journals.sagepub.com/doi/10.1177/001872675901200401
84 Die Bibel, Neues Testament, Matthäusevangelium, Matthäus 26:15.
85 Dante Alighieri (1321), *La Commedia, Die Göttliche Komödie*, Bd. 1: *Inferno, Hölle*, Italienisch/Deutsch, übers. von Hartmut Köhler, Stuttgart: Reclam, 2010.
86 Ovid, *Metamorphosen XI*, Lateinisch/Deutsch, Stuttgart: Reclam, 1994.
87 Hawthorne, Nathaniel (1851), *A Wonder-Book for Girls and Boys*, London: Everyman's Library, 1994.
88 Disney Wiki, »Dagobert Duck«, *Fandom*, https://disney.fandom.com/de/wiki/Dagobert_Duck
89 Clark M. A., Michel J. S., Stevens G. W., Howell J. W., Scruggs R. S. (2014), »Workaholism, work engagement and work-home outcomes: Exploring the mediating role of positive and negative emotions«, *Stress Health*, Oktober 2014, 30(4), 287–300. https://doi.org/10.1002/smi.2511
90 APA Dictionary of Psychology (2018), »Burnout«, *American Psychology Association*, https://dictionary.apa.org/burnout.
91 Aussage einer anonymen Klientin, veröffentlicht in der *Cosmopolitan*.
92 Krueger, David W. (1991), »Money Meanings and Madness: A Psychoanalytic Perspective«, *Psychoanalytic Review*, 78(2), 209–224, S. 211. https://pep-web.org/search/document/PSAR.078.0209A.
93 Holmes, Jeremy (2001), *The Search for the Secure Base: Attachment Theory and Psychotherapy*, London: Routledge, 2001, S. 126.
94 Ebenda.
95 Schroeder, Alice (2008), *Warren Buffett: Das Leben ist wie ein Schneeball*, 1. Aufl., München: FinanzBuch Verlag, 2009, S. 852.
96 Ebenda, S. 62.
97 Ebenda, S. 49.
98 Ebenda, S. 55.
99 Ebenda, S. 56, 57, 69.
100 Ebenda, S. 66.
101 Ebenda, S. 213.
102 Ebenda, S. 70.
103 Ebenda, S. 72.
104 *Becoming Warren Buffett*, 2017 HBO-Dokumentarfilm.
105 Schroeder, *Schneeball*, S. 70.
106 Ebenda, S. 83.
107 Fenichel, O. (1938), »The Drive to Amass Wealth«, *The Psychoanalytic Quarterly*, 7, 69–95. https://doi.org/10.1080/21674086.1938.11925342
108 Yalom, Irvin D. (2008), *In die Sonne schauen: Wie man die Angst vor dem Tod überwindet*, übers. von Barbara Linner, München: btb 2008, S. 9.
109 Akhtar, Salman (2019), »Work addiction«, in Nina Savelle-Rockin und Salman Akhtar (Hg.), *Beyond the Primal Addiction*, London: Routledge, S. 127.

110 Ebenda.
111 Levine, Betsy; Kellen, Bonnie (2000), »Debtors Anonymous and Psychotherapy«, in Benson, April Lane (Hg.), *I Shop, Therefore I Am*, Northvale, NJ: J. Aronson, S. 431–454.
112 Binnes, Katie (2023), »How to retire early: the Fire movement«, *The Times*, https://www.thetimes.com/money-mentor/pensions-retirement/private-pension/how-to-retire-early-the-fire-method
113 Anonymer Post auf Reddit 2019: r/fuckeatingdisorders, www.reddit.com/r/fuckeatingdisorders/comments/atdq18/financial_anorexia/
114 Galatariotou, Catia (2005), »The defences«, in Susan Budd und Richard Rusbridger (Hg.), *Introducing Psychoanalysis: Essential Themes and Topics*, London: Routledge.
115 McWilliams, Nancy (2011), *Psychoanalytic Diagnosis: Understanding Personality Structure in the Clinical Process*, London: Guilford Press, S. 293.
116 Freud, Sigmund (1905), »Drei Abhandlungen zur Sexualtheorie«, in *Gesammelte Werke. Chronologisch geordnet*, hg. von Anna Freud u. a., London: Imago, 1940–1952, Bd. 5, S. 27–145.
117 Kommentar von Heartfrost auf Reddit 2019: r/fuckeatingdisorders, www.reddit.com/r/fuckeatingdisorders/comments/atdq18/financial_anorexia/
118 Niederland, William G. (1961), »The Problem of the Survivor«, *Journal of the Hillside Hospital*, 10, 233–247; dt. Ausgabe: *Folgen der Verfolgung: Das Überlebenden-Syndrom, Seelenmord*, Frankfurt am Main: Suhrkamp 2002.
119 Wyckoff, Peter (1950), »Queen Midas: Hetty Robinson Green«, *The New England Quarterly*, 23 (2), Juni, 147–171. www.jstor.org/stable/362074?read-now=1&seq=1#page_scan_tab_contents
120 Ebenda.
121 Wahl, Charles (1974), »Psychoanalysis of the Rich, the Famous and the Influential«, *Contemporary Psychoanalysis*, 10, 71–76, S. 73. https://doi.org/10.1080/00107530.1974.10745312
122 Jung, C.G. (1944), *Psyche und Alchemie. Gesammelte Werke,* Bd. 12, hg. von Marianne Niehus-Jung, 3. Aufl., Ostfildern: Patmos, 2011, S. 123.
123 Krueger, David W. (1996), *The Last Taboo: Money as Symbol and Reality in Psychotherapy and Psychoanalysis*, Michigan: Brunner/Mazel, S. 8.
124 Loorbach, Dorothee (2019), »10 things I learnt after losing a lot of money«, *TEDxMünster*, YouTube-Video: www.youtube.com/watch?v=_8l2egORXGA, min 04:30.
125 Freud, Sigmund (1878), »Brief von Sigmund Freud an Wilhelm Knopfmacher, 6. August 1878«, in *Sigmund Freud. Briefe 1873–1939*, hg. von Ernst und Lucie Freud, 2., erw. Aufl., Frankfurt am Main: S. Fischer, 1968, S. 14.
126 Die Bibel, Neues Testament, Matthäus 19:24.
127 CNBC-Interview mit Damien Hirst: www.cnbc.com/video/2021/07/21/artist-damien-hirst-on-the-currency-project-a-new-twiston-nfts.html

128 Richards, Carl (2019), »Profit From Art Isn't Dirty. It Means: Make More Art«, *New York Times*, www.nytimes.com/2019/10/25/your-money/profit-art-business.html
129 Freud, Sigmund (1936), Brief an Romain Rolland (»Eine Erinnerungsstörung auf der Akropolis«), in *Gesammelte Werke. Chronologisch geordnet*, hg. von Anna Freud u. a., London: Imago, 1940–1952, Bd. 16, S. 250–257, Zitat S. 256–257.
130 Turkel, A. (1988), »Money as a Mirror of Marriage«, *Journal of the American Academy of Psychoanalysis and Dynamic Psychiatry*, 16(4), 525–535, S. 529. https://doi.org/10.1521/jaap.1.1988.16.4.525
131 Ebenda.
132 Krueger, David W. (1986), *The Last Taboo: Money as Symbol and Reality in Psychotherapy and Psychoanalysis*, Michigan: Brunner/Mazel, S. 7.
133 Horner, M. S. (1972), »Toward an understanding of achievement-related conflicts in women«, *Journal of Social Issues*, 28, 157–175. https://spssi.onlinelibrary.wiley.com/doi/epdf/10.1111/j.1540-4560.1972.tb00023.x
134 Keller, Wolfgang, Molina, Teresa, und Olney, William W. (2022), »The gender gap among top business executives«, *National Bureau of Economic Research*, www.nber.org/system/files/working_papers/w28216/w28216.pdf.
135 Destatis (2024), *Gender Pay Gap,* Statistisches Bundesamt, www.destatis.de/DE/Themen/Arbeit/Arbeitsmarkt/Qualitaet-Arbeit/Dimension-1/gender-pay-gap-1.html
136 Miller, Frederica (2023), »Gender pay gap 2023: How to check your employer«, *The Times*, www.thetimes.co.uk/money-mentor/article/gender-pay-gap-uk-2023-how-to-check-your-employer/
137 Lingiardi, V., McWilliams, N. (2015), *Psychodynamic Diagnostic Manual*, 2. Aufl., *World Psychiatry*, Juni, 14(2), 237–239.
138 Chester, Nick (2013), »Financial domination is a very expensive fetish«, *Vice*, www.vice.com/en/article/financial-domination-is-a-very-expensive-fetish/
139 Ghent, E. (1990), »Masochism, submission, surrender. Masochism as a perversion of surrender«, *Contemporary Psychoanalysis*, 26, 108–136, S. 116. https://doi.org/10.1080/00107530.1990.10746643
140 Freud, Sigmund (1917), »Trauer und Melancholie«, in *Gesammelte Werke. Chronologisch geordnet,* hg. von Anna Freud u. a., London: Imago, 1940–1952, Bd. 10, S. 428–446.
141 Cassidy, J. (1988), »Child-mother attachment and the self in six-year-olds«, *Child Development*, 59(1), 121–134. www.jstor.org/stable/1130394.
142 Fairbairn, W. R. D. (1943), »The repression and the return of bad objects (with special reference to the ›war neuroses‹)«, *British Journal of Medical Psychology*, 19, 41–327. https://doi.org/10.1111/j.2044-8341.1943.tb00328.x
143 Ebenda.
144 Freud, Sigmund (1920), »Jenseits des Lustprinzips«, in *Gesammelte Werke. Chronologisch geordnet*, hg. von Anna Freud u. a., London: Imago, London 1940–1952, Bd. 13, S. 3–34.

145 Harman, Jasmine (2019), »›I'm Married to Shopping‹ – Obsessive Compulsive Shoppers«, *Only Human*, YouTube-Video: www.youtube.com/watch?v=OXf3tBnyxDo

146 Freud, Sigmund (1926), »Hemmung, Symptom und Angst«, in *Gesammelte Werke. Chronologisch geordnet*, hg. von Anna Freud u. a., London: Imago, 1940–1952, Bd. 14, S. 3–34.

147 Klein, M. (1952), »Some Theoretical Conclusions regarding the Emotional Life of the Infant«, *Developments in Psychoanalysis*, London: Routledge.

148 Liotti, G. (1999), »Understanding the dissociative processes: The contribution of attachment theory«, *Psychoanalytic Inquiry*, 19(5), 757–783, S. 777. https://doi.org/10.1080/07351699909534275

149 Krueger, David W. (1986), *The Last Taboo: Money as Symbol and Reality in Psychotherapy and Psychoanalysis*, Michigan: Brunner/Mazel.

150 Turkel, A. (1988), »Money as a Mirror of Marriage«, *Journal of the American Academy of Psychoanalysis and Dynamic Psychiatry*, 16(4), 525–535, S. 529. https://doi.org/10.1521/jaap.1.1988.16.4.525

151 Krueger, David W. (1986), *The Last Taboo: Money as Symbol and Reality in Psychotherapy and Psychoanalysis*, Michigan: Brunner/Mazel, S. 7.

152 *APA Dictionary of Psychology*, »Generosity«, https://dictionary.apa.org/generosity

153 *Cambridge Academic Content Dictionary*, »generosity«, Cambridge: Cambridge University Press, https://dictionary.cambridge.org/dictionary/english/generosity

154 Amstutz, Deborah, et al. (2021), »Reckless Generosity, Parkinson's Disease and Dopamine: A Case Series and Literature Review«, *Movement Disorders Clinical Practice*, 8(3), 469–473. www.ncbi.nlm.nih.gov/pmc/articles/PMC8015883/

155 Filkowski, Megan M., Cochran, Nick R., und Haas, Brian W. (2016), »Altruistic behavior: mapping responses in the brain«, *Neuroscience and Neuroeconomics*, 5, 65–75. www.ncbi.nlm.nih.gov/pmc/articles/PMC5456281/

156 Aknin, Lara, et al. (2013), »Prosocial Spending and Well-Being: Cross-Cultural Evidence for a Psychological Universal«, *Journal of Personality and Social Psychology*, 104 (4), 635–652. www.apa.org/pubs/journals/releases/psp-104-4-635.pdf

157 Filkowski, Megan M., Cochran, Nick R., und Haas, Brian W. (2016), »Altruistic behavior: mapping responses in the brain«, *Neuroscience and Neuroeconomics*, 5, 65–75. www.ncbi.nlm.nih.gov/pmc/articles/PMC5456281/

158 Dunn, Elizabeth, Aknin, Lara und Norton, Michael (2008), »Spending Money on Others Promotes Happiness«, *Science*, 319(5870), 1687–1688. www.science.org/doi/10.1126/science.1150952
Folgestudie: Dunn, Elizabeth W. et al (2020), »Does Spending Money on Others Promote Happiness?: A Registered Replication Report«, Journal

of Personality and Social Psychology: Attitudes and Social Cognition, 119 (2). www.hbs.edu/ris/Publication%20Files/Does%20Spending%20Money%20on%20Others%20Promote%20Happiness_acc24566-c7c9-4f03-b918-9d25628264c8.pdf
159 Aknin, L. B., Hamlin, J. K., Dunn, E. W. (2012), »Giving Leads to Happiness in Young Children«, *PLOS One* 7(6). https://journals.plos.org/plosone/article?id=10.1371/journal.pone.0039211
160 Salovey (1990), zitiert in 14_myerspsy13e_13210_ch12_417_466.indd (davidmyers.org).
161 Akhtar, Salman (2012), »Generosity«, in *Good Stuff: Courage, Resilience, Gratitude, Generosity, Forgiveness and Sacrifice*, Lanham, MD: Jason Aronson.
162 Klein, M. (2013), *Envy and Gratitude; a Study of Unconscious Sources*, London: Routledge. Auf Deutsch (deutlich gekürzt): »Neid und Dankbarkeit«, *Psyche*, 1957, 11 (5), 241–255.
163 Seelig, Beth J. und Rosof, Lisa S. (2001), »Normal and Pathological Altruism«, *Journal of the American Psychoanalytic Association*, 49 (3), 933–959. https://journals.sagepub.com/doi/10.1177/00030651010490031901
164 Freud, Anna (1936), *Das Ich und die Abwehrmechanismen*, 24. Aufl., Frankfurt am Main: Fischer, 2019.
165 Saul, Heather (2016), »Amy Schumer leaves bartenders $1,000 tip and tells staff: ›I've been there‹«, *Independent*, www.independent.co.uk/news/people/amy-schumer-leaves-bartenders-1-000-tip-and-tells-staff-i-vebeenthere-a6945421.html
166 Green, A. (1981), »Moral Narcissism«, *International Journal of Psychoanalytic Psychotherapy*, 1980–81, 8, 243–269. Zitiert nach: Salman Akhtar, 2009, *Comprehensive Dictionary of Psychoanalysis*. London: Karnac Books.
167 Freud, Sigmund (1905), »Drei Abhandlungen zur Sexualtheorie«, in *Gesammelte Werke. Chronologisch geordnet*, hg. von Anna Freud u. a., London: Imago, 1940–1952, Bd. 5, S. 27–145.
168 Lewinsky, Hilde (1951), »Pathological Generosity«, *International Journal of Psychoanalysis*, 32, 185–189, S. 185. https://psycnet.apa.org/record/1952-01004-001
169 Seelig, B. J. und Rosof, L. S. (2001), »Normal and pathological altruism«, *Journal of American Psychoanalytic Association*, 32, 185–189, S. 185. https://doi.org/10.1177/00030651010490031901
170 McWilliams, N. (2011), *Psychoanalytic Diagnosis: Understanding Personality Structure in the Clinical Process*, London: Guilford Press, S. 270.
171 Orgel, S. K., und Shengold, L. (1968), »The Fatal Gifts of Medea«, *International Journal of Psychoanalysis*, 49(2), 379–385. www.proquest.com/openview/f85cd6f4f85e37f565a67bf4409a898b/1?pqorigsite=gscholar&cbl=1818729

172 Schwartz 1967; Sherry 1983; Sherry et al. 1993, zitiert nach »THANKS, I GUESS: WHAT CONSUMERS COMPLAIN ABOUT, WHEN THEY COMPLAIN ABOUT GIFTS«, Deborah Y. Cohn, Ph. D., New York Institute of Technology; Schwartz, Barry (1967), »The Social Psychology of the Gift«, *The American Journal of Sociology*, 73(1), Juli, 1–11; Sherry Jr., John F. (1983), »Gift Giving: An Anthropological Perspective«, *Journal of Consumer Research*, 10, September, 157–168; Sherry Jr., John F., Mary Ann McGrath, und Sidney J. Levy (1993), »The Dark Side of The Gift«, *Journal of Business Research*, 28, 225–244.

173 Bennison, Sarah (2020), »Gifting with strings attached«, *The Openwork Partnership*, www.theopenworkpartnership.com/news/gifting-with-strings-attached/

174 Colin Hughes (2012), »Antony Worrall Thompson – That Sunday Night Show«, *That Sunday Night Show* – YouTube-Video: www.youtube.com/watch?v=zbxjdv9X1cQ&t=85s

175 American Psychiatric Association (2022), *Diagnostic and Statistical Manual of Mental Disorders*. 5. Aufl., überarb., Virginia: American Psychiatric Association. https://doi.org/10.1176/appi.books.9780890425787

176 American Psychiatric Association (2019), »Kleptomania«, *American Psychiatric Association*, www.psychiatry.org/news-room/apa-blogs/kleptomania

177 Nolsoe, Eir (2020), »Quarter of Brits have shoplifted«, *YouGov*, https://yougov.co.uk/topics/consumer/articles-reports/2020/03/16/quarter-brits-have-shoplifted

178 2. Buch Mose (Exodus) 20:15

179 Nolsoe, Eir (2020), »Quarter of Brits have shoplifted«, *YouGov*, https://yougov.co.uk/topics/consumer/articles-reports/2020/03/16/quarter-brits-have-shoplifted

180 van Dijk, J., Nieuwbeerta, P., und Joudo Larsen, J. (2021), »Global Crime Patterns: An Analysis of Survey Data from 166 Countries Around the World, 2006–2019«, *Journal of Quantitative Criminology*, 38, 793–827. https://link.springer.com/article/10.1007/s10940-021-09501-0

181 Ray, JoAnn, und Briar, Katherine Hooper (1988), »Economic Motivators for Shoplifting«, *The Journal of Sociology & Social Welfare*, Vol. 15(4), Article 11. https://scholarworks.wmich.edu/cgi/viewcontent.cgi?article=1876&context=jssw

182 Francis-Devine, Brigid (2023), »Poverty in the UK: Statistics«, *House of Commons Library*, https://commonslibrary.parliament.uk/research-briefings/sn07096/#:~:text=Absolute%20niedrige%20Einkommen%20ist%20wahrscheinlich%20gleich%20wie%202019%2F20

183 Schwab, V.E., (2017), *The Shades of Magic Series: (A Darker Shade of Magic, A Gathering of Shadows, A Conjuring of Light)*, London: Titan Books, S. 209.

184 Kets de Vries, Manfred F.R. (2021), »Doing a Madoff: The Psychology

of White-collar Criminals«, INSEAD Working Paper No. 2021/55/EFE, https://papers.ssrn.com/sol3/papers.cfm?abstract_id=3933110
185 *The Split*, Staffel 1, Episode 6, Buch und Regie: Abi Morgan. BBC One, 29.05.2018.
186 BBC Media Centre (2018), »Interview with Annabel Scholey«, BBC,www.bbc.co.uk/mediacentre/mediapacks/the-split/scholey/
187 Gelles, David, und Tett, Gillian (2011), »From behind bars, Madoff spins his story«, *Financial Times*, www.ft.com/content/a29d2b4a-60b7-11e0-a182-00144feab49a
188 Zitek, E. M., Jordan, A. H., Monin, B., und Leach, F. R. (2010), »Victim entitlement to behave selfishly«, *Journal of Personality and Social Psychology*, 98(2), 245–255. https://doi.org/10.1037/a0017168
189 Winnicott, D.W. (1984), *Deprivation and Delinquency*, bearb. von M. Davis, R. Shepherd und C. Winnicott, London: Routledge.
190 Winnicott, D.W. (1971), *Therapeutic consultations in child psychiatry*, New York: Basic Books. https://archive.org/details/therapeuticconsu00winn/page/216/mode/2up?q=violently
191 Freud, Sigmund (1923), *Das Ich und das Es*, in: *Gesammelte Werke. Chronologisch geordnet*, hg. von Anna Freud u. a., London: Imago, 1940–1952, Bd. 13, S. Fischer Verlag Frankfurt, 1940, S. 282.
192 Freud, Sigmund (1925), *Einige Charaktertypen aus der psychoanalytischen Arbeit*, in: *Gesammelte Werke. Chronologisch geordnet*, hg. von Anna Freud u. a., London: Imago, 1940–1952, Bd. 10, S. Fischer Verlag Frankfurt, 1925, S. 390.
193 Hindle, D. (1998), »Loss and delinquency: Two adolescents' experiences of prison as an external container for psychic pain«, *Journal of Child Psychotherapy*, Jg. 24, Nr. 1, S.37–60. https://doi.org/10.1017/S136064179936192X
194 Ebenda.
195 *Comprehensive Dictionary Of Psychoanalysis*, Akhtar, S. (2009), *Comprehensive Dictionary of Psychoanalysis*. London: Karnac Books.
196 Ebenda Segal, 1974, S. 41.
197 Freud, Sigmund (1922), *Massenpsychologie und Ich-Analyse*, in: *Gesammelte Werke. Chronologisch geordnet*, hg. von Anna Freud u. a., London: Imago, 1940–1952, Bd. 13, S. Fischer Verlag Frankfurt, 1940, S. 133.
198 Broadwin bespricht das Buch *New Light on Delinquency and its Treatment* von William Healy und Augusta F. Bronner.
199 Pickhardt, Carl E. (2012), »Adolescence and Stealing from Family«, *Psychology Today*, www.psychologytoday.com/gb/blog/surviving-your-childs-adolescence/201204/adolescence-and-stealing-family#:~:text=Stealing%20from%20family%20can%20be,to%20pay%20 off%20threatening%20debt
200 Rizzuto, Ana Maria (1990), »Deprivation and Delinquency«, *Journal of the American Psychoanalytic Association*, 38, S. 811–815.

201 Worrall Thompson, A. (2003), *Raw: My Autobiography*, London: Bantam Press, S. 41. https://journals.sagepub.com/doi/abs/10.1177/000306519003800315

202 Podcast: *Armchair Anonymous*, https://armchairexpertpod.com/armchair-anonymous.

203 Dyke, Susan (1985), »Review: D.W. Winnicott: Deprivation and Delinquency. Tavistock Publications, 1984«, *Journal of Child Psychotherapy*, 11 (2), 116–120. https://doi.org/10.1080/007541785082 54779

204 Duffield, Grace, und Grabosky, Peter (2001), »The Psychology of Fraud«, Australian Institute of Criminology, *Trends & Issues*, Nr. 199. https://ifb.org.nz/wp-content/uploads/2019/08/The-Psychology-of-Fraud.pdf

205 Kets de Vries, Manfred F. R. (2021), »Doing a Madoff: The Psychology of White-collar Criminals«, INSEAD Working Paper No. 2021/55/EFE. https://papers.ssrn.com/sol3/papers.cfm?abstract_id=3933110.

206 Worrall Thompson, A. (2003), *Raw: My Autobiography*, London: Bantam Press, S. 27.

207 Kasperkevic, Jana (2012), »Financial bullying can ruin a marriage: first-person stories«, *The Guardian,* www.theguardian.com/money/us-money-blog/2014/aug/14/relationships-finances-bullying-abuse-dependent-equality

208 Anon (2024), »What is financial abuse?«, *Surviving Economic Abuse*, https://survivingeconomicabuse.org/what-is-economic-abuse/.

209 Butt, Ellie (2020), »Know Economic Abuse Report«, *Refuge*, https://refuge.org.uk/wp-content/uploads/2020/10/Know-Economic-Abuse-Report-2020.pdf

210 Women's Aid (2022), »Economic abuse and coercive control – Experiences of survivors during the Covid 19 pandemic«, *Women's Aid*, www.womensaid.org.uk/wp-content/uploads/2022/10/3.-Economic-abuse-and-Covid-19.pdf

211 Adams, A., et. al. (2008), »Development of the Scale of Economic Abuse«, *Violence Against Women*, 14(5), S. 563–588. https://doi.org/10.1177/1077801208315529

212 Howard, Marilyn, und Skipp, Amy (2015), »Unequal, trapped and controlled«, *Women's Aid,* S. 5, www.womensaid.org.uk/wp-content/uploads/2015/11/Women_s_Aid_TUC_Financial_Abuse_Report_March_2015.pdf.

213 Ebenda.

214 Women's Aid (2022), »Economic Abuse and Coercive control« – Experiences of survivors during the Covid 19 pandemic, *Women's Aid,* www.womensaid.org.uk/wp-content/uploads/2022/10/3.-Economic-abuse-and-Covid-19.pdf

215 Sharp, Nicola (2008), »What's yours is mine«, *Refuge*, www.theduluthmodel.org/wp-content/uploads/2021/12/Whats-yours-is-mine-Full-Report.pdf

216 Butt, Ellie (2020), »Know economic abuse«, *Refuge*, https://refuge.org.uk/wp-content/uploads/2020/10/Know-Economic-Abuse-Report-2020.pdf
217 Freud, Anna (1936), *Das Ich und die Abwehrmechanismen*, Berlin: Internationaler Psychoanalytischer Verlag, 1936; S. Fischer Verlage, Frankfurt 1984.
218 Freud, Sigmund (1914), »Erinnern, Wiederholen und Durcharbeiten«, in: *Gesammelte Werke. Chronologisch geordnet*, hg. von Anna Freud u. a., London: Imago, 1940–1952, Bd. 10, S. Fischer VerlageFrankfurt, 1946, S. 126–136.
219 Berliner (1958), zitiert in Akhtar (2009), *Comprehensive Dictionary Of Psychoanalysis*, London: Karnac Books.
220 Wurmser, Léon (2007), *Torment Me, But Don't Abandon Me*, Lanham, MD: Jason Aronson.
221 Bitte beachten Sie, dass es sich hierbei um eine redigierte, übersetzte und in einigen Teilen leicht paraphrasierte Version des Textes handelt, von dem Teile öffentlich zugänglich sind unter Ceran, Mia (2024), »Violenza economica: cos'è e come riconoscerla«, *Grano, Will Media,* https://podcasts.apple.com/pg/podcast/violenza-economica-cos%C3%A8-e-come-riconoscerla/id1608146066?i=1000571169014
222 Tournier, P. (1983), *The Healing of Persons*, London: Harper & Row.
223 Aviva mit McQueen, Alistair (2023), »Almost two in five people in a relationship in the UK admit to ›financial infidelity‹«, *Aviva*, www.aviva.com/newsroom/news-releases/2023/02/almost-two-in-five-people-in-a-relationship-in-the-uk-admit-to-financial-infidelity/
224 Ebenda.
225 MaPS (2020), Pressemitteilung, 08.11.2020, »21 Million Money S£CR£TS Kept From Loved Ones Across the UK«, *Money and Pensions Service*.
226 The Harris Poll for NEFE (2021), »2 in 5 Americans admit to financial infidelity against their partner«, *NEFE*, www.nefe.org/news/2021/11/2-in-5-americans-admit-to-financial-infidelity-against-their-partner.aspx
227 Garbinsky, E. N., Gladstone, J. J., Nikolova, H., & Olson, J. G. (2020), »Love, Lies, and Money: Financial Infidelity in Romantic Relationships«, *Journal of Consumer Research*, 47(1), 1–24. https://doi.org/10.1093/jcr/ucz052
228 Neues Testament der Bibel, Lukas, Kapitel 12, Vers 3.
229 Garbinsky, E. N., Gladstone, J. J., Nikolova, H., & Olson, J. G. (2020), »Love, Lies, and Money: Financial Infidelity in Romantic Relationships«, *Journal of Consumer Research,* 47(1), 1–24. https://doi.org/10.1093/jcr/ucz052.
230 YouGov, für Bankrate (2023), »Survey: Nearly 1 in 4 Americans in relationships are hiding financial secrets from their partners«, *Bankrate*, www.bankrate.com/finance/credit-cards/financial-infidelity-survey/
231 Harzog, Beverly (2022), »Survey: 30 % have dealt withfinancial infidelity«, *US News*, https://money.usnews.com/credit-cards/articles/survey-30-have-either-committed-financial-infidelity-or-been-a-victim

232 Slepian, Michael (2022), *The Secret Life of Secrets: How Our Inner Worlds Shape Well-being, Relationships and Who We Are*, London: Hachette.
233 Slepian, M. L., Halevy, N., & Galinsky, A. D. (2019), »The Solitude of Secrecy: Thinking about Secrets Evokes Goal Conflict and Feelings of Fatigue«, *Personality and Social Psychology Bulletin*, 45(7), 1129–1151. https://doi.org/10.1177/0146167218810770
234 Slepian, Michael (2019), »Why the secrets you keep are hurting you«, *Scientific American*, www.scientificamerican.com/article/why-the-secrets-you-keep-are-hurting-you/?amp
235 Slepian, Michael, Kalokerinos, Elise, und Kirby, James (2019), »Shame, Guilt and Secrets on the Mind«, *Emotion*, 2020, Vol. 20, No. 2, 323–28. https://doi.org/10.1037/emo0000542
236 Slepian M. L., Chun J. S., und Mason, M. F. (2017), »The Experience of Secrecy«, *Journal of Personality and Social Psychology*, 113(1), 1–33. https://doi.org/10.1037/pspa0000085.
237 Dervish-O'Kane, Roisin (2023), »Why I can't stop talking to my friends about money«, *Women's Health*, www.womenshealthmag.com/uk/collective/long-reads/a44763502/cant-stop-talking-to-friends-about-money/.
238 Pringle, Eleanor (2023), »People have started posting their credit scores on dating profiles – it's winning them more matches and better dates«, *Fortune,* https://fortune.com/2023/05/31/credit-scores-on-hinge-dating-profiles-getting-better-matches/
239 Starling Bank (2023), Pressemitteilung 27.04.2023, »Money matters cause the most quarrels between couples«, https://www.starlingbank.com/news/money-matters-top-cause-of-arguments-among-couples/
240 Aviva mit McQueen, Alistair (2023), »Almost two in five people in a relationship in the UK admit to ›financial infidelity‹«, *Aviva*, www.aviva.com/newsroom/news-releases/2023/02/almost-two-in-five-people-in-a-relationship-in-the-uk-admit-to-financial-infidelity/
241 Olson, D. H., & Olson, A. K. (2000) »National Survey of Marital Strengths«, *YUMPU*, www.yumpu.com/en/document/read/11266980/national-survey-of-marital-strengths-prepare-enrich
242 Lunn, Emma (2020), »One in five women (22 %) have a secret savings fund to provide them with financial support should their relationship end or they choose to leave their partner, according to research by Fidelity International«, *Your Money,* www.yourmoney.com/saving-banking/more-than-a-fifth-of-women-have-a-secret-savings-fund/
243 US Bureau of Statistics, zitiert in Carelock, H., Hinds, D., Lewis, S., Hoffman, D., & Lurtz, M. (2022), »Female Breadwinners, Money and Shame: How Financial Planners Can Help«, *Journal of Financial Therapy,* 13(2), 61–77. https://doi.org/10.4148/1944-9771.1314
244 Gender Equality, *OECD* (2017), »How do partners in couple-families share paid work?«, OECD, https://web-archive.oecd.org/2017-03-06/429796-how-do-partners-in-couple-families-share-paid-work.htm

245 Parker, Kim und Stepler, Renee (2017), »Americans see men as the financial providers, even as women's contributions grow«, *Pew Research Center*, www.pewresearch.org/short-reads/2017/09/20/americans-see-men-as-the-financial-providers-even-as-womens-contributions-grow/
246 Turkel, A. (1988), »Money as a Mirror of Marriage«, *Journal of the American Academy of Psychoanalysis and Dynamic Psychiatry*, 16(4), 525–535, S. 524. https://doi.org/10.1521/jaap.1.1988.16.4.525
247 *Couples Therapy* (2019), BBC Two, Edgeline Films, Season 1, Episode 3.
248 Serra-Garcia, M. (2021), »Risk Attitudes and Conflict in the Household«, *The Economic Journal*, 132(642), S. 767–795. https://doi.org/10.1093/ej/ueab054
249 Olson, D. H., & Olson, A. K. (2000), »National Survey of Marital Strength«, *YUMPU*, www.yumpu.com/en/document/read/11266980/nationalsurvey-of-marital-strengths-prepare-enrich.
250 Morrison, R. F., Evans, M. G., Kolodny, H. F., & House, R. J. (1976), »More Ugli Orange«, *The Teaching of Organizational Behavior*, 2(2), 4–5. https://doi.org/10.3390/soc8030051
251 Ruszczynski, Stanley (2005), zitiert in Nathans, Shelley und Schaefer, Milton (Hrsg.), *Couples on the Couch*, London: Routledge, S. 51.
252 Laertius, Diogenes, und Hicks, R.D. (1972), *Lives of Eminent Philosophers*, Cambridge, MA: Harvard University Press.
253 Aviva mit McQueen, Alistair (2023), »Almost two in five people in a relationship in the UK admit to ›financial infidelity‹«, *Aviva*, www.aviva.com/newsroom/news-releases/2023/02/almost-two-in-five-people-in-a-relationship-in-the-uk-admit-to-financial-infidelity/
254 BBC Radio 4 (2019), »Fiona and James«, *The Money Clinic*, www.bbc.co.uk/sounds/play/m0007k8k
255 Die Details stammen aus der Studie: Gao, George (2014), »Data Feed: Obamacare's influence on GOP voters, global image of U.S. leadership, fears of low inflation«, *Pew Research Center*, www.pewresearch.org/fact-tank/2022/04/08/more-than-half-of-americans-in-their-40s-are-sandwiched-between-an-aging-parent-and-their-own-children/
256 Lustbader, Rachel (2024), »Caring.com's 2024 Wills Survey Finds That 40 % of Americans Don't Think They Have Enough Assets to Create a Will«, *Caring*, www.caring.com/caregivers/estate-planning/wills-survey/
257 Ebenda.
258 Freud, Sigmund, *Die Traumdeutung*, Kap. 5: Das Traummaterial und die Traumquellen, in: *Gesammelte Werke. Chronologisch geordnet*, hg. von Anna Freud u. a., London: Imago, 1940–1952, Bd. 2, S. 258.
259 Umfrage von Harris Interactive im Auftrag von CouponCabin, dargestellt in Kavoussi, Bonnie (2012), »Money Ruins Friendships For One In Five Americans, Survey Finds«, *Huffington Post*, www.huffingtonpost.co.uk/entry/money-ruins-friendships-survey-finds_n_1683720
260 Ashkam, Gemma (2022), »Are you being brokefished?«, *Women's Health*, https://gb.readly.com/magazines/womens-health-uk/2022-09-

13/6321939c0b308a6102712cfa#:~:text=Rather%20than%20facing%20this%20and,to%20make%20a%20personal%20sacrifice
261 Kane, Libby (2020), »Friends and Money: How to Handle 4 Tough Scenarios«, *the muse*, www.themuse.com/advice/friends-and-money-how-to-handle-4-tough-scenarios